Willy Meersmann (Hrsg.)

Die Fundgrube für den Erdkunde-Unterricht

Das Nachschlagewerk für jeden Tag

Abbildungsnachweis

Haupka-Verlag, Bad Soden (Ts.)/ADAC-Verlag, München: S. 87, 88, 154, 155 – Ernst Klett Verlag, Stuttgart: S. 26, 27, 112, 113, 114, 179, 256, 268 – Raabe Verlag, Stuttgart: S. 192 – Rheinland-Verlag, Pulheim: S. 150, 151, 152, 153 – Westermann-Verlag, Braunschweig: S. 91, 122, 135
Volkhard Binder, Berlin: S. 115 oben, 136 unten, 181, 185, 189, 197, 202, 208, 210 – Stefan Giertzsch, Werder (Havel): S. 89, 97, 99, 102, 103 – Beate Schubert, Berlin: 66, 68, 86, 86, 95, 98, 107, 108, 110, 111 oben, 117, 177

Zahlreiche Sachzeichnungen stellte – abgesehen von den Autoren – die Geographie-Redaktion des Cornelsen Verlages, Berlin zur Verfügung. Wir bedanken uns für die freundliche Unterstützung.

Gedruckt auf chlorfrei gebleichtem Papier
ohne Dioxinbelastung der Gewässer

Die Deutsche Bibliothek – CIP-Einheitsaufnahme

Die **Fundgrube für den Erdkunde-Unterricht**:
das Nachschlagewerk für jeden Tag/Willy Meersmann (Hrsg.). –
1. Dr. – Berlin: Cornelsen Scriptor, 1998
ISBN 3-589-21130-X

Dieses Werk berücksichtigt die Regeln der reformierten Rechtschreibung und Zeichensetzung.

5.	4.	3.	2.	1.	✓	Die letzten Ziffern bezeichnen
02	01	2000	99	98		Zahl und Jahr des Drucks.

Redaktion: Gabriele Teubner-Nicolai, Berlin
Herstellung: Brigitte Bredow, Berlin
Umschlagentwurf: Studio Lochmann, Frankfurt am Main,
unter Verwendung einer Zeichnung von Klaus Puth, Mühlheim
Satz: FROMM MediaDesign GmbH, 65618 Selters/Ts.
Druck und Bindung: Clausen & Bosse, Leck
Printed in Germany
ISBN 3-589-21130-X
Bestellnummer 211300

Inhalt

Vorwort

Eine Fundgrube für den Erdkundeunterricht? Was lässt sich in einer solchen „Grube" denn noch finden? Flattern mir als erfahrene(m)r Lehrer(in), als alte(m)r Häsin/Hasen* der Geographiepädagogik nicht schon genug Broschüren und Vorschläge jeden Monat ins Haus? Reicht mir als jungem Erdkundelehrer nicht zunächst das Wissen aus dem Studium, dem Studienseminar und aus den Schulbüchern?

Wir glauben, dass diese Fundgrube ihren Platz hat. Dass sie für jeden Kollegen hilfreich, beratend, ergänzend sein kann. Dass man in ihr nicht, wie in manchem als Fundgrube titulierten Ramschladen, die letzten Ladenhüter und die billige Ausschussware findet, sondern sinnvolle, brauchbare, praktische und vernünftige Qualitätsware für den guten Unterricht.

Wir – das ist ein Team von „normalen" Lehrern im täglichen Alltagseinsatz an Gymnasien, (mit gemeinsam mehr als 100 Jahren Erfahrung im Erdkundeunterricht.) Unsere Idee war es, ein Buch zu schreiben, von dem Lehrer, Schüler und der Erdkundeunterricht profitieren können. Der Lehrerin erleichtert es ein wenig die Arbeit und bringt ein bisschen frischen Wind, der Schülerin ein wenig mehr Spaß, Freude, verstärktes Interesse und hoffentlich größere Kenntnisse, dem Unterricht mehr Impulse. Wir durchforsteten unseren eigenen Unterricht nach gelungenen Beispielen, nach in der Praxis erprobten Stunden, die uns vielversprechend erschienen. Wie ergänzten hier und da etwas, fügten ein wenig Theorie hinzu und suchten Ähnliches in praxisnahen Veröffentlichungen. Die ersten, die davon profitierten waren wir selbst. Das Nachdenken und Nachlesen brachte jedem von uns einiges an neuem Schwung und Elan. Altes wurde weiter ausgebaut, Neues ausprobiert, Manches verworfen oder verändert.

Damit Sie als Leser nun nicht zu tief in die Grube absteigen und alles durchwühlen müssen, soll die Gliederung einen Wegweiser schaffen, aufgebaut nach dem bewährten Prinzip „Vom Nahen zum Fernen". Zu Anfang bleiben wir im engsten Nahraum, dem Klassenraum und beginnen – wie auch in jeder Stunde – mit dem **Einstieg**. Hier fand eine methodische Gliederung den Vorzug vor inhaltlichen Gesichtspunkten, doch zu jedem Verfahren finden sich viele Beispiele. Die aktuelle Idee der **Freiarbeit** mit Einsteigertipps und Materialien schafft den Übergang von der Theorie zum praktischen Teil, der sich mit vielen handlungsorientierten Beispielen, mit **Spielen und Rätseln**, direkt zum Übernehmen für **Spontan – und Vertretungsstunden** anschließt. Geographische Methoden der Untersuchung und der Ergebnispräsentation auch für jüngere Schüler enthält der letzte Alltagsteil im Klassenraum unter der Überschrift **Karten, Linien, Diagramme – selbst gemacht.**

---

* An diesem Beispiel sehen Sie, wie verwirrend die ausgewogene Berücksichtigung der beiden Geschlechterformen sein kann. Daher ist im Folgenden bei allen Erwähnungen von Lehrerinnen oder Schülern das jeweils andere Geschlecht mitgemeint.

Im zweiten Kapitel geht es dann **hinaus aus der Schule**, doch bleiben wir **in der Nähe**. Hier finden sich zahlreiche Beispiele für **Projekte** und Untersuchungen, beispielhaft beschrieben an unserem Nahraum, unserer Schulstadt. Es ist die rheinische **Kleinstadt Erkelenz**, mit ca. 40 000 Einwohnern im Westen Deutschlands gelegen. Sie wird an zahlreichen Projekten als **Untersuchungsraum** exemplarisch vorgestellt. Vieles haben wir hier ausprobiert und detailliert beschrieben, ob es um die **Wohnorte der Mitschüler** oder das Nachvollziehen der **historischen Entwicklung** anhand alter Karten geht. Nahezu alles ist übertragbar auf andere Schulen, auf andere Städte. Ein wenig weiter in die Ferne bewegen wir uns im Unterkapitel **Fahrten und Exkursionen**. Beispiele, Ratschläge, Tipps und viele Adressen für große und kleine Exkursionen, den Wandertag, die Besichtigung, die Klassen- oder Studienfahrt haben wir hier zusammengefasst.

Entdecker und Reisende führen uns endgültig in die weite Welt hinaus. Von Kolumbus bis zu Apollo 11 lassen sich die Mühen und Strapazen, die Enttäuschungen und Erfolgserlebnisse der Erkunder unserer Welt auf den Kontinenten, an den Polen und im Weltraum erleben.

Die übrigen Kapitel dieses Buches sind Besonderem gewidmet. Immer noch etwas Besonderes scheint die Durchführung eines **Planspiels im Erdkundeunterricht** zu sein. Ein ausführliches Beispiel und viele Anregungen sollen hier Mut machen.

Etwas Besonderes ist auch noch der Einsatz des **Computers im Erdkundeunterricht**. Das Kapitel 5 liefert einen Überblick über Hard- und Software, Nützliches, Sinnvolles. Vom kleinen Topographieprogramm bis zum Einsatz der Internets reicht die Palette der Themen.

Das letzte Kapitel **Adressen und Tipps** dient als Nachschlagewerk. Es war uns wichtig, Möglichkeiten der Materialbeschaffung oder der Expertenauskunft aufzulisten. Dies und die häufigen Literaturhinweise geben Ihnen die Gelegenheit, Ideen zu vertiefen oder auch eigene Wege zu beschreiten.

Wir hoffen mit diesem Buch unseren Kolleginnen und Kollegen soviel Freude und Spaß an der Arbeit geben zu können, wie wir sie beim Schreiben empfunden haben. Natürlich hat es auch ein wenig Mühe gemacht. Aber dafür, dass es nie bis zur frustrierten Resignation oder zur kopflosen Hektik gekommen ist, möchten wir uns besonders bei Frau Gabriele Teubner-Nicolai von der Redaktion des Verlages bedanken, die uns stets mit überlegtem Rat zur Seite stand.

Erkelenz, im Januar 1998

Kapitel 1

Alltag in der Schule

Stundeneinstiege

Der Einstieg in ein neues Thema, sei es für eine Unterrichtsstunde oder für eine gesamte Unterrichtsreihe, erfüllt eine wichtige Funktion. Diese Phase kann das Bild der Schüler vom Thema prägen, sie entweder neugierig und gespannt auf Weiteres hoffen oder sie für lange Zeit abschalten lassen. In seinem Buch *UnterrichtsMethoden II* schlägt der Didaktiker HILBERT MEYER folgende fünf Kriterien für gute Unterrichtseinstiege vor.

Wenn auch kaum ein real vorhandener Einstieg in eine Stunde alle fünf Kriterien optimal erfüllen kann, so lohnt doch das Bemühen um diese Ziele. Ähnlich lohnenswert und bedeutend einfacher zu realisieren ist das Lesen von MEYERS weiteren Ausführungen und praktischen Anregungen. In einer bunt durcheinander gewürfelten Liste zahlreicher Beispiele entwirft er eine Reihenfolge, ausgehend von stark lehrerorientierten, verkopften Einstiegsformen bis hin zu rein schüler- und handlungsorientierten Typen, bei denen die inhaltliche Lenkung des Lehrers zurücktritt.

1. Der Einstieg soll den Schülern einen Orientierungsrahmen vermitteln.

2. Der Einstieg soll in zentrale Aspekte des neuen Themas einführen.

3. Der Einstieg soll an das Vorverständnis der Schüler anknüpfen.

4. Der Einstieg soll die Schüler disziplinieren.

5. Der Einstieg soll den Schülern möglichst oft einen handelnden Umgang mit dem neuen Thema erlauben.

Unterrichtseinstiege (nach HILBERT MEYER, S. 129)

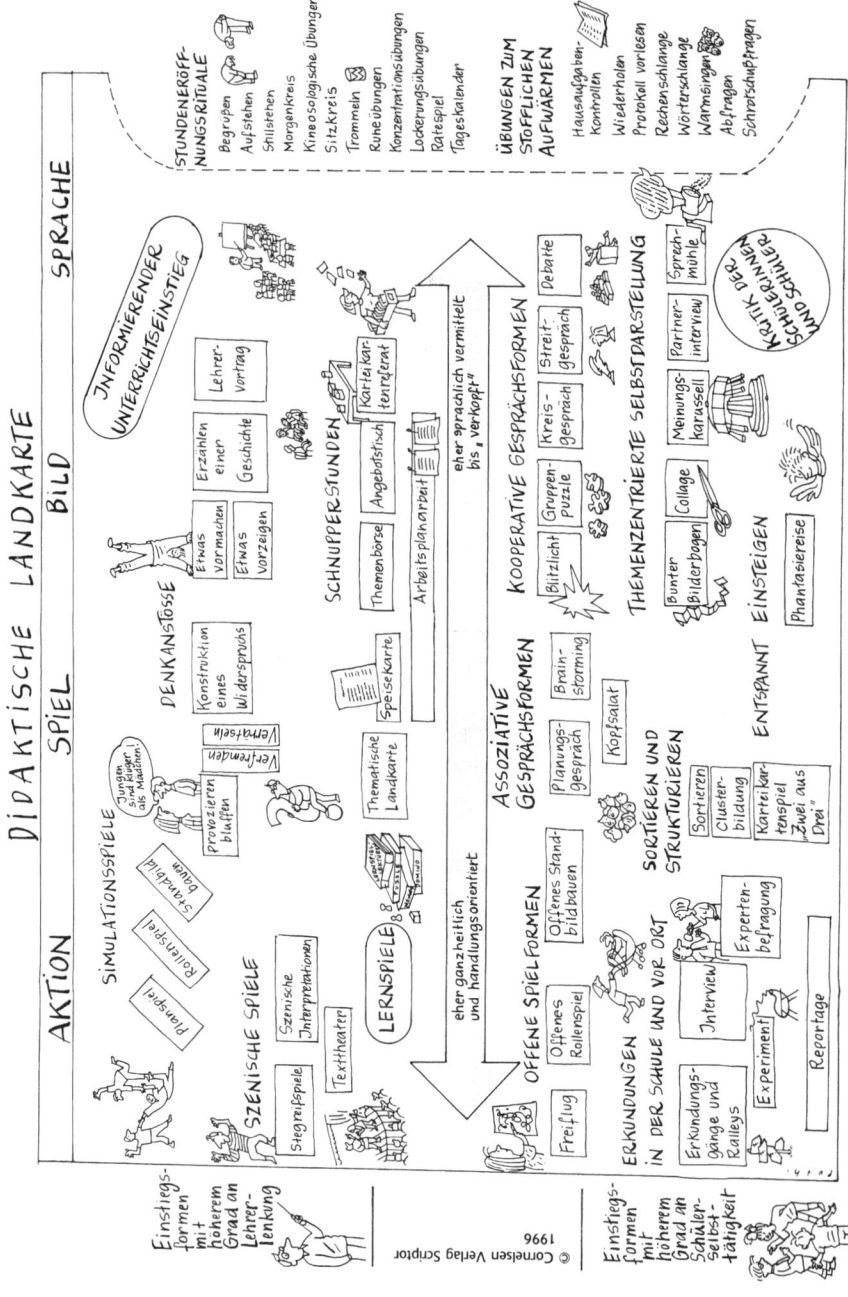

Eine Übersicht der vielfältigen Einstiegsformen liefert die didaktische Landkarte (S. 10) von GREVING/PARADIES: *Unterrichts-Einstiege*. In diesem sehr anregenden *Studien- und Praxisbuch* werden die vielfältigsten Arten und Techniken des Unterrichtsbeginns mit ihren Vor- und Nachteilen in Theorie und Praxis vorgestellt und analysiert. In Anlehnung an ihre „Landschaft" wird im Folgenden eine für die tägliche Praxis des Erdkundeunterrichts sinnvolle Gliederung versucht, bei der einige Einstiegsformen herausgegriffen werden. Verzichtet wird auf die eher handlungsorientierten Einstiege (vgl. dazu S. 214).

Denkanstöße

Durch unterschiedliche Mittel und Wege kann es gelingen, einen Anstoß zum Weiterdenken zu geben.

Die Karikatur

Eine gute, als Einstieg geeignete Karikatur sollte sich dadurch auszeichnen, dass sie ein Problem komprimiert, provokativ, witzig und ironisch auf den Punkt bringt. Durch Verzerrung, Vergröberung oder Vereinfachung wirft sie ein Schlaglicht auf den Kern der Sache. Sie sollte als motivierender Denkanreiz zur Stellungnahme auffordern. Für die Praxis gilt es nun, folgende Fragen aufzugreifen und wenn möglich sogar zu beantworten:
– Welche Karikaturen sind geeignet?
– Wie setze ich sie ein?
– Woher nehme ich solche Karikaturen?

Mit einigen Leitfragen lässt sich eine gute Karikatur aus der Fülle der Angebote herausfiltern:
– Reißt sie eine über das Tagespolitische hinausgehende geographisch relevante Problematik an?
– Trifft sie die Schüler, ohne sie zu verletzen?
– Weckt sie ein Problembewusstsein und fordert zur Stellungnahme auf?
– Ist sie für die Schüler ohne oder nur mit kleinen Hilfen verständlich?

Die Art und Weise ihres Einsatzes versteht sich nahezu von selbst. Aus allen Printmedien kann die Vorlage auf Folie kopiert werden und sollte zu Beginn der Stunde ohne große Lehrerkommentare den entscheidenden Impuls geben. Die Vorteile gegenüber allen anderen Formen der Präsentation (Lehrbuch, Kopien, Episkop oder Dia) sind so groß, dass diese nur in besonderen Notsituationen angewandt werden sollten. Wie intensiv und lange die Zeichnung nun ausgewertet wird, hängt im entscheidenden Maße von ihr selbst ab, einige Hinweise sind jedoch hilfreich:
– Lassen Sie den Schülern Zeit zum Schauen, zum Nachdenken, zur evtl. Besprechung mit dem Nachbarn.
– Lassen Sie zunächst freie Äußerungen kommen, bei guten Karikaturen drängen die Schüler danach.
– Geben Sie im Anschluss daran Hinweise zur weiteren Auswertung wie z. B.: Welcher Zustand wird angeprangert? Wen will die Karikatur treffen? Auf wessen Seite steht der Karikaturist? Erfinde eine Unterschrift für die Karikatur.

Speziell für den Erdkundeunterricht wertet der Klett-Verlag in seiner regelmäßig veröffentlichten Beilage *Terra-Press* die aktuellen Zeitschriften nach brauchbaren Artikeln, Grafiken und Karikaturen aus. Diese Arbeit kann man natürlich auch selbst übernehmen und wird besonders fündig im *Spiegel*, in der *FAZ*, den *Stuttgarter Nachrichten*, der *Süddeutschen Zeitung* und der *Zeit*. Allerdings erweist sich hier nur ein ausdauerndes, zeitaufwendiges, regelmäßiges Durchforsten und Sammeln als Erfolg versprechend. Schöne, thematisch sortierte Karikaturen enthalten auch die von der Bundeszentrale für politische Bildung kostenlos herausgegebenen *Informationen zur politischen Bildung*. Ebenso wird man in den geographischen Fachzeitschriften fündig. Hier stellen wir einige Beispiele zu den Themen *Entwicklungsländer, Bevölkerungsentwicklung, Umwelt und Welthandel* vor.

„Jetzt gebe ich dir erst mal Geld, damit ich dir ein neues Pferd kaufen kann."
(Hans Geisen/Basler Zeitung)

Deutscher Renten-
zahler 2000
(Haitzinger)

Oben: „Geht mir doch weg mit eurer grünen Gefühlsduselei! Hauptsache, ich habe Arbeit – oder?"
(Jupp Wolter)

Mitte: „Ist dir klar, dass ich dich in der Hand habe?"
(Haitzinger)

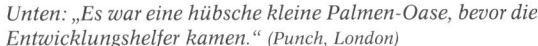

Unten: „Es war eine hübsche kleine Palmen-Oase, bevor die Entwicklungshelfer kamen." (Punch, London)

▓ Schlagzeilen, Schlagworte

Eine vergleichbare Wirkung wie mit der Karikatur lässt sich auch mit einer packenden, Spannung erzeugenden Schlagzeile erzielen. Zu Beginn der Stunde präsentiert, kann sie auch ohne Auswertung eine solche Neugierde erregen, die als motivierende Voraussetzung den Anfang leicht macht. Von den Profis der täglichen Medienkonkurrenz können wir Erdkundelehrer eine Menge profitieren. Eine gute Schlagzeile regt zur weiteren Betrachtung an, ohne schon zu viel zu verraten. Sie ist um so wirksamer, je mehr sie Überraschendes andeutet, Einzelheiten überpointiert darstellt oder einseitig provoziert. Zwar ist eine Schlagzeile häufig von geringerem Informationsgehalt als eine Karikatur, führt aber oft rasch zum Wesentlichen, zur Kernaussage. Sie kann auch im Widerspruch verblüffen und so zum Nachforschen anregen. Ähnlich in ihrer Wirkung und Einsatzweise sind provozierende Schlag- oder Sprichworte und markante Werbeaussagen wie z. B.:

Bananen, die krank machen (Misereor),
Brot für die Welt, die Wurst bleibt zu Hause,
Frauen sind die Hinterbeine des Elefanten (Thailändisches Sprichwort:
Tragen die Last, bestimmen aber nicht die Richtung),
*Eine Tochter aufzuziehen ist genauso wie das Bewässern des Gartens
fremder Leute.* (Chinesisches Sprichwort)

Solche Sätze und Überschriften sind einfach zu handhaben, können sie doch ohne große Vorbereitung an die Tafel geschrieben werden. Es überzeugt Schüler aber mehr, wenn zur Schlagzeile auch der übrige Artikel oder die ganze Zeitung als Medium präsentiert und vorgezeigt werden kann. Fehlt das Original, lässt sich mit Hilfe eines Computertextprogramms die Schlagzeile in entsprechender Buchstabengröße und Schrifttyp ausdrucken und als Riesenlettern auf eine möglichst frische Zeitung aufkleben, bzw. in eine Zeitschrift einbauen. Als Informationsquelle können hier natürlich auch wieder die aktuellen Medien selbst ausgewertet werden oder man greift zurück auf Sammlungen wie *Terra-Press* und geographische Fachzeitschriften. Aus der Fülle der möglichen Themen seien auf der gegenüberliegenden Seite nur Beispiele aufgeführt.

▓ Begegnung mit Originalen

Nichts ist anschaulicher als die originale Begegnung mit den Gegenständen und Unterrichtsinhalten selbst. Schon aus Gründen der Entfernung ist es aber nur in den seltensten Fällen möglich, mit der Klasse die Gebiete und Räume aufzusuchen, die Thema des Unterrichts sind. Also sollte man die Begegnung im Klassenraum arrangieren. Vor allem für Schüler der Klasse 5 bis 7 geht von fremdartigen Gerüchen, Geräuschen oder Formen ein so großer Reiz aus, der sie offen für weitere Fragen macht. Sie schnuppern und probieren an Kakao- und Kaffeebohnen, klopfen an die Schale eines Straußeneis, zupfen an den Kapseln einer Baumwollpflanze oder versuchen Flachsstengel zu Fasern zu brechen. Zu Anfang einer Stunde in ausreichender Menge verteilt, als Demonstrationsobjekt durch die Klasse gereicht oder lediglich vorne vom Lehrer vorgezeigt, regen diese Dinge Fantasie und Neugier an. Nicht immer gehen die daraus resultierenden Fragen in die vom Lehrer intendierte Richtung und ein vorsichtiges Lenken kann schon vonnöten sein. Woher erhält man Originale? Empfehlenswert scheint vor allem ein gemeinsames Sammeln der ge-

Und langsam sterben die Wälder

Auch im bayerischen Gebirge rächt sich der Raubbau an der Natur / Von Bartholomäus Grill

Ein Hof in luftiger Höhe

Das schwere Leben einer bayerischen Bergbauernfamilie – Von Wulf Petzoldt

Die Blausucht lauert im Brunnen

Das Trinkwasser in Ostdeutschland ist zum Teil stark belastet. Die Sanierung kommt kaum voran

Die Vertreibung aus Horno

Ein Dorf soll der Braunkohle geopfert werden

Berlin: Betriebe wandern ab, die Arbeitslosigkeit steigt – dem Senat fehlt ein Konzept für die wirtschaftliche Zukunft der deutschen Hauptstadt

Warten auf den Urknall

Grundsätze für zeitgemäße Luftverkehrs-Infrastruktur im Wirtschaftsstandort Deutschland

Als „global player" in die ganze Welt

Wirtschaftsentwicklung 1947–1991

Vom Nirwana der Autarkie zum Fegefeuer der Vetternwirtschaft

samten Schulfachschaft Erdkunde zu sein. Darüber hinaus gibt es immer wieder Kollegen anderer Fächer, die gerne von ihren Reisen in den Norden (Rentiergeweih) oder ans Mittelmeer (Olivenblätter, Korkeichenrinde) nützliche Souvenirs mitbringen, sie müssen nur vorher gezielt instruiert werden. Vieles findet sich auch im Lebensmittelfachgeschäft oder bei Firmen, die im Ausland tätig sind. Institute und Interessenverbände (z. B. Kohle oder Textilien) liefern manchmal auch zu Werbezwecken kostenlose Materialien und nicht zuletzt gibt es Lehrmittelverlage (z. B. mit Gesteinssammlungen). So sollte im Laufe der Zeit eine Sammlung von Originalen entstehen, mit der ab und zu die Stunde gespeist werden kann. Gewarnt sei allerdings vor einem all zu häufigen Gebrauch; spätestens ab Kl. 8 sind die Möglichkeiten ohnehin begrenzt. Einige Beispiele mögen als Anregung für eigene Initiative und Fantasie dienen:

Gegenstand	Thema	Bezugsquelle
Kakaobohnen	Lw im tropischen Regenwald	Schokoladenfabrik
Kaffeebohnen	„	Kaffeeröster
Tee in Variationen	„	Teefachgeschäfte
Sisalfasern	„	Seilereien, Gärtnerei
Baumwollkapseln	Lw in den Subtropen	Intern. Baumwollinstitut Frankfurt am Main
Datteln, Oliven	Lw in Trockenräumen	Lebensmittelgeschäfte
Korkeichenrinde, Korken	Lw im Mittelmeerraum	Urlaub, Weinhandlung
Dosenobst, Weinflaschen	Lw in Deutschland	Lebensmittelgeschäfte
Dosenobst, Weinflaschen	Lw in Kalifornien	Lebensmittelgeschäfte
Rentiergeweihstangen	Wirtschaft in Kälteregionen	Urlaubsreisen
Gegenstände aus Kunststoff (Verpackungen)	Rohstoff Erdöl	eigenes Sammeln
Tropische Hölzer	Nutzung tropischen Regenwaldes	Reste in Schreinereien/ Baumärkten
Erdölproben	Rohstoffe	Pressestellen der Ölkonzerne in D.*
Steinkohle	Rohstoffe	Ruhrkohle AG*
Braunkohle	Rohstoffe	Rheinbraun AG*
Gesteine, Sedimente, Versteinerungen	Erdbeben und Vulkane, Erdzeitalter	Geologische Institute*, Verlage*
Zeitungen (arabisch, chinesich, kyrillisch)	andere Kulturen	Botschaften und Handelsvertretungen*

Lw = Landwirtschaft   * = siehe ab S. 241

Gerade im Erdkundeunterricht sollte man die kulturelle Vielfalt der Völker und Nationen nutzen, die in Deutschland leben. Bitten Sie doch ab und zu einen Repräsentanten eines anderen Staates in Ihren Unterricht. Eine überraschende Vielfalt an Informationen über das Leben in anderen Kulturen wird sich für Ihre Schüler ergeben. So kann z. B. ein japanischer Handelsattaché über die Wirtschaftsmethoden japanischer Unternehmen berichten oder ein Student aus Ghana führt heimatliche Trommelmusik vor. Ihren Ideen sind keine Grenzen gesetzt und es bedarf häufig lediglich einiger Telefongespräche mit den richtigen Stellen. Hier helfen die Landesbotschaften, die Handelsvertretungen, Ausländervertretungen an Hochschulen oder Kontakte der Kollegen und Schüler weiter. Oft geht eine solche Stunde weit über den gewünschten Denkanstoß hinaus.

▓ Filme und Fotos

Bilder in starrer oder bewegter Form sind anschauliche Mittel, sowohl Denkprozesse anzuregen, als auch vertiefende Erarbeitung mit vielfältiger Information möglich zu machen. Im Letzteren liegt sicherlich auch der Schwerpunkt beim Einsatz eines Erdkundefilms, der, mit konkreten Beobachtungsaufgaben versehen, Gegenstand einer oder mehrerer Stunden sein kann. Aber auch zum motivierenden Einstieg eignen sich Bilder, kurze Filme oder geeignete Sequenzen aus längeren Werken. Grundsätzlich kann man vom Inhalt her zwei verschiedene bildnerische Darstellungen unterscheiden. Zum einen lässt sich das Bild oder die Filmsequenz so auswählen, dass sie etwas Überraschendes, Verblüffendes oder gar Provozierendes bietet, etwas scheinbar Widersprüchliches, das nach Auflösung verlangt. Beispiele: Durstige Kamele am Meeresstrand, Riesentanker durchquert scheinbar die Wüste im Suezkanal, „Eingeborener" filmt in Papua-Neuguinea Touristen mit seiner Videokamera, Flug über das Ruhrgebiet mit grünen Erholungsräumen. Diese Wirkung kann auch durch ungewöhnliche Perspektiven der Aufnahme erreicht werden, z. B. durch Senkrechtluftbilder oder Satellitenaufnahmen.

Die zweite Art des Bildeinsatzes hat einen eher informierenden, auswertbaren Charakter. Die Darbietung veranschaulicht Typisches und fordert zur genaueren Beobachtung auf. Hier führt das Medium direkt in die Sache ein, zeigt den Kern der Angelegenheit. Geschieht dieser Einsatz nicht allzu oft, geht aber auch von 2–3 Dias oder einer sehr kurzen Filmsequenz ein motivierender Impuls aus. Der Lehrer lenkt dabei die Richtung der Auswertung durch gezielte Fragen oder vorgegebene Beobachtungsaufgaben (z. B.: Achtet auf die verschiedenen Tätigkeiten der Personen. Welche Gebäudeformen werden gezeigt?)

Zahlreiche Unterrichtsfilme von FWU und WBF, die z. B. in NRW an den regionalen Bildstellen auszuleihen sind, Videosendungen des Schulfernsehens und schuleigene Mitschnitte aus der schier unendlichen Vielfalt von Reiseberichten, Reportagen und Fernsehjournalen sind hierfür geeignet. Ein besonderer Reiz für Schüler geht von Passagen aus bekannten, erfolgreichen Kinoproduktionen aus, z. B. *Der mit dem Wolf tanzt* – Prärie, *Jenseits von Afrika* – Steppe und traditioneller Kaffeeanbau, *Der englische Patient* – Wüste, *Fräulein Smillas Gespür für Schnee* – Arktis. Eine Gefahr bietet dieser Einsatz jedoch: Die Schüler sind häufig eher an der Fortsetzung des Films interessiert und es gilt, diesen Widerstand gegen das Abschalten und Auswerten erst einmal konsequent zu brechen. Manchmal kann dies die motivierende Wirkung dämpfen oder sogar ins Gegenteil verkehren.

Landestypische Fotografien, die charakteristische geographische Phänomene erschließen, werden am besten als Folienbilder oder in Form von Dias präsentiert.
Beispielsweise bietet hier der Klett-Verlag hervorragende, aber leider recht teure
Folienbücher (z. B. Klima und Landschaftszonen der Erde, 65 Folien 498,– DM)
oder thematisch vielfältige kleine Diareihen (12 Stück zwischen 62,– und 82,– DM)
zur Vervollständigung respektive zum Aufbau der schuleigenen Diasammlung an.
Interessanter für den fotografisch interessierten Lehrer ist natürlich die Anfertigung
und Nutzung eigener Bilder.

▣ Musik und Songs
Durchforscht man die Texte von populären Songs, lässt sich das ein oder andere
finden, was anregend für unser Fach ist. Die Lieder sollten jedoch nicht nur im Titel
an Orte oder Regionen erinnern – gewarnt sei hier vor einer Fülle sentimentaler
Heimatlieder –, sondern ihre Texte sollten zur kurzen Auswertung, Besprechung
oder Hinführung zum Thema geeignet sein. Langfristig lässt sich aus den verschiedensten CDs oder Platten eine kleine Erdkundesongsammlung auf Kassette anlegen
und so einfacher handhaben. Die Texte finden sich häufig bei den CDs oder in
speziellen Songbooks. Einige Beispiele:

Titel	Interpret	Thema
Et Südstatt-leed	Bläck Föss	Stadtsanierung (Köln)
Surfen auf'm Baggersee	Die Strandjungs	Naherholung
Tonio Sciavo	Franz-Josef Degenhardt	Ausländer in Deutschland
Griechischer Wein	Udo Jürgens	Ausländer in Deutschland
Le port d'Amsterdam	Jacques Brel	Hafen
It never rains in Southern California	Albert Hammond	Klima in Kalifornien
Mississippi-Delta	Chicago	USA: Verkehr/ Entwicklungsunterschiede
A horse with no name	America	Wüstenklimate
Route 66	Rolling Stones	Erschließung der USA
New York	Frank Sinatra	New York
Take me home, country roads	John Denver	USA: Weite des Landes

▣ Texte und Erzählungen
Zahlreiche Reiseberichte und historische Texte der Entdeckungsreisenden kann der
Lehrer benutzen, um die Schüler für ein Thema einzustimmen und erste Informationen zu vermitteln. Von ihm selbst für einige Minuten zu Stundenbeginn spannend
vorgetragen, in einer heute oft fremdartig anmutenden Sprache, wecken solche
Erzählungen die Neugier. Dabei sollten sie so anschaulich wie möglich, mit vielen
persönlichen Kommentaren der Verfasser durchsetzt sein (vgl. S. 176).

Ähnlich in Ausführung und Wirkung ist eine vom Lehrer erzählte Geschichte zu Beginn der Unterrichtsstunde. Sie ist jedoch um einiges schwieriger zu realisieren, sollte sie doch lebendig und anschaulich frei vorgetragen werden. Mimik, Gestik und Körpersprache des Lehrers kommen hier verstärkt zum Einsatz. Altersstufengemäß und anschaulich erzählt, wird z. B. eine Fahrt mit der Straßenbahn in Neapel, ein Augenzeugenbericht einer Naturkatastrophe oder eine Bergwanderung mit dräuendem Unwetter für die Klasse zum motivierenden Erlebnis. Die Darstellung wird umso glaubhafter, je mehr sie aus persönlich Erlebtem stammt. Doch auch in einem solchen Idealfall geht es nicht ohne vorheriges Training und ein klares Konzept über Handlungsablauf, Intention und Weiterführung im Unterricht.

Der informierende Einstieg

Für eine ganz andere Art des Stundenbeginns engagieren sich JOCHEN und MONIKA GRELL, für den *Informierenden Einstieg*. Ein Lehrer versucht seinen Schülern zu erklären, was sie lernen sollen, wie sie dabei vorgehen können und möglichst auch, warum er meint, dass es für die Schüler wichtig ist, was sie lernen. Dieser Einstieg soll dem Schüler so etwas wie eine Tagesordnung geben. Die kritischen Auseinandersetzungen der Autoren mit der Motivationsideologie sind in mehreren praxisorientierten Büchern und Aufsätzen nachzulesen. Vor allem jungen Lehrern geben sie den Rat, nicht so viel Motivationsschnickschnack und Brimborium zu veranstalten, sondern möglichst rasch zur Sache zu kommen. Deutlich wird ihre Intention an Beispielen in der *Praxis Geographie* 11/1981, H. 8. Am Anfang steht als Kontrast ein Beispiel für den traditionellen Einstieg. Ungewöhnlich dabei: Der Leser/Lehrer wird geduzt.

Beispiel 1

Ich lege eine Folie auf den Projektor und bitte dich den Text zu lesen. Du liest: „Im Juli des vergangenen Jahres stürzte ein Flugzeug im Gebiet des Amazonas ab.

Waldindianer fanden die einzige Überlebende, eine sechzehnjährige Schülerin, eine Woche später erschöpft und ausgehungert im Urwald. Nach kurzer Erholung erzählte sie, was sie gesehen und erlebt hatte."

Ich sage nichts, wenn du den Kopf nach dem Lesen wieder wendest und mich anschaust, sondern schaue dich meinerseits erwartungsvoll an. Vielleicht meldest du dich jetzt schon, weil du etwas sagen willst. (Was möchtest du sagen?) Falls du nichts sagen willst, fordere ich dich dazu auf: „Bitte äußere dich zu diesem Bericht!" (Du könntest jetzt auf einen Zettel schreiben, was dir zu diesem Einstieg – als Schüler – einfällt und wie er dir gefällt. Als kleine Anregung: Ich habe meiner Mitarbeiterin diesen Einstieg vorgespielt. Sie sagte, nachdem ich sie [wie oben] um Äußerungen gebeten hatte [vorher hatte sie abwartend geschwiegen]: „Ich würd' sagen, was soll denn das? – Ich würde denken, dass ich überhaupt nicht weiß, was das mit Erdkunde zu tun hat. – Und außerdem kann sie ja nicht mit den Eingeborenen sprechen. – Ja, ich weiß nicht, was ich dazu sagen soll."

Ich habe auch einen Erwachsenen als Versuchsschüler benutzt. Antwort auf den Folienimpuls: „Und was soll das?"

Ich: Äußere dich mal dazu!

Antwort: „Na, die hat ja Glück gehabt."

Ich: Hier steht: „Sie erzählte, was sie gesehen und erlebt hatte." [Soll ein Impuls sein.]

Antwort: „Ja, was hat sie denn erzählt?"

Einer Gruppe von PH-Studenten [fast 30, 2. Semester] habe ich neulich den gleichen Einstieg präsentiert. Sie reagierten ebenso ratlos, redeunlustig und stur wie obige Personen. Ich schließe aus diesen „halbauthentischen" Erfahrungen, dass das „Geheimnis der Motivation" oft einfach darin besteht, dass die Schüler die Spielregel kennen und gewillt sind, sie zu befolgen. In unserem Beispiel heißt diese Regel vermutlich: Wenn er uns eine Folie zu lesen gibt und uns anschaut, dann will er von uns Finger sehen.)

Ich habe mir vorgenommen, diesen Einstieg und Variationen davon mit Studenten noch einmal in richtigen Schulklassen auszuprobieren, um herauszufinden, welche Hilfsmittel zusätzlich zur Folie nötig sind, um das „erwartete Schülerverhalten" „Schüler äußern sich – Gefahren – Verletzungen – Orientierung – Hitze – Tiere – Pflanzen" auszulösen, damit das „geplante Lehrerverhalten" – „Lehrer schreibt die genannten Begriffe an die Seitentafel" – stattfinden kann.

Beispiel 2

Diesmal mache ich zur gleichen Stunde einen informierenden Einstieg:

In dieser Stunde sollt ihr lernen, wie es im Urwald aussieht. Ihr lernt, wo der Amazonas-Urwald liegt und wie das Wetter dort ist. Wenn die Stunde zu Ende ist, könnt ihr jedem, der euch danach fragt, eine klare Beschreibung geben, wie es im Urwald ist. Ihr sagt dann nicht einfach „Da ist es ziemlich warm" oder „Da wächst alles durcheinander" und wisst dann nicht mehr weiter, sondern ihr könnt genauer und richtiger Auskunft geben. Ich hab mir gedacht, dass dieses Thema für euch interessant sein könnte. Was sagt ihr zu diesem Lernziel? Findest du es interessant? (Was würdest du denken, fühlen, sagen wollen, wenn du im Unterricht dabei wärst? – Kommentar meiner Mitarbeiterin nach der Vorführung: „Ja, das finde ich eigentlich. Aber das hört sich ein bisschen zusammenhanglos an. Wir lernen das für eine Stunde und danach nehmen wir die Eskimos durch." Ich: Hast du Lust, das zu lernen? „Hm." – bejahend.)

Fortsetzung des Einstiegs: Jetzt möchte ich euch sagen, wie ich mir die Stunde gedacht habe. Zuerst finde ich, dass wir einmal alles zusammentragen, was ihr schon über den Urwald wisst. Denn eine Menge wisst ihr ja, so ist es ja nicht. Ich gebe euch einen Text über ein Mädchen, das fast im Urwald umgekommen wäre, und ihr versetzt euch dann in dieses Mädchen hinein und erzählt, was sie im Urwald gesehen und erlebt haben könnte. Da könnt ihr alles hineinbringen, was ihr über den Urwald wisst.

Danach möchte ich euch einen Film zeigen, an dem ihr überprüfen könnt, ob eure Vorstellungen stimmen, und in dem ihr vielleicht etwas seht, was ihr bisher noch nicht gewusst habt.

Zum Schluss sollen einige die Erzählung des Mädchens im Urwald noch einmal erzählen und dabei auch die neu gelernten Informationen über den Urwald hineinbringen. Findet ihr, dass wir es so machen sollen?

Beispiel 3

Ein weiterer informierender Einstieg zu dieser Stunde, damit man sieht, dass man zu dem gleichen Unterrichtsplan durchaus verschiedene informierende Einstiege machen kann und darf:
Wir sind jetzt beim Oberthema „Wie Menschen sich in feucht-heißen Zonen versorgen". In der letzten Woche waren die meisten von euch dafür, dass wir als nächstes den Urwald behandeln. Das soll heute beginnen und wird 4–5 Stunden dauern. Danach werden wir das Leben in Trockengebieten untersuchen. Aber was lernt ihr nun heute? Ich möchte gern erreichen, dass ihr genaue Vorstellungen bekommt, was das Besondere an einem tropischen Regenwald ist und worin sich dieser Waldtyp z. B. von einem Urwald bei uns unterscheidet.
Wir können so anfangen, dass ihr zuerst einmal alles erzählt, was ihr schon über tropische Regenwälder wisst. Ich schreibe das Wichtigste dann an die Tafel. Danach sehen wir uns einen Film über den Amazonas-Regenwald an.
Wir können aber auch so vorgehen, dass wir uns zuerst den Film ansehen und danach alles Wichtige zusammenstellen. Beides hat Vorteile. Was möchtet ihr lieber? Zuerst das Zusammentragen oder zuerst den Film? Bitte nennt einen Grund für eure Meinung!

Beispiel 4

Man kann die Einstiegsinformationen auch auf ein Arbeitspapier schreiben:
Thema: Warum es so schwierig ist, Menschen davon zu überzeugen, dass sie nur wenige Kinder haben sollten; Beispiele: Sri Lanka.
Du lernst:
- ob Menschen für oder gegen Geburtenkontrolle eingestellt sind, hängt von den Normen (Regeln, ungeschriebene Gesetze) ihrer Kultur ab, an die sie gewöhnt sind;
- besser zu verstehen, warum viele Menschen in Indien so schwer für Programme der Geburtenkontrolle zu gewinnen sind;
- dass nicht nur Normen und Gewohnheiten, sondern vor allem wichtige materielle Gründe die Menschen dazu zwingen, viele Kinder zu haben;
- dass wir in unserer Gesellschaft andere Normen für Heirat und Kinderkriegen haben als viele Menschen in Indien, weil wir unter ganz anderen Bedingungen leben;
- dass unsere Normen nicht für die Menschen in Entwicklungsländern gelten können und dass es keinen Sinn hat, von ihnen zu fordern, sie sollten es so machen wie wir.

Plan für die Stunde: usw.

Beispiel 5

Man kann die Tagesordnung der Stunde auch an die Tafel schreiben und sie nach und nach bei Bedarf mündlich kommentieren:
1 Wh.
2 Vorlesung: Mitschreiben
3 Tipps *für* geschicktes Mitschreiben
4 Liste

Mündlicher Kommentar zu den Punkten 2 und 3

Jetzt möchte ich mit euch etwas trainieren, was ihr nicht nur für Erdkunde gebrauchen könnt, nämlich das Mitschreiben von Notizen, wenn mündlich Informationen gegeben werden. Gleichzeitig zuhören und das Wichtigste mitschreiben – das ist etwas, was man nicht nur in der Schule oder beim Studieren können muss, sondern auch in vielen Situationen im Alltag, z. B. wenn man in einem Verein mitmacht und Protokoll schreiben soll oder wenn man sich einen Vortrag anhört und hinterher über den Inhalt mitdiskutieren will.

Ich werde euch einen Zeitungsartikel vorlesen, über das Thema „Industrielle Wirtschaftsweise zerstört das biologische Gleichgewicht". Ihr lernt hier also etwas über unser Thema. Vier Schüler sollen an der Tafel mitnotieren, was sie wichtig finden, alle anderen schreiben bitte im Heft mit.

Nach einer Weile mache ich eine Pause und wir schauen uns an, was die Tafelprotokollanten mitgeschrieben haben und wie. Wir überlegen, was sie beim Mitschreiben gut gemacht haben und was besser gemacht werden könnte. Wir suchen also gute Tipps für geschicktes Mitschreiben. Dies machen wir in mehreren Durchgängen, damit ihr möglichst viel Übungsmöglichkeit habt und wir viele Ideen für geschicktes Mitschreiben bekommen.

Einige beruhigende Bemerkungen GRELLS runden das Bild ab:
– Niemand ist verpflichtet seinen Unterricht mit einem informierenden Einstieg zu beginnen.
– Ein informierender Unterrichtseinstieg lässt sich problemlos mit anderen Einstiegstypen kombinieren.
– Ich muss nicht ständig nach grandiosen Motivationsideen suchen.
– Ich habe das Gefühl, den Schülern gegenüber ehrlicher zu sein, wenn ich ihnen meine Absicht nicht verschweige.
– Die meisten Schüler mögen es, wenn man ihnen mitteilt, was für den Unterricht geplant ist.

Die vorbereitende Hausaufgabe

Wohl am häufigsten beginnt der Unterricht mit der Besprechung der Hausaufgaben. Sie sollte jedoch, wenn sie schon erfolgt, nicht so sehr der Kontrolle oder Disziplinierung der Schüler dienen, sondern erscheint nur dann wirklich sinnvoll, wenn sie direkt in das Stundenthema überleitet. Natürlich kann nur eine Hausaufgabe diese Bedingung erfüllen, wenn sie bereits mit dieser Intention gestellt ist und nicht so sehr der vertiefenden Wiederholung des Gelernten dient. Das simpelste Beispiel ist dabei das vorbereitende Lesen eines Textes aus dem Erdkundebuch, was jedoch ohne besonderen Anreiz – und sei es in Form von Notendruck – erfahrungsgemäß nur von einer Minderheit, meist oberflächlich, häufig erst knapp bevor der Lehrer den Klassenraum betritt, ausgeführt wird. Besser zu kontrollieren, aber auch mit einigen Problemen behaftet, ist das vorbereitende schriftliche Auswerten eines Textes, einer Karte oder einer Grafik. Folgende Fragen mögen die Probleme etwas verdeutlichen:

- Ist der Text lediglich eine motivierende Geschichte, die auch im Unterricht selbst vorgelesen werden kann?
- Enthält der Text oder die Grafik so viele Schwierigkeiten, dass zur Klärung die ganze Stunde benötigt wird?
- Ist der neue Text nicht schon ein Zuviel an Information, sodass das Thema in dieser Unterrichtsstunde nur langweilt?
- Können bei der Auswertung Fehler entstehen, nach deren Korrektur die Stunde vorüber ist?

Sinnvolle Hausaufgaben, die zum Einstieg in die nächste Stunde geeignet sind, sollten fantasievoll und durchdacht sein. Schön wäre es, wenn die Schüler spüren, dass ihre häuslichen Anstrengungen einen produktiven Beitrag für das weitere Unterrichtsgeschehen darstellen. Es sollten eher produkt- und handlungsorientierte Aufträge sein, deren Auswertung zu Beginn der Stunde oder einer ganzen Reihe mitten in das Thema hineinführt. Einige Beispiele:
- Sammelt aus Reisekatalogen viele *Ferienziele am Mittelmeer* (evtl. regional getrennt) und fertigt mit den Bildern eine kleine Collage zum Aufhängen an.
- Befragt eure Verwandten und Bekannten nach ihrem liebsten Urlaubsziel und nach einer sehenswerten Stadt in der Region.
- Fertigt auf einem Zeichenblock eine kleine Karte eures täglichen *Schulweges* mit den wichtigsten Stationen an.
- Sammelt ein bis zwei Wochen lang alle Zeitungsberichte zum Thema *Umweltverschmutzung* und klebt sie geordnet nach Belastung für Luft, Wasser oder Boden auf einem Blatt zusammen.
- Sucht im Supermarkt im Weinregal alle Anbauregionen heraus und zeichnet sie auf einer Kartenkopie von Europa ein.
- Fertigt zur nächsten Stunde zu viert einen Salat aus tropischen Früchten an und nennt dazu die Herkunftsländer.
- Messt dreimal am Tag, jeweils zur gleichen Zeit eine Woche lang die Temperatur und fertigt aus diesen Zahlen ein Schaubild.
- Macht zu Hause bei euren Eltern und Großeltern eine Umfrage. Fragt sie, wie viele Geschwister sie und auch wieder ihre Eltern hatten (Erfasst auch die Verstorbenen). Aus allen Ergebnissen fertigen wir gemeinsam eine Tabelle an.
- Was zieht Touristen in die Türkei (nach Mexiko, in die Karibik oder ähnliche Länder)? Besorge dir einige Reiseprospekte.
- Suche z. B. im Videotext oder in einem Reisebüro alle Flugziele des Flughafens Düsseldorf (Frankfurt am Main, München ...) und verbinde diese Orte auf einer Weltkartenkopie mit dem Startflughafen.
- Ermittle, aus welchen Ländern Menschen in deinem Heimatort stammen. Benutze als Quellen das Telefonbuch, Gaststättenverzeichnisse, Anzeigen in Zeitungen, städtische Ämter, Befragungen im Bekanntenkreis.
- Trage die Strecken des örtlichen Nahverkehrsunternehmens in eine Kopie der Kreiskarte ein.

Ideen zu weiteren, ähnlich gestalteten Aufgaben findet man in den gängigen Schulbüchern bei vielen Kapiteln oder z. B. im Buch *Praxis produktiver Hausaufgaben*. Cornelsen Scriptor 1987² von HORST SPEICHERT.

Das Karteikartenreferat

Das neue Thema, die Sache selbst, steht bei der folgenden Einstiegsvariante im Mittelpunkt. Das Karteikartenreferat ist ein Kurzvortrag einer ganzen Gruppe, das auch durch seine aufgelockerte Form allen Appetit machen soll, sich mit dem Thema weiter auseinander zu setzen. In arbeitsteiliger oder paralleler Gruppenarbeit werden dabei bestimmte Aspekte des Oberthemas zusammengestellt, um dann von den Schülern möglichst originell und anschaulich präsentiert zu werden. Vom Lehrer sind dazu einige Vorbereitungen nötig, muss er doch das benötigte Material so zur Verfügung stellen, dass es durch die Schüler relativ leicht strukturiert, zusammengefasst und für die anderen transparent gemacht werden kann. Dies geschieht in Form von kleinen oder größeren Karteikarten (bis zu DIN-A4-Format), die in ausreichender Anzahl zu Beginn der Stunde gruppenweise an die Klasse verteilt werden.

Im folgenden Beispiel *Bananas, Bananas* wurde vorhandenes Material leicht abgewandelt (Klett-Perthes, Reihe Oktopus, Kl. 5–7). Die Texte oder Bilder werden auf Karten von stärkerem Karton aufgeklebt, mit Folie überzogen und können so mehrfach wieder verwendet werden.

Zu Beginn der Stunde teilt sich die Klasse in 6 verschiedene Gruppen von 4 bis 6 Schülern auf, die jeweils für ihre Mitschüler folgende Fragen beantworten sollen:

1. Woher kommen unsere Bananen?
2. In welchem Klima wachsen Bananen besonders gut?
3. Wie pflanzt und pflegt man Bananen?
4. Eine Plantage in Costa Rica
5. Die Bananenernte
6. Wie kommen die Bananen in unseren Haushalt?

Zur Beantwortung dieser Fragen ist nun der Fantasie keine Grenze gesetzt. Vom bloßen Vortrag eines Textes über die Präsentation bunter Folien (z. T. vom Lehrer vorbereitet), vom nachgestellten Interview bis zu szenischen Darstellungen der Bananenernte ist alles denkbar, Grenzen setzt wohl lediglich die Zeit. Entsprechend ausgedehnt geht diese Unterrichtsform auch über den bloßen Einstieg hinaus. Als Basis ist das Material des Arbeitsheftes so reichhaltig, dass hier nur einige Ausschnitte gezeigt werden können. Es scheint sinnvoll, neben den zugeschnittenen Karteikarten auch Folienbilder mitzuliefern bzw. Bananenfrüchte, Lauchstengel o. Ä. bereitzuhalten.

Neben der Strukturierung eines Themas ist wichtiges Lernziel auch dessen Präsentation. Weitere Einsatzmöglichkeiten für diese Einstiegsvariante sind vielfältig, je kontroverser oder zumindest unterschiedlich Aussagen zu einem Thema sind, desto besser scheint es für eine arbeitsgleiche Gruppenarbeit mit unterschiedlichen Informationskarten innerhalb der Gruppe geeignet. Insbesondere ältere Schüler, also höhere Klassen der Sek. I oder II, können sich auf diese Weise selbst in die Thematik einarbeiten. Sachinformationen zu *Klimazonen, Kontinenten, Landschaftszonen,* aber auch *Entwicklungsprobleme eines Staates* oder *politische Zusammenschlüsse und Entscheidungen* können Grundlagen für ein Karteikartenreferat liefern.

Die Bananenernte – ein Wettlauf mit der Zeit

Die Banane konnte erst ein **Welthandelsprodukt** werden, als die Transportverbindungen von den Plantagen zu den **Ausfuhrhäfen** ausgebaut waren. Eines der wichtigsten **Transportmittel** war und ist die **Eisenbahn**.
Um 1870 verlegte man die ersten Gleise durch den Urwald, um die kostbaren Früchte so schnell wie möglich zum **Hafen** zu transportieren.
Bei der Ernte sind die Bananenbüschel noch **unreif, hart** und **grün**. Mit dem Abschneiden der Bananenbüschel beginnt unaufhaltsam der Endreifeprozess. Der Wettlauf von der Plantage bis zum Kühlschiff beginnt. Paco, ein Arbeiter erzählt; „Ich heiße Paco Alvarez. Seit acht Jahren bin ich ein **Bananero**. Mein **Arbeitsgerät** ist die **Machete**. Das ist ein langes, sehr scharfes **Haumesser**. Mit der Machete trenne ich die Bananenbüschel von der **Staude**. Zuvor muss ich den „Stamm" abknicken, denn das Büschel hängt oft in drei Meter Höhe. Ich arbeite immer mit meinem Freund Emanuel Rocca zusammen. Wir sind ein eingespieltes Team. Während ich mit der Machete das Bananenbüschel abschlage, fängt es Emanuel mit einem Schulterkissen auf. Sofort trägt er das Büschel bis zur nächsten **Sammelstelle** in der Pflanzung. Die Sammelstelle ist am **Schlepplift**. Dort hängt Emanuel das etwa 30 bis 40 kg schwere Büschel an einen Haken des Schleppseils. Während Emanuel und ich ständig neue Büschel abernten, zieht Julio mit dem Schlepplift 20 Büschel zur **Packstation**. Viele hundert Meter fahren die Bananen freihängend durch die Plantage.

Kapitän Sörensen gibt Auskunft

Sobald der Bananen-Express im Hafen von Limon ankommt, macht sich ein großes, weißes Schiff startklar: die „Marita", ein Bananenfrachter. Herr Sörensen (S) ist der Kapitän der „Marita". Mit ihm führte Oktopus (O) ein Interview.
(O): Herr Sörensen, erzählen Sie uns etwas über Ihr Schiff? (S): Gerne! Die „Marita" ist ein moderner Stückgutfrachter, ein Kühlfrachtschiff. Es wurde 1976 in Dienst gestellt. Der Heimathafen ist Hamburg. Die „Marita" ist 158 m lang, 20,6 m breit und erreicht 20 Knoten Geschwindigkeit (1 Knoten= 1,85 km/h). Das Schiff ist ausschließlich für den Transport von Bananen ausgerüstet. (O): Was heißt das genau? (S): Nun, für die elftägige Seereise über den Atlantik nach Europa werden die Bananen bei 13 bis 13,2 Grad Celsius gleichbleibend kühl gelagert. Sie dürfen nicht weiterreifen. An Bord werden die Bananen sozusagen in einen „Tiefschlaf" versetzt.
Übrigens: alle Bananenfrachter sind weiß angestrichen. Durch den weißen Anstrich kann die Tropensonne das Schiff nicht aufheizen. (O): Wie viele Bananen laden Sie?
(S): Wir laden 3 500 Tonnen Bananen innerhalb von 24 bis 36 Stunden. Das sind etwa 190 000 Kartons.
(O): Das sind ja massenhaft viele Bananen!
(S): Kann man wohl sagen, fast 20 Millionen Früchte. Aber Bananen sind Stückgut. Sie sind in Kartons fest verpackt.
(O): Bringen Sie alle Bananenkartons nach Hamburg? (S): Einen Teil löschen wir in Antwerpen. Die meisten Kartons werden aber in Hamburg gelöscht und von dort mit Bahn oder Lkw ins Landesinnere gebracht.
(O): Wann geht die Reise los? (S): Morgen früh um sechs geht es in die Karibik.
(O): Dann wünschen wir Ihnen eine gute Überreise nach Europa!

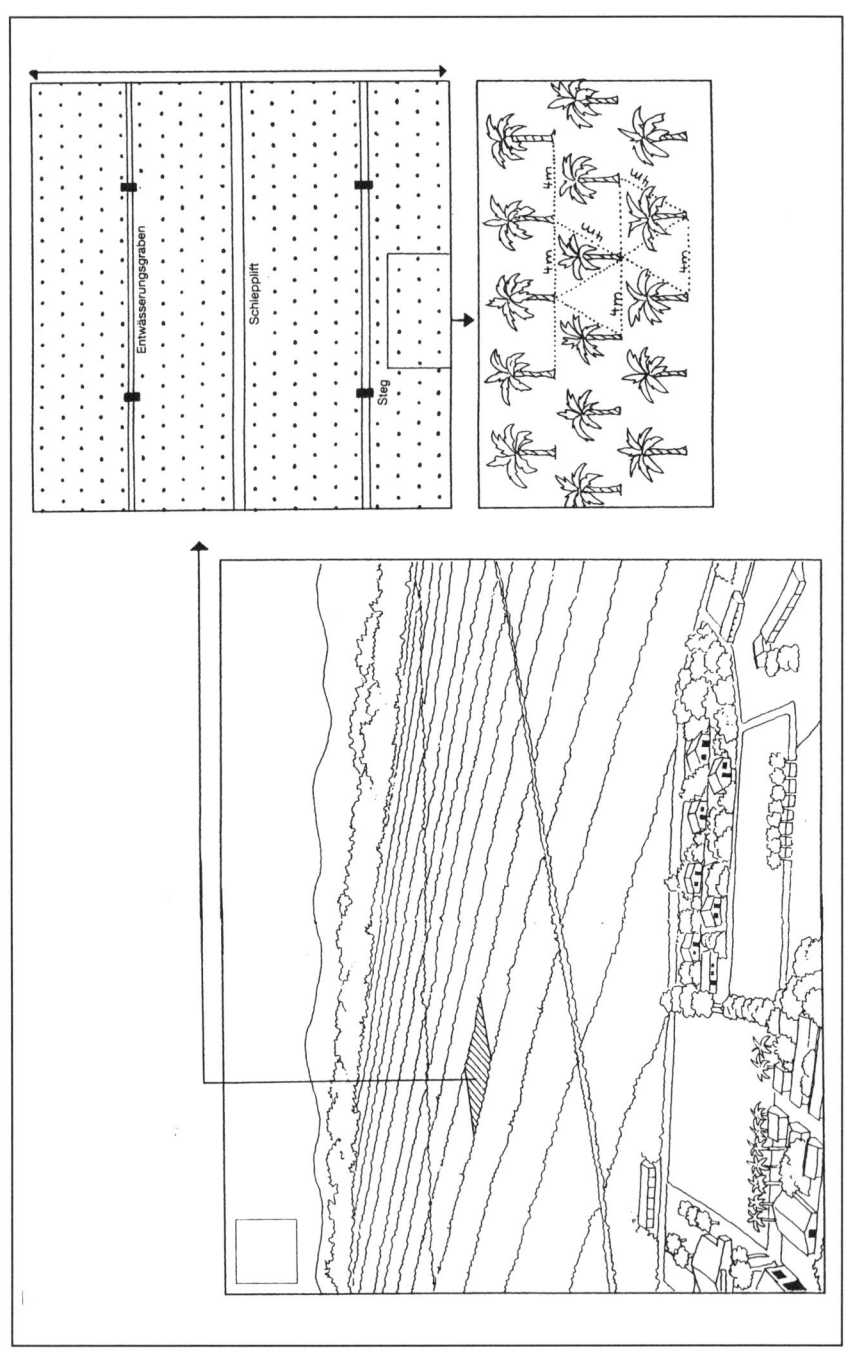

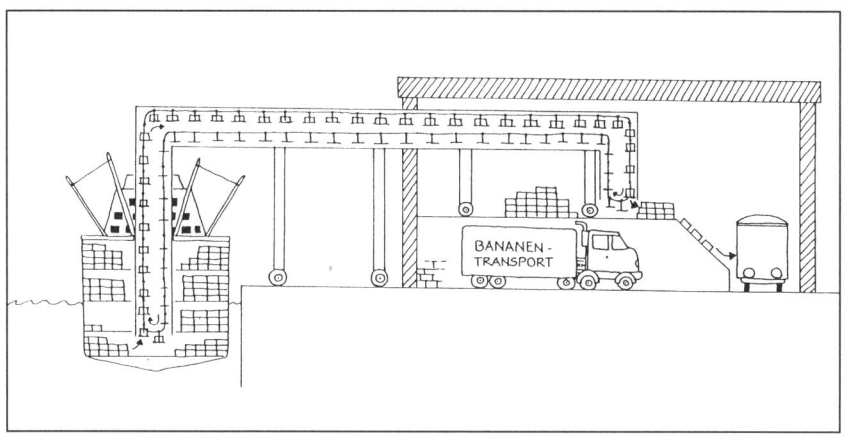

Die Clusterbildung

Eine Form des Einstiegs, die die fünf Kriterien von HILBERT MEYER in besonderer Weise berücksichtigt, ist die sog. *Clusterbildung*. Die Schüler werden hier nicht als Stichwortgeber im fragend-entwickelnden Unterricht gebraucht, sondern man macht sich ihre kreativen ganzheitlichen Fähigkeiten zu Nutze. Insbesondere werden ihre Vorkenntnisse und Erfahrungen benötigt, ihre persönlichen Einstellungen. Dabei ist in etwa so zu verfahren: In einer ersten, etwa viertelstündigen Phase werden zu einem neuen Thema spontan alle Begriffe und Kenntnisse der Klasse gesammelt und vom Lehrer oder einigen Schülern festgehalten. Dies kann sinnvollerweise auch am Ende einer Unterrichtsstunde geschehen, da für die folgende Kreativphase einige Vorbereitungen notwendig werden. Am besten listet der Lehrer zu Hause auf einem großen Bogen gerastertem Papier alle genannten Aspekte als Schlagwort ohne Vorsortierung auf und kopiert diesen für jeden Schüler. Zusammen mit einem neuen, freien DIN-A3-Bogen, Scheren, Klebstoff und Stiften erhält jeder Schüler oder jede Kleingruppe diese Unterlagen.
Ein Beispiel zum Reihenthema *Unterschiede in der Entwicklung, Länder der Dritten Welt* sähe etwa so aus wie die Tabelle auf der folgenden Seite.
Nun soll jeder die gesammelten Begriffe in eine Struktur bringen, die seinen Vorstellungen vom Thema entspricht oder seine Vorkenntnisse widerspiegelt. Dazu muss man nicht alle Worte benutzen und kann auch neue hinzufügen. Grafische Mittel wie Folgerungspfeile, Widerspruchsblitze oder Gleichheitszeichen verbinden dabei einzelne Elemente. Zudem können die Schüler das Blatt so gestalten, wie sie möchten, dabei malen, kleben, reißen usw. Mit entsprechender Muße und ohne Zeitdruck können dabei sehr gute Ergebnisse entstehen.
Anschließend erfolgt erst die wichtigste Sequenz: Die fertigen Bögen werden an der Tafel oder an der Wand veröffentlicht und jede Gruppe stellt ihr Cluster vor. Ohne diese Präsentation haben die Schüler eher das Gefühl der reinen Beschäftigungstherapie und die Wirkung des Geleisteten verpufft. Dieser handlungs- und produktorientierte Einstieg, in dem zuletzt die eigenen Schülerurteile oder auch Vorurteile

sichtbar gemacht werden, scheint engagierteres und lernbereiteres Verhalten bei ihnen zu erzeugen. Wirkungsvoll ist es auch, wenn die Cluster längere Zeit im Klassenraum hängen bleiben und die Schüler so ihre Lernfortschritte selbst überprüfen können.

Hunger	Not	Elend	Bruttosozial-produkt
Kinderzahl	Heilige Kühe	Ausbeutung	Arbeitslosigkeit
Kinder-arbeit	Slums	Schul-bildung	Schul-pflicht
MISEREOR	Analphabeten	Urwald	Wüste
Hitze	Billige Arbeitskräfte	Reis	Natur-katastrophen
Hinduismus	Buddhismus	Indien	Latein-amerika
Land-verteilung	Entwicklungs-hilfe	Regenwald	Brand-rodung
Hilfe zur Selbsthilfe	Wasser-mangel	Welthandel	Landflucht
Rolle der Frauen	Bevölkerungs-explosion	Familien-planung	Wirtschaftl. Entwicklung
Eine-Welt-Laden	Kaffee	Brot für die Welt	Faulheit

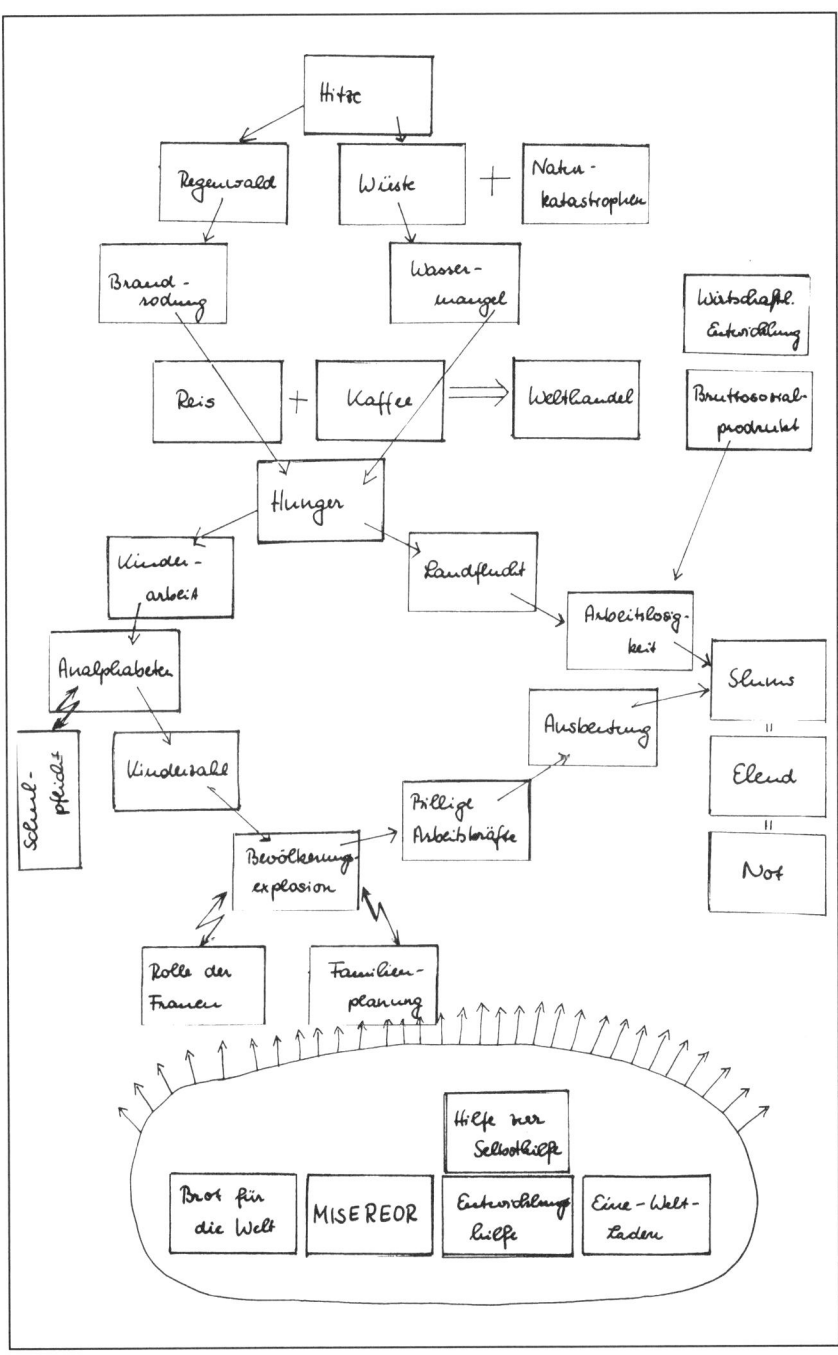

Gesprächsformen

Offener in der gesamten Anlage der Stunde oder einer kompletten Unterrichtsreihe ist der Einstieg mit einer sog. *Gesprächsform.* Stellvertretend für einige andere werden hier das Planungsgespräch, die Eröffnung im Brainstorming und das Blitzlicht mit Beispielen vorgestellt. Bei aller thematischen Offenheit verlaufen sie nach bestimmten Spielregeln, die allen Schülern gegenwärtig sein müssen. Dazu gehört vor allem die Toleranz allen Teilnehmern gegenüber und gegenüber allen Gedanken und Äußerungen, klingen sie zunächst auch noch so abwegig. Dies ist nur in entsprechend vorbereiteter Arbeitsatmosphäre zu erreichen. Um Furcht vor verbalen Angriffen oder unsachlicher Kritik gar nicht erst aufkommen zu lassen, gehören „eiserne Regeln" für alle Teilnehmer dazu:
– Streng verboten sind spontane Kommentare und Einwendungen zu Aussagen, wie z. B. „Das geht doch nicht, das ist doch Blödsinn, das erlaubt ja doch niemand".
– Während der Phase wird weder diskutiert noch kritisiert.

Zu den Voraussetzungen gehört auch, dass der Lehrer sich ebenfalls an diese Regeln hält und dass er offen ist für noch so unerwartete, überraschende Ergebnisse. Vorher festgelegte Vorstellungen schaden eher dem Ablauf des Geschehens und machen daraus ein Scheingefecht. Allerdings lassen sich, mit den Schülern vereinbart, bestimmte Aspekte des angegebenen Themas ausschließen.

▓ Das Planungsgespräch
Ziel dieser Einstiegsform ist das schrittweise, gemeinsame Entwickeln des weiteren Vorgehens in einer Unterrichtsreihe. Dabei kann der Vorschlag zum Thema sowohl von Lehrer- als auch von Schülerseite kommen. Als Anregung zum Gespräch kann der Lehrer allerdings einige provozierende oder verrätselte Ideen auf Lager haben. Die folgende von GREVING/PARADIES geschilderte Durchführung zum Thema Freizeitverhalten zeigt deutlich den Ablauf eines solchen Planungsgespräches (S. 200 f.).

Durchführung im Unterricht
Die Niedersächsischen Rahmenrichtlinien für das Fach „Welt- und Umweltkunde" sehen für die Klasse fünf oder sechs das Thema „Freizeitverhalten – Freizeit und Umwelt" vor. Außer einigen sehr allgemein formulierten Lernzielen gibt es keine näheren Stoffvorgaben. Da auch ich dieses Fach in dieser Jahrgangsstufe zum ersten Mal unterrichte, beginnen wir die Einheit mit einem Planungsgespräch. Ich habe zwar einige Ideen über mögliche Themenbereiche wie Freizeitangebote in unserer Stadt, Freizeitindustrie oder Umweltgefährdung durch Freizeitsportler, aber keine detaillierten Vorstellungen.
Nachdem ich die allgemeinen Gesprächsregeln bekannt gegeben und an die Tafel geschrieben habe, beginne ich das Planungsgespräch mit einer kleinen Provokation, indem ich, einem späteren Buchkapitel vorgreifend, einen Text laut vorlesen lasse, in dem der normale, zwölf- bis vierzehnstündige Arbeitstag eines Unterschichtkindes vor 100 Jahren geschildert wird, das keinerlei Freizeit hatte. Die Schülerinnen und Schüler erkennen nach kurzem Gespräch, wie wichtig für

sie selber die tägliche Freizeit und die eigenen Hobbys sind, begreifen also die Bedeutung dieses Themas.

Mit der Frage „Worüber sollen wir in den nächsten Stunden reden, was wollen wir gemeinsam erarbeiten?" wird nun das eigentliche Planungsgespräch eröffnet. Die Gedanken der Schülerinnen und Schüler reichen von sehr vernünftigen Ideen (Text zum Freizeitverhalten lesen) bis hin zu recht exotischen und schwer realisierbaren, zum Teil auch provokativen Vorschlägen (selber zum Skilaufen fahren, um die Umweltzerstörung dort zu begutachten). Auch Beiträge, die projektartigen Unterricht erfordern oder Erkundungsgänge, Befragungen und sonstige Recherchen zur Folge haben, werden genannt: Erkundung der örtlichen Freizeitmöglichkeiten, Interviews mit Sportvereinsfunktionären etc. Ich protokolliere in Stichworten alle Vorschläge auf kleinen Karteikarten.

Nach der Hälfte der Stunde ist der Elan verbraucht und sind alle Ideen ausgesprochen. Ich lese anschließend alle Vorschläge noch einmal vor, wir diskutieren gemeinsam die Ideen, sondern die nichtrealisierbaren aus, sortieren und strukturieren die übrigen und ordnen sie unter einigen Hauptaspekten, die ich an die Tafel schreibe. Die Kärtchen werden an die Wand geheftet. Die Schülerinnen und Schüler können dann alle Vorschläge noch einmal in Ruhe durchlesen. Jeder erhält 10 Klebepunkte, die er nach persönlichen Vorlieben auf den Kärtchen verteilen kann. Die hierbei herauskommenden „Renner" werden von uns schließlich auf einer Wandzeitung notiert. Sie bilden die Geschäftsgrundlage für die Einheit, die im Verlauf der folgenden Stunden noch verändert werden kann, falls während der Arbeit neue Gesichtspunkte auftauchen.

Einsetzbar ist dieser Einstieg in eine Reihe bei vielen geographischen Themen, je komplexer und vielschichtiger, desto besser. Themenbeispiele könnten hier sein: *Gefährdung von Lebensräumen, Naturkatastrophen, Energie und Umwelt, Lebensraum Stadt, Agrarwirtschaft in Europa* und viele andere mehr. Hier werden interessante und überraschende Ideen von den Schülern eingebracht und gemeinsam mit dem Lehrer zu realisieren sein. Um das Risiko zu vermeiden, von den Teilnehmern dieser assoziativen Gesprächsform an entscheidenden Stellen alleine gelassen zu werden, empfiehlt es sich, sie nur in solchen Gruppen einzusetzen, deren Gesprächsbereitschaft und -leistung man durch längeren Unterricht bereits einzuschätzen weiß.

▓ Brainstorming

Das Brainstorming ist eine Art gemeinsamen lauten Denkens, eine Technik der Ideensammlung. Es scheint dort am besten einsetzbar zu sein, wo die Schüler über gewisse Vorkenntnisse, Meinungen, Einschätzungen und Erfahrungen verfügen, mögen sie auch noch so diffus sein. Oft sind sie ihnen gar nicht bewusst und kommen im Verlauf des „Gehirnstürmens" erst zum Vorschein. Brainstorming wird in verschiedenen Varianten (Klassen-, Partner- oder Gruppengröße) und unterschiedlich ausgeprägten Phasen praktiziert, immer gehört aber die absolute Gedankenfreiheit dazu. Zum ersten Mal in einer Klasse eingesetzt, sollten folgende Spielregeln bekannt sein, die man im Klassenraum aushängen sollte. Alle Äußerungen werden so gesammelt und notiert, dass sie allen Beteiligten zugänglich gemacht werden können (vgl. S. 32).

> Alles ist denkbar.
> Alles ist möglich.
> Alle Gedanken sind erlaubt, Logik und Vernunft kommen später.
> Lasst Gedanken und Fantasie freien Lauf.
> Greift die Gedanken anderer positiv auf, spinnt sie weiter, verändert sie, ...

Zu Beginn der ersten Phase, der Sammlung, benennt der Lehrer das Thema oder stellt eine entsprechende Frage. Im Klassenverband sammelt er kommentarlos z. B. auf Karteikarten, an der Wandzeitung oder Tafel die geäußerten Beiträge, ohne dabei wertend einzugreifen. Nach eventueller anfänglicher Zurückhaltung wird man nach einigen Minuten ein Sammelsurium von Ideen, Gedanken, Vorschlägen, Fantasien zur Verfügung haben. Denkbar ist bei diesem Vorgehen auch das Aufteilen der Klasse zu zweit oder zu größeren Gruppen von 6 bis 8 Schülern. Die Gruppe setzt sich eng zusammen und wählt aus ihrer Mitte einen Schreiber. Nach Themen- bzw. Fragestellung beginnen die Assoziationen zu fließen, ein Schüler notiert alles. Nach kurzer Zeit (5–10 Minuten) endet dieses erste Sammeln, das eigentliche Brainstorming. Die Gruppe kann nun zunächst die Gelegenheit bekommen, ihre Stichworte selbstständig zu bewerten, evtl. Unsinniges zu eliminieren. Als Nächstes erfolgt die Phase der Auswertung oder Konkretisierung in unterschiedlicher Form. Die genannten Beiträge werden auf Folien oder an der Tafel veröffentlicht. Ähnlich lautende Stichworte lassen sich farbig herausstellen, besonders häufige gesondert sammeln. Die meist genannten Assoziationen umreißen die Themenaspekte, die vertiefend weitergeführt werden sollten. Sie können Ausgangsbasis für ein Planungsgespräch oder die gesamte Reihe sein.

Vorteil dieses Verfahrens ist es, dass nicht diffus irgendein Thema gefunden wird, sondern dass gemeinsame inhaltliche oder gar methodische Vorschläge eingehen können. An einem Beispiel von CHRISTOPH STEIN sei eine Form des Brainstormings noch einmal transparent gemacht.

Beispiel: Rassenkonflikte

Lehrer: „Ich möchte heute mit euch ein so genanntes Brainstorming (Tafelstich-wort) durchführen. Wer kann das Wort übersetzen?" – „Gehirnstürmen" – „Dies ist eine Technik, um Ideen zu sammeln. Dazu müsst ihr euch in Gruppen zu ca. sechs um jeweils einen Tisch herumsetzen. Jede Gruppe braucht einen Schreiber. Auf ein bestimmtes Wort, das ich euch dann nenne, sagt jeder, was ihm dazu einfällt. Dabei gibt es zwei ganz wichtige Regeln. Niemand aus der Gruppe darf zu dem, was ein anderer sagt, positiv oder negativ reagieren, selbst dann nicht, wenn es auf den ersten Blick ganz dumm klingt. Vielleicht kommt durch diese abwegig erscheinende Äußerung ein anderer auf eine gute Idee. Es macht also nichts, wenn ihr auch ungewöhnliche oder komische Beiträge erst einmal aufschreibt. Hinterher könnt ihr alles wieder herausstreichen, was eurer Meinung nach nicht zum Thema passt."

Die Schüler setzen sich in Gruppen eng um jeweils einen Tisch. Ein Schüler hat Schreibzeug bereitliegen. Der Lehrer schreibt an die Tafel: *Rassenkonflikte*".
In den Gruppen beginnt das Gemurmel, von gelegentlichem Gelächter unter-

brochen. Als die Abstände zwischen einzelnen Beiträgen in den Gruppen länger
werden (nach ca. fünf Minuten), unterbricht der Lehrer. „Nun streicht bitte alles
heraus, was euch wenig sinnvoll erscheint. Versucht die verbleibenden Stichworte etwas zu ordnen nach zusammenhängenden Themenbereichen oder in
der Reihenfolge der Wichtigkeit und schreibt euer Ergebnis an die Tafel, das so
aussieht":

Gruppe I	Gruppe II	Gruppe III	Gruppe IV	Gruppe V
Neger	Neger	schwarz-weiß	Neger	Neger
schwarz-weiß	Sklaven	Neger	Sklaven	Nigger
Luther King	Weiße	Afrika	Afrika	Martin Luther King
getrenntes Leben	Arbeiter	Rassentrennung	Amerika	Sklaven
Vorurteile	Amerika	Krieg	Luther King	Straßenschlachten
Meinungen	Slum	Tod	Diskriminierung	Schlägerei
Minderheits-	Kämpfe	Polizisten	Baumwoll-	viele Tode
regierung	Regierung	Schlagstöcke	plantagen	Brutalität
Straßenschlacht	Indianer	Amerika	Slums	Tod
Streit	Reservate	Bevölkerungs-	Ungerechtigkeit	keine Rechte
Tod	Probleme	vermehrung	Morde	getrennte Busse
Juden	Polizei	Judentum	Tod	
	Ungerechtigkeit		Juden	
	Streik		Deutschland	
	Aufstand			
	Mord			
	Konzentrations-			
	lager, Juden			
	Glauben, Religion			
	Deutschland			

Es zeigt dem Lehrer, wo die Schüler Rassenkonflikte vermuten oder kennen
(Afrika, Amerika: schwarz-weiß, nicht in Asien oder Australien; an Indianer
wird kaum gedacht), welchen Einfluss das Fernsehen auf das Vorwissen der
Schüler hat (in dieser Zeit liefen zahlreiche Sendungen über die Juden und eine
Sendung zum Todestag von Martin Luther King) und wie sie sich Rassenkonflikte vorstellen (Straßenschlachten). Ein Planungsgespräch schließt sich in der
folgenden Stunde an. Dies ist ein Beispiel, wie eine Unterrichtseinheit (kaum
eine Einzelstunde!) durch Anknüpfung an das Vorwissen der Schüler eingeleitet
werden kann.

Die meisten Unterrichtsreihen lassen sich so einleiten, vor allem, wenn Vorkennt-
nisse bei den Schülern zu erwarten sind, wie z. B. *Das Leben in Trocken- oder
Kälteregionen, Tourismus in Europa, Agrarräume und Umwelt, Bodenschätze,
Bevölkerungswachstum, politische Konflikträume.*

▓ Blitzlicht

Eine thematisch noch offenere Gesprächsform findet im Blitzlicht statt (RUTH COHN
1975). Kurz und blitzlichtartig wird in einem solchen Rundumgespräch erleuchtet,
was der Einzelne gerade denkt, fühlt oder empfindet. Jeder Schüler muss zu einem
vorgegebenen Thema seinen persönlichen Kommentar in einem Schlagwort, besser
in einem kurzen Satz abgeben. Kritik an den Statements der Mitschüler ist nicht
zugelassen. Die Durchführung ist sehr einfach. Auf Fragen und Anregungen wie:
„In den Urlaub mit dem Flugzeug? Indianer in Reservaten? Für jeden Chinesen ein

Auto?" sind nach einer kurzen Bedenkzeit alle Teilnehmer an der Reihe. Ein sinnvolles Hilfsmittel kann dabei ein „Sprechstein" oder ein anderer Gegenstand sein, der von Redner zu Redner weitergereicht wird. Nur wer ihn gerade hält, hat Rederecht. Von einigen Lehrern wird so ein Blitzlicht geradezu als Eröffnungsritual in ihrem Unterricht benutzt. Die Schüler lernen, ihre Gedanken zu sortieren, zu strukturieren und in knapper und präziser Form den Hauptaspekt zu formulieren. Blitzlichter können auch in anderen Unterrichtsphasen zum Einsatz kommen, z. B. am Abschluss einer Stunde zur Klärung der allgemeinen Befindlichkeit.

Die Fantasiereise

Lohnend ist auch ein ganz anderer Weg des Stundenanfangs. Eine Reise in der Fantasie der Schüler versetzt die ganze Lerngruppe in lockerer, freundlicher Atmosphäre in ferne Länder und fremde Situationen. Diese Fantasiereise ist eine Übung zur Entspannung, kann aber auch direkt einleitend in ein neues Unterrichtsthema münden. Mit ihr lassen sich die Kinder aus der hektischen Überfrachtung des Alltags in das Schweigen und die beruhigende Stille der Konzentration hineinführen.
Mit einem Einführungsgespräch über Art und Weise der Reise wird die aus längerer gemeinsamer Unterrichtszeit vertraute Klasse auf das Folgende vorbereitet. Zu den konkreten Rahmenbedingungen gehören das Abstellen aller Lärm- und Störquellen, ein Schild außen an der Klassentür kann dabei helfen. Eventuell dunkelt man den Raum ab und zündet einige Kerzen an. Eine bequeme Haltung – Kopf auf dem Tisch, Augen geschlossen – ist wichtig. In einer anfänglichen Einstimmungsphase mit entspannender meditativer Musik wird nun die Ruhe gesammelt, auf den eigenen Körper, auf das gleichmäßige Atmen geachtet.
Mit ruhiger, nur wenig betonender Stimme beginnt dann der Lehrer die Reise in die Fantasie. Er erzählt eine Geschichte oder liest langsam, mit vielen Pausen einen Text vor, der die Zuhörer mitnimmt in eine ferne, fremde Welt. *Am Strand in Tunesien, in einem Beduinenzelt, in einer Hängematte im tropischen Regenwald, auf dem Basar, in einer Oase, in einem Fellachendorf, auf einem Berggipfel* sind nur einige Titel, die solche Situationen umreißen.
Drei Beispiele aus dem anregenden Buch von ELSE MÜLLER *Du spürst unter deinen Füßen das Gras* sollen hier stellvertretend für viele stehen.

Oase Fayum

Auf Wüstenstraßen durch hellen Sand – der Weg schnurgerade, soweit man schauen kann – nach langer Zeit am Horizont das erste Grün – Palmen und das Blitzen eines Sees – wir nähern uns dem See, der gemächlich an das Ufer schwappt – Vögel im Schilf – Reiher fliegen auf – kein Ort, kein Haus, alles scheint ganz menschenleer – am Ende des Sees ein winzig kleiner Ort – nur ein paar Hütten, aus Lehm gebaut – Kinder spielen im Sand davor – sie sind so bunt gekleidet, in Farben, die unserem Auge fremd – sie lachen fröhlich – schreien »Bakschisch« – betteln, doch ist es mehr ein Spiel – Frauen stehen am Wasserspender – Tonkrüge auf dem Kopf – mit Anmut schreiten sie davon, sie blicken uns kaum an – Fremde, die sich in diese Welt, die ihre, wohl verirrten – wir ziehen weiter – ein kleiner Fluss begleitet unseren Weg – lehmgraue Hütten am Ufer – das Leben dort in großer Ruhe – Taubenhäuser aus Lehm am Wegrand

– ganz bizarr – Kegel über Kegel – aus Lehm – aufeinander getürmt – wie Burgen fremder Völker sehen sie aus – aus runden Löchern flattert's wild und weiß – Tauben, viele Tauben suchen ihre Bahn, um sie zu fliegen – weiter des Wegs, Felder – dürr und arm – ein altes Wasserrad aus Holz bewegt von einer dünnen Kuh – die Augen verbunden, dreht sie unermüdlich Kreis um Kreis – was schon sind hier tausend Jahre – ein Nichts – ein Tropfen, der im Sand verrinnt – *die Ruhe dieser Landschaft ist so groß – du fühlst sie in dir – bist ruhig, gelöst und ganz entspannt*

Strand in Tunesien

Ein Strand liegt vor dir, im weiten Bogen geschwungen – der Sand flimmert und schimmert in gleißendem Licht – du bist fast geblendet von dieser Helligkeit – sie ähnelt frisch gefallenem Schnee – *doch er ist warm, der Sand, ganz warm – deine nackten Füße spüren die Wärme und das Weiche des Sandes – es ist ein gutes Gefühl* – du läufst den Strand entlang – die Menschen hast du weit hinter dir gelassen – *du bist allein und freust dich über die Ruhe – du fühlst dich ruhig* – der Strand gehört jetzt dir allein – du gehst weiter, dem Bogen nach – neben dir plätschern die Wellen an den Strand – braune, schmale Blätter liegen zu kleinen Hügeln gehäuft – sie gleichen Dünen – Dünen aus weichen, modrigen Blättern – du bückst dich manchmal nach kleinen Muscheln, Steinen – vor dir siehst du die Sonne – eine riesige Kugel aus geschmolzenem Gold – du setzt dich in den warmen Sand – du schaust zu der Sonne – die Abenddämmerung beginnt – die Sonne senkt sich langsam dem Meer entgegen – sie verändert ihre Farbe – du siehst viele Schattierungen – es ist, als ob sie von einer unsichtbaren Schnur gezogen wird – wie ein Ballon, von Kinderhand gezogen – sie nähert sich dem Schnittpunkt von Meer und Himmel – du bleibst sitzen, bis sie verschwunden ist – bis das Meer sie aufgenommen hat – die Wärme des Tages vergeht langsam – *in dir ist eine große Ruhe – du bist ruhig und warm – dein Atem geht ruhig und gleichmäßig – du bist ganz ruhig, gelöst und entspannt*

Klippe

Du sitzt auf einer Klippe hoch über dem Meer – du schaust weit über das blaugrün schimmernde Meer – der Himmel wölbt sich wie ein hohes Zelt über die glatte Fläche des Wassers – am Horizont vermischen sich die Farben von Himmel und Meer – Dunst liegt über ihrem Schnittpunkt – um dich herum alte, uralte Olivenbäume – durch die Jahrhunderte seltsam und bizarr geformt – die Rinde rissig und rau – die Blätter grün, von Grau wie überstaubt – die Früchte fest und glänzend – Ginster, gelb, wie brennend – Pinien, ihre Kronen wie Dächer schützend ausgebreitet – die Erde trocken, aufgesprungen – kleine Käfer rennen geschäftig hin und her – Zikaden hocken im Baum – ihr Zirpen dringt hell in dein Ohr – du schaust aufs Meer – die Wellen rollen hin und her – hin und her – *du spürst, wie dein Atem sich dem Rhythmus anpasst – hin und her – gleich ein und aus – ruhig geht dein Atem – du bist ganz ruhig – gelöst – entspannt* – kleine weiße Flecken weit draußen auf dem Meer – Boote mit Segeln – weit kannst du schauen – ohne Grenze ist dein Blick – *du fühlst dich wohl – du bist ganz ruhig, entspannt – sonnenwarm bist du und sehr ruhig – Ruhe durchströmt dich*

Am Ende dieser beruhigenden und erholsamen Fahrt werden die Zuhörer langsam wieder zurückgeholt, häufig durch die Anregung zum Recken und Strecken. Nun sollten sie freundlich aufgefordert werden, ihre Eindrücke und Gedanken während der Reise aufzuschreiben. So werden sie sensibilisiert für fremdartige Lebensumstände in anderen Kulturen.

Der Anfang mit einer solchen Unterrichtsform ist sicherlich oft schwierig, besonders in einer unruhigen oder undisziplinierten Klasse. Ein Störenfried kann mit unpassenden Bemerkungen die Atmosphäre zerreißen. Hier tun sich besonders manche Jungen hervor, für die der ganze „Meditationsquatsch" nur lächerlich ist. Aber alle Pädagogen, die diesen Beginn mit langem Atem durchgehalten haben, schwärmen von der stressfreien Ruhe, der emotionalen Offenheit im anschließenden Gespräch und dem ausgeglichenen Arbeiten.

Literatur

COHN, RUTH: Von der Psychoanalyse zur themenzentrierten Interaktion. Klett, Stuttgart 1975

GRELL, JOCHEN u. MONIKA: Unterrichtsrezepte. Weinheim/Basel 1996[11]

GRELL, JOCHEN u. MONIKA: Informierender Unterrichtseinstieg. Westermanns Pädagogische Beiträge 32 (1980), S. 41–44

GREVING, JOHANNES/PARADIES, LIANE: Unterrichts-Einstiege. Cornelsen Scriptor, Berlin 1996

MEYER, HILBERT: UnterrichtsMethoden II. Cornelsen Scriptor, Berlin 1995[7]

MÜLLER, ELSE: Du spürst unter deinen Füßen das Gras. Autogenes Training in Fantasie- und Märchenreisen. Ratgeber Fischer TB 1490, Frankfurt am Main 1983

STEIN, CHRISTOPH: Der Einstieg im Geographie-Unterricht, in: Praxis Geographie 11/81, H. 8, S. 298–304, Westermann (Das gesamte Heft bietet zahlreiche Anregungen.)

Thema: Freiarbeit

„Nicht für die Schule, für das Leben lernen wir." Ein nicht mehr ganz neuer, in vielen Schulen schon beschrittener Weg ist die Freiarbeit, ein Schlagwort, das in Mode gekommen ist und doch auf unterschiedliche Weise umgesetzt werden kann. Als hilfreiche Lektüre zu dieser Thematik sei verwiesen auf das Buch von PETER SEHRBROCK, *Freiarbeit in der Sekundarstufe I* (Cornelsen Scriptor), das die Freiarbeit ausführlich erläutert, Grundgedanken, Ideen und ein breites Spektrum konkreter Einzelschritte bereithält und durch einen reichhaltigen, fächerübergreifenden Materialpool und eine umfassende Literaturliste vervollständigt wird. Andererseits hat auch z. B. das Landesinstitut für Schule und Weiterbildung des Landes Nordrhein-Westfalen im Rahmen der Curriculumentwicklung eine detaillierte Übersicht über die Freiarbeit in der Sekundarstufe I herausgegeben.

Dieses Kapitel will neben einer kurzen Erläuterung des Begriffs „Freiarbeit" organisatorische Probleme, gestalterische Möglichkeiten, Erfahrungen und eine ausführliche Adressenübersicht aus der Sicht des Erdkundelehrers vorstellen.

Was ist Freiarbeit?

Klingt der Name „Freiarbeit" modern oder für manche sogar provokativ, so reichen die Ursprünge doch zurück bis in die Mitte des 19. Jh.s zu den Leitideen der Reformpädagogik (MONTESSORI, PETERSEN, FREINET u. a.). Freiarbeit bietet heute Lehrern und Schülern die Möglichkeit, in einer etwas anderen Form miteinander umzugehen, häufig entspannter, sicherlich den Unterrichtsablauf belebender, hoffentlich erfolgreicher. So liegt bei der Gewichtung der beiden Wörter „Frei" und „Arbeit" der Schwerpunkt deutlich auf „Arbeit", was von Kritikern gern übersehen wird.

Aus Schülersicht geht es darum, sich zu lösen von starren Formen, von Anpassung und Konsumhaltung; Eigeninitiative wird verlangt, die Anforderungen werden mit wachsender Jahrgangsstufe zunehmend höher. Aber auch der Lehrer muss seine bisherige Lehrerrolle überdenken; er muss diese neue Unterrichtsform als Herausforderung sehen, er braucht Mut, er muss neue Grenzen abstecken.

„Frei" darf nicht so verstanden werden, als sei es Schülern freigestellt, wie und womit sie sich beschäftigen, als wolle man dem Schulfrust einen Riegel vorschieben. Diese Unterrichtsform ist nur sinnvoll, wenn der Lehrer nicht als unmittelbarer Wissensvermittler gefordert ist. Frei ist aus Schülersicht – neben verbindlich vorgegebenen Aufgaben – die Wahl des Unterrichtsinhaltes (aus einem vorhandenen Materialpool) und die Zeitdauer für eine gewählte Aufgabe (innerhalb des vom Stundenplan vorgegebenen Zeitrasters). Ebenso kann es dem Lernenden weitgehend freigestellt werden, Schwierigkeitsgrad und Umfang zu bestimmen. Natürlich ist auch Freiarbeit in erster Linie Arbeit, die sich an geforderten Lernstoffen und Unterrichtsinhalten orientiert.

Die Kontrollfunktion des Lehrers darf dabei nicht übersehen werden. Einerseits überprüft und kontrolliert er regelmäßig die Freiarbeitshefte, zum anderen müssen die Kinder in einer tabellarischen Übersicht die erledigten Arbeiten notieren (vgl. S. 51). Allein durch die Tatsache, dass die Schule als Institution eine bestimmte Ordnung verbindlich vorschreibt (angefangen von der Schulpflicht über Lehrpläne und Stundenraster bis hin zur Ferienordnung), bietet die Freiarbeit die Möglichkeit, Zwängen entgegenzuwirken, den Lernwillen und die Einsatzbereitschaft zu fördern, verbindliche Lerninhalte in neuer Form anzupacken bzw. in eigener Regie zu vertiefen oder zu wiederholen, um den Lernerfolg zu sichern.

Tipps für Einsteiger

Ganz wichtig für einen Einsteiger in die Freiarbeit muss die Bereitschaft sein, in pädagogischer Hinsicht etwas verändern zu wollen: Man muss bereit sein Freiheiten im schulischen Alltag zu akzeptieren und die Schüler in ihrer Persönlichkeit zu respektieren, sie anzunehmen, wie sie nun einmal sind und nicht wie sie sein sollen. Ein sicherlich steiniger Weg ist es, wenn man allein diese Unterrichtsform angehen möchte. Es ist unverzichtbar, das Gespräch mit Kolleginnen und Kollegen zu suchen, sich auszutauschen über Erfahrungen, Probleme und neue Erkenntnisse. Unabdingbar ist die Absprache hinsichtlich der Materialzusammenstellung, da die Fachkollegen das bereitgestellte Angebot an Arbeitsblättern, Texten, Spielen usw.

als Wiederholung, Vertiefung oder Ergänzung ihrer Unterrichtsthemen akzeptieren sollten. In unserer Schule z. B. hat jede Fachkonferenz einen Kollegen bzw. eine Kollegin gewählt, die das fachspezifische Freiarbeitsangebot prüft oder sogar besorgt.

Wer zuerst einmal im kleinen Rahmen mit der Freiarbeit in seiner Klasse beginnen möchte und im Stundenplan keine festen Zeiten zugewiesen bekommt, sollte folgende bewährte Möglichkeit prüfen: Als Klassenlehrer einer Klasse 5 z. B. mit den Fächern Mathematik und Erdkunde wählt man eine Doppelstunde aus, in der man beide Fächer in seiner Klasse unterrichtet (rechtzeitige Absprache mit dem Stundenplanteam!), und beschränkt sich vorerst auf Freiarbeitsmaterialien zu Mathematik und Erdkunde, zumal gerade für Erdkunde das Angebot sehr umfangreich ist bzw. in Eigenarbeit in vielfältiger Weise hergestellt werden kann. Erfahrungsgemäß wird der Wunsch der Schüler nach Ausweitung auf andere Fächer dann schnell geweckt.

Sinnvoll erscheint es mir, dass gerade die neuen Klassenlehrer der 5. Klassen die zukünftigen Schüler rechtzeitig zu Beginn des neuen Schuljahres in einem persönlichen Schreiben auf diese Form des Unterrichts hinweisen, zumal häufig ein in der Grundschule begonnener Schritt in ähnlicher Form weitergeführt wird.

Vergessen werden darf am Anfang aber auch nicht die Kooperation mit Schülern und Eltern und die Beachtung ihrer Wünsche und Anregungen, zumal Letztere durch finanzielle und praktische Eigenleistung zum Erfolg beisteuern werden; denn welche Schule kann es sich schon leisten, ein breit gefächertes Materialangebot – eventuell sogar für mehrere Klassen – und die passenden Unterbringungsmöglichkeiten bereitzustellen? In diesem Rahmen hat es sich an unserer Schule gezeigt, dass gerade die Einbindung der Eltern in folgenden Bereichen sinnvoll ist:

– Die bereitgestellten Arbeitsblätter, Karten, Puzzles usw. sollen möglichst lange halten und von allen Schülern benutzt werden. Viele Eltern haben sich daher mit dem Klassenlehrer an einem Nachmittag bzw. Abend (teilweise mit den Kindern) getroffen und die nicht kopierfähigen Arbeitsmittel mit Schutzfolien versehen, sodass sie jederzeit mit wasserlöslichen Stiften bearbeitet werden können. Zudem lernen die Eltern auf diese Weise die Freiarbeitsmaterialien kennen und erfahren mehr über diese Unterrichtsform.

– Gerade kleinere Arbeitsutensilien (Schere, Werkzeug, Lupe, Papier, ...) werden problemlos von Eltern gespendet. So habe ich es erlebt, dass ein Vater bei der Renovierung seines Büros achtzig abgelegte Aktenordner beisteuerte, die nach Überkleben der Rückwand vorzügliche Dienste leisten.

– Schüler müssen sicher sein, dass ihre Arbeiten geschützt gelagert und jederzeit für den Unterricht verfügbar sind. Als Aufbewahrungsorte empfehlen sich Regale und abschließbare Schränke im Klassenzimmer, zumal der Raum üblicherweise auch von anderen Klassen genutzt wird. Einige Väter sind sicher bereit, hier ihre handwerklichen Fähigkeiten unter Beweis zu stellen. Häufig bieten allerdings Baumärkte oder Einkaufszentren Regale kostengünstiger an als eine Herstellung in Eigenarbeit. Lohnend ist auch die Nachfrage bei Stadtverwaltungen und Finanzämtern, ausrangierte oder ältere abschließbare Aktenschränke der Klasse zu übereignen.

Klassenraumgestaltung

Einige Gedanken zur Gestaltung des Klassenraums sind wichtig, weil die Schüler sich mit ihrem Raum identifizieren.

Die üblicherweise auf zentrierte Unterrichtsform ausgerichtete Sitzordnung ist ungeeignet für Freiarbeit, aber die Unterrichtspraxis lässt eine Veränderung des Raumes kaum zu, vor allem dann nicht, wenn Freiarbeit zweistündig in der Woche stattfindet. Die in vielen Grundschulen häufige völlige Veränderung des Klassenraumes mit Einbeziehung der Flure lässt sich aus Rücksicht auf Nachbarklassen und Raumwechsel nicht bewerkstelligen. Ist der Klassenraum groß genug, können zusätzliche Tische oder alte Sessel (Elternspende!) am Rand postiert werden; das Zusammenschieben der übrigen Tische zu Arbeitsplätzen für diese Zeit wird schnell zur Routine.

Teppichreste, die als Pinnwand dienen, lassen sich problemlos an den Wänden befestigen. Überhaupt sollen Wände (und Fenster, ...) mit Ergebnissen geschmückt werden, die in der Freiarbeitsphase entstanden sind. Aus geographischer Sicht ist es ohne weiteres denkbar, passend zu den Materialien eine Wandkarte oder großformatige Bilder – mit eventuell wechselnder Thematik – anzubringen, allerdings immer unter dem Aspekt, dass der tägliche Unterricht störungsfrei stattfinden kann.

Materialbeschaffung

Ohne Arbeitsmaterial keine Freiarbeit! Also steht am Anfang einer jeden Planung die Beschaffung der geeigneten Medien. Erfahrungsgemäß ist die Mithilfe der Kollegen hier unerlässlich, sei es durch Austausch vorhandener Materialien bzw. Adressen oder durch fachliche Prüfung geplanter Arbeitsblätter, Spiele und dergleichen. Verschiedene Möglichkeiten der Beschaffung bzw. Erstellung geeigneter geographischer Freiarbeitsmaterialien sollen nun vorgestellt werden:

Die einfachste (und teuerste) Möglichkeit besteht darin, aus dem mittlerweile sehr großen Angebot der verschiedenen Verlage auszuwählen. Neben solchen Verlagen, die sich speziell der Freiarbeit verschrieben haben, bieten auch sämtliche Schulbuchverlage geeignete Unterlagen für diese Unterrichtsform an. Besonders beliebt sind topographische Übungen mit einem unmittelbaren Bezug zu Interessenschwerpunkten der Kinder, vor allem zu sportlichen Ereignissen, z. B. die aktuelle Darstellung der „Deutschen Fußball Bundesländer" (vgl. S. 42). Überhaupt bietet das Element *Spiel* vielfältige Einsatzmöglichkeiten, sei es in einfacher Form in Anlehnung an bekannte Gesellschaftsspiele (z. B. *Dame*), die durch Zusatzregeln auch für höhere Klassen interessant werden, sei es durch neue Spielideen, die einen ausgedehnten Zeitrahmen beanspruchen, aber auch eine größere Personenzahl ermöglichen (z. B. F. Heitmann, Spielend die Erde erkunden, Verlag an der Ruhr). So führen Orientierungsspiele wie *Bahnhof 111 – Alles aussteigen* (aus: Erdkunde – schon gewusst? Spielend durch Deutschland, Westermann) die Schüler anhand von Spielkarten und Fahrtroutenbeschreibungen und mit Atlaseinsatz in die große Welt des Bahnverkehrs, um deutsche Städte aus einem anderen Blickwinkel zu sehen. Vorbereitende Arbeit seitens des Lehrers erfordert es natürlich, die entsprechenden Kärtchen gemäß Vorlage auszuschneiden und für häufigen Gebrauch z. B. durch Aufkleben auf Karton und Bespannen mit Klebefolie zu sichern. Es sei noch einmal darauf hingewiesen, derartige Arbeiten auch mit einem Elternnachmittag oder -abend zum Thema „Freiarbeit" zu verknüpfen. Erwähnt sei auch der vielfältige Einsatz von Memory-Spielen, wo sich neben reinem Gedächtnistraining durch häufige Spielwiederholungen geographische Kenntnisse einprägen und festigen. *Länderspiele* lassen sich in mancherlei Hinsicht abwandeln, z. B.: *Europäische Staaten – Flaggen* bzw. *Autokennzeichen* bzw. *Hauptstädte* bzw. *Nachbarländer* oder *Städte und ihre Flüsse* und Ähnliches mehr. Planung und Bau geographisch relevanter Gegenstände wie einer Windfahne gibt der Kreativität Raum oder ermöglicht Beobachtungen über einen längeren Zeitraum hinweg (vgl. Reihe Oktopus. Unternehmen Wetterfrosch, Klett).

Die Schulbuchverlage bieten geographische Arbeitshefte zu unterschiedlichen Schwerpunkten an, die sich – zumindest in Auszügen – zur Freiarbeit hervorragend eignen. Themen sind u. a. *Wettervorgänge, Müllproblematik*, in erster Linie aber *Topographie* in vielen Varianten und Spielarten (vgl. S. 44/45). Hier lohnt sich auch der Blick in alte Arbeitshefte und längst überholte Erdkundebücher, die vielleicht noch irgendwo in Kisten auf dem Speicher schlummern, aus denen sich auch zeitlos aktuelle Themen zu Arbeitsblättern zusammenstellen lassen (vgl. S. 46/47). Überhaupt sind alte Erdkundebücher eine wahre Fundgrube für alle, die nicht davor zurückschrecken, selbst Freiarbeitsmaterialien herzustellen. Insbesondere Landschaftsquerschnitte, die von den Schülern farbig gestaltet und beschriftet werden können, fehlen heute in manchen Schulbüchern.

Soll die Freiarbeit den aktuellen Erdkundeunterricht ergänzen, ist es ratsam, passend zum eingeführten Unterrichtsbuch Arbeitsblätter ohne allzu großen Aufwand selbst anzufertigen, um bestimmte Themenfelder zu wiederholen und zu vertiefen (siehe die Beispiele S. 41 und 48).

Arbeitsmaterialien für Freiarbeit selber herzustellen macht Spaß, zumal man derartige Unterlagen in Vertretungsstunden auch gezielt einsetzen kann (s. die Beispiele S. 49/50). Wer gerne spielt, kann z. B. auf einem großen, selbst gestalteten *Mensch-ärgere-dich-nicht*-Spielfeld Einzelpersonen oder Gruppen miteinander spielen lassen. Würfeln darf aber nur, wer aus einem reichhaltigen Aufgabenpool eine geographische Frage korrekt beantwortet. Ähnliche Frage-Antwort-Spiele aus der Erdkunde lassen sich auch in jedes marktgängige Quizspiel und selbst gebastelte Kartenspiel integrieren.

Oasen – Inseln im Sandmeer

Aufgabe: Ordne die Oasentypen den Bildern zu und fülle die Tabelle aus!

Oasentypen der Sahara   ▭ Wasserführende Schicht   ▭ Wasserundurchlässige Schicht

Grundwasser-Oasen:

Quell-Oase
am Fuß von Gebirgen
oder Stufen
z. B. Touggourt

Schöpfbrunnen
den Grundwasserspiegel erreichen
Wadi-Oase
z. B. Oasen des Wadi Dra (rechts)
Grundwasserschichten (links)

Foggara-Oase
Grundwasser wird
in Stollen gewonnen
z. B. In Salah

Oase mit artesischem Brunnen
(links) z. B. Ouargla;
in neuerer Zeit
Tiefbohrungen (rechts)
z. B. Kufra, Ghardaia

Fluss-Oase
gestauter Dauerfluss
z. B. Nil

	Lage der Häuser	Lage der Gärten	Beispiele	Staat	Methode der Wasser- gewinnung
Fluss-Oase					
Quell-Oase					
Schöpfbrunnen					
Wadi-Oase					
Artesischer Brunnen					
Foggara-Oase					

Deutsche Fußball Bundesländer, Saison 1996/1997

Aufgaben

1. Suche im Atlas die Fußballstädte und trage deren Anfangsbuchstaben in die Karte ein:
   1. Bundesliga (rot)
   2. Bundesliga (blau)
2. Trage in die Tabellen rechts das jeweilige Bundesland und die Landeshauptstadt ein.
3. a) Welches Bundesland hat die meisten Erstligavereine?
   b) Welche Bundesländer haben keinen Vertreter in der 1. und 2. Bundesliga?
4. a) Welche Vereine haben die weiteste Anreise?
      (Gegen welchen Gegner hat dein Lieblingsverein die weiteste Anreise?)
   b) Durch welche Bundesländer würde ihr Mannschaftsbus fahren?

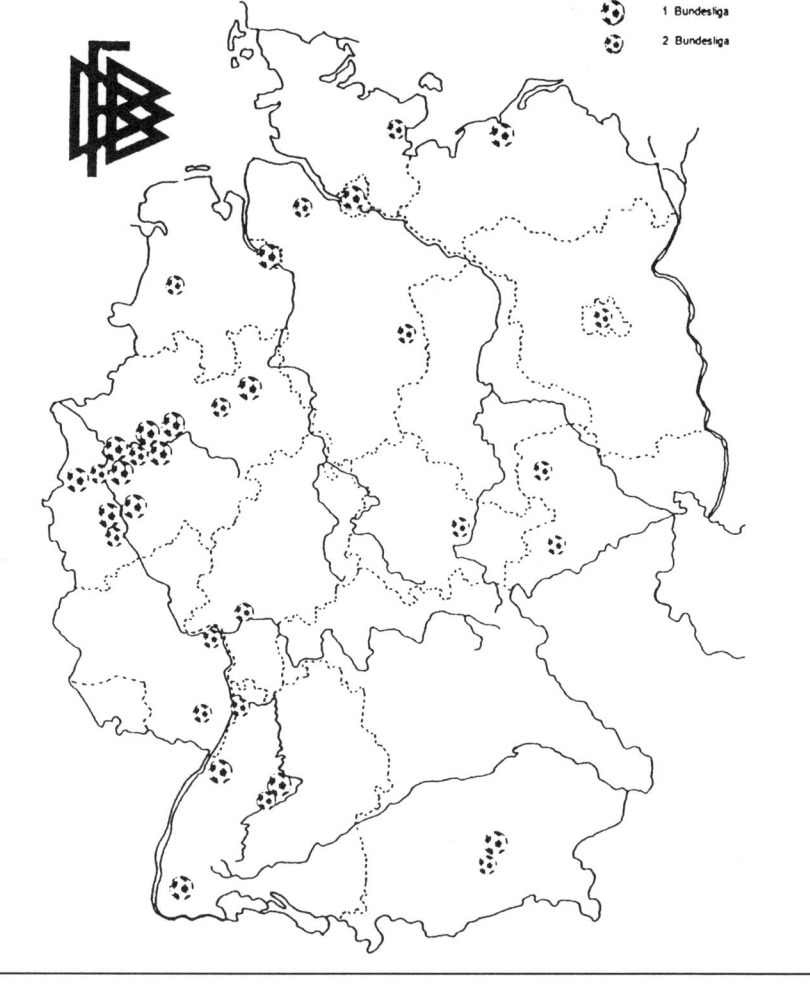

1 Bundesliga

2 Bundesliga

1. Bundesliga (Saison 1996/97)

Mannschaften 1996/97	Bundesland	Landeshauptstadt
1. Arminia Bielefeld		
2. VfL Bochum		
3. SV Werder Bremen		
4. Borussia Dortmund		
5. MSV Dulsburg		
6. Fortuna Düsseldorf		
7. SC Freiburg		
8. Hamburger SV		
9. Karlsruher SC		
10. 1. FC Köln		
11. Bayer 04 Leverkusen		
12. Bor. Mönchengladbach		
13. FC Bayern München		
14. TSV 1860 München		
15. FC St. Pauli		
16. Hansa Rostock		
17. FC Schalke 04		
18. VfB Stuttgart		

2. Bundesliga (Saison 1996/97)

Mannschaften 1996/97	Bundesland	Landeshauptstadt
1. Hertha BSC Berlin		
2. RW Essen		
3. Eintracht Frankfurt		
4. FC Gütersloh		
5. FC Carl Zeiss Jena		
6. 1. FC Kaiserslautern		
7. Fortuna Köln		
8. VfB Leipzig		
9. VfB Lübeck		
10. FSV Mainz 05		
11. SV Waldhof		
12. SV Meppen		
13. VFB Oldenburg		
14. Stuttgarter Kickers		
15. KFC Uerdingen		
16. Spvgg Unterhaching		
17. VfL Wolfsburg		
18. FSV Zwickau		

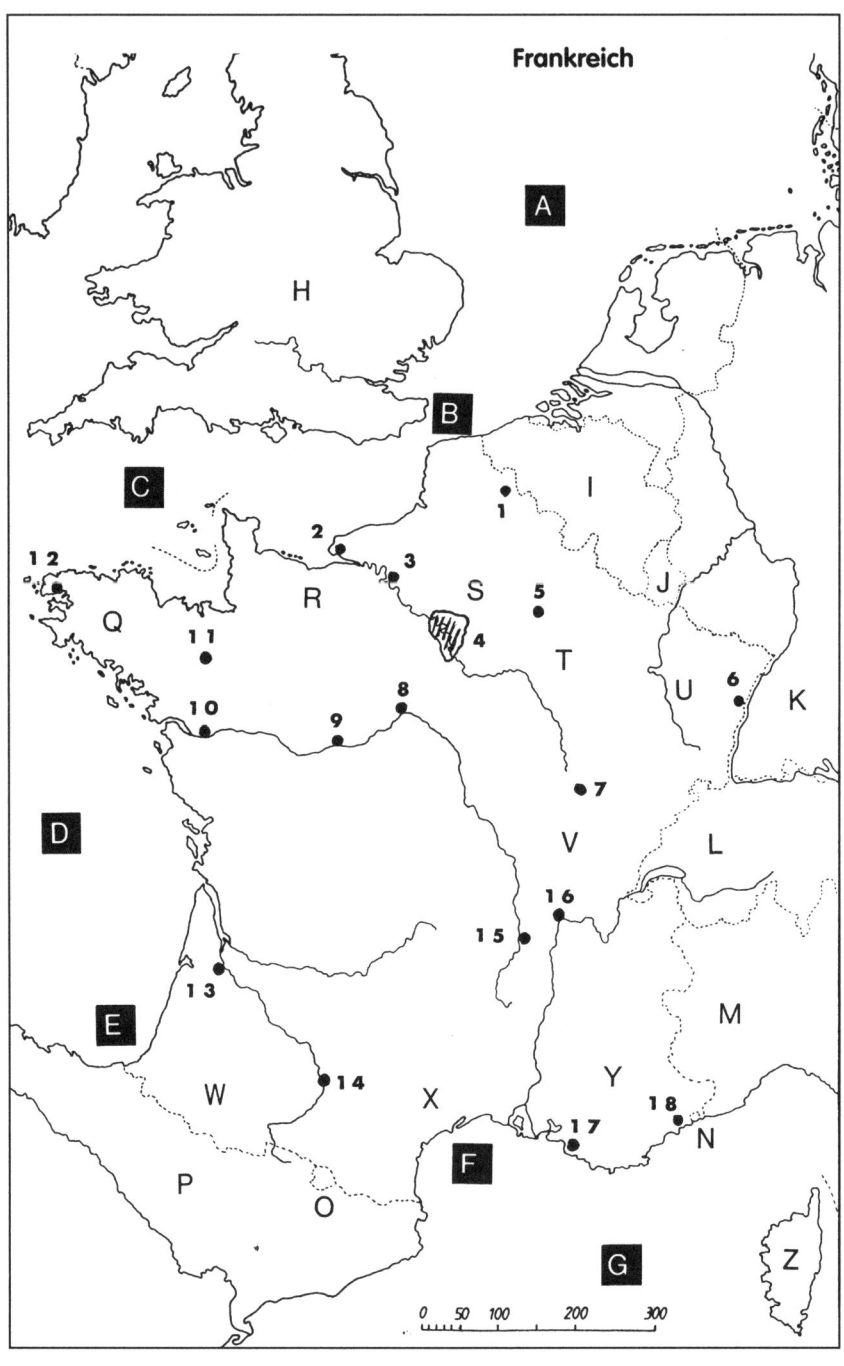

Frankreich

Aufgaben zum Arbeitsblatt „Frankreich"   Hilfsmittel: Atlas

1. Ordne zu:
1 – 18: Städte

1 _____	2 _____	3 _____
4 _____	5 _____	6 _____
7 _____	8 _____	9 _____
10 _____	11 _____	12 _____
13 _____	14 _____	15 _____
16 _____	17 _____	18 _____

A – G: Meere und Meeresteile

A _____	B _____
C _____	D _____
E _____	F _____
G _____	

H – P: Nachbarstaaten

H _____	I _____
J _____	K _____
L _____	M _____
N _____	O _____
P _____	

Q – Z: Regionen in Frankreich

Q _____	R _____
S _____	T _____
U _____	V _____
W _____	X _____
Y _____	Z _____

2. Beschrifte die Flüsse!

3. Zeichne ein: Westalpen, Pyrenäen, Zentralmassiv, Cevennen

4. Nenne Industriezweige in folgenden Städten:
Paris
Rouen _____
Lyon _____
Bordeaux _____
Marseille _____

5. Suche Weinanbaugebiete in Frankreich:
_____
_____

6. Bestimme folgende Entfernungen mit Hilfe des Maßstabs:
Lille – Marseille _____
Brest – Straßburg _____

An der Nordsee

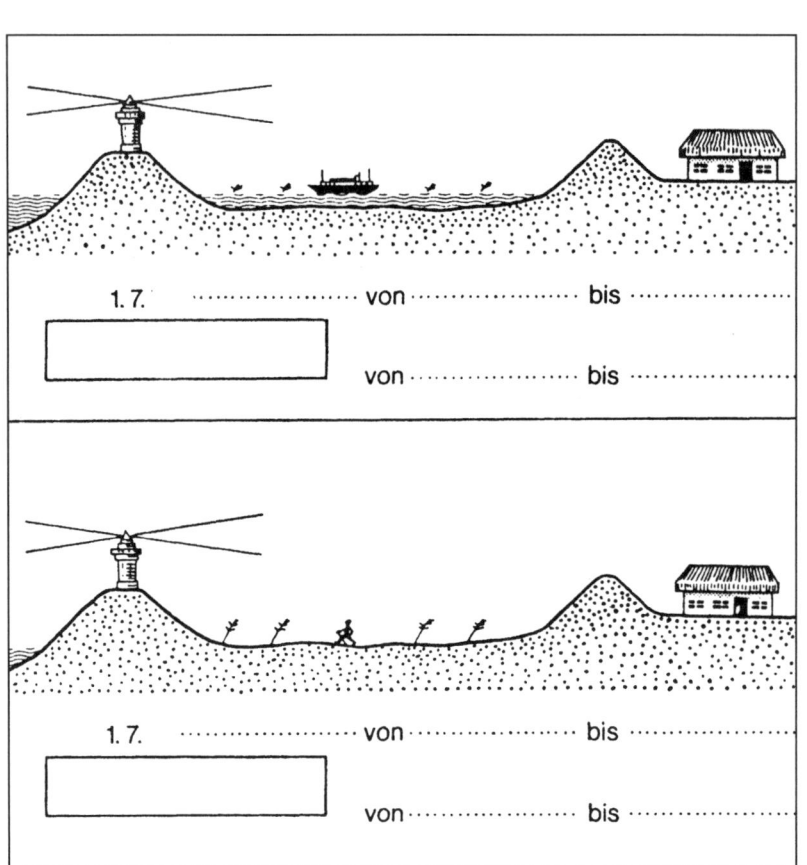

1. 7. ············· von ··············· bis ·················

von ················· bis ·················

1. 7. ················· von ················· bis ·················

von ················· bis ·················

Aus dem Tidenkalender von Cuxhaven

Dat.	HW	NW	Dat.	HW	NW
1.7.	*1.12. 13.31	7.59 20.36	2.7.	*2.08 14.24	8.54 21.32
8.7.	6.51 19.06	*1.11 13.20	9.7.	7.43 20.05	*1.58 14.14

Aufgaben

1. Beschreibe die Folge der Gezeiten an verschiedenen Tagen nach dem Tidenkalender. Beginne bei dem mit * bezeichneten Wasserstand.

2. Schreibe in die Kästchen zu den Skizzen Ebbe/Flut und setze nach dem Tidenkalender die Uhrzeiten ein.

3. Setze in die folgende Tabelle die Bezeichnungen Ebbe und Flut ein. Beginne mit der ersten Uhrzeit nach Mitternacht.

1.7. nachts	_____	vormittags	_____
nachmittags	_____	abends	_____
8.7. nachts	_____	vormittags	_____
nachmittags	_____	abends	_____

4. Das Programm der Urlauber ist von den Gezeiten abhängig. Bei Ebbe ist das Baden verboten. Auf dem Watt kann man etwa 1 Stunde nach Einsetzen der Ebbe bis 1 Stunde vor Wiedereintritt der Flut wandern. Setze ein: Baden/Wattwandern.

   1.7. _____ am Vormittag
   _____ am Nachmittag
   8.7. _____ am Vormittag
   _____ am Nachmittag

5. Berichte über die Unterschiede an 2 aufeinander folgenden Tagen.
   Am 2.7. tritt das erste Hochwasser ungefähr _____ Std. _____ (früher/später) ein als am 1.7.
   Am 2.7. setzt die Ebbe morgens ungefähr _____ Std. _____ ein.

6. Die Weizenladung eines Frachters von 30 000 t kann umgeladen werden

   a) in _____ Binnenschiffe zu je 1000 t Tragkraft
   b) in _____ Güterwagen zu je 20 t Tragkraft
   c) in _____ Güterzüge mit je 50 Güterwagen.

7. Ordne die Güter in die Tabelle ein: Autos, Weizen, Kupfererz, Wolle, Koks, Wein, Apfelsinen, Gerste. Suche für jede Spalte 2 weitere Güter.

Stückgut	Massengut

(nach: Velhagen & Klasing/Schroedel: Dreimal um die Erde, Band 1 Arbeitsheft, S. 3/4)

Landwirtschaft im tropischen Regenwald

Brandrodungsfeldbau

Um dem _____ Flächen für den Anbau abzugewinnen, schlagen die Bantu zu Beginn eines trockeneren Jahresabschnitts mit _____ und Äxten kleinere Bäume und Büsche ab. Größere Bäume werden _____ d. h., ihre Rinde wird eingekerbt. Dadurch sterben sie ab. Urwaldriesen lässt man häufig als _____ stehen. Nach einigen Wochen werden die _____ Büsche und Bäume angezündet. In der _____, die bald den Boden der Lichtung bedeckt, sind Nährstoffe enthalten. Diese Art der Rodung nennt man _____. Dann beginnt die Feldarbeit. Die Bantufrauen säen mit _____ oder Hacken zwischen die _ Baumstümpfe zunächst Hirse, Mais oder Bergreis. Danach pflanzen sie Mehlbananen und mehrjährige Knollengewächse, z. B. Maniok und Bataten, Taro und Yams. Deren Früchte können fast _____ Jahre lang im Boden bleiben. Daneben setzen sie Erdnüsse und Zwiebeln. Ergänzt wird der Speisezettel durch Bohnen, Auberginen, Kürbisse, Pfeffer, Tomaten u. a. aus dem „Dorfgarten". Die Bantu sind _____.

Die Bantu wenden außer der _____ keine andere Form der Düngung an. Spätestens nach drei Jahren werden die Felder wegen zu geringer Fruchtbarkeit aufgegeben. Sie fallen _____. Die aufgelassenen Rodungsflächen werden vom Wald zurückerobert. In ihm gibt es viel weniger Pflanzen- und Tierarten als zuvor. Zwar kann man diesen _____ nach Jahren erneut roden, doch dauert es viele _____, manchmal Jahrhunderte, bis er vom ursprünglichen _____ nicht mehr zu unterscheiden ist. Der Mahagonibaum z. B. ist erst nach 300 Jahren ausgewachsen. Noch bis vor 30 Jahren glaubten Tropenforscher, die Üppigkeit des Regenwaldes gehe auf einen großen _____ des Bodens zurück. Daher war man überrascht, dass trotz moderner Methoden der _____ die Ernten hinter den Erwartungen zurückblieben.

Aufgaben

1. Schreibe den Text ab und ersetze die Lücken durch folgende Begriffe:
   Aschedüngung – Ascheschicht – Bodenbearbeitung – brach – Brandrodung – Buschmesser – geringelt – Grabstöcken – Jahrzehnte – Nährstoffreichtum – Primärwald – Regenwald – Schattenbäume – Sekundärwald – Selbstversorger – verdorrten – verkohlten – zwei

2. Informiere dich über dir unbekannte Feldfrüchte der Bantu: Hirse, Maniok, Bataten, Taro und Yams.

3. Schneide die 6 Bildchen aus, bringe sie in die richtige Reihenfolge und ordne ihnen die passende Beschriftung zu!

| 13.– 18. Jahr | Brache 4.– 6. Jahr | tropischer Regenwald |
| Brandrodung | 7.– 12. Jahr | Anbau 1.– 3. Jahr |

(aus: Cornelsen, Geographie 7/8, S. 34/35)

Atlas-Tiere

	Registerangabe	Topographische Einordnung	Staat bzw. Bundesland	Lage im Gradnetz (falls möglich)
Vogelkopf	166/167, E4	Berg (3 100 m)	Indonesien	2° s. B./134° ö. L.
Aalsmeer				
Bad Elster				
Bäreninseln				
Biberach				
Eberbach				
Elstergebirge				
Falkenberg				
Falkenstein				
Fischbacher Alpen				
Fuchskauten				
Fuchstal				
Hase				
Hammelburg				
Hechthausen				
Hirschberg				
Igelsbach				
Katzenbuckel				
Katzenelnbogen				
Kuh-i-Baba				
Lama Kafa				
Löwenstein				
Meisenheim				
Ochsenfurt				
Otterberg				
Rehau				
Rehoboth				
Sauda				
Schlangenbad				
Schwandorf				
Schweinfurt				
Tiergarten				
Vogelsberg				
Walfischbai				
Wolfsburg				

Kreuzworträtsel „Nordrhein-Westfalen"

Spielregel:
In Anlehnung an das bekannte Scrabble-Spiel werden geographische Begriffe, die zu
Nordrhein-Westfalen passen, in Form eines Kreuzworträtsels eingetragen.
- Kein Name darf doppelt erscheinen.
- Abkürzungen sind nicht erlaubt.
- Je Kästchen ist ein Buchstabe gestattet (ä = ae, ö = oe, ü = ue, ß = ss).

Regel für Fortgeschrittene:
Die geographischen Begriffe müssen in räumlich passender Lage eingetragen werden.
Gewinner des Spiels ist die Person oder die Gruppe, die in einer vorgegebenen Zeit die
meisten Begriffe eingetragen hat.

Verschiedene Farben benutzen!

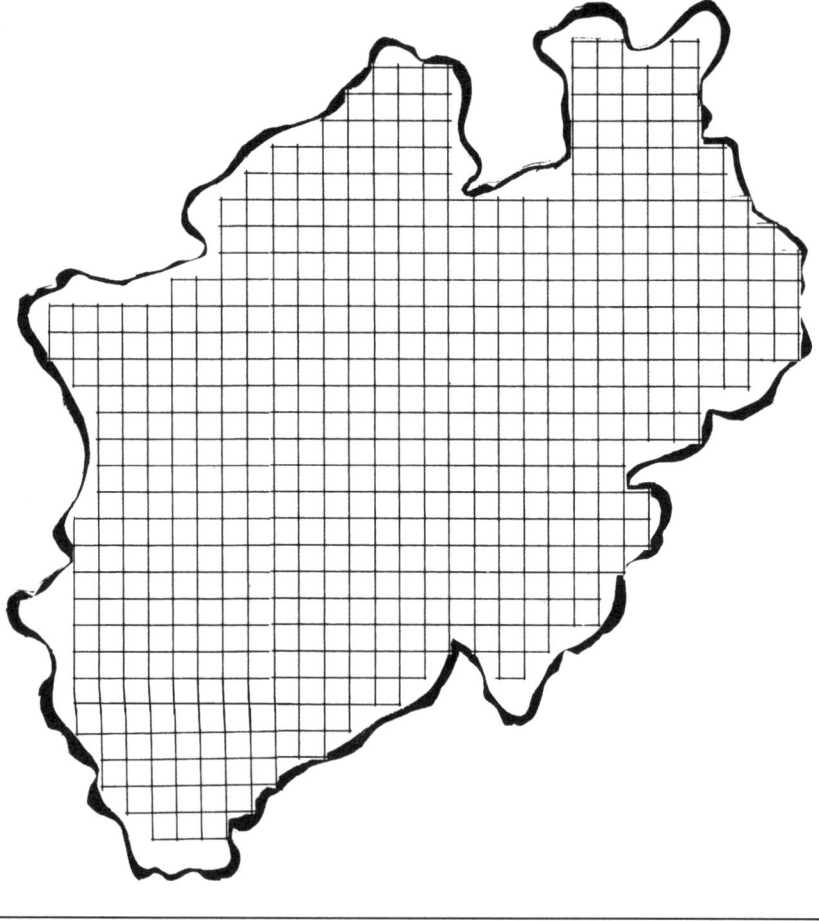

DAS HABE ICH SCHON GESCHAFFT			KONTROLLBOGEN:
DATUM	FACH	AUFGABE	BEMERKUNG DES LEHRERS
24. 10. 97	Mathe	Nr. 8	In der nächsten Stunde hast Du Zeit, diese umfangreiche Aufgabe weiterzuführen
31. 10. 97	Allg.	Nr. 35	✓ bi
7. 11. 97	Allg.	Nr. 17	o.k., aber bitte sauberer arbeiten! bi
	D	Lexikon	✓ bi
	Mathe	Nr. 9	Kennst Du die Bedeutung eines Lineals? bi
21. 11. 97	Allg.	Nr. 42	Diese Arbeit hat dir richtig Spaß gemacht! Prima!
		Sterne basteln	✓
28. 11. 97	Deutsch	Nr. 3 v. 4	
	Allg.	Nr. 48	

Wichtige Adressen

i ALS-Verlag, Justus-von-Liebig-Str. 19,
63128 Dietzenbach

i AOL- und Freiarbeit-Verlag, Waldstr. 17–18, 77839 Lichtenau,
Fax: 07227/9588-95

i Beenen Lehrmittel,
Issumer Weg 19, 46519 Alpen

i Buchhandlung Elke Dieck GmbH & Co. KG, Richard-Wagner-Str. 1,
52525 Heinsberg, Fax: 02452/66594

i Cornelsen Experimenta,
Holzhauser Str. 76, 13509 Berlin

i Cornelsen Verlag Scriptor, Krampasplatz 1, 14199 Berlin,
Fax: 030/89777444

i Drucken und Lernen GmbH,
Bleicherstr. 12, 26122 Oldenburg

i Finken-Impulse-Verlag,
Adenauerallee 21, 61440 Oberursel

i Heinevetter Lehrmittelverlag,
Papenstr. 41, 22089 Hamburg

(i) Kaleidoskop Pädagogisches Atelier,
Regentenstr. 53, 51063 Köln

(i) Labbé, Kolpingstr. 4, 50126 Bergheim, Fax: 02271/43655
Labbé, Richard-Wagner-Str. 31, 50674 Köln, Fax: 0221/210298
Labbé, Binterimstr. 1, 40223 Düsseldorf, Fax: 0211/9348418
Labbé, Vinetastr. 50, 13189 Berlin, Fax: 030/4715606

(i) Ökotopia-Verlag,
Hafenweg 26, 48155 Münster, Fax: 0251/63852

(i) Pädagogik-Kooperative e. V. (Verein bundesdeutscher Freinet-Pädagogen),
Goebenstr. 8, 28209 Bremen, Fax: 0421/3478556

(i) Reformpädagogische Arbeitsstelle,
Kunzenweg 21, 79117 Freiburg

(i) Reinhard Hail Lehrmittel,
Eifelstr. 20, 72766 Reutlingen

(i) Rhinozeros Versandbuchhandlung,
Helmholtzstr. 145, 46045 Oberhausen

(i) Sauros Verlag,
Marienstr. 87, 50825 Köln

(i) SCHUBI-Lernmittelverlag,
Zeppelinstr. 8, 78244 Gottmadingen

(i) SPECTRA-Lehrmittelverlag GmbH,
Beckenkamp 25, 46286 Dorsten, Fax: 02369/4103

(i) Verlag an der Ruhr GmbH,
Alexanderstr. 54, 45472 Mülheim, Fax: 0208/4950495

(i) Verlag im Hollen (Klaus-D. Kasper),
Hollen 51, 27327 Martfeld

(i) Verlag Rüdiger Kohl,
St. Norbert 10, 52382 Niederzier

(i) Verlag Sigrid Persen,
Postfach 260, 21637 Horneburg, Fax: 04163/814050

(i) Westermann Verlag,
Postfach 4938, 38039 Braunschweig, Fax: 0531/708-127

Spontan- und Vertretungsstunden – Spiele und Rätsel

Die Anregungen in diesem Kapitel sollen helfen, wenn es wieder einmal gilt, spontan eine Vertretungsstunde zu übernehmen oder wenn Sie etwas mehr Spaß in Ihre Stunden bringen wollen. Durch diese eher spielerischen Einheiten ergänzen Sie den alltäglichen Lehrplan und lockern ihn auf. Es sind meist Orientierungsaufgaben, mit oder ohne Atlas. Manchmal sollte zur Vorbereitung eine stumme Karte kopiert werden. Aber auch Allgemein- und Spezialwissen kann im Spiel getestet werden. Wir haben die Vorschläge nach Altersstufen geordnet, manches kann durchaus in höheren Klassen eingesetzt werden. Weiterhin gibt es Anregungen, wie man selbst Ähnliches entwerfen kann, und Hinweise auf andere Veröffentlichungen.

Städtereihen   *ab Klasse 5*

Auch ohne mitgebrachte Unterrichtsmaterialien lässt sich in einer kurzfristig ange-
setzten Vertretungsstunde, vor allem in der Klasse 5, spielerisch arbeiten. Neben
dem bekannten Stadt-Land-Fluss-Spiel lassen sich beliebig Städtereihen erstellen.
Ein Ort wird vorgegeben oder der erste Schüler schlägt einen Namen vor. Der
nächste Schüler nennt einen weiteren Ort, dessen Anfangsbuchstabe der Endbuch-
stabe des vorigen Ortes ist. Man vereinbart vorher mit der Klasse, welche topographischen Begriffe erlaubt sind (z. B. mit Ländernamen, Flüssen, Gebirgen, Städten
erst ab einer Mindestgröße, Städten nur in bestimmten Erdteilen usw.). Mehrmalige
Nennungen sind nicht erlaubt.

Beispiel: Erkelenz – Zürich – Hamburg – Goslar – Rüdesheim – München – Narvik
– Köln – Neuwied – Düsseldorf usw.

Fußballhauptstädte   *Klassen 5–8*

Viele begeisterte Sportfans kennen zwar ihre Lieblinge und Lieblingsvereine aus
den Sportligen Deutschlands, nicht aber immer deren Lage oder Zugehörigkeit zu
einem Bundesland. Auffällig ist, dass nicht alle Vereine der bundesdeutschen
Landeshauptstädte erstklassig sind.

Arbeitsaufträge

- Fülle die Tabelle aus. Bei richtiger Antwort entsteht ein Lösungswort.
- Trage in die Karte auf der nächsten Seite die Städte mit ihrer dazugehörigen Ziffer ein und
  markiere die Grenze des dazugehörigen Bundeslandes farbig.
- Gibt es noch andere aktuelle Bundesligavereine in dem Bundesland, die du kennst?

Ziffer der Stadt	Verein	Bundesland	Buchstabe des Landes auf der Karte
1	Fortuna Düsseldorf		
2	FSV Mainz 05		
3	Holstein Kiel		
4	Bayern München		
5	1. FC Saarbrücken		
6	FC Eintracht Schwerin		
7	Dynamo Dresden		
8	VFB Stuttgart		
9	Werder Bremen		
10	Hamburger SV		
11	Rot-Weiß Erfurt		
12	SV Babelsberg (Potsdam)		
13	1. FC Magdeburg		
14	SV Wiesbaden		
15	Hannover 96		
16	Hertha BSC Berlin		

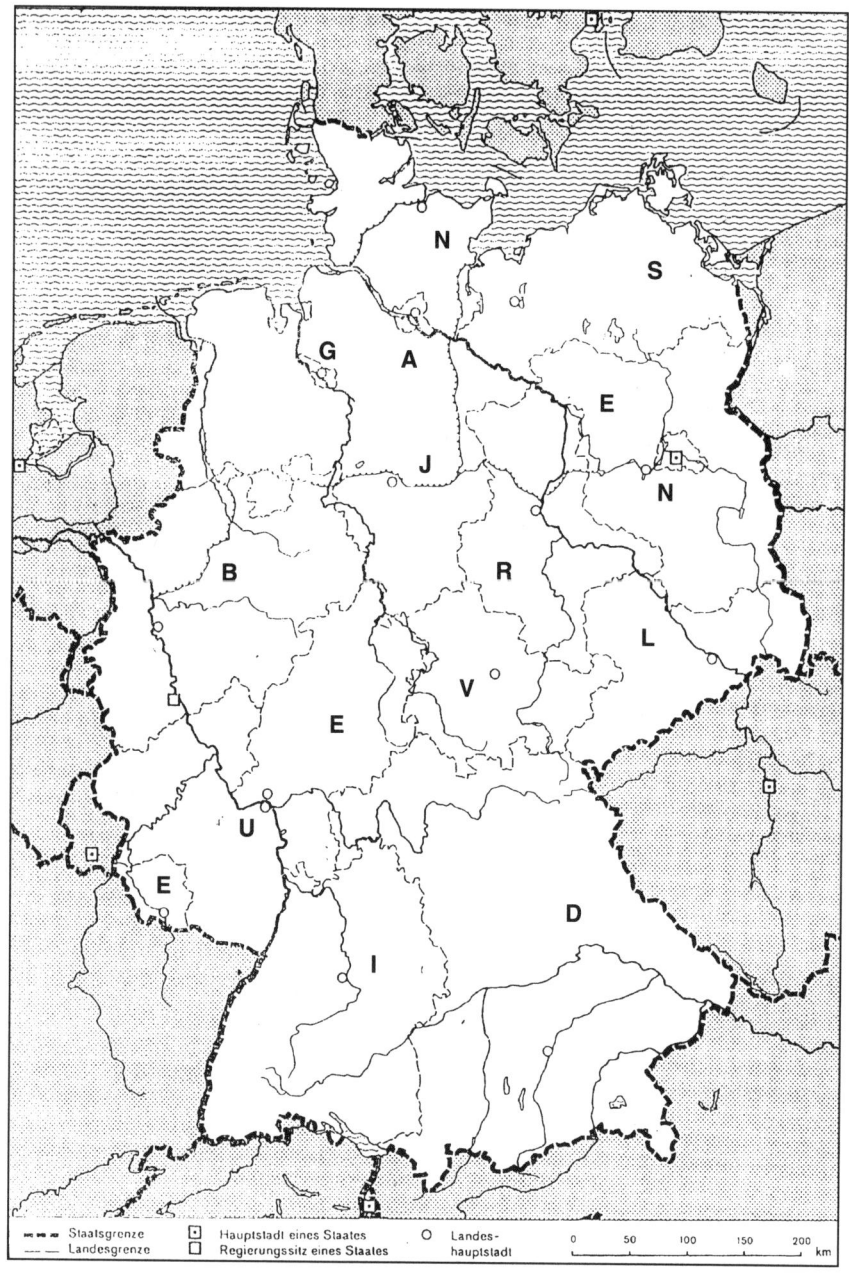

N

S

G
A
E

J
E
N

B
R
L

V

E

U

E
D

I

Staatsgrenze   · Hauptstadt eines Staates   ○ Landes-
Landesgrenze   □ Regierungssitz eines Staates   hauptstadt

0   50   100   150   200
km

Reise durch Deutschland   *ab Klasse 5*

Dieses Spiel eignet sich für jüngere Klassen, um sie in spielerischer Form an Signaturen und das Arbeiten mit dem Atlas zu gewöhnen. Es erfordert allerdings auch ein wenig Spürsinn, Kombinationsgabe und Allgemeinbildung, sodass es möglich ist, dieses Spiel auch in Vertretungsstunden oder letzten Stunden vor den Ferien und dgl. einzusetzen.

Grundlage für den konkreten Vorschlag hier ist der Diercke-Weltatlas 1988, S. 18/19, S. 32, II, S. 20/21. Selbstverständlich kann auch ein anderer Atlas benutzt werden.

1. Unsere Fahrt beginnt in einer *nördlichen Stadt* Deutschlands. Hier besuchen wir die Verkehrssünderkartei, wenige Kilometer von einer Grenze zu einem Nachbarland.
2. Wir verlassen die Stadt mit dem Pkw und fahren die Autobahn in südliche Richtung. In der Nähe einer Förde treffen wir nahe einer *Stadt*, deren Name auch im Namen des Bundeslandes wiederzufinden ist,
3. auf eine *Ruinenstätte*, eine alte, ehemals bedeutende Wikingerstadt.
4. Nachdem wir dort Met, den nordischen Honigwein, gekostet haben, machen wir uns auf über die Autobahn nach Süden. Trotz des ansonsten recht flachen Landes geht es plötzlich bergauf über eine Brücke. Wir überqueren einen *künstlichen Wasserweg*, der zwei bekannte Meere verbindet.
5. Weiter geht es nach Süden. Wir geraten in einen Stau. Kein Wunder, denn wir haben eine *Millionenstadt* erreicht. Allmählich wird das Auto fahren beschwerlich.
6. Da es in dieser Stadt einen *Fluss* gibt, wollen wir unsere Reise mit dem Boot fortsetzen. Nachdem das Auto verladen ist, folgen wir diesem Fluss flussaufwärts.
7. Wir erreichen die nächste, größere *Stadt* mit mehr als 100 000 Einwohnern.
8. Nördlich der Stadt hat der Fluss einen Zugang zu einem *Kanal*, dem wir in östlicher Richtung folgen.
9. Wir passieren eine *Bruchlandschaft*, bevor wir eine
10. *Riesenstadt* erreichen, die als Wahrzeichen einen Bären hat.
11. Jetzt verlassen wir das Boot und fahren das kurze Stück zum *nordwestlichen Flughafen* der Stadt.
12. Hier haben wir ein Flugzeug gechartert, mit dem wir Deutschland auch ein wenig aus der Luft kennen lernen wollen. Wir fliegen genau nach Westen und erreichen nach rund 250 km eine große *Stadt*, die am Kreuzungspunkt von Autobahnen liegt und im Norden einen Flughafen besitzt.
13. Die Flughafenlautsprecher verraten uns, dass wir uns in der Hauptstadt eines anderen *Bundeslandes* befinden.
14. Doch wir müssen unseren Flug fortsetzen. Es ist schon später Nachmittag und wir fliegen der Sonne entgegen, können unter uns schon kurz nach dem Start einen größeren *See* ausmachen.
15. Wir drehen nach Südwesten und sehen nach dem Überqueren eines großen Kanals ein *bewaldetes Gebirge*.
16. Kurze Zeit später taucht eine *riesige Stadtlandschaft* auf, die mit Kanälen, Flüssen, Autobahnen und Straßen durchzogen ist.

17. An ihrem Südwestende, nicht weit von einem großen *Fluss,*
18. landen wir. Der Flughafen gehört zur *Landeshauptstadt* eines
19. *wichtigen Bundeslandes.* Es ist schon spät. Wir übernachten in einem Hotel,
20. denn morgen geht es mit dem Zug weiter in das *westliche Nachbarland.*

Orientierungsfahrt durch Deutschland

Dieser Orientierungsfahrt auf Deutschlands Autobahnen ist die Karte Fremdenverkehr in Deutschland (Alexander Weltatlas) zu Grunde gelegt.
Der Startpunkt ist jeweils bekannt, der weitere Verlauf wird durch Pfeile gekennzeichnet, die bei jedem auf der Karte eingetragenen Autobahndreieck und -kreuz die neue Richtung anzeigen. Die Zahlen bezeichnen an der Fahrtstrecke gelegene Städte bzw. das Ziel.

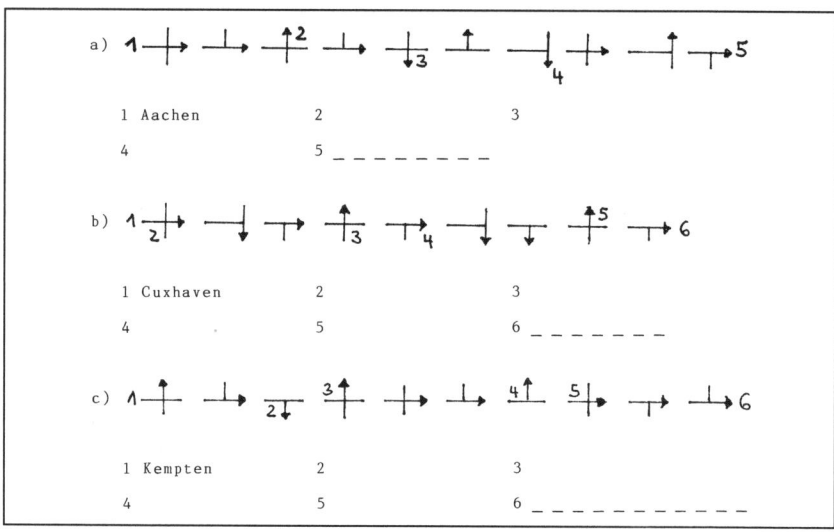

```
a)

1 Aachen          2                3

4                 5 _ _ _ _ _ _ _ _


b)

1 Cuxhaven        2                3

4                 5                6 _ _ _ _ _ _


c)

1 Kempten         2                3

4                 5                6 _ _ _ _ _ _ _ _ _ _ _ _
```

Hier bietet sich an die Schüler selbst entsprechende Routen planen zu lassen, sei es für die eigene Urlaubsreise oder für die Busfahrer ihrer Lieblingsbundesligavereine, damit sie schnell und sicher zum nächsten Auswärtsspiel gelangen.

Deutschlands sprechende Namen   *ab Klasse 5*

Wo liegen sie? Nenne die Bundesländer, in denen diese topographischen Namen auftauchen.

1. Im Norden wohnt der Wind.
2. In der Celle hause ich nicht.
3. Die Lage ist ernst.
4. Da staunt man Klötze.
5. Die Halle führt ins Wohnzimmer.
6. Essen muss jeder.
7. Dümmer als die Polizei erlaubt.
8. Der Heide ist ein Ungläubiger.
9. Ein hoher Katzenbuckel.
10. Die Hohe Acht.

11. Der Taufstein ist nicht so bekannt.
12. Im Regen wird man nass.
13. Das Wetter sieht nicht gut aus.
14. Hast du den Kocher mit?
15. Der geht über die Wupper.
16. Was hast du an der Lippe?
17. Da sitzt ein Hase.

18. Blau ist nicht nur eine Farbe.
19. Ein Riss ist im Gebälk.
20. Auf der Wiese wächst kein Gras.
21. Sie Traun sich nicht.
22. Wir Senden hier kein SOS.
23. Weil am Rhein gelegen.
24. In diesem Saale ist es schön.

Bilder aus Deutschland

Seit 1993 gibt die Deutsche Bundespost eine Briefmarkenserie unter dem Titel *Bilder aus Deutschland* heraus. Bis 1997 sind folgende Landschaften – in zeitlicher Reihenfolge des Erscheinungsdatums – auf Marken abgebildet worden:

1993 – Hart
      – Hohe Rhön
      – Rügen
1994 – Alpen
      – Mecklenburgische Seenplatte
      – Erzgebirge
      – Maintal
1995 – Fränkische Schweiz
      – Sauerland
      – Oberlausitz
      – Havellandschaft
1996 – Holsteinische Schweiz
      – Saalelandschaft
      – Spreewald
      – Eifel
1997 – Bayerischer Wald
      – Lüneburger Heide
      – Bremer Moorlandschaft

Arbeitsauftrag

Trage diese Regionen in eine Deutschlandkarte ein. Wähle für jedes Jahr eine andere Farbe!

Städte der Beneluxländer   *ab Klasse 5*

Eine gute Möglichkeit, die Schüler mit der Topographie eines oder mehrerer Länder vertraut zu machen, stellt das folgende Silbenrätsel dar, das in ähnlicher Form auf viele topographische Einheiten oder auch Themen angewendet werden kann.

Arbeitsaufträge

– Verbinde die folgenden Silben zu Städtenamen.
  A – AM – ANT – ARN – BRE – BRÜG – BRÜS – BURG – BURG – DA – DAM – DAM – DE – DE
  – DEN – DOORN – EN – EN – GE – GEN – GENT – GRO – HAAG – HAAR – HEIM – LEM – LO
  – LÜT – LU – MAAS – MUR – NA – NIM – NIN -OST – PEL – PEN – RECHT – ROT – SCHE – SEL
  – STER – TER – TICH – TIL – TRICHT – UT – VEN – WEGEN – WER – XEM

- Ordne die gefundenen Städtenamen den Ländern zu.
  Beachte: Niederlande = 14 Namen, Belgien = 7.
- Trage die gefundenen Städte in die Karte auf der nächsten Seite ein.

Nachbarn gesucht

Dieses Spiel ist besonders geeignet, um die aktuellen Grenzen Europas kennen zu lernen.
Der Lehrer gibt an der Tafel einen Staat vor, die Schüler müssen – einzeln oder in Gruppen, abhängig von der Art des Wettbewerbcharakters – die Nachbarstaaten angeben. Eines der Nachbarländer ist anschließend das neue Ausgangsland.

Beispiel:

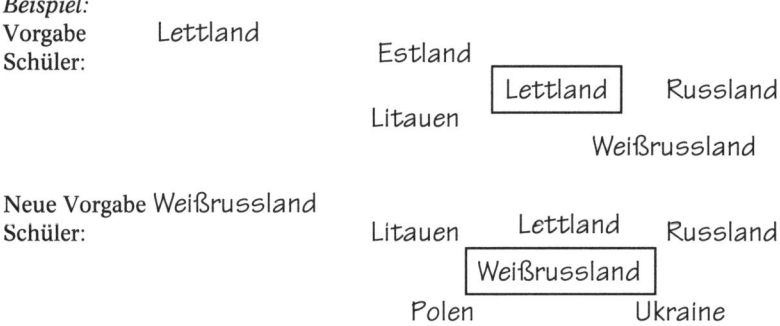

Vorgabe   Lettland
Schüler: Estland
                                          Lettland   Russland
                          Litauen
                                          Weißrussland

Neue Vorgabe Weißrussland
Schüler: Litauen   Lettland   Russland
                                Weißrussland
                          Polen   Ukraine

Der Lehrer sollte darauf achten, dass die Staaten möglichst lagegetreu eingezeichnet werden. Es versteht sich von selbst, dass sich hier auch andere Kontinente anbieten bzw. Ergänzungen durch Hauptstädte, grenzüberschreitende Flüsse u. a. möglich sind.

Gemeinsamkeiten   *ab Klasse 5*

Das Suchen nach Gemeinsamkeiten hilft das Arbeiten mit dem Atlas zu üben.
Was haben folgende Namen gemeinsam?
1. Paris, London, Rom, Madrid, Brüssel, Wien
2. Basel, Straßburg, Mannheim, Koblenz, Nimwegen
3. Texel, Terschelling, Ameland, Schiermonnikoog, Vlieland
4. Dänemark, Deutschland, Schweden, Polen, Litauen, Lettland, Estland, Russland, Finnland
5. Quaanaaq, Queqertarsuaq, Nuuk, Tasiilaq
6. Jerusalem, Blagoweschtschenensk, El Paso, Ciudad Juárez, Tijuana
7. Tal des Todes, Mojave, Tanami, Gobi, Namib
8. Zaire, Kenia, Kolumbien, Ecuador, Indonesien, Gabun
9. Kamerunberg, Cotopaxi, Ätna, Popocatepetl, Mt. Saint Helens
10. Stockholm, Berlin, Algier, Kinshasa
11. Kanada, Alaska, Norwegen, Schweden, Finnland, Russland
12. Humboldt-Strom, Benguela-Strom, Westaustral-Strom, Kanaren-Strom
13. Panama, Korinth, Suez

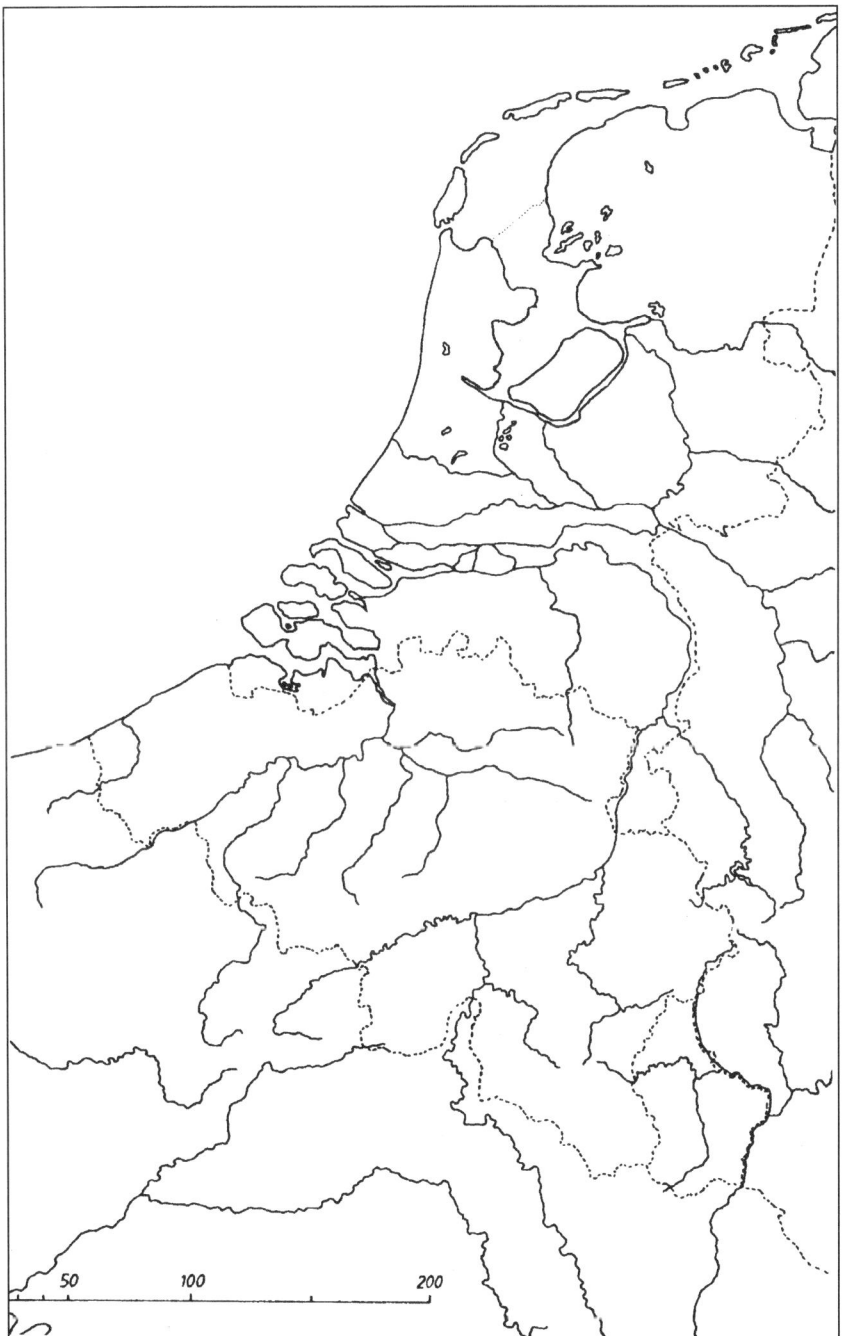

50   100   200

14. Mount Everest, Annapurna, Dhaulagiri, Nanga Parbat
15. Addis Abeba, Mexiko-Stadt, Bogota, Quito
16. Niederkalifornien, Florida, Neuschottland, Sinai, Krim
17. Österreich, Belgien, Luxemburg, Schweiz, Deutschland, Liechtenstein
18. Murmansk, Workuta, Norilsk
19. Los Angeles, San Francisco, Tokio, Honolulu, Valparaiso, Lima
20. Manaus, Porto Velho, Belém, Recife, Salvador, Belo Horizonte, Rio de Janeiro,
    São Paulo, Curitiba, Fortaleza, Florianopolis, Gojania, Porto Allegre
21. Hamburg, Berlin, München
22. Afrika, Europa, Australien, Amerika, Asien
23. Sydney, Brisbane, Tokio, Shanghai, Mogadishu, Daressalam, São Paulo, New
    York
24. Nil, Mississippi, Po, Rhône

Der Lufthansa-Flugplan   *ab Klasse 5*

Eine Vielzahl erdkundlicher Fragestellungen taucht in Flug- und Fahrplänen auf.
Das Verständnis eines solchen Planes ist in Zukunft sicher nicht nur aus erdkund-
licher Sicht wichtig, sondern kann fast schon wie eine Kulturtechnik aufgefasst
werden, die im Alltag der Schüler eine Rolle spielen wird. Beispielhaft sei hier der
LH-Flugplan angeführt. Er kann in Verbindung mit dem Atlas (topographische
Karten, Zeitzonenkarte) erarbeitet werden. Ähnliche Möglichkeiten bieten aber
auch die Eisenbahnfahrpläne der Schulorte, Busfahrpläne und dgl.
Zunächst gilt es, die Legende eines solchen Flugplanes zu besprechen und die
Bedeutung einzelner Signaturen kennen zu lernen. Anschließend wird anhand von
Fragen der Flugplan analysiert. Dabei liegt es beim Lehrer, die Fragen entsprechend
der Altersstufe der Schüler kleinschrittig oder umfassender zu stellen.
Statt den kompletten Erläuterungen des Lufthansa-Flugplanes zu folgen, kann auch
eine Auswahl der zu besprechenden Abkürzungen, Namen, Signaturen usw. behandelt werden. Die folgenden Zeichen basieren auf dem Lufthansa-Flugplan vom
27.10.1996 – 29.3.1997.

■ Gebräuchliche Abkürzungen:

Flughäfen:

CPH = Kopenhagen
MAN = Manchester
FRA = Frankfurt/Main
DAM = Damaskus
STO = Stockholm
MUC = München
BKK = Bangkok
STR = Stuttgart

Flugzeugtypen bei Direktstrecken:

F37 = Boeing 737 (Jet)
F50 = Fokker 50 (TurboProp)

Frq	Dep	Arr	Flight	Aircr.	Stops
Dublin					
→	Leipzig–Halle				
57	1445	– 2010	4209n)MUC/908		C
→	**München** MUC			+ 01:00	
567	**1445**	**– 1800**	**4209n)**	**737**	**0**
✗	1230	– 1750	4207n)FRA/158		C
→	**Münster–Osnabrück** FMO			+ 01:00	
✗	1230	– 1745	4207n)FRA/1600(EW)		C
→	**Nürnberg** NUE			+ 01:00	
✗	1230	– 1725	4207n)FRA/368		C
567	1445	– 2130	4209n)MUC/9974		C
→	**Saarbrücken** SCN			+ 01:00	
✗	1230	– 1920	4207n)FRA/9964		C
57	1445	– 2155	4209n)MUC/6326(LG)		C
→	**Stuttgart** STR			+ 01:00	
✗	1230	– 1730	4207n)FRA/394		C
567	1445	– 1950	4209n)MUC/1747(C)		C

Düsseldorf
+ 01:00　DUS
QDU Düsseldorf Hbf D

see also/siehe auch Köln-Bonn/Cologne-Bonn

Frq	Dep	Arr	Flight	Aircr.	Stops
→	**Aalborg** AAL			+ 01:00	
✗e67	0800	– 1150	5404n)CPH/6002(SK)		C
✗e6	1720	– 2045	6912n)(SK)CPH/6004(SK)		C
✗	2000	– 2325	6914n)(SK)CPH/6006(SK)		C
→	**Aarhus** AAR			+ 01:00	
✗e67	0800	– 1140	5404n)CPH/6008(SK)		C
✗e67	1210	– 1535	6910n)(SK)CPH/6010(SK)		C
✗e6	1720	– 2040	6912n)(SK)CPH/6012(SK)		C
✗	2000	– 2010	6914n)(SK)CPH/6014(SK)		C
→	**Aberdeen** ABZ			+ 00:00	
✗e67	0750	– 1025	4026n)MAN/6371(II)		C
6	0750	– 1105	4026n)MAN/6381(II)		C
✗e67	0755	– 1640	209FRA/4068n)MAN/6383(II)		C
✗e67	1128D	– 2000	1063(2A)FRA/4012n)MAN/6377(II)		C
7	1435	– 2040	211FRA/4012n)MAN/6387(II)		C
✗e67	1730	– 2000	4052n)MAN/6377(II)		C
7	1730	– 2040	4052n)MAN/6387(II)		C
→	**Abu Dhabi** AUH			+ 04:00	
36	1050	– 2345	207FRA/624		C
→	**Accra** ACC			+ 00:00	
36	0755	– 1645	209FRA/564		C
→	**Addis Abeba** ADD			+ 03:00	
146	0755	– 2005	209FRA/590		C
→	**Aleppo** ALP			+ 02:00	
146	1125	– 0045 +	205FRA/668DAM/9898k)		C
→	**Alexandria** ALY			+ 02:00	
26	1125	– 1850	205FRA/676		C
→	**Alicante** ALC			+ 01:00	
7	1625	– 1900	DE7632 03Nov–16Mar		0

Frq	Dep	Arr	Flight	Aircr.	Stops
Düsseldorf					
→	**Almaty** ALA			+ 06:00	
145	0755	– 2215	209FRA/3320		C
37	1125	– 0130 +	205FRA/3320		C
→	**Ankara** ESB			+ 02:00	
✗	1050	– 1720	207FRA/3822		C
→	**Antigua** ANU			– 04:00	
5	0655	– 1600	201FRA/DE5182		C
→	**Arkhangelsk** ARH			+ 03:00	
135	0815	– 1555	6906n)(SK)STO/SK2732		C
→	**Aschgabad** ASB			+ 05:00	
14	1125	– 0110 +	205FRA/2956		C
→	**Asmara** ASM			+ 03:00	
26	1050	– 2235	207FRA/594		C
→	**Athen** ATH			+ 02:00	
45	**0820**	**– 1235**	**3756** 02Jan–03Jan	**737**	**0**
67	**1125**	**– 1540**	**3756** 04Jan–05Jan	**737**	**0**
✗	0655	– 1300	201FRA/3736		C
✗e7	0825	– 1450	848MUC/3738		C
✗e6	0900	– 1450	846MUC/3738		C
✗	1125	– 1720	205FRA/3706		C
✗	1830	– 0015 +	215FRA/3726		C
→	**Atlanta** ATL			– 05:00	
✗	0755	– 1400	209FRA/444n)		C
→	**Auckland** AKL			+ 13:00	
135	1830	– 1320 ◆	215FRA/744BKK/6786n)(TG)		C
→	**Baku** BAK			+ 04:00	
14	1125	– 2125	205FRA/2956		C
→	**Bangkok** BKK			+ 07:00	
5	1450	– 1010 +	DE5362		1
✗	1125	– 0705 +	205FRA/6744(TG)		C
5	1125	– 0920 +	205FRA/DE5376		C
56	1528D	– 1350 +	1071(2A)FRA/774		C
37	1828D	– 1520 +	1077(2A)FRA/782		C
✗	1830	– 1410 +	215FRA/744		C
146	1855	– 1315 +	840MUC/708		C
→	**Barcelona** BCN			+ 01:00	
✗	**0900**	**– 1110**	**4836**	**737**	**0**
✗e7	0825	– 1325	848MUC/5284		C
✗e6	0900	– 1325	846MUC/5284		C
✗e67	1005	– 1400	1234STR/5298		C
✗	1128D	– 1755	1063(2A)FRA/4728		C
✗e6	1735	– 2140	868MUC/4720		C
✗	1830	– 2225	215FRA/4718		C
→	**Basel–Mülhausen** BSL			+ 01:00	
✗e6	**0935**	**– 1110**	**5560n)**	**F50**	**0**
✗e67	1235	– 1355	LX523n)		0
✗e67	1520	– 1640	LX527n)		0
✗e6	1950	– 2110	LX529n)		0
✗	1125	– 1440	205FRA/5536n)		C
✗	1830	– 2205	215FRA/5538n)		C
→	**Beirut** BEY			+ 02:00	
25	1050	– 1720	207FRA/MELH218		C
7	1125	– 1905	205FRA/MELH218		C
→	**Belgrad** BEG			+ 01:00	
✗	0755	– 1210	209FRA/3392		C
1345	1205	– 1550	854MUC/3390		C
→	**Bergen** BGO			+ 01:00	
✗	1210	– 1640	6910n)(SK)CPH/6016(SK)		C

Hinweise zur Benutzung
How to use

Frq	Dep	Arr	Flight	Aircr.	Stops

[1] Berlin +01:00 [2]

[3] TXL Tegel T

[3] SXF Schönefeld S

[4] →	**Düsseldorf** DUS [3]			+01:00 [2]
	D Düsseldorf QDU [3]			
[5] Xe67	**0640 T–0750**	**2600**		**737 0**
	0725 T–1015 ◆	412 FRA / 202		C
	[6] [3] [6] [12]	[7] [11] [7]	[8]	[9]

[4] →	**Rio de Janeiro** GIG			–02:00 [2]
[5] 36	1925 T–0915 +	2455 FRA [V] (RG)		C
	[6] [3] [6] [14]	[7] [11] [10] [15]		[9]
		31 Oct – 09 Feb [13]		

[1] Abflugort/Departure city

[2] Zeitunterschied zu UTC
Variation from UTC
UTC Universal Time Coordinated
(GMT)

[3] Städte-/Flughafenkodierung
City-/Aiport code

[4] Zielort/Destination

[5] Verkehrstage/Days of service
1 Montag/Monday
2 Dienstag/Tuesday
3 Mittwoch/Wednesday
4 Donnerstag/Thursday
5 Freitag/Friday
6 Samstag/Saturday
7 Sonntag/Sunday
X täglich/daily
Xe täglich außer/daily except

[6] Abflug-/Ankunftszeiten
Departure/Arrival times

[7] Lufthansa Flugnummer
Lufthansa flight number

[8] Flugzeugtyp bei Direktstrecken
Aircraft type for through flights

[9] Anzahl der Stopps bei Direktstrecken/
C: Umsteigeverbindung
Number of stops for through flights/
C: Transfer connection

[10] Wechselnde Flugnummer/
Variable flight number

[11] Umsteigeort/Transfer point

[12] Ortszeit wird umgestellt
(siehe Zeichenerklärung)
Local time change
(see Decoding)

[13] Angebot gültig von/bis
Flight information valid from/to

[14] Ankunft einen Tag später
Arrival next day

[15] Partnergesellschaften
(siehe Airline Decoding)
Partnercarriers
(see Airline Decoding)

**Bitte beachten Sie: Das angeführte Beispiel ist kein aktuelles Flugplanangebot, es dient nur
zur Demonstration.**
**Please note: The above-mentioned example is not an actual schedule, it is shown for
demonstration purposes only.**

Fluggesellschaften:
ME = Middle East Airline
SK = Scandinavian Airlines
TG = Thai Airways International
DE = Condor
IL = Business Air

Weitere Signaturen:
X = täglich (e = außer)
Uhrzeiten sind Ortszeiten
+ 01:00 = Zeitunterschied zur GMT (Greenwich Mean Time)
C = Umsteigeverbindung

Zu den Städtenamen:
Almaty = Alma Ata
Arkhangelsk = Archangelsk
Ashgabad = Aschabad

Arbeitsaufträge

1. Suche im Atlas die angegebenen Städte auf und ordne sie den Zeitzonen der Erde zu.
2. In welcher Stadt landest du, wenn du von Düsseldorf samstags um 7.50 Uhr abfliegst?
3. Wie lange dauert ein Flug nach Atlanta? Wie spät ist es bei Ankunft in Atlanta auf deiner Uhr?
4. Nenne die Anschlussflugnummer der Lufthansa nach Bangkok um 18.55 Uhr und die des Weiterfluges. Wo muss umgestiegen werden?
5. Nenne die Abflugzeiten nach Accra.
6. Welche Informationen gibt es über den 20-Uhr-Flug von Düsseldorf nach Åarhus?
7. An welchen Tagen kann ich nicht nach Alma Ata (Almaty) fliegen?
8. Nenne die Zahl der Samstagsflüge nach Basel und die Startzeiten.
9. Welche Liniengesellschaft fliegt für Lufthansa nach Alicante und wann ist dies?
10. Erläutere, warum die im Flugplan angegebenen Zeiten Ortszeiten sind.

Berühmte Routen

ab Klasse 7

Als Hilfsmittel wird ein Atlas gebraucht.

Arbeitsaufträge

- Zeichne den Verlauf berühmter Rallyes oder Wettfahrten nach: Rallye Monte Carlo – die aktuelle Tour de France – den aktuellen Giro d'Italia
- Markiere den Verlauf berühmter Straßen, Passagen oder Eisenbahnlinien und fertige eine Karte an.

Transsibirische Eisenbahn (Transsib): Tscheljabinsk – Omsk – Nowosibirsk – Krasnojarsk – Irkutsk – Ulan Ude – Tschita – Chabarowsk – Wladiwostok

Orient-Express: Paris – Straßburg – Stuttgart – München – Salzburg – Wien – Budapest – Bukarest (früher Paris – Mailand – Belgrad – Sofia – Istanbul)

Bagdadbahn: Istanbul – Konya – Bagdad

Transcanadian Highway: Die über 8 000 km lange Autostraße im Süden Kanadas, die den Atlantik (St. Johns) über Montreal und Ottawa mit dem Pazifik (Vancouver) verbindet, wurde 1949–61 gebaut.

Transasiatische Eisenbahn: direkter Schienenweg von Alma Ata – Urumtschi – Yümen – Lantschou – Paot'ou – Tschangkiakou – Peking (4 800 km). Diese Strecke folgt der alten Seidenstraße.

Transandenbahn (Andenbahn): Buenos Aires – Mendoza – Uspallata – Los Andes – Valparaiso. Die Anden kreuzende Eisenbahnlinie mit Tunneln in über 3 000 m Höhe.

Panamerican Highway: Das durchgehende transkontinentale Straßensystem Amerikas mit Abzweigungen zu vielen größeren Städten, durchquert verschiedenste Klimate und Landschaften. Lücke zwischen Ost-Panama und Nordwest-Kolumbien, gilt allgemein als längste Straße der Welt: Mexiko – Guatemala – San Salvador – Managua – San José – Panama – Cali – Quito – Lima – Antofagasta – Santiago – Puerto Montt

Transamazonica: Recife – Floriano – Marabá – Itaituba – Humaitá – Rio Branco – Cruzeiro do Sul

Route 66: Die geschichten- und legendenumwobene Straße der USA, „Main Street of America", durchquert 8 Staaten und 3 Zeitzonen, später ersetzt durch Interstate Highways I -55, I-44, I-40, I-15 und I-10: Chicago – Springfield – St. Louis – Tulsa – Oklahoma City – Amarillo – Santa Fe – Albuquerque – Flagstaff – Los Angeles

Alexander der Große (vereinfachte Route seines Eroberungszuges des Persischen Reiches 334–330 v. Chr.): Griechenland – Hellespont – Miletos – Halikarnassos – Golf von Antalya – Ankara – Israel – Alexandria – Siwa – Gizeh – Gaza – Damaskus – Haleb – Ninive – Babylon – Susa – Persepolis – Teheran – Kabul

Hannibals Überraschungsangriff auf Rom 210–202 v. Chr.: Cartagena (Spanien) – Sagunto – Arles – nördl. Seite der Meeresalpen (Col de la Traversette) – Trasimenischer See – Cannae – Rom – Tarent – Straße von Messina – Golf von Squillace – (Zama) Tunesien

Marco Polos Handelsweg nach China (1271–95): Venedig – Akko (Akre) – Eriwan – Täbris – Kerman – Pamir-Gebirge – Kashgar – Yarkund – Lan-Zhou – Peking – Chang-Zhou – Amoy (ab hier Seeweg) – Küste von Vietnam – Singapur – Kap Comorin – Golf von Cambay – Hormus (ab hier Landweg) – Kerman – Täbris – Trabzon – Konstantinopel (Istanbul) – Venedig

Kolumbus' Entdeckung der Neuen Welt: Palos de la Frontera – Kanarische Inseln – San Salvador (Bahamas) – Kuba – Hispaniola – Sargasso-Meer – Lissabon

Vasco da Gamas Seeweg nach Indien 1497–1499: Lissabon – Madeira – Kapverdische Inseln – St. Helena Bai (Südafrika) – Kap der Guten Hoffnung – Durban (Natal) – Kap Corrientes – Quelimane – Mosambik – Mombasa – Malindi – Kalikut (Kozhikode) – Goa – Mogadishu – Malindi – Mosambik – Mosselbaai – Kap der Guten Hoffnung – Kapverdische Inseln – Lissabon

Fernando Magellans Weltumseglung: Sevilla – Sanlúcar de Barameda – Madeira – Kanarische Inseln – Kap So Roque – Rio de Janeiro – Rio de la Plata – Magellanstraße – Marianen – Philippinen – Java – Indischer Ozean – Kap der Guten Hoffnung – Kap Verde – Kanarische Inseln – Portugal

Tour de France 1997: Bei solchen Veranstaltungen variieren die Rennstrecken, man muss also die aktuellen Medien aufmerksam verfolgen. Hat man einen PC und ist überdies in der glücklichen Lage, ein Modem und einen Internetanschluss zu besitzen, sind solche Informationen allerdings recht bequem und ohne großen Aufwand zu beschaffen. Stellvertretend für sportliche Veranstaltungen wie Radrennen und dgl. die Tour de France 1997: St. Valery en caux – Vire – Plumelec – Le Puy Du Fou – La Chatre – Marenne – Bordeaux – Pau – Loudenvielle – Andorra – Perpignan – St. Etienne – L'Alpe D'Huez – Courchevel – Morzine – Fribourg (Schweiz) – Colmar – Montbéliard – Dijon – Disneyland/Paris – Paris (Champs Elysées)

Rallye Paris – Dakar   *ab Klasse 7*

Die Rallye besteht aus fünf nacheinander zu bewältigenden Routen (entspricht nicht dem tatsächlichen Verlauf). Jede richtige Antwort gibt einen Punkt, fehlende bzw. falsche Lösungen werden mit Zeitstrafen (z. B. jeweils eine Minute) geahndet.

▣ Route 1: Mit dem Sportflugzeug durch Frankreich
Startpunkt der Rallye ist Paris. Von hier aus musst du nacheinander acht Städte anfliegen, die nur durch Himmelsrichtung und Entfernung bekannt sind.

Himmelsrichtung	Entfernung (km)	Ziel Paris (Start)
WNW	180	_____
S	160	_____
SW	160	_____
SO	270	_____
O	280	_____
S	230	_____
W	260	_____
SO	150	_____

Wertung _____ Punkte _____ Zeit _____

▣ Route 2: Mit dem Motorrad durch Spanien
Nahe der spanischen Grenze steigst du auf ein Motorrad um, mit dem du ausgewählte Regionen, Städte und Flüsse Spaniens durch- bzw. überqueren musst. Die Reihenfolge der Ziele, die du durch Umstellen der Buchstaben erhältst, ist so zu wählen, dass die Gesamtstrecke möglichst kurz ist. Diese Route endet in einer Hafenstadt am Mittelmeer.
ACIMRU – AAAGORZZ – AADEILNNSU – AJOT – AAEIKLNNOT – AACEILNV – ADDIMIR – AAADGNR

Richtige Reihenfolge:
1._____ 2._____ 3._____
4._____ 5._____ 6._____
7._____ 8._____
(Hafenstadt am Mittelmeer)

Wertung _____ Punkte _____ Zeit _____

▦ Route 3: Mit der Motorjacht durch das Mittelmeer

Vom spanischen Hafen aus startest du mit einer Motoryacht zu einer Kreuzfahrt durch das Mittelmeer bis zur Küste Nordafrikas. Acht verschiedene Inseln müssen angesteuert werden. Nur ist leider die Reihenfolge der Inseln durcheinander geraten, zudem stimmen die Größenverhältnisse nicht. Ordne die Inseln in einer sinnvollen Route bis zum Ziel in Afrika.

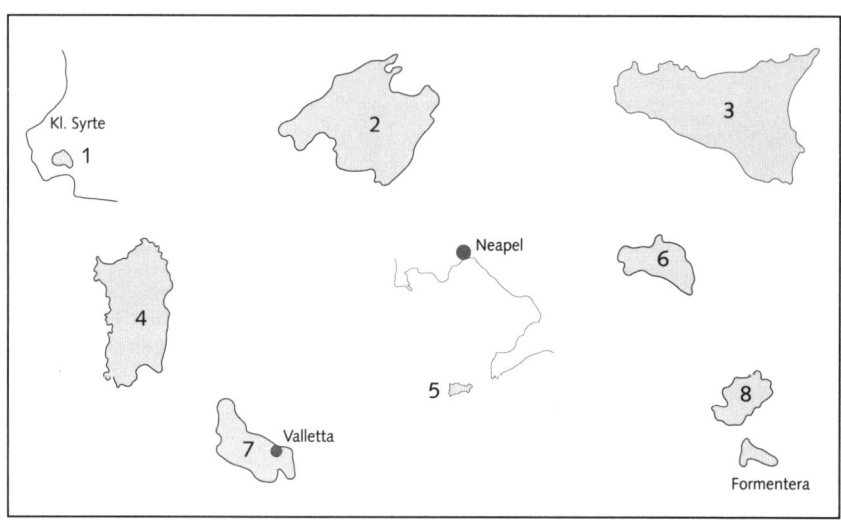

Richtige Reihenfolge: Nr.   Name

_____   _____

_____   _____

_____   _____

_____   _____

_____   _____

_____   _____

_____   _____

_____   _____
                                           (Afrika)

Wertung _____ Punkte _____ Zeit _____

▦ Route 4: Mit dem Kamel durch die Sahara

Dein Kameltrip beginnt in Gabes an der Küste Tunesiens. Durch Ausfüllen des Lückentextes erreichst du schließlich das Ziel in der Sahelzone.
Der Ritt durch Tunesien endet nach Überquerung der algerischen Grenze bei den Erdölfeldern von _____. Dort änderst du die Richtung, reitest nach Südosten, durchquerst den Östlichen Großen Erg und gelangst in die Felswüste von _____; dort überschreitest du die Grenze nach _____. Im Südwesten dieses Landes reitest du durch die fast kreisrunde Sandwüste _____, bevor du an der Grenze zum Tschad die _____-Wüste Serir _____ erreichst, benannt nach dem hohen Gebirgszug, der im Süden langsam auftaucht. Als höchste Erhebung erscheint in der Ferne der _____

(___ m hoch). Gegen Ende deiner Route folgst du dem Wadi _____ und gelangst endlich zum Ziel, dem Tschadsee.

Wertung _____ Punkte _____ Zeit _____

▨ Route 5: Mit dem Jeep durch Westafrika

In Ndjamena, der Hauptstadt des Tschad, beginnt deine letzte Route. Mit einem Geländewagen geht es auf möglichst schnellem Weg Richtung Dakar im Senegal, wobei acht der folgenden Städte passiert werden müssen.

Gib dazu auch in der richtigen Reihenfolge die Namen der acht Staaten an, die du auf deiner letzten Tour durchqueren musst.

Acht der folgenden zwölf Städte liegen auf deiner Route:
Bobo Diulasso – Lome – Kano – Boe – Ndjamena – Monrovia – Agadir – Niamey – Kankan – Marua – Omdurman – Sikasso

Lösung:

Stadt	Staat
Ndjamena	
Dakar	Senegal

Wertung _____ Punkte _____ Zeit _____

Ergebnis: _____ Gesamtpunkte

Die schnellste Verbindung   *ab Klasse 7*

Diese Übung mit dem Atlas eignet sich auch als Wettbewerb mit mehreren Gruppen. Dabei kann die Zeit entscheiden und jede fehlende Angabe mit einer Zeitzugabe geahndet werden. Der Schwierigkeitsgrad erhöht sich sicherlich, wenn die Schüler selbst passende Atlaskarten suchen.

Die schnellste Verbindung ...

1. ... von Berlin über Hamburg und Köln nach München per Boot:
   Nenne die benutzten Wasserwege.
2. ... von Alicante nach Kopenhagen per Auto:
   Nenne die passierten Großstädte und Landesgrenzen.
3. ... von Istanbul nach Paris per Orientexpress:
   Nenne die jeweiligen Städte und Landesgrenzen.
4. ... von Lima nach Tokio per Flugzeug mit Zwischenlandung in Kairo:
   Nenne Staaten und Meere, die überflogen werden.

5. ... von Reykjavik rund um das Nordpolarmeer – möglichst nahe der Küste – zurück nach Reykjavik per Unterseeboot:
Nenne Meere, Meerengen und Seen, die durchfahren werden.

6. ... von Station A nach Station B per U-Bahn oder S-Bahn, wenn entsprechende Verkehrspläne der Heimatstadt zur Verfügung stehen.
Nenne alle Haltepunkte.

Managua – Brisbane: Hin und zurück   *ab Klasse 7*

Die Südsee ist Schauplatz dieser zweiteiligen Aufgabe. Als Grundlage zu dieser Aufgabe dient eine Karte mit dem Indischen und Pazifischen Ozean.

In Teil A wird anhand von Entfernungen eine Route von Managua in Nicaragua bis Brisbane in Australien vorgegeben, die Schüler müssen die angesteuerten Inseln und Inselgruppen ergänzen; das Lösungswort steht in unmittelbarem Zusammenhang mit dieser Route.

Teil B – die Rückreise – verfolgt das umgekehrte Ziel. Angegeben sind nun Inseln, die angelaufen werden müssen; die Schüler sollen selbst den Streckenzug mit den jeweiligen Entfernungen aufstellen.

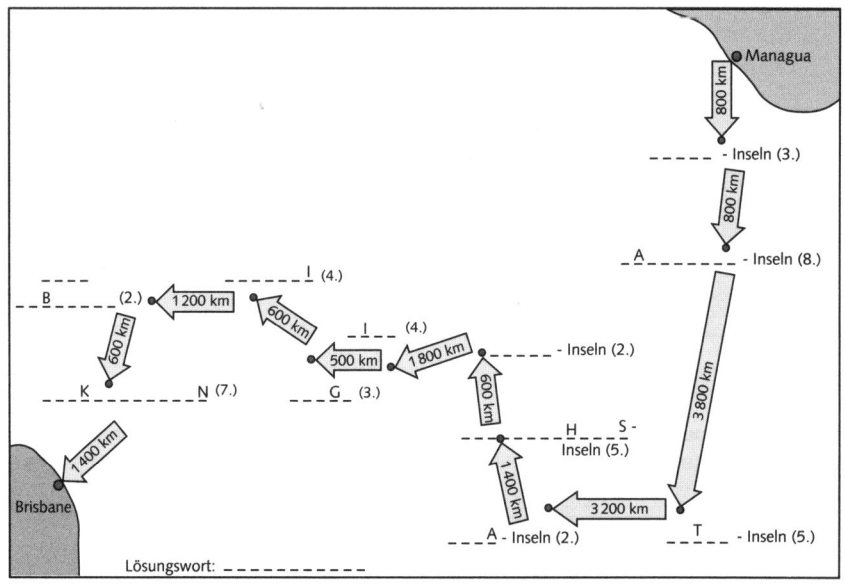

A. Managua – Brisbane

Arbeitsauftrag

Auf der Fahrt von Managua (Nicaragua) über den Pazifischen Ozean nach Brisbane in Australien werden viele Inseln und Inselgruppen angesteuert. Ergänze den Streckenzug anhand der angegebenen (gerundeten) Entfernungen. Die Zahlen in Klammern beziehen sich auf den Buchstaben des Wortes und sie ergeben fortlaufend gelesen einen Teil dieses Ozeans.

▓ B. Brisbane – Managua

Arbeitsauftrag:

Erstelle für den Rückweg einen Streckenzug wie in Teil A mit den jeweiligen Entfernungen.
Fahrtroute: Brisbane – Salomon-Inseln – Nauru – Howland-Inseln – Johnston-Inseln – Hawaii
– Christmas-Inseln – Clipperton-Inseln – Managua

Autonummern   *ab Klasse 7*

Ziel ist das Herausfinden und Einordnen der Autonummern der wichtigsten europäischen Länder. Zur Erleichterung kann in Klammern der Anfangsbuchstabe der jeweiligen Hauptstadt mit angegeben werden. Im Bedarfsfall kann das Spiel beliebig erweitert werden. So ist es z. B. möglich, zusätzlich auch noch den Landesnamen in der Landessprache zu erfragen. Das Spiel kann auch in Kombination mit dem Fremdsprachenunterricht durchgeführt werden. So ist das Benennen der Länder in Englisch ein weiteres Übungsziel, notfalls kann auch die Bezeichung der Bewohner bzw. das aus dem Ländernamen abzuleitende Adjektiv mit eingeübt werden. Die wichtigsten und bekanntesten Hauptstädte werden in ihrer englischen (oder französischen) Bezeichnung erarbeitet, auch die englischen Abkürzungen von Ländernamen sind möglich.

Auto-kennz.	Haupt-stadt	Land	Hauptstadt	Name des Landes in der Landessprache	Land in Englisch	Bevölkerung in Englisch	Hauptstadt in Englisch
SF	H	Finnland	Helsinki	Suomi	Finland	Finlanders	Helsinki
S	S	Schweden	Stockholm	Sverige	Sweden	Swedish	Stockholm
N	O	Norwegen	Oslo	Norge	Norway	Norwegians	Oslo
DK	K	Dänemark	Kopenhagen	Danmark	Denmark	Danes	Copenhagen
IS	R	Island	Reykjavik	L'dveldid/ Ísland	Iceland	Icelanders	Reykjavik
IRL	D	Irland	Dublin	Eire	Ireland	Dublin	Dublin
GB	L	Groß-britannien	London	Great Britain	Great Br.	British	London
NL	A	Niederlande	Amsterdam	Nederlands	The Netherlands	Dutch	Amsterdam
B	B	Belgien	Brüssel	Belgie/ Belgique	Belgium	Belgians	Brussels
L	L	Luxemburg	Luxemburg	Luxembourg	Luxembourg	Luxem-bourgers	Luxembourg
F	P	Frankreich	Paris	France	France	French	Paris
MC	M	Monaco	Monte Carlo	Monaco	Monaco	Monacans	Monte Carlo
D	B	Deutschland	Berlin	Deutschland	Germany	Germans	Berlin
CH	B	Schweiz	Bern	Schweiz/ Suisse/ Svizzera	Switzerland	Swiss	Berne
FL	V	Liechtenstein	Vaduz	Liechtenstein	Liechtenstein	Liechten-steiners	Vaduz

Auto-kennz.	Haupt-stadt	Land	Hauptstadt	Name des Landes in der Landessprache	Land in Englisch	Bevölkerung in Englisch	Hauptstadt in Englisch
A	W	Österreich	Wien	Österreich	Austria	Austrians	Vienna
E	M	Spanien	Madrid	Espana	Spain	Spanish	Madrid
AND		Andorra	A. la Vella	Andorra	Andorra	Andorrans	A. la Vella
P	L	Portugal	Lissabon	Repubublica Portuguesa	Portugal	Portuguese	Lisbon
I	R	Italien	Rom	Italia	Italy	Italians	Rome
RSM	S	San Marino	San Marino	San Marino	San Marino	San Marinians	San Marino
CR	P	Tschechien	Prag	Ceska Republika	Czech Republic	Chechs	Prague
SL	B	Slovakei	Bratislava/ Preßburg	Slovenská Republika	Slovakia	Slovakians	Bratislava
H	B	Ungarn	Budapest	Magyar/ Köztársaság	Hungary	Hungarians	Budapest
PL	W	Polen	Warschau	Polska	Poland	Poles	Warsaw
R	B	Rumänien	Bukarest	România	Romania/ Rumania	Romanians	Bucharest
BG	S	Bulgarien	Sofia	Narodna Republika Balgarija	Bulgaria	Bulgarians	Sofia
AL	T	Albanien	Tirana	Republika e Shqiperisie	Albania	Albanians	Tirana
SLO	L	Slowenien	Laibach	Republika Slovenija	Slovenia	Slovenians	Ljubljana
HR	Z	Kroatien	Zagreb	Republika Hrvatska	Croatia	Croatians	Zagreb
BIH	S	Bosnien-Herzegowina	Sarajewo	Republika Bosnia	Bosnia	Bosnians	Sarajevo
YU	B	Jugoslawien	Belgrad	Jugoslavija	Yugoslavia	Yugoslavians	Belgrade
MK	S	Mazedonien	Skopje	Makedonija	Macedonia	Macedonians	Skopje
GR	A	Griechenland	Athen	Elláda	Greece	Greeks	Athens
TR	A	Türkei	Ankara	Türkiye	Turkey	Turks/ Turkish	Ankara
EW	R	Estland	Tallinn/Reval	Estonija	Estonia	Estonians	Tallinn
LR	R	Lettland	Riga	Latvija	Latvia	Latvians	Riga
LT	W	Litauen	Wilna	Lietuva	Lithuania	Lithuanians	Vilnius
BY	M	Weißrussland	Minsk	Belarus'	Belarus	Belarussians	Minsk
MD	K	Moldawien	Kischinew	Moldova	Moldavia	Moldavians	Kishinev
UA	K	Ukraine	Kiew	Ukraina	Ukraine	Ukrainians	Kiev
RUS	M	Russland	Moskau	Rossijskaja Federacija	Russia	Russians	Moscow
M	L	Malta	La Valetta	Malta	Malta	Maltese	Valetta
SCV		Vatikanstadt	Vatikanstadt	Vaticano	Vatican City		Vatican City
CY	N	Zypern	Nikosia	Kypros	Cyprus	Cypriots	Nicosia

Für die deutschen Bundesländer lässt sich das Schema in abgeänderter Form zumindest für die Hauptstädte ergänzen.

KI	Kiel	Schleswig-Holstein
HH	Hamburg	Hamburg
HB	Bremen	Bremen
SN	Schwerin	Mecklenburg-Vorpommern
H	Hannover	Niedersachsen
MD	Magdeburg	Sachsen-Anhalt
P	Potsdam	Brandenburg
B	Berlin	Berlin
D	Düsseldorf	Nordrhein-Westfalen
WI	Wiesbaden	Hessen
EF	Erfurt	Thüringen
DD	Dresden	Sachsen
MZ	Mainz	Rheinland-Pfalz
SB	Saarbrücken	Saarland
S	Stuttgart	Baden-Württemberg
M	München	Bayern

Zwei gehören zusammen   *ab Klasse 7*

Zur topographischen Einübung und zur Vertiefung in der Arbeit mit dem Atlas dient folgendes Spiel, das sich beliebig auf verschiedene topographische Kategorien übertragen lässt.

▓ Inseln und Mutterland
Zu welchen Ländern gehören die folgenden Inseln?

1. Färöer	16. Rügen	31. Sachalin
2. Kreta	17. Helgoland	32. Neufundland
3. Malta	18. Sylt	33. Baffin-Insel
4. Guernsey	19. Ameland	34. Kodiak
5. Jersey	20. Falkland	35. King-Island
6. Bornholm	21. Tasmanien	36. Sumba
7. Spitzbergen	22. Hawaii	37. Molukken
8. Man	23. Okinawa	38. Kanarische Inseln
9. Shetlands	24. Luzon	39. Azoren
10. Orkneys	25. Timor	40. Nikobaren
11. Sardinien	26. Sulawesi (Celebes)	41. Hainan
12. Korsika	27. Andamanen	
13. Elba	28. Sokotra	
14. Ibiza	29. Sumatra	
15. Krk	30. Nowaja Semla	

▨ Flüsse

Durch welche Länder fließen folgende Flüsse? (pro richtige Teilantwort 1 Punkt)

1. Rhein	12. Euphrat	23. Mekong
2. Donau	13. Tigris	24. Rio Grande
3. Seine	14. Wolga	25. Mississippi
4. Maas	15. Nil	26. Yukon
5. Themse	16. Vaal	27. Colorado
6. Shannon	17. Niger	28. Sacramento
7. Mosel	18. Kongo	29. Ohio
8. Po	19. Darling	30. Amazonas
9. Tiber	20. Lena	31. Paraná
10. Oder	21. Jangtsekiang	
11. Weichsel	22. Amur	

Natürlich muss man hier ein Zeitlimit setzen. In guten Klassen sollte man es durchaus einmal wagen, ohne Atlas zu arbeiten. Ansonsten wird pro Gruppe ein Atlas zur Verfügung gestellt.

Zusatzpunkte: An welchen der oben genannten Flüsse liegen auch die Hauptstädte der Länder und wie heißen sie?

Ähnliche Spiele lassen sich mit anderen topographischen Gegebenheiten leicht erstellen und durchführen, z. B. mit Kanälen, Seen, Bergen, Gebirgen, Gletschern, Vulkanen, Halbinseln, Tiefseegräben, Meeren, Wüsten, Meeresstraßen und Gletschern. Ortsnamen lassen sich auf ihre Herkunft untersuchen.

▨ Gebirgsdaten

Welche Höhenangaben gehören zu welchen Bergen? Hier müssen die Schüler aus dem allgemeinen Höhenniveau auf die Gebirge schließen, um so leichter an die entsprechenden Berge mit Hilfe des Atlas zu kommen. Welche Berge sind es?

Deutschland	Europa	Afrika	Asien	Amerika	Australien
1. 1 493	1. 4 807	1. 5 895	1. 8 872	1. 6 198	1. 867
2. 2 962	2. 3 797	2. 3 003	2. 8 610	2. 4 421	2. 1 510
3. 1 142	3. 2 469	3. 5 199	3. 5 137	3. 2 039	3. 2 230
4. 1 456	4. 4 061	4. 4 550	4. 4 506	4. 5 452	
5. 950	5. 4 478	5. 4 307	5. 5 642	5. 5 700	
6. 1 051	6. 1 281	6. 1 900	6. 8 126	6. 3 175	
7. 841	7. 3 340	7. 4 070	7. 8 167	7. 5 002	
8. 747	8. 3 478	8. 2 918	8. 3 776	8. 5 911	
9. 773	9. 3 404		9. 4 750	9. 5 310	
10. 1 214	10. 2 914			10. 6 368	
11. 2 713				11. 6 959	

In Alpen oder in den Alpen?

Sehr viele topographische Begriffe haben unterschiedliche Bedeutungen oder ähneln sich in Schreibweise oder Aussprache. Das Namensregister der Atlanten legt davon ein Zeugnis ab.

Die folgende Liste erhebt keineswegs einen Anspruch auf Vollständigkeit; sie soll vielmehr die Schüler dazu anregen, weitere Namenspärchen aufzustöbern.

Erklärung	Topographische Begriffe		Erklärung
	Abadan	Abakan	
	Aichal	Aichtal	
	Albert	Alberta	
	Alpen	Alpen	
	Andermatt	Andernach	
...	...	...	...

Baden/Baden
Belgard/Belgrad
Bischofferode/Bischofrode
Cordoba/Cordoba
Ebbe/Ebbs
El Salvador/El Salvador
Erbach/Erbach
Frankfurt/Frankfurt
Glasgow/Glasow
Guadeloupe/Guadelupe
Guayana/Guyana
Halifax/Halifax
Halle/Halle
Helgeland/Helgoland
Iser/Isère
Kempen/Kempten
Kofu/Korfu
Lienz/Linz
Luxemburg/Luxemburg
Morsbach/Mosbach
Nampa/Nampo
Nideck/Nideggen
Ostrov/Ostrow
Pegnitz/Regnitz
Pompeji/Pompey
Rio Grande/Rio Grande
Rostock/Rostow
Saba/Sabah

Barra/Barra
Bhutan/Butuan
Brandenberg/Brandenburg
Dacca/Dakar
Eder/Eger
Elz/Elze
Feldberg/Feldberg
Freiburg/Freiburg
Golf von Genua/Golf von Guinea
Guatemala/Guatemala
Haar/Haar
Halland/Holland
Heilbronn/Heilbrunn
Hessen/Hessen
Kampen/Kampen
Kingston/Kingston
Lichtenstein/Liechtenstein
Lomé/Lone
Meschede/Meschhed
Minden/Münden
Neisse/Neiße
Oder/Oker
Panama/Panama
Philippi/Philippinen
Raab/Rab
Rom/Roma
Ruhr/Rur
San Antonio/San Antonio

Segré/Segre	Sierra Nevada/Sierra Nevada
Sydney/Sydney	Syracuse/Syrakus
Tennessee/Tennessee	Tiber/Tibet
Tiran/Tirana	Tula/Tulsa
Überkingen/Überlingen	Waga/Wagga Wagga
Wansleben/Wanzleben	Washington/Washington
Waterloo/Waterloo	Weimar/Weimar
Wesel/Weser	Wursten/Wurzen
Zuckerhut/Zuckerhütl	Zülpich/Zürich

Klimadiagramme   *ab Klasse 7*

Das übergeordnete Thema *Leben und Wirtschaften in verschiedenen Landschafts-zonen* erfordert bei den Schülern als grobes globales Orientierungsmuster die Einordnung in Klimazonen, wobei sie Landschaftszonen als räumliche Ausprägung des Zusammenwirkens von Klima und Vegetation erkennen sollen. Dabei ist ein unverzichtbares Arbeitsmittel das Klimadiagramm. Eine mögliche Methode, beides, Arbeit mit dem Klimadiagramm und Verständnis für die Lage von Klimazonen, zu vertiefen und spielerisch zu überprüfen, ist folgendes Vorgehen: Den Schülern werden Klimadaten oder -diagramme an die Hand gegeben, die sie nach Möglichkeit topographisch grob einordnen sollen. Dabei sollten einigermaßen charakteristische Klimastationen ausgewählt werden, die den jeweils zuvor besprochenen Land-schaftszonen entsprechen. Möglich ist auch der Auftrag, die Daten zunächst in ein Klimadiagramm umzuwandeln und erst dann dessen zugehörige topographische Zuordnung vorzunehmen. Wenn auch nicht der Name der betreffenden Klimasta-tion immer erkannt werden kann, so sollte die Klimaregion (evtl. auch nur die Temperaturzone) oder die ungefähre Lage der Station dennoch bestimmt werden können. *Kalte Zone, gemäßigte Zone, Subtropen* (evtl. ein mittelmeerisches Klima) und *tropische Klimate* sollten für jede Halbkugel zumindest vertreten sein. Eventuell kann noch zwischen einer mehr maritimen oder einer kontinentaleren Station unterschieden werden.

Arbeitsaufträge

- Um welche Temperaturzonen, Klimazonen handelt es sich? Versuche den Namen der Station oder das Land herauszufinden.

Achte auf folgende Gesichtspunkte:
- Wie verläuft die Temperatur?
- Zu welchen Jahreszeiten fallen die Niederschläge?
- Wann liegen die Maxima, wann die Minima des Niederschlags?
- Was sagen die Jahresdurchschnittswerte für Temperatur und Niederschlag aus? Sind es maritime oder eher kontinentale Werte?
- Sind Trocken- oder Regenzeiten erkennbar?
- Welche Jahreszeiten sind erkennbar?

Eine Auswahl bieten z. B. folgende Stationen:

		J	F	M	A	M	J	J	A	S	O	N	D	Jahr
1	C°	-42	-47	-39	-31	-20	-15	-11	-18	-22	-36	-43	-39	-30
	mm	k.	A.											
2	C°	2	2	6	10	14	17	19	18	15	10	6	3	10
	mm	58	50	50	51	55	65	83	77	62	69	61	70	613
3	C°	23	23	20	16	13	10	9	11	13	16	19	22	16
	mm	78	71	98	122	71	52	54	56	74	85	101	102	962
4	C°	7	8	12	14	18	23	26	26	22	18	13	9	16
	mm	74	87	79	62	57	38	6	23	66	123	121	92	828
5	C°	26	26	27	27	26	24	23	23	25	26	26	26	25
	mm	135	146	196	196	157	8	3	3	30	119	221	142	1354
6	C°	23	23	22	19	16	14	13	13	14	16	19	22	18
	mm	8	10	20	43	130	180	170	143	86	56	20	15	881

Küstensumpf

ab Klasse 7

Will man sich auf der Erde zurechtfinden, ist es von Nutzen, Informationen schnell zu verarbeiten; häufig geschieht dies verbal oder visuell. Für Vertretungsstunden im Fach Erdkunde kann man auf eine Kombination von Text und Umrisskarte zurückgreifen, die die Schüler einer bestimmten topographischen Region zuordnen müssen. Dies kann entweder in Stillarbeit in einem bestimmten Zeitraum erarbeitet werden oder der Text wird vorgelesen und mit dem über Epidiaskop oder Folie präsentierten Umriss konfrontiert.

---

1. Vor seiner Küste, die weit von uns weg liegt, erstreckt sich das längste, rund 2 000 km lange Korallenriff der Welt. Die riffbildenden Korallen leben nur in tropischen Meeren, deren Oberflächentemperatur 20° C nicht unterschreitet. Das dem Riff gegenüberliegende Festland hat Englisch als Muttersprache und war einst englische Kolonie.

---

2. Diese Küste verdankt ihr eigenartiges, z. T. bizarres Aussehen den Gletschern in der Eiszeit. Sie drangen in bereits vorhandene Gebirgstalformen ein, formten diese in Täler mit U-förmigem Querschnitt. Später drang nach Abschmelzen des Eises das Meer tief in diese Täler ein. Diese (unter Wasser stehenden Täler) haben heute hohe, steile Wände und große Wassertiefen und bieten wenig Platz für größere menschliche Siedlungen.

---

3. Dieser Küste sind nacheiszeitliche Aufschüttungen aus Sandmaterial oder Reste des Festlandes vorgelagert. Zwischen diesen Inseln und dem Festland liegt eine flache, schlickbedeckte Fläche, die zweimal am Tage trockenfällt, sodass man theoretisch diese Inseln trockenen Fußes erreichen kann. Die Fläche wird aber auch zweimal am Tage überflutet. Küste und Inseln sind heute beliebte Ausflugsziele und Feriendomizile. In ihrem Bereich sind jedoch besondere Maßnahmen zum Schutz vor dem Meer nötig.

4. Hier schiebt sich die Küste an der Mündung eines großen Flusses weiter ins Meer. Das ist möglich, da die Flussmündung in einer flachen Schelfzone liegt und starker Wellengang oder eine starke Küstenströmung fehlen und der Fluss durch langsames Fließen die von ihm transportierten Sinkstoffe ablagert. Die zu erratende Küste liegt im subtropischen Bereich, in denen Städte mit französischen Ortsnamen dominieren und von französischer Kolonialpolitik zeugen. Hier hat der Jazz seine Heimat.

5. In Nord-Süd verlaufende Küste, die im Westen von einem Tiefseegraben, im Osten von einem Hochgebirge eingegrenzt wird, dessen Höhen im nördlichen Teil über 6 000 m sind, während sie im Süden kaum 4 000 m übersteigen. Es handelt sich um ein Gebiet großer Erdbebenhäufigkeit. Im südlichen Verlauf der Küste setzen sich die Täler als Fjorde unter dem Wasser fort. Die Landessprache des hiesigen Staates ist Spanisch.

6. Diese Küste liegt an einer der am stärksten befahrenen Wasserstraßen der Welt. Trotz relativ nördlicher Lage profitiert sie von einer warmen Meeresströmung, sodass trotz eines regenreichen Klimas Palmen wachsen können und die an ihr liegenden Orte z. T. zu viel besuchten Seebädern wurden.

7. An dieser menschenfeindlichen Küste sucht man große Städte vergeblich. Die karge Vegetation und die niedrigen Temperaturen erklären dies genauso wie die Tatsache, dass die Küste auf Grund der Vereisung in weiten Teilen des Jahres auch verkehrsfeindlich ist. Nur ein Hafen im Westen gilt als eisfrei. Auf einer der großen vorgelagerten Inseln wurden Atomversuche unternommen.

8. Küste mit nur schwachen Gezeiten. An Flachküsten werden Sandmassen durch eine West-Ost-Strömung nach Osten verfrachtet, der Strand wird „versetzt", es entstehen Nehrungen, flache, schmale und lang gestreckte Landstreifen aus Meeressand, die dahinterliegende Strandseen vom offenen Meer trennen. Das gezeigte Gebiet hatte im 20. Jh. eine wechselvolle Geschichte und gehört heute nicht mehr zu dem Staat, zu dem es noch vor dem 2. Weltkrieg gehörte.

9. Eine Küste, die von der Mündung eines Flusses nachhaltig geformt wurde. Es handelt sich um eine Schlauchmündung (Ästuar), die vom Meer durch Ebbe und Flut ausgeweitet wurde. Nicht weit von dieser sehr befahrenen Flussmündung beginnt ein wichtiger Kanal, der zwei kleinere Meere miteinander verbindet. Flussaufwärts in östlicher Richtung liegt eine bekannte Millionen- und Hafenstadt.

10. Eine Küste mit vorgelagerten abgesunkenen Felsbuckellandschaften, die sich als Inseln nur wenige Meter über dem Meeresniveau erheben (Schären genannt). Diese Inseln haben ihr Aussehen dem Inlandeis zu verdanken, das ihre Oberfläche in diesem einst vergletscherten Gebiet überformte und abschliff.

11. Hier ist das Meer in ein vom Eis geformtes Aufschüttungsgebiet (Moränenland-schaft) eingedrungen und hat einen unregelmäßig gelappten Verlauf der Küste mit buchtenartigem Küstenrand geformt. An zahlreichen Stellen haben diese seichten Buch-ten (Bodden genannt) schöne Sandstrände. Diese Küste liegt an einem Binnenmeer.

12. Besonders verkehrsfeindliche Küste mit dichter üppiger Vegetation, die sich bis ins Wasser ausbreitet und deren Pflanzen sich durch Stelzwurzeln dem verschieden hohen Wasserstand des Meeres anpassen. Bei Flut ragen nur die Kronen der Bäume aus dem Wasser heraus. Die ins Meer fließenden Flussmündungen verlanden schnell, da die Stelzwurzeln der Vegetation den Meeresschlick festhalten und diese Küste somit fast undurchdringlich machen. Auch weiter im Landesinneren setzt sich die üppige Vege-tation fort auf Grund des feuchtheißen Klimas.

Geokniffe   *ab Klasse 7*

Für die Antworten werden je nach Schwierigkeitsgrad unterschiedlich viele Punkte vergeben.

1. Durch welche Stadt läuft der Nullmeridian?   *(2 Punkte)*
2. Wo sieht man um Mitternacht die Sonne auf der Erde?   *(1 Punkt)*
3. Wo passiert man mit einem Schritt einen ganzen Tag?   *(1 Punkt)*
4. Was ist die San-Andreas-Spalte?   *(2 Punkte)*
5. Wo liegt die größte Bergkette?   *(2 Punkte)*
6. Wo liegen die heißesten Orte der Erde?   *(1 Punkt)*
7. Wo liegen die kältesten Orte der Erde?   *(1 Punkt)*
8. Wie heißt der niederschlagsreichste Ort der Erde?   *(1 Punkt)*
9. Wo ist die trockenste Gegend der Welt?   *(1 Punkt)*
10. Wo gibt es die größten Eisflächen der Erde?   *(1 Punkt)*
11. Wie heißt und wo befindet sich das größte Riff?   *(2 Punkte)*
12. Wo gibt es Schnee in Äquatornähe?   *(2 Punkte)*
13. Wie heißt der längste Fluss der Welt?   *(1 Punkt)*
14. Wie heißt der größte Binnensee der Erde und wo liegt er?   *(2 Punkte)*
15. Wo leben Pinguine?   *(1 Punkt)*
16. Wo leben Eisbären?   *(1 Punkt)*
17. Wo leben Lamas?   *(1 Punkt)*
18. Wo leben Kojoten?   *(1 Punkt)*
19. Wie heißt und wo liegt die größte Wüste der Welt?   *(2 Punkte)*
20. Wo liegt der größte tropische Regenwald?   *(1 Punkt)*
21. Wo leben heute noch Orang-Utans in Freiheit?   *(1 Punkt)*
22. Welche Stadt ist drei Religionen heilig?   *(4 Punkte)*
23. Was bedeutet Beneluxländer?   *(3 Punkte)*
24. Wo liegt die „verbotene Stadt"?   *(1 Punkt)*
25. Wo gibt es Suks?   *(1 Punkt)*
26. Nenne den längsten schiffbaren Kanal?
    Welche Meere verbindet er?   *(3 Punkte)*

27. Wie heißt der kleinste Staat der Erde?   *(2 Punkte)*
28. Wo liegt der Kreml?   *(1 Punkt)*
29. Wo steht das Weiße Haus?   *(1 Punkt)*
30. Wo steht die Alhambra?   *(1 Punkt)*

Bingo   *ab Klasse 7*

Vorgegeben ist ein Quadratraster mit neun Fel-
dern, das sich jeder Teilnehmer aufzeichnet:
Von der Intention des Lehrers ist es nun abhängig, wie diese Kästchen gefüllt werden. Jeder
Schüler trägt zuerst verschiedene topographische oder geographische Begriffe zu einer bestimmten Unterrichtseinheit, einem behandel-
ten Buchkapitel oder einem besprochenen Staat
o. Ä. in sein Quadrat ein.
Themenbeispiele: Deutsche Mittelgebirge – An
der Nordsee – Oasen im Wandel.
Der Lehrer (oder ein Schüler) liest dann der
Reihe nach passende Begriffe zu dem ausge-
wählten Thema vor, die Schüler streichen gegebenenfalls in ihrem Raster diese
Namen. Wer zuerst eine Reihe (waagerecht, senkrecht oder diagonal) gestrichen
hat, gewinnt und ist neuer Spielleiter oder bestimmt das nächste Wissensgebiet.

Das Oberthema-Spiel   *ab Klasse 7*

Für die Überprüfung erlernten Stoffes im Anschluss an Unterrichtseinheiten oder
-reihen eignet sich auch ein Spiel, das in Teamarbeit ablaufen kann. Die Klasse wird
in zwei Gruppen eingeteilt, jedes Team erhält geographische Oberthemen, zu dem
es möglichst viele Begriffe liefert. Zusätzlich sind diese Begriffe noch zu erläutern.

Beispiel Eiszeit: Gletscher – Endmoräne – Grundmoräne – glaziale Serie – Urstrom-
tal – Löss – Sander – Geröll – Trogtal – Schmelzwasser – Mergel

Um die Ecke gedacht   *ab Klasse 7*

Mit ein wenig Kombinationsgabe und ein bisschen Fantasie kann dieses Rätsel um
erdkundliche Begriffe gelöst werden, wobei die Klasse in Gruppen aufgeteilt werden
kann, die bei vorgegebener Zeit und mit Hilfe des Atlasses möglichst viele der zu
ratenden topographischen Begriffe finden sollen.

1. Auf dieser Wiese kannst du baden.   W   _____
2. Wer hier verliert, ist selber schuld.   S   _____
3. Das ist die Furt der Franken.   F   _____
4. Gute Lüfte in dieser Stadt.   B   _____
5. Der römische Kriegsgott hat es hier eilig.   M   _____
6. Ein angelsächsisches Leberbecken.   L   _____

7. Ein Gedränge nobelster Herrschaften.	K	_____
8. Halt nur hier in Norwegen das Werkzeug fest.	H	_____
9. Seine Bewohner sind als Fast Food sehr beliebt.	H	_____
10. Stadt mit ähnlich klingendem schwerem Rotwein.	P	_____
11. Mach nochmal Sams Aufenthalt.	C	_____
12. Passauf ohne f.	P	_____
13. Charles mit den Affen in Australien.	D	_____
14. Uraltes Gebirge ohne tes.	U	_____
15. Bei ihr gefällt es mir besser als bei anderen weiblichen Namen.	B	_____
16. Rheinische Aufforderung zum Backen eines gezeigten Gegenstandes.	B	_____
17. Dieser Schifffahrtsweg schmeckt nicht sauer.	S	_____
18. Hier weiß man Schiffsbrüchige zu bergen.	B	_____
19. Aber deen Ort muss man kennen.	A	_____
20. Vor dieser Insel hatten wir die Pest an Bord.	M	_____
21. Die Stadt mit der goldenen Brücke.	S	_____
22. Die Schutzbehausung eines Sehorgans.	A	_____
23. Der portugiesische Fluss des Januars, der in Wirklichkeit eine Stadt ist.	R	_____
24. Die Heimat eines Frühlingsmonats.	M	_____
25. Der Kaufmannshafen Nordeuropas.	K	_____
26. Das Video sehe ich mir an.	M	_____
27. Dieser Fluss hat den Namen eines menschlichen Körperteils.	P	_____
28. Markanter weiblicher Körperteil aus chinesischen Mineralien.	J	_____
29. Elbflorenz in Sachsen.	D	_____
30. Diese Wasseransammlung liegt nicht am Rand.	M	_____
31. Ob du diesen Fluss kennst?	O	_____
32. Gewässer mit Warnfarbe.	R	_____
33. Südamerikanischer Binnensee mit Ausschcidung cincs Klcinkindcs.	T	_____
34. Gegenteil von Berg des Lebens.	T	_____
35. Wie ein Phoenix aus der Asche.	P	_____
36. Südamerikanische Aufforderung zur Augenanomalie.	C	_____
37. An den Ozean grenzt ein Gebirge.	A	_____
38. Hier brennt es dauernd.	F	_____
39. Ein eisiges Land.	I	_____
40. Diese Inseln haben keine flachen Berge.	S	_____
41. Erhebung eines Volksfürsten.	K	_____
42. Exkrement eines mittelalterlichen hoch gestellten Regenten.	K	_____
43. Dieser Berg ist ein ahler Kasten.	K	_____
44. Erhebung auf der Vorderseite eines Schienenfahrzeugs.	Z	_____
45. Lebloser Wasseransammlung.	T	_____

Tornadofolgen   *ab Klasse 8*

Schon wieder hat ein verheerender Wirbelsturm in Nordamerika einiges durchein-
andergerüttelt. Durch die starken Aufwinde hat der Tornado alle Vokale aus den
Namen der Bundesstaaten und Städte herausgezogen.
Die Aufgabe ist es nun, diese Namen wieder zu vervollständigen.

Bundesstaat		Stadt	
Illinois	LLNS	CHCG	Chicago
	FLRD	MM	
	GRG	TLNT	
	TH	SLTLKCTY	
	KLFRNN	SNDG	
	H	CLVLND	
	TXS	SNNTN	
	KLHM	TLS	
	CLRD	DNVR	
	W	DSMNS	
	NDN	NDNPLS	
	DH	BS	
	LSN	BTNRG	
	NVD	RN	
	MN	GST	

Eine wüste Sache   *Klassenstufe 7–8*

Im Anschluss an eine Unterrichtsreihe können wichtige thematische Begriffe, die
in der Unterrichtsreihe erarbeitet wurden anhand eines Rätsels in Erinnerung
gerufen werden. Die gefundenen Begriffe sollten anschließend an der Tafel gesammelt und noch einmal kurz von den Schülern erläutert werden.

Arbeitsaufträge

- Suche im Buchstabenrätsel die zum Thema „Wüste" passenden Begriffe.
- Erläutere diese Begriffe kurz.

Beachte dabei:

- Umlaute wie ä, ü, ö werden durch ae, ue oder oe ersetzt.
- Begriffe können sowohl waagerecht wie senkrecht oder auch diagonal auftauchen.

A	C	B	U	R	Z	E	I	S	I	G	O	I	P	B	G	L	A	D	B	O	C	H
D	E	F	X	N	I	E	S	P	E	T	A	R	I	O	P	E	Y	L	E	L	E	U
D	P	U	F	T	T	S	I	O	P	O	S	I	N	R	L	O	U	Z	E	E	F	T
I	U	F	X	X	T	I	B	T	I	L	E	T	T	U	E	Z	K	U	K	N	Q	Z
P	H	E	I	I	E	N	A	T	T	I	Z	A	E	S	F	A	Z	X	I	A	P	E
P	A	N	N	Y	L	E	R	E	I	W	A	D	I	S	R	I	I	Z	N	T	N	L
I	Z	A	G	E	T	I	N	P	N	K	F	T	O	I	L	I	F	T	B	R	S	N
N	I	S	O	N	U	S	E	U	N	I	F	Z	F	A	X	P	E	T	A	I	R	I
I	S	I	R	O	N	I	N	S	I	V	E	R	W	I	T	T	E	R	U	N	G	X
S	C	A	E	T	P	O	S	E	N	E	L	V	U	R	S	U	K	T	E	I	K	T
T	O	R	L	T	I	N	M	L	A	U	F	N	I	T	I	A	E	C	R	E	A	E
E	L	F	N	Z	E	T	E	A	U	T	U	A	T	P	R	R	F	Z	Z	T	H	R
P	V	X	I	P	W	I	Y	E	D	E	R	C	I	A	U	E	F	F	I	O	N	T
O	X	E	Z	O	O	U	L	O	G	E	S	H	N	N	E	G	T	C	B	L	P	C
P	V	C	R	T	U	V	E	C	T	X	N	A	P	L	T	N	N	Y	K	I	C	A
A	T	U	R	W	L	L	V	S	N	O	N	P	U	I	L	B	P	L	T	F	T	R
X	C	Z	R	V	I	N	O	I	T	E	E	V	I	Z	N	C	E	T	S	R	T	O
Z	L	U	L	U	O	T	T	O	K	E	R	D	A	T	T	E	L	P	A	L	M	E
I	C	E	R	B	I	T	E	R	L	U	L	I	T	Z	T	E	C	S	N	Z	E	C
X	O	X	A	R	I	D	O	R	R	M	A	T	E	P	U	N	S	T	D	R	U	F
F	E	E	N	W	E	R	N	E	U	M	I	T	R	O	S	E	C	T	W	A	F	T
T	U	E	L	T	E	N	O	F	T	N	P	R	C	C	K	S	V	E	U	P	K	R
B	E	W	A	E	S	S	E	R	U	N	G	F	I	Z	K	T	I	C	E	T	A	A
U	N	T	I	F	O	A	M	U	T	T	I	R	M	I	L	K	A	T	S	V	T	F
P	E	T	A	R	Z	F	U	Z	Z	I	M	R	N	I	T	E	N	S	T	I	U	T
E	L	F	E	N	M	E	E	R	B	U	L	L	I	B	A	H	N	C	E	T	L	B
R	I	Z	Z	I	T	E	L	F	R	O	S	T	S	P	R	E	N	G	U	N	G	O

Wer kennt sich aus im Regenwald?   *ab Klasse 7*

Ähnliche Rätsel wie oben können leicht selbst entworfen werden, so können z. B.
für die Region des tropischen Regenwaldes folgende Begriffe als Grundlage dienen:
Artenvielfalt, Bananen, Baumriesen, Brandrodung, Cash crops, Hackbau, humid,
Kaffee, Kakao, Kautschuk, Lateritboden, Lianen, Mangrove, Maniok, Pfahlwurzeln,
Plantage, Pygmäen, Regenwald, Regenzeit, Sammler und Jäger, Sekundärwald,
Selbstversorgung, Stockwerkbau, Tageszeitenklima, Trockenzeit, Wanderfeldbau,
Zenitalregen.
Die genannten Begriffe können auch als Grundlage für ein Quiz dienen: Die Klasse
wird in Gruppen aufgeteilt. In einer vorher zu bestimmenden Zeit müssen die Fragen
zu den Begriffen herausgefunden werden.

1. Vorkommen der Arten im tropischen Regenwald, Begriff bezeichnet Menge und Unterschiedlichkeit der Arten
2. Typische Plantagenpflanze mit Stauden von großem Wuchs
3. „Könige" der Pflanzen im Regenwald
4. Fällen der Baumvegetation und anschließendes Abbrennen der Stämme mit der übrig gebliebenen Vegetation
5. Agrarerzeugnisse, die nicht der Selbstversorgung dienen, sondern für einen Markt erzeugt werden
6. Weit verbreitete Form der Bodenbearbeitung in den Tropen (vor allem für Knollengewächse)
7. Kennzeichnung für ein Klima, in dem der Niederschlag größer als die Verdunstung ist
8. Strauchpflanze mit kirschenähnlichen Früchten, produziert ein Genussmittel
9. Früchte eines immergrünen Baumes, der sich vorwiegend auf das innertropische Tiefland beschränkt, Endprodukt ist beliebt bei Kindern
10. Verarbeitetes milchsaftiges Baumprodukt der regenreicheren Tropen
11. Rötlich gefärbter, krustenartig verhärteter tropischer Boden, der im Extremfall pflanzliches Wachstum verhindern kann
12. Wichtige Kletterpflanze des Regenwaldes mit großem Längenwachstum, aber geringer Verdickung
13. Gruppe von tropischen Küstenpflanzen, die bei Ebbe trockenfällt und bei Flut überschwemmt wird. Machte in der Vergangenheit die betroffenen Küsten besonders undurchdringlich
14. Pflanze eines mehrjährigen tropischen Strauches mit verdickten Wurzeln, von denen nur das Mark gegessen wird
15. Name von Wurzeln, die sich dem verschieden hohen Wasserstand durch aus dem Boden ragende Atemwurzeln anpassen
16. Landwirtschaftlicher Großbetrieb mit zumeist Anbau von mehrjährigen Nutzpflanzen oder von Dauerkulturen und technischer Einrichtung zur Aufbereitung und/oder Verarbeitung der Agrarprodukte
17. Kleinwüchsiges Volk im Rückzugsgebiet des tropischen Regenwaldes
18. Vegetationszone mit immergrünen Pflanzen, Tageszeitenklima, Mittagsregen und zumeist hohen Niederschlägen und Temperaturen
19. Die niederschlagsreiche Zeit in Gebieten mit wechselfeuchtem Klima
20. Wirtschaftsform, in der Menschen das nutzen, was ihnen die Natur bietet
21. Vegetationsformation, die unter dem Einfluss des Menschen entstanden und in der Regel lichter und ärmer ist als die ursprünglich vorhandene
22. Eine Form des Wirtschaftens, bei der die Produkte nicht für den Markt hergestellt werden
23. Vertikale Anordnung der Pflanzen im tropischen Regenwald
24. Gegenteil von Jahreszeitenklima, mit größerem Temperaturunterschied zwischen Tag und Nacht als zwischen verschiedenen Zeiten im Jahr
25. Saison in den inneren Tropen, in denen weniger Niederschlag fällt
26. Anbauflächen werden gewechselt, wenn eine Ertragsminderung zu verzeichnen ist
27. Niederschläge in den inneren Tropen, die dem Höchststand der Sonne folgen

Rätsel aus Schülerhand   *ab Klasse 8*

Nicht nur das Ausfüllen fertiger Rätsel und das Lösen vorgegebener Aufgaben ist für viele Schüler interessant, noch mehr interessieren sich besonders die kreativen Kinder für das Herstellen eigener Vorschläge. Dieses Interesse und die Neugier kann man sich als Lehrer zu Nutze machen, indem man z. B. in einer Vertretungsstunde zum Erfinden von Buchstaben- oder Kreuzworträtseln anregt. Nach der Benennung eines Oberthemas (z. B. Staaten in Afrika), versehen mit einem guten Atlas oder einem Lexikon, machen sie sich konzentriert an die Arbeit. Motiviert werden Schüler zudem noch, wenn man ihnen den Einsatz der Rätsel in unteren Klassen verspricht und nachher davon berichtet. Im Folgenden ist, zur Nachahmung empfohlen, ein Beispiel aufgeführt.

Arbeitsauftrag

Trage die Antworten ein. Als Lösungswort ergibt sich ein großer Berg in Deutschland.

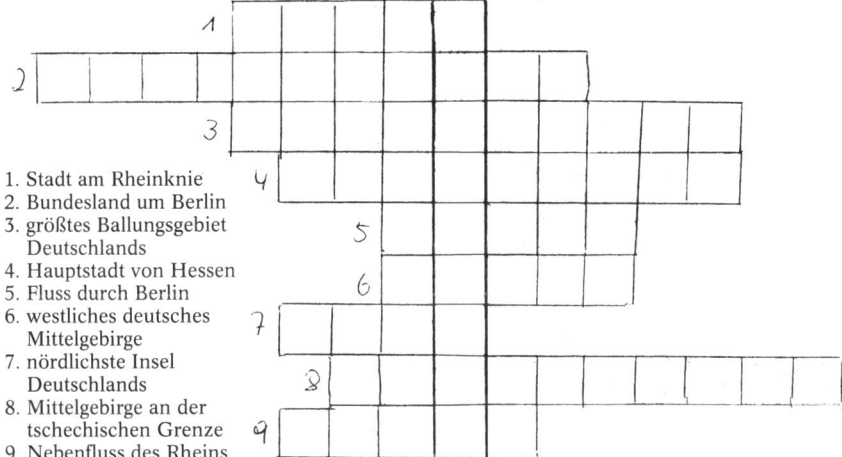

1. Stadt am Rheinknie
2. Bundesland um Berlin
3. größtes Ballungsgebiet Deutschlands
4. Hauptstadt von Hessen
5. Fluss durch Berlin
6. westliches deutsches Mittelgebirge
7. nördlichste Insel Deutschlands
8. Mittelgebirge an der tschechischen Grenze
9. Nebenfluss des Rheins

Literatur

REIMERS, M.: Die geographische Vertretungsstunde, in: Geographie und Unterricht, 5. Jg. (1980), H. 2, S. 52–63
HEITMANN, F.: Spielend die Erde erkunden. Mülheim a. d. Ruhr 1991[3]
BECKS F., u. a.: Orientieren in der Welt, 3 Hefte, jeweils 32 Seiten. Hannover
BRINK, H.-J., u. a.: Erdkundemappe Deutschland/Europa/Welt. Horneburg
FREY, K., u. a.: Geographische Arbeitshefte. Berlin
KIRCH, P.: TOP 1: Deutschland/TOP 2: Europa/ TOP 3: Erde. Westermann Braunschweig 1992
KRACHT, R.: Rund um die Welt. Klett Stuttgart

Rätsel im Geographieunterricht, Aulis
Kartenspiele Geographie (Topographie, Grundbegriffe), Aulis
Erdkunde – schon gewußt? (Grundbegriffe), Westermann
MICHAEL GRESSMANN: Die Fundgrube für Vertretungsstunden. Cornelsen Scriptor, Berlin 1997[4]
MICHAEL GRESSMANN: Die 2. Fundgrube für Vertretungsstunden. Cornelsen Scriptor, Berlin 1998

Natürlich bieten auch verschiedene geographische Zeitschriften und Verlage ein reichhaltiges Angebot an fertigen Vertretungsstunden und geographischen, meist topographischen Rätseln.

Praxis Geographie (Westermann)
Heft 5/1997 – Spielen im Unterricht; Heft 10/1996 – Vertretungsstunden 2;
Heft 3/1996 – Schriftliche Lernkontrollen; Heft 3/1993 – Vertretungsstunden;
Heft 7–8/1989 – Lebendiger Geographieunterricht; Heft 10/1983 – Spiele

geographie heute (Friedrich/Klett)
Heft 11/1982 – Die Vertretungsstunde; Heft 27/1985 – Spiele im Erkundeunterricht

Karten, Linien, Diagramme – selbst gemacht

Karten, Windrose und Globus   *Klasse 5*

In einer 4- bis 6-stündigen Unterrichtsreihe kann durch mehrere aufeinander aufbauende Übungen die Schule und deren Umgebung erkundet werden. Dabei werden Arbeitstechniken anhand von Materialien geübt und vertieft.

▪ Darstellung der Schule
Zum Kennenlernen der neuen Schule bietet es sich an, diese einmal von den Schülern zeichnen zu lassen. Das kann zunächst einfach ein Bild des Gebäudes sein, wie die Kinder es vom Schulbesuch der ersten Tage her kennen, also der Eingangsbereich oder das Gebäude vom Schulhof aus gesehen.
Eine erste Verallgemeinerung ist der Grundriss der Schule (vgl. Abb. auf der gegenüberliegenden Seite), den der Lehrer an die Tafel zeichnet und der von den Schülern mitgezeichnet wird. Auf maßstäbliche Genauigkeit braucht noch kein großer Wert gelegt zu werden.
Eine weitere Abstraktion ist die Anordnung der Räume darzustellen, in denen die Klasse Unterricht hat. Dazu eignet sich ein Plan mit den Raumnummern, der sicher in jeder Schule vorhanden ist (vgl. Abb. S. 86). Anhand dieses Plans kann der Begriff *Legende* gut eingeführt werden. Jedem Mitglied der Klasse wird eine Kopie dieses Plans ausgehändigt. Die Schüler dürfen dann mit Hilfe der selbst angelegten Legende die von ihnen benutzten Räume und Fachräume mit gemeinsam festgelegten Farben ausmalen.

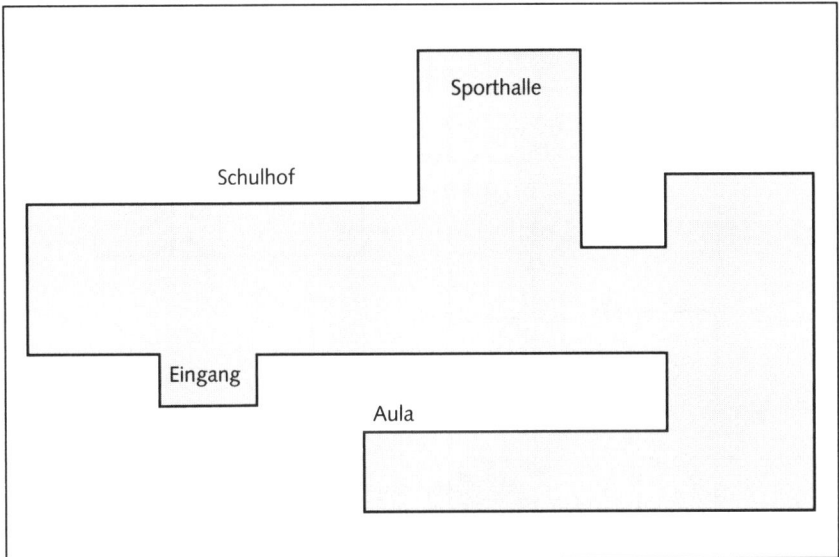

Schulgrundriss

Auch ein einfacher Plan des eigenen Klassenraumes mit der Lage der Tür, der Fenster, der Tafel, des Lehrertischs und der Schülertische stellt eine wichtige Orientierungsübung dar. Gleichzeitig kann sich die Klasse durch das Eintragen der Namen an den richtigen Plätzen schneller kennen lernen.

▨ Karte der Umgebung der Schule

Zum Erfassen der Umgebung der Schule können zunächst einfach Gebäude aufgezählt werden, die sich in unmittelbarer Nähe der Schule befinden. Der Einfachheit halber werden sie ohne Grundrisse an die Tafel geschrieben, aber schon in der richtigen Anordnung.

Sporthalle   Nachbarschule
                eigene Schule
Supermarkt   Bushof
                                        Sportplatz
Hallenbad

Nun kann die Vorlage eines Stadtplans erfolgen, der beim Informations- oder Verkehrsamt der Stadt im Klassensatz kostenlos erhältlich sein dürfte. Auf diesem Plan werden die vorher genannten Einrichtungen in der Umgebung der Schule gesucht. Es können jetzt auch weiter entfernte genannt werden wie z. B. der Bahnhof, die Hauptpost, die Stadtbücherei, die Kirche.
Anhand von Prospektmaterial zu bedeutenden Bau- und Kunstwerken der Stadt bietet es sich an dieser Stelle an, über diese zu sprechen und sie nach eigener Auswahl von den Kindern zeichnen zu lassen.

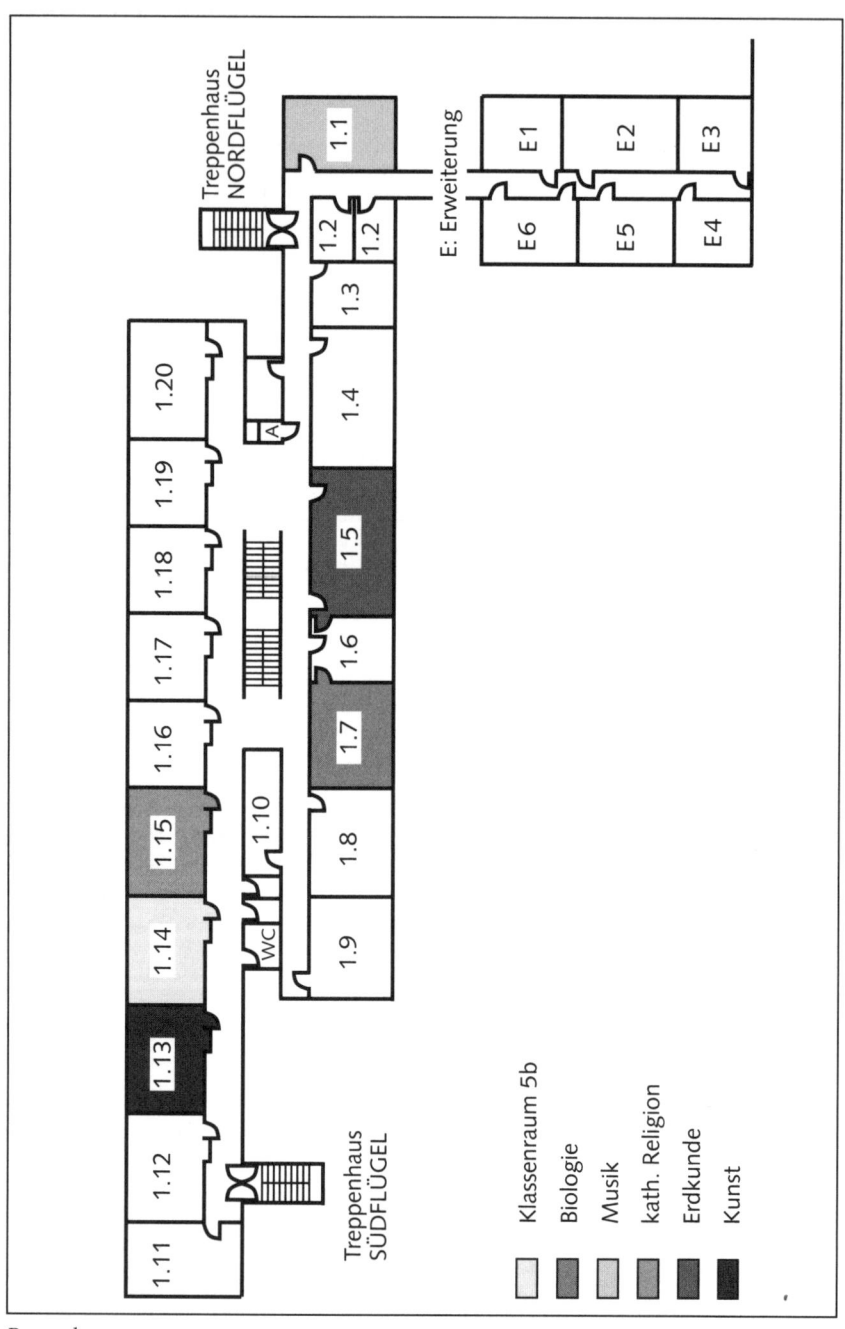

Raumplan

Da eine eigene Zeichnung des Stadtplans in dieser Klassenstufe noch zu schwierig ist, empfiehlt es sich, jedem eine Kopie mit dem Umfeld der Schule auszuhändigen. Auf diesem Plan können nun alle bisher genannten wichtigen Einrichtungen farbig markiert werden.
Ein weiterer Schritt ist das Einzeichnen des Weges von der Schule nach Hause, zum Bahnhof, zum Bushof oder zur nächsten Bushaltestelle. Nun können die Namen der benutzten Straßen, die aus dem Stadtplan entnommen werden, ins Heft geschrieben werden. Im Stadtplan können die Wege farbig eingezeichnet werden.

Stadtplan des Schulortes

▨ Erfassen der Umgebung des Schulortes

Um die Umgebung des Schulortes kennen zu lernen, wird eine entsprechende Karte im Klassenraum aufgehängt (vgl. Abb. S. 88). Die Ortsteile oder Orte, aus denen die Schüler der Klasse kommen, werden durch bunte Aufkleber (z. B. für jedes Kind ein roter Punkt, eine bunte Stecknadel oder ein Fähnchen) gekennzeichnet.

Arbeitsaufträge

- Schreibe den Namen deines Ortsteils an die Tafel und deinen eigenen Namen dahinter.
- Übertrage alle Angaben in dein Heft.

Als Abschluss dieser Reihe bietet sich eine Ausstellung im Klassenraum an, die folgende Teile umfasst:
- Plan des Klassenraums;
- Raumplan der Schule mit den gekennzeichneten Räumen;
- Grundriss der Schule;
- Umgebungskarte der Schule;

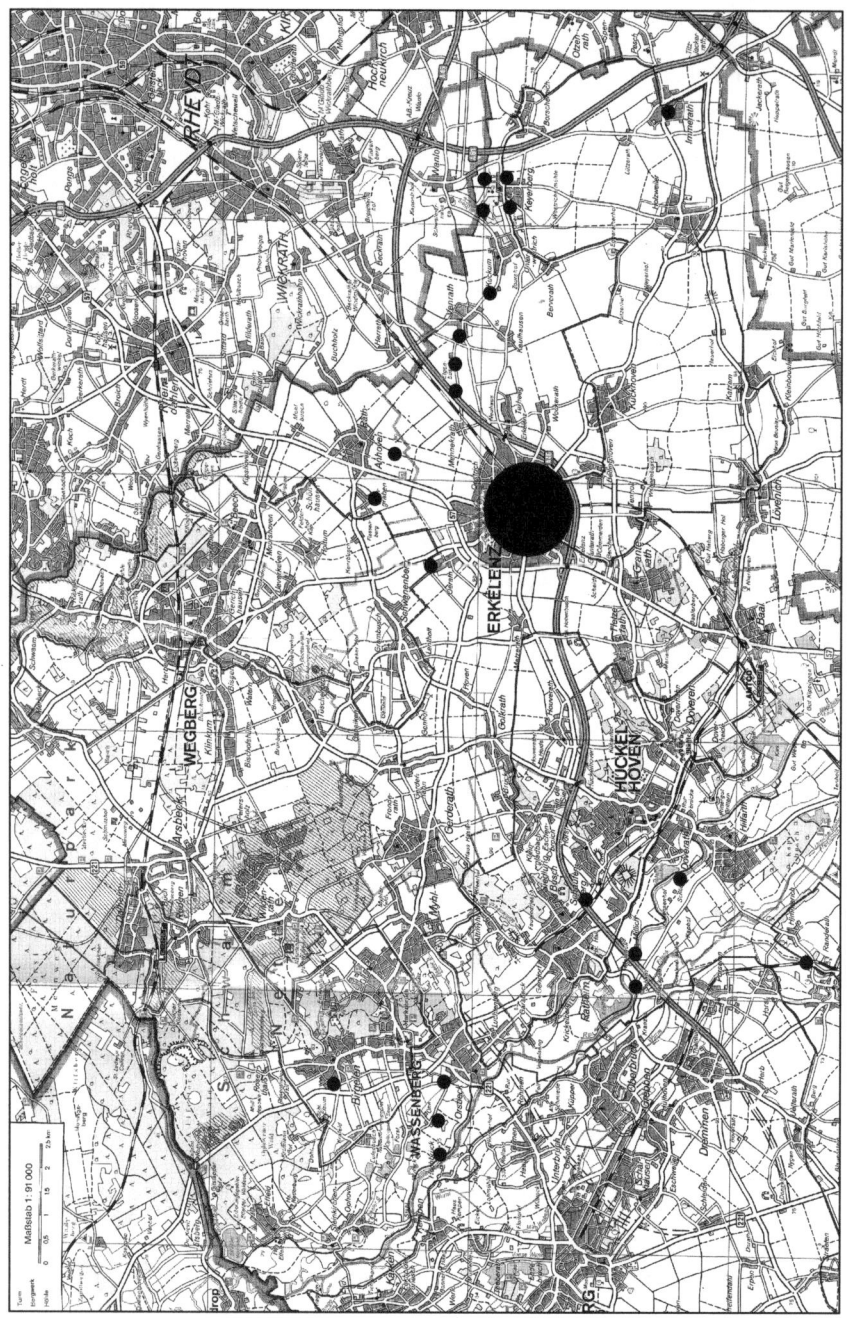

Umgebungskarte des Schulortes

- Stadtplan, umrahmt von den Zeichnungen der bedeutenden Bau- und Kunst-
  werke der Stadt, deren Lage jeweils durch eine Stecknadel gekennzeichnet wird,
  von der ein bunter Faden zum betreffenden Bild gespannt ist;
- Umgebungskarte der Stadt, umrahmt von Fotos der Kinder mit deren Namen.
  Von diesen führen Fäden zum jeweiligen Wohnort.

Weitergeführt werden kann diese Reihe im Rahmen eines Wandertages. Einige
zuvor erwähnte Einrichtungen oder Orte können nun besichtigt oder besucht
werden.

▓ Eine Windrose selber zeichnen

Ein Thema des Erdkundeunterrichts in der 5. Klasse sind die Himmelsrichtungen.
Eine erste Bearbeitung dieses Themas kann sein, dass jedes Kind die vervielfältigte
Abbildung einer Windrose beschriftet. Reizvoller und lernintensiver für die Schüler
wäre es, alles selbst zu zeichnen. Dies erscheint in einem fächerübergreifenden
Ansatz besonders sinnvoll, da im Mathematikunterricht der Kreis und die dazugehörigen Begriffe wie *Kreislinie*, *Mittelpunkt*, *Durchmesser* und *Radius* einen Teil
der Unterrichtsinhalte darstellen. Eine fertige Windrose mit allen Hilfslinien, abgebildet auf der Folie eines Tageslichtprojektors, sollte gleichzeitig zur Übung gezeigt
werden.
Hilfsmittel: Zirkel, Geodreieck

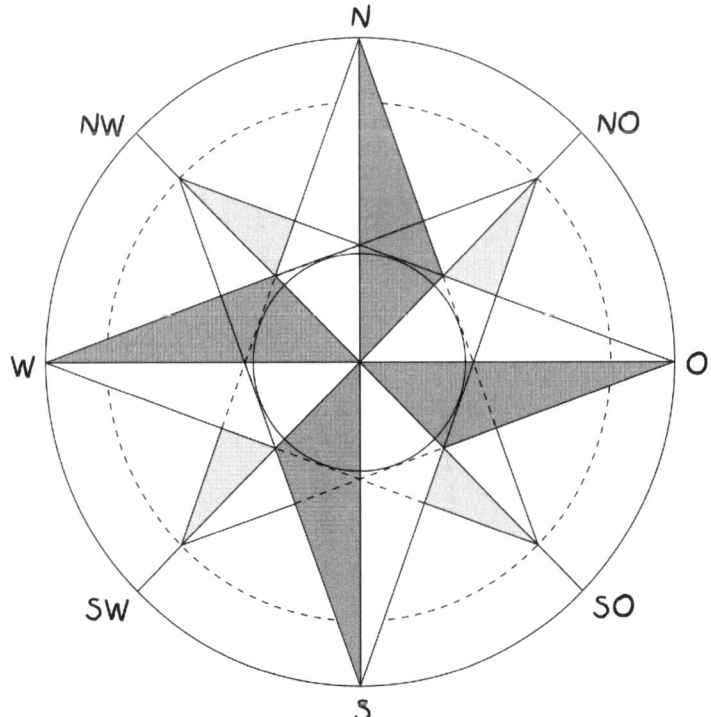

Arbeitsaufträge

- Zeichne drei Kreise um denselben Mittelpunkt. Die Radien sollen folgende Längen haben:
  r = 6 cm   r = 5 cm   r = 2 cm
  Teile die Kreise zunächst in 4, dann in 8 gleiche Teile. Du kannst dazu das Geodreieck benutzen.
  Das geht so: Zeichne zuerst einen Durchmesser ein und dann mit Hilfe der 90°-Linie einen dazu senkrechten zweiten Durchmesser jeweils bis zur äußersten Kreislinie.
  Nun hast du die Kreise in vier gleiche Teile geteilt. Mit Hilfe der 45°-Linien kannst du die Kreise in acht gleiche Teile teilen. Jetzt ziehst du die Linien aber nur bis zum mittleren Kreis.
  Diese Linien können auch durch Falten des Papiers erhalten werden.
- Die Zacken der Windrose zeichnest du nun so ein, wie du es auf der Folie des Tageslichtprojektors siehst.
- Trage als Letztes die Himmelsrichtungen ein.

◼ Wir bauen einen Globus

Hilfsmittel: Styroporkugel aus dem Blumengeschäft oder Bastelladen und Tennis- oder kleine Softbälle

Arbeitsaufträge

- Zeichne den längsten Breitenkreis, also den Äquator ein (evtl. vorhandene Presslinie benutzen).
- Markiere mit Hilfe eines Fadens oder Gummibandes den 0. Längengrad und weitere Längengrade. Achte auf die gemeinsamen Schnittpunkte am Nord- und Südpol.
- Zeichne weitere wichtige Breitenkreise ein, z. B. den nördlichen und südlichen Wendekreis und die Polarkreise.

Ähnlich reizvoll ist es, einen vorgefertigten Globus, den *Fuller-Globus*, zusammenzubauen. Vgl. Abb. auf der gegenüberliegenden Seite.

Bei dieser Übung wird den Schülern eine Kopie des Fuller-Globus ausgeteilt, also ein aus lauter Dreiecken zusammengesetzter Globus, der zunächst als Karte ausgebreitet das Festland wie einen zusammenhängenden Komplex mitten in einem großen Weltozean zeigt.

Arbeitsaufträge

- Male die Kontinente bunt aus und beschrifte sie.
- Schneide die Karte entlang der gestrichelten bzw. gepunkteten Linien aus und knicke sie entlang der gestrichelten Linien.
- Markiere Nordpol und Südpol.
- Klebe nun an den richtigen Stellen zusammen.
- Wenn du willst, kannst du durch die Pole einen Schaschlikstab stecken.

Als Vertiefung oder Erweiterung der Thematik lässt sich das Arbeitsblatt auf S. 92 einsetzen.

◼ Von der physischen Karte zur dreidimensionalen Vorstellung

Jüngeren Schülern erleichtert man das Verständnis physischer Karten, wenn sie mit Knetgummi oder Fimo arbeiten können.
Benötigt werden eine physische Atlaskarte und durchsichtige Folie (z. B. Folie für den Tageslichtprojektor).
Dauer dieses Projektes: 1– 2 Schulstunden

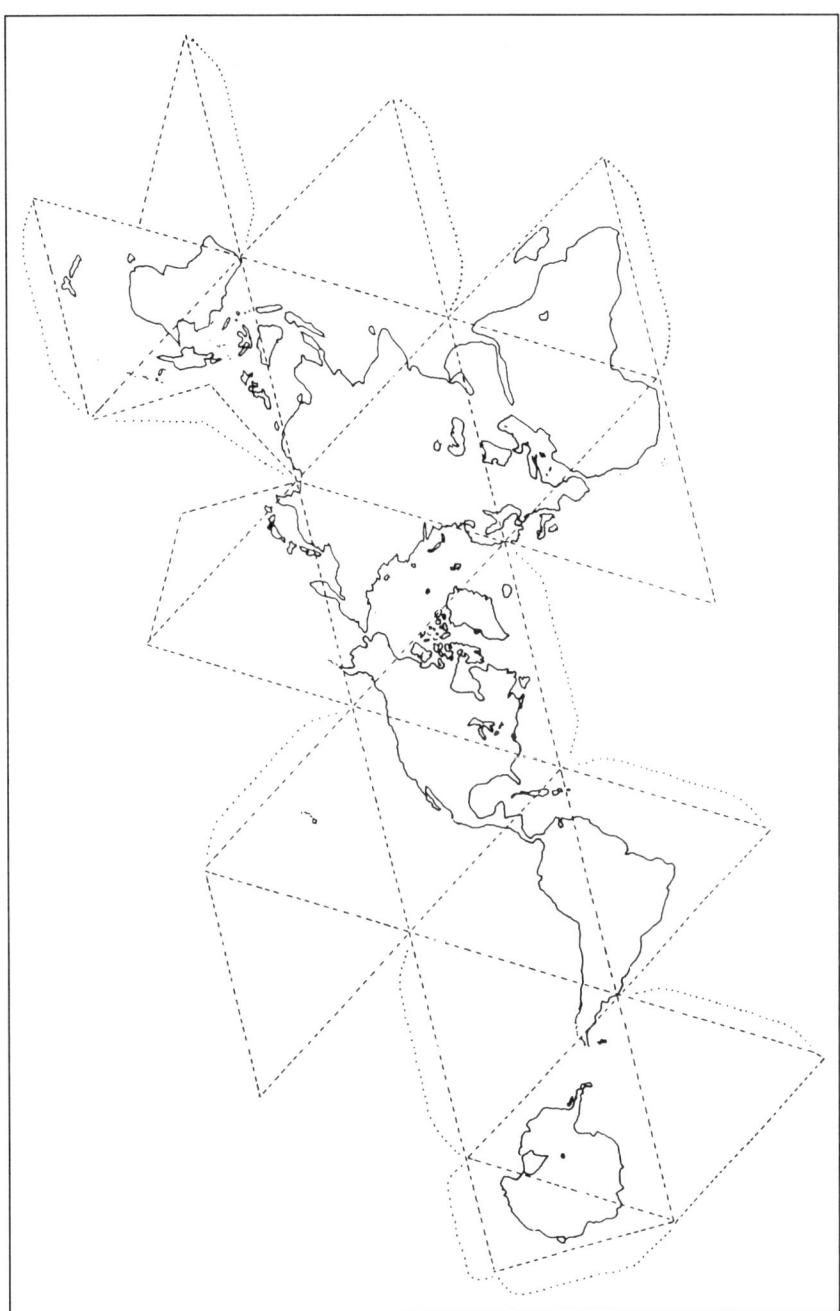

Der Fuller-Globus

Die Erde im Gradnetz

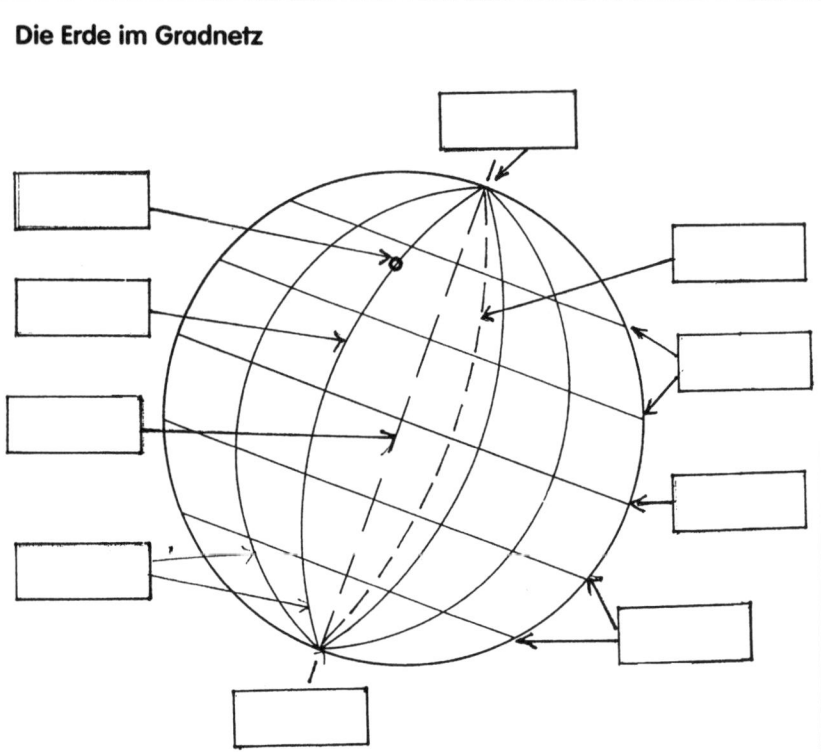

Aufgaben

1. Zeichne die Breitengrade blau und die Längengrade rot nach.

2. Trage in die Leerkästchen die folgenden Begriffe ein: Äquator, Nordpol, Südpol, Breitenkreise, London, Nullmeridian, Längenkreise, Erdachse, 180° Längenkreis

3. Gib folgende Längen in km an:
   Erdradius: _____

   Erddurchmesser: _____

   Erdumfang: _____

   Abstand zwischen zwei Breitenkreisen: _____

   Abstand zwischen zwei Längenkreisen
   am Äquator: _____

   auf dem 50. Breitengrad: _____

Arbeitsaufträge

- Deckt zunächst die Atlaskarte mit Folie ab.
- Formt die deutschen Mittelgebirge und die Alpen. Achtet auf den Maßstab der Atlaskarte.
- Legt die fertigen „Gebirge" auf die entsprechende Kartenstelle.

▦ Tipps zum Kartenlesen

Es existiert ein Faltblatt des „Arbeitskreises Kartennutzung" der „Deutschen Gesellschaft für Kartographie". Topographische Karte 1: 50 000, Tipps zum Kartenlesen. Dieses Faltblatt kann in Klassenstärke bezogen werden bei Prof. Dr. Armin Hüttermann, PH Ludwigsburg, Reuteallee, 71634 Ludwigsburg.

Das Blatt stellt eine Verbindung von Karte und Wirklichkeit her, indem es ein Foto (Schrägbild) sowie den entsprechenden Kartenausschnitt und ein Blockbild anbietet. Im Inneren des Faltblattes befindet sich eine ausführliche Legende, unterteilt in *Einzelne Objekte* und *Höhen- und Geländeformen*. Verbindungslinien zu den entsprechenden Stellen auf der Karte erleichtern das Verständnis.

Strich- und andere Listen   *Klassen 5–6*

Im Erdkundeunterricht wird in fast allen Themenfeldern mit Statistiken und Grafiken gearbeitet. So ist es sinnvoll, auch schon in den unteren Klassen der Sekundarstufe I von den Schülern eine solche Statistik herstellen zu lassen.

▦ Der Autobaum

Eine schöne Vorübung, aber sehr kindgerechte Statistik ist der Autobaum, der mit Hilfe einer Idee des Fördervereins *Leben und Umwelt im Verkehr* (LUV) erstellt werden kann. In den Umriss eines Baumes sind alle Tage des Jahres eingetragen, also ein normaler Kalender. In diesen sollen alle Tage ohne Autobenutzung notiert werden.

Als Hilfsmittel wird ein grüner Plakatkarton oder ein anderer fester Karton, ein Kalender mit den Tagen des kommenden Jahres benötigt.

Arbeitsaufträge

- Zeichne auf den Karton den Umriss eines Baumes, sodass dein Kalender hineinpasst. Schneide deinen Baum aus und klebe den Kalender darauf.
- Hänge den Kalenderbaum nun bei dir zu Hause auf und kennzeichne z. B. mit einem Textmarker jeden autofreien Tag deiner Familie grün und jeden Autotag schwarz. Am Ende des Monats oder des ganzen Jahres kannst du an der Anzahl der grünen Tage sehen, wie sich deine Familie verhalten hat.
- Alternative: Kennzeichne jeden autofreien Sonn- oder Feiertag (z. B. in einem ländlichen Gebiet, in dem die Familie für Beruf und Einkauf sehr auf das eigene Auto angewiesen ist).

1998 Im Druck – auch im Wochenkalender – hervorgehoben: Sonntage und gesetzliche Feiertage im ganzen Bundesgebiet.

	JANUAR	FEBRUAR	MÄRZ
Mo	5 12 19 26	2 9 16 23	2 9 16 23 30
Di	6 13 20 27	3 10 17 24	3 10 17 24 31
Mi	7 14 21 28	4 11 18 25	4 11 18 25
Do	1 8 15 22 29	5 12 19 26	5 12 19 26
Fr	2 9 16 23 30	6 13 20 27	6 13 20 27
Sa	3 10 17 24 31	7 14 21 28	7 14 21 28
So	4 11 18 25	1 8 15 22	1 8 15 22 29

	APRIL	MAI	JUNI
Mo	6 13 20 27	4 11 18 25	1 8 15 22 29
Di	7 14 21 28	5 12 19 26	2 9 16 23 30
Mi	1 8 15 22 29	6 13 20 27	3 10 17 24
Do	2 9 16 23 30	7 14 21 28	4 11 18 25
Fr	3 10 17 24	1 8 15 22 29	5 12 19 26
Sa	4 11 18 25	2 9 16 23 30	6 13 20 27
So	5 12 19 26	3 10 17 24 31	7 14 21 28

	JULI	AUGUST	SEPTEMBER
Mo	6 13 20 27	3 10 17 24 31	7 14 21 28
Di	7 14 21 28	4 11 18 25	1 8 15 22 29
Mi	1 8 15 22 29	5 12 19 26	2 9 16 23 30
Do	2 9 16 23 30	6 13 20 27	3 10 17 24
Fr	3 10 17 24 31	7 14 21 28	4 11 18 25
Sa	4 11 18 25	1 8 15 22 29	5 12 19 26
So	5 12 19 26	2 9 16 23 30	6 13 20 27

	OKTOBER	NOVEMBER	DEZEMBER
Mo	5 12 19 26	2 9 16 23 30	7 14 21 28
Di	6 13 20 27	3 10 17 24	1 8 15 22 29
Mi	7 14 21 28	4 11 18 25	2 9 16 23 30
Do	1 8 15 22 29	5 12 19 26	3 10 17 24 31
Fr	2 9 16 23 30	6 13 20 27	4 11 18 25
Sa	3 10 17 24 31	7 14 21 28	5 12 19 26
So	4 11 18 25	1 8 15 22 29	6 13 20 27

▨ Liste der Wohn- und Geburtsorte oder der Verkehrsmittel

Mit einer solchen Auflistung können erste statistische Erfahrungen gesammelt werden.

Arbeitsaufträge

- Tragt in eine Liste ein, woher eure Mitschüler kommen.
  Wohnort   Geburtsort   Herkunftsland
- Führt eine Strichliste, mit welchen Verkehrsmitteln der Schulweg zurückgelegt wird.
  zu Fuß
  mit dem Fahrrad
  mit dem Bus
  mit der Bahn
  mit dem Pkw

Wenn die Klasse mit dem Schulort sehr gut vertraut ist, kann auch eine Verkehrs-
zählung durchgeführt werden. Zur Vorbereitung muss zunächst geklärt werden, was
überhaupt gezählt wird (Pkw, Lkw, Bus, Motorrad, Mofa, Fahrrad).
Damit in den verschiedenen Gruppen einigermaßen gleich gezählt wird, kann vorab
eine Videoaufnahme des fließenden Verkehrs an einer möglichen Zählstelle ge-
macht und diese im Unterricht versuchsweise ausgewertet werden. Dazu wird im
Unterricht eine einfache Tabelle erstellt.
- Pkw
- Lkw oder Bus
- Motorrad oder Mofa
- Fahrrad
Auch die Zeitpunkte der Zählung müssen klar vereinbart werden. (Ein Zählvorgang
dürfte ausreichen.)
Zu den Vorbereitungen gehört auch eine eingehende Belehrung der Schüler zum
verkehrsgerechten Verhalten. Die Anzahl und Lage der Zählstellen hängt von der
Größe des Ortes ab. Ratsam ist es, eine für den Verkehr wichtige Straße auszuwäh-
len, die sich gabelt, und dann geeignete Stellen auszusuchen.
Nach der Anzahl der Zählstellen richtet sich die Gruppeneinteilung innerhalb der
Klasse. Am Zähltag selbst trifft sich die Klasse in der Schule, die Zählbögen werden
verteilt und die einzelnen Zählgruppen losgeschickt. Nach Ablauf der Zeit treffen
sich alle Teilnehmer wieder in der Schule.

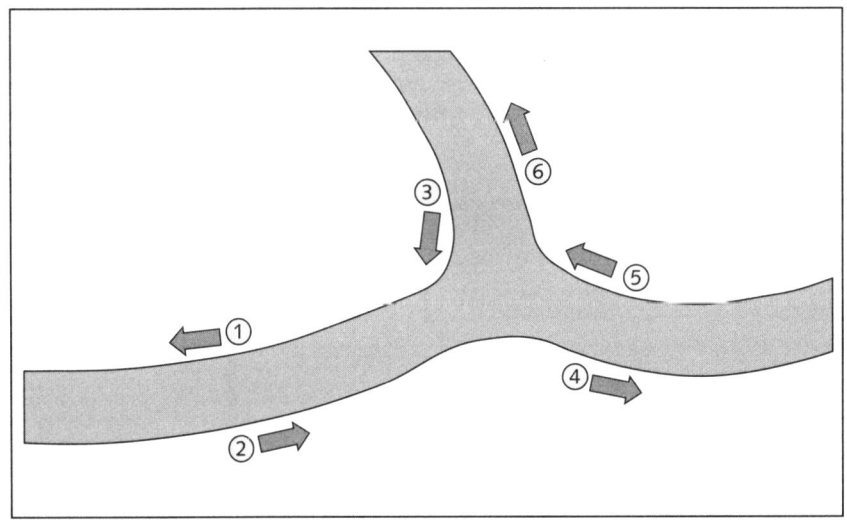

Lage der Zählstellen

Die Auswertung der Ergebnisse kann in einer Gesamttabelle erfolgen, die zunächst
keine Unterschiede zwischen den Fahrzeugen macht.

Zählstelle	1	2	3	....
Anzahl der Fahrzeuge	80	57	32	....

Klasse:	_____	
Gruppe:	_____	Namen: _____
Standort:	_____	
Verkehrsrichtung:	_____	
Datum:	_____	

Zeit	Pkw	Lkw	Bus	Motorrad	Fahrrad	Gesamt

Verkehrszählbogen

Schön, aber nicht einfach wäre die Auswertung in Fließdiagrammen oder Säulen-
und Kreisdiagrammen, an denen die Stärke des aus- und einfließenden Verkehrs zu
erkennen ist. Zur Erläuterung können vorher bei der Stadt oder Gemeinde die
Darstellungen von amtlichen Verkehrszählungen aus früheren Jahren angefordert
werden.

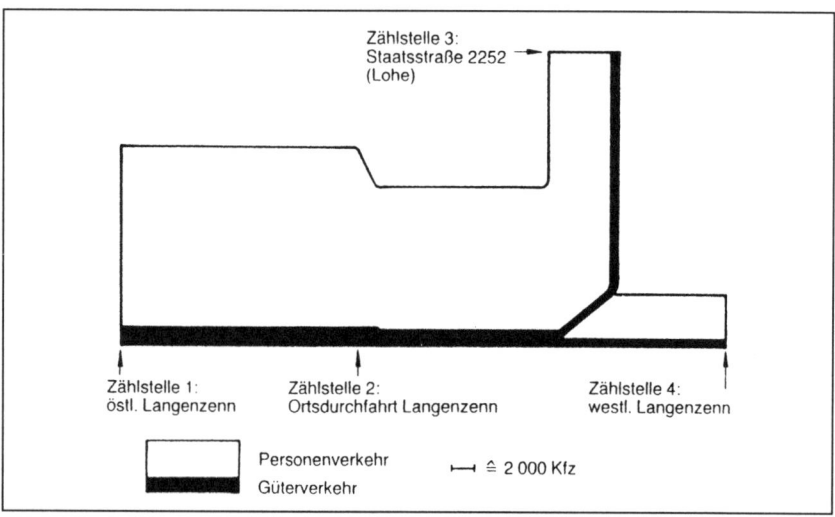

Amtliche Verkehrszählung des Straßenbauamtes Nürnberg 1985

Insgesamt erfordert dieses Projekt sicher mehrere Schulstunden für die Vorbereitung, einen Vormittag für die Zählung und mehrere Stunden für die Nachbereitung, die in eine Ausstellung der Ergebnisse münden könnte.

Balken, Säulen, Kreise und Pfeile   *Klasse 5*

Ein möglicher Einstieg zur Darstellung von Zahlen in Diagrammen ist die Beschäftigung mit Zahlen, die die Schüler selbst betreffen, also z. B. eine Liste der Wohnorte oder Ortsteile der Mitschüler. Anschließend kann eine Darstellung im *Balkendiagramm* versucht werden.

Die Erarbeitung eines *Säulendiagramms* kann in folgender Weise verlaufen: An der Tafel wird eine Strichliste erstellt, die aussagt, wie viele Kinder der Klasse aus welchen Ortsteilen zur Schule kommen.

Beispiel Erkelenz:

Ortsteil bzw. Ort	Anzahl der Schüler
Erkelenz Zentrum	5
Venrath	3
Keyenberg	4
Wassenberg	3
Millich	2
aus weiteren Ortsteilen bzw. Orten mit nur einem Schüler	10

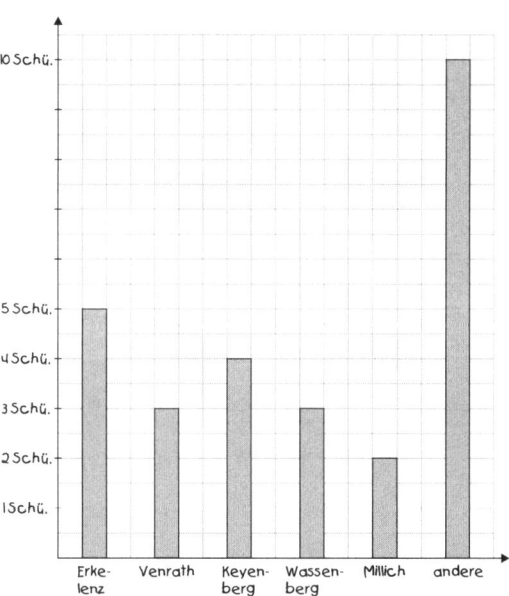

Wohnorte der Schüler einer 5. Klasse in Erkelenz

Arbeitsauftrag

Übertragt die Tabelle (links) in euer Heft und zeichnet passend dazu ein Säulendiagramm (rechts). Das geht am besten auf kariertem Papier und beansprucht ungefähr eine halbe Seite eines DIN A4 großen Heftes.

An den linken Rand wird die Hochachse gezeichnet, auf der je 1 cm für 1 Schüler steht. Sie muss mindestens 10 cm hoch werden. Auf der Rechtsachse werden im Abstand von je 1,5 cm Säulen errichtet, die 1 cm breit sind. Sie stellen die Anzahl der Schüler aus den einzelnen Ortsteilen dar. Die kürzeste Säule wird also 2 cm (Millich) und die längste Säule wird 10 cm (Ortsteile mit nur einem Schüler) hoch.

Unter die Rechtsachse unter jede Säule soll der entsprechende Ortsteil geschrieben werden.

In gleicher Weise kann mit den Geburtsorten oder Herkunftsländern verfahren werden.

Ebenso einfach kann die obige Tabelle in einem *Pfeildiagramm* dargestellt werden. Als Grundlage dient die Umgebungskarte der Schule (siehe S. 88). Sie wird mit Pfeilen versehen, die auf den Schulort gerichtet sind. Jeder Pfeil hat eine bestimmte Breite, die der Anzahl der im jeweiligen Ort wohnenden Schüler entspricht. Die Pfeile des Beispiels haben folgende Breiten:

Pfeilbreite für 5 Schüler   1,6 cm
               4 Schüler   1,2 cm
               3 Schüler   1,0 cm
               2 Schüler   0,8 cm
               1 Schüler   0,6 cm
Mit Spitze sind die Pfeile 2–2,5 cm lang.

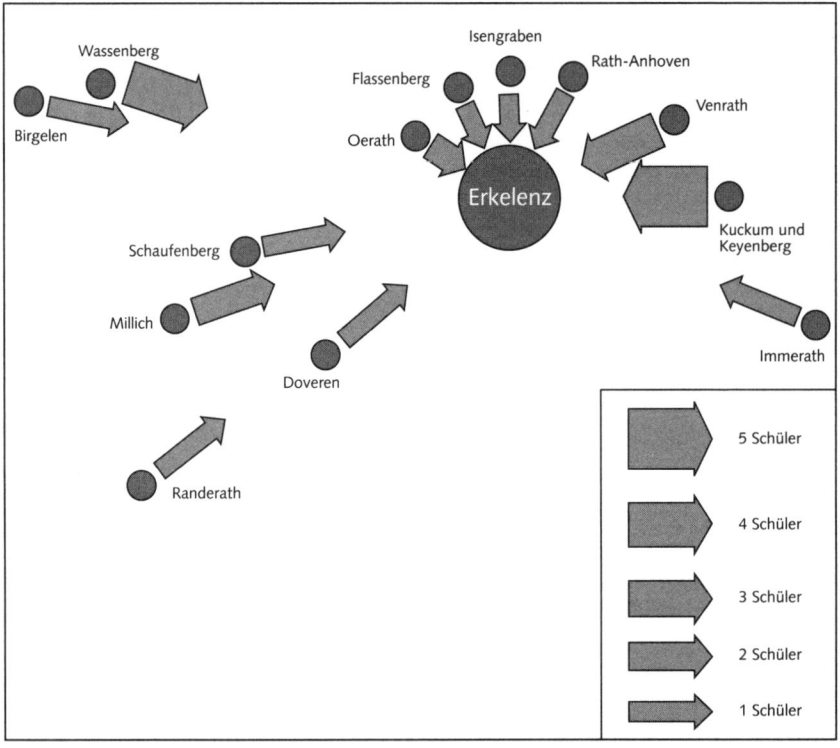

Woher kommen meine Mitschüler aus der 5. Klasse?

Eine weitere Möglichkeit wäre die Herstellung einer Liste *Mit welchem Verkehrsmittel kommst du zur Schule?* (vgl. nächste Seite)
Die Veranschaulichung kann in einer Tabelle (Abb. links), in einem Balkendiagramm oder auch in einem *Kreisdiagramm* (Abb. rechts) erfolgen, z. B. für eine 5. Klasse mit 30 Schülern:

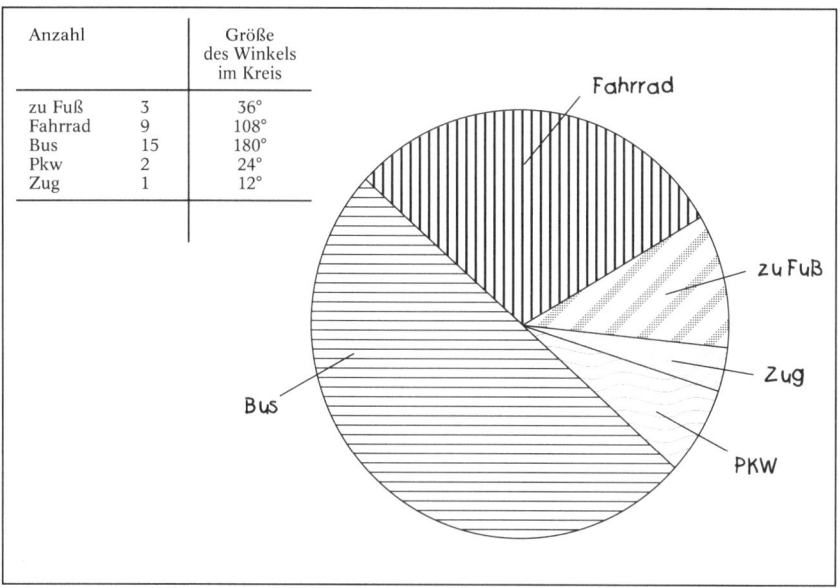

Anzahl		Größe des Winkels im Kreis
zu Fuß	3	36°
Fahrrad	9	108°
Bus	15	180°
Pkw	2	24°
Zug	1	12°

Verkehrsmittel, mit denen die Schüler einer 5. Klasse zur Schule kommen

Wetterbeobachtung und Klima   *Klassen 5–7*

Zur Vorbereitung bietet sich zunächst eine Wetterbeobachtung an. Eine Woche lang notieren die Schüler jeden Tag jeweils um 16 Uhr Temperatur, Bewölkung, Wind, Niederschlag.

Dabei können zunächst nicht die abstrahierten Zeichen für Bewölkung und Wind, die in der Wetterkunde gebräuchlich sind, benutzt werden, sondern Bilder, die die Klasse selbst entworfen hat, z. B. Wolken für Bewölkung, Sonne für unbewölkt, Regenschirm für Regen und ein durchgestrichener Regenschirm für trockenes Wetter (vgl. Abb. S. 100).

Zur Vorbereitung dieser Unterrichtsreihe kann eine Stunde ausreichen für das Ablesen eines Thermometers und zum Einüben der Wetterbeobachtung. Daraufhin wird das Wetter zwei Wochen lang beobachtet und die Daten werden in eine vorbereitete Wandtabelle eingetragen.

▦ Wettertabelle

Der Übergang zu einer richtigen Wettertabelle mit den in der Wetterkunde eingeführten Zeichen ist sicher schwierig, aber nicht unmöglich. Alle Eintragungen der Wandtabelle werden in eine Wettertabelle mit abstrahierten Zeichen übertragen, z. B. an der Tafel. So könnte z. B. die folgende Wettertabelle entstehen.

Beschreibung des Himmels

- heiter

- unbewölkt

- bewölkt

Beschreibung des Niederschlags

- Regen

- trocken

- Schneefall

Beispiel für die Darstellung eines Tages in der Wandtabelle

- Datum   12.10.96

- Himmel

- Niederschlag

- Temperatur   14,4°

- Wind   windstill

	8.	9.	10.	11.	12.	13.	14.	15.
Temperatur	−8°	−8°	−2°	1°	2°	2°	5°	7°
Bewölkung	◑	◐	●	◑	≡	◕	≡	●
Wind: Richtung und Stärke	↓	↓	—	⊔→	↗	⊔→	↗	↗
Niederschlag	✳			•		•	•	
weitere Beobachtungen	Schneedecke				Schnee taut			
Temperatur-kurve 20° 10° 0° −10°	•	•						

Wetterbeobachtung vom 8.–15. Dezember

In einem nächsten Schritt kann man die Messung von Temperaturen schon konkreter gestalten.

Die Schüler lesen eine Woche lang morgens, mittags und abends die Temperatur am Thermometer ab und tragen sie in eine Tabelle ein. Sie können dabei auch schon die mittlere Tagestemperatur als Durchschnittswert selbst berechnen.

Beispiel für eine Tabelle, angefertigt im Oktober 1996 in Erkelenz

Datum	Uhrzeit			Mittlere Tages-temperatur
	6 h	14 h	21 h	
7.10.	7,2°	13,9°	12,2°	11,1°
8.10.	7,5°	15,5°	12,0°	11,7°
9.10.	8,4°	16,0°	14,3°	12,9°
10.10.	12,9°	14,0°	13,1°	13,3°
11.10.	12,2°	15,8°	12,2°	13,4°
12.10.	10,5°	19,5°	13,3°	14,4°
13.10.	9,5°	18,7°	15,6°	14,6°

Hierbei kann gleichzeitig der Begriff des Mittelwertes eingeführt und von den Schülern für jeden Tag berechnet werden.

In einem zweiten Schritt wird ein Temperaturdiagramm für die Woche erstellt (vgl. Abb. S. 102). Hierzu werden stilisierte Thermometer gezeichnet, für jeden Wochentag eins. Die Schüler können die Thermometersäulen selber zeichnen oder sie bekommen ein Arbeitsblatt zum Ausfüllen.

Die Verbindungslinie der jeweiligen höchsten Punkte der Temperatursäulen liefert schon eine erste Temperaturkurve, die dann in ein abstrahiertes Klimadiagramm-schema für diese Woche übertragen werden kann.

Der Übergang zu einer üblichen Darstellung, also nicht mit Wochentagen, sondern mit Monaten, ist nun gut nachvollziehbar. Ideal wäre es, wenn man die Temperaturkurve des Wohnortes oder eines Orts in der Nähe (im Erdkundebuch oder im Atlas) gemeinsam betrachten könnte.

Messung des Niederschlags

Ein wenig schwieriger ist die selbstständige Messung des Niederschlags. Problematisch könnte schon sein, wenn man sich immer nur auf die Niederschlagsmenge eines Tages beschränkt, z. B. bei einer Schönwetterperiode.

Mit einfachen Hilfsmitteln, z. B. mit einer Konservendose oder einem Messglas, kann der Niederschlag zu Hause gemessen werden. Im Unterricht muss allerdings vorher eine bestimmte Größe der Konservendose festgelegt und einer Raummaßeinheit die entsprechende Niederschlagsmenge in mm zugeordnet werden.

Ähnlich wie bei der Arbeit mit Temperaturwerten zeichnen die Schüler für jeden Tag der Woche ein Messglas und stellen die jeweilige Niederschlagsmenge dar. Diese Zeichnung kommt schon der Darstellung der Niederschlagsmenge in übli-

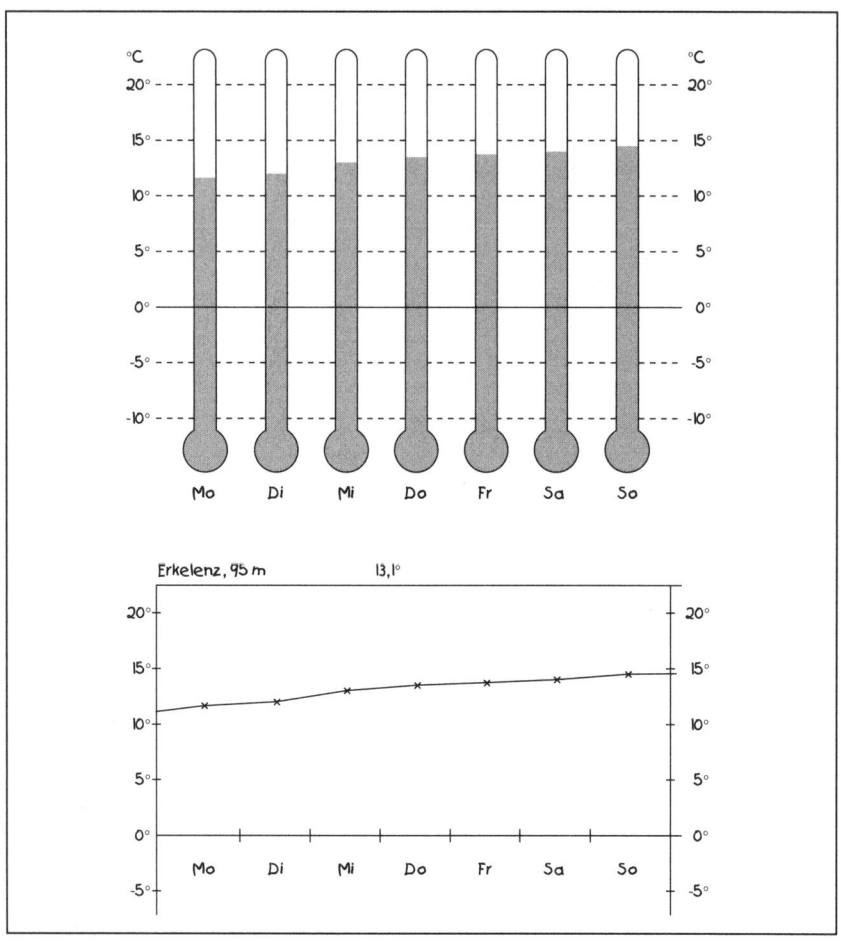

Darstellung der mittleren Tagestemperaturen einer Oktoberwoche in Erkelenz

chen Klimadiagrammen sehr nahe, sodass der Übergang zu einem Klimadiagramm
für ein ganzes Jahr nicht mehr schwierig ist.

Die Erstellung eines Klimadiagramms nach H. WALTER ist dann möglich anhand
der Temperatur- und Niederschlagswerte einer bestimmten Station. Klimatabellen
gibt es z. B. im Anhang einiger Schulbücher oder in Atlanten (vgl. Abb. S. 104).

Am besten wäre es, wenn die Schüler das Grundschema für das Diagramm selbst
zeichnen. Können die Klimadaten nicht dem Lehrbuch entnommen werden, lassen
sie sich problemlos diktieren.

Bei der Anfertigung des Diagramms wird erläutert, dass in der Darstellungsart nach
H. WALTER Temperatur und Niederschlag in ein bestimmtes Verhältnis gesetzt
werden. Die Einheiten auf der linken Achse, also der Temperaturachse, werden so
gewählt, dass 1° immer 2 mm Niederschlag auf der rechten Achse, also der Nieder-

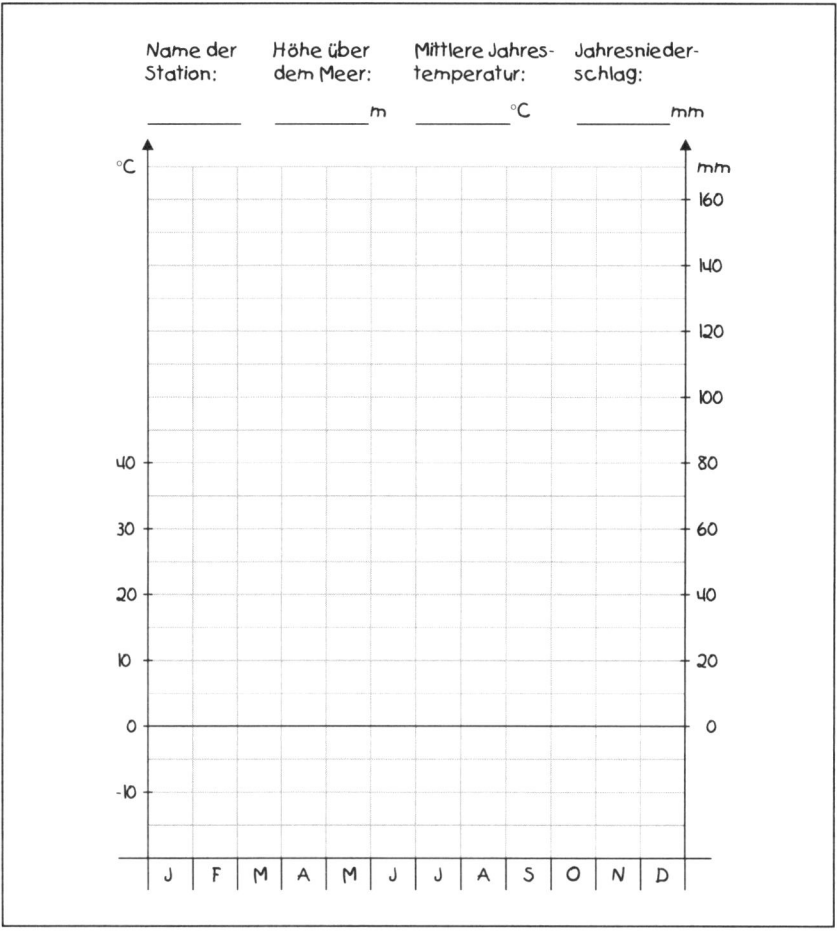

schlagsachse, entsprechen. Je nachdem, in welcher Klasse das erste Diagramm gezeichnet wird, kann der Zusammenhang zwischen Temperatur und Verdunstung erläutert werden. Aus Erfahrung ist bekannt, dass die Verdunstung größer ist als der Niederschlag, wenn bei dieser Darstellungsart die Temperaturkurve höher als die Niederschlagskurve liegt. Es steht also kein Wasser für pflanzliches Wachstum zur Verfügung: aride Zeit (Trockenzeit).

Liegt die Kurve für den Niederschlag über der Temperaturkurve, so verdunstet nicht der ganze Niederschlag, Wasser für pflanzliches Wachstum ist noch vorhanden: humide Zeit (Feuchtzeit).

Eine anschauliche Darstellung der Entwicklung von einer Tabelle mit Klimadaten zum fertigen Klimadiagramm findet man z. B. auch in *Geographie 5, Mensch und Raum*. Geobausteine, S. 156/157, Cornelsen Verlag.

Von der Klimatabelle zum Klimadiagramm

Monate		Temperatur °C	Niederschlag mm
Januar	J	1	45
Februar	F	2	35
März	M	5	39
April	A	9	47
Mai	M	14	60
Juni	J	17	66
Juli	J	19	75
August	A	18	71
September	S	14	52
Oktober	O	9	47
November	N	5	43
Dezember	D	2	49
Jahr		10	629

Klimatabelle von Frankfurt am Main

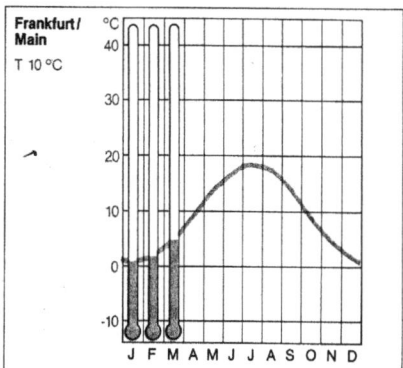

Temperaturdiagramm

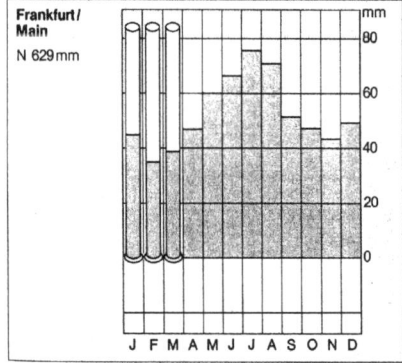

Niederschlagsdiagramm

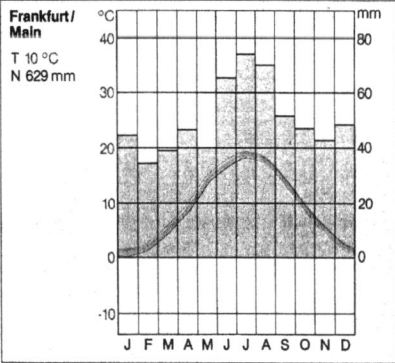

Klimadiagramm

Bewegungslinien   *Klassen 5–9*

Bereits auf Seite 98 wurde eine Karte mit Bewegungslinien erstellt – Wohnorte der Schüler einer 5. Klasse. Eine solche Karte lässt sich in größerem Format, mit entsprechend bunten Pfeilen aus festem Papier, für das Klassenzimmer anfertigen. Die Liste der Wohnorte kann auch auf die gesamte Schule ausgedehnt werden. Hier muss auf eine Statistik der Schule zurückgegriffen werden.

In einer höheren Klasse, z. B. Klasse 9, können die Grundlagen für Karten mit Bewegungslinien selbstständig erstellt und dann dargestellt werden.

– Anhand von Statistiken (Verwaltung) können Pendlerströme und damit der Einzugsbereich des Schulortes auf diesem Gebiet dargestellt werden.

– Die Erarbeitung eines entsprechenden Bereichs ist anhand einer Liste der Wohnorte der Patienten des örtlichen Krankenhauses möglich.

- Bewegungslinien in die andere Richtung, also vom Schulort aus ins Umland, liefert das Verbreitungsgebiet einer örtlichen Tageszeitung. Hier kann eine Aufstellung der Zusteller für die einzelnen Ortsteile eine gute Grundlage für eine Kartendarstellung bilden.
- Auch die Zulieferliste eines örtlichen Großhandels wäre für diese Fragestellung interessant.
- Die Ziele von Wochenendausflügen können durch eine Umfrage innerhalb des Verwandten- und Bekanntenkreises erstellt und dann Grundlage einer Karte werden.
- Wenn es sich beim Schulort um ein kleineres Zentrum handelt, kann gleichzeitig mit der Aufstellung zu den Zielen der Wochenendausflüge eine zweite Liste entstehen mit der Fragestellung: In welchem Ort der Umgebung werden größere Einkäufe getätigt?

Auch das Thema *Warenverteilung* bietet die Möglichkeit einer Karte mit Bewegungslinien. Basis ist z. B. eine Tabelle zum Nachtluftpostnetz in Deutschland, die mit einer topographischen Übung verbunden werden kann.

Als Arbeitsmaterial werden eine Karte der Bundesrepublik Deutschland im Atlas und die Tabelle (links in der Abb.) zu den durch die Luftpost miteinander verbundenen Städten benötigt.

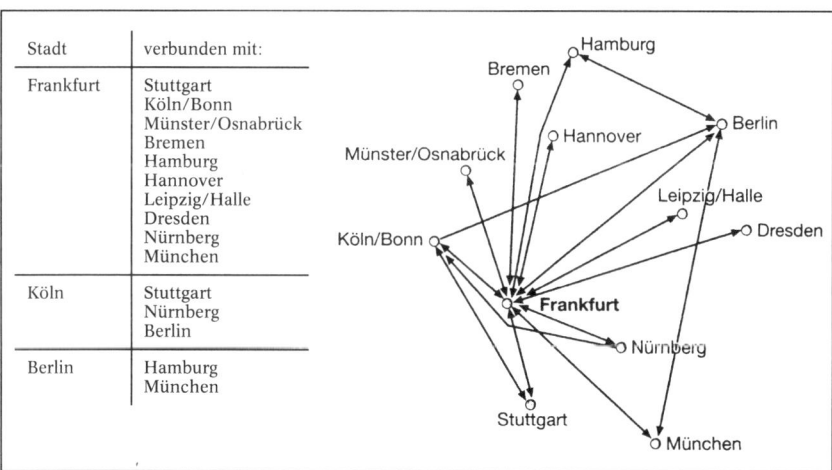

Nachtluftpostnetz in Deutschland

Arbeitsaufträge

- Fertigt in eurem Heft eine Skizze an zur Lage der in der Tabelle genannten Städte.
- Verbindet die entsprechenden Städte durch Pfeile.

Thematische Bezüge zu Karten mit Bewegungslinien sind: Verkehr, Belieferung, Wanderwege, Wanderbewegungen von Nomaden, Pendler, Wanderungsströme im Rahmen der Verstädterung.

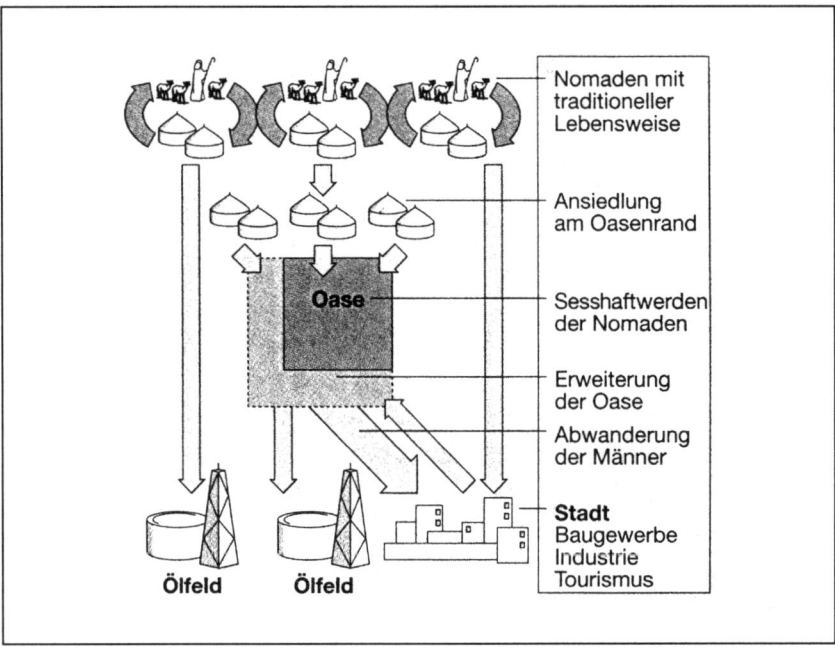

Wanderbewegungen in der nördlichen Sahara

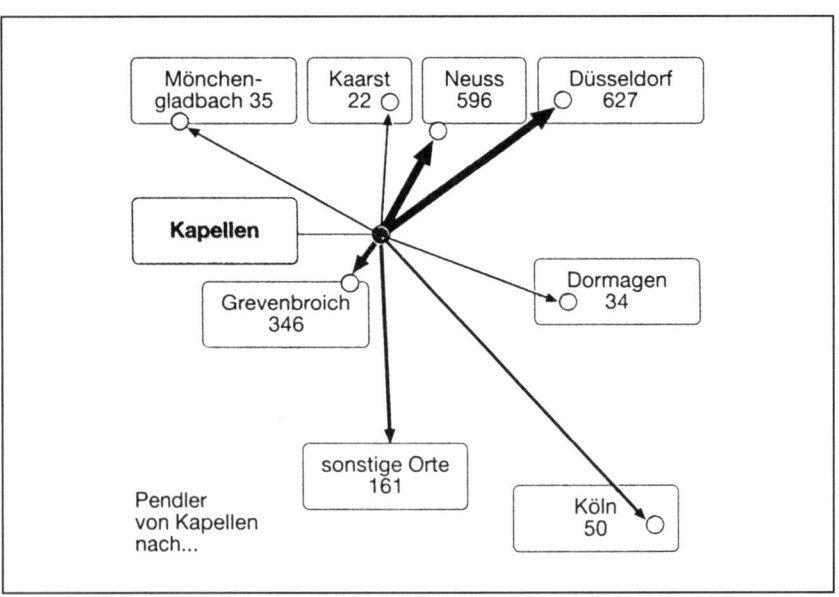

Zielorte der Pendler

Querschnitte und Höhenlinien

ab Klasse 5

Um das Verständnis einer physischen Karte zu erleichtern, kann man über Modelle den Begriff Höhenlinien einführen. Detaillierte Arbeitsanweisungen führen die Schüler z. B. von einem selbst modellierten Berg zum Anfertigen einer Höhenschichtkarte. Ähnlich geht K. REINITZ (Praxis Geographie 7/8 1994) vor.

1. Ein Berg aus Sand wird gebaut.
2. Durch Schnüre werden parallele Rundwege dargestellt.
3. Diese Rundwege werden durch eine darüber gehaltene Folie mit Hilfe von Filzstiften übertragen (Übergang von der räumlichen zur ebenen Darstellung). Ergebnis: Die Folie zeigt die Höhenlinien des Berges.

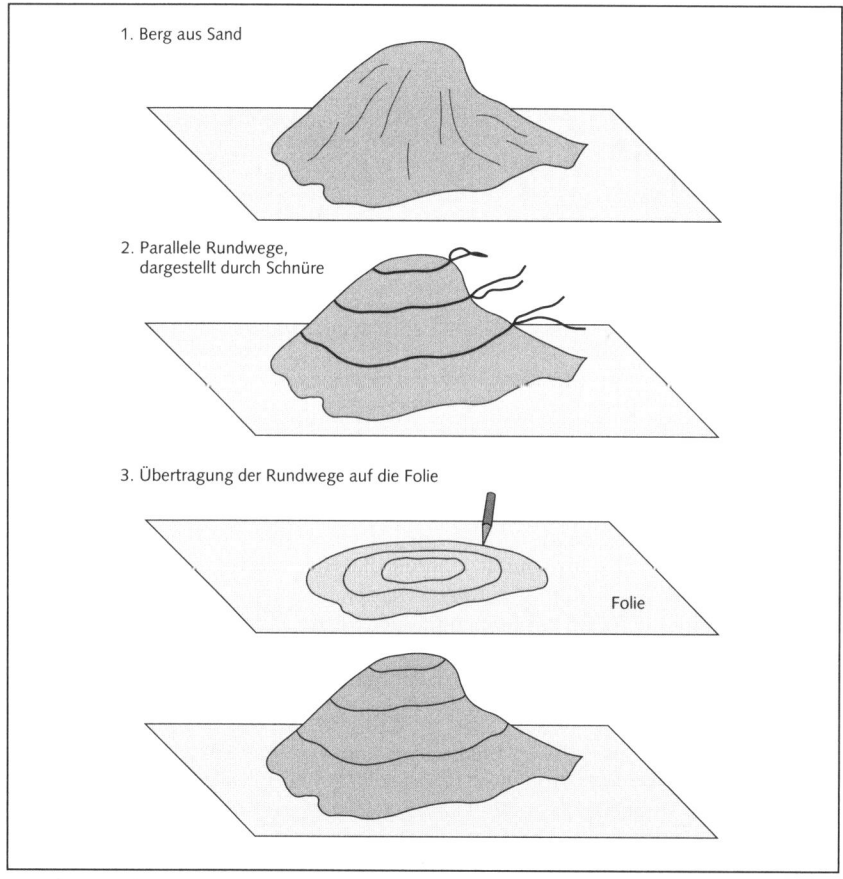

1. Berg aus Sand

2. Parallele Rundwege, dargestellt durch Schnüre

3. Übertragung der Rundwege auf die Folie

Folie

Von der räumlichen zur ebenen Darstellung eines Berges

Noch anschaulicher geht es mit festen Stoffen wie Ton oder Knetmasse, vgl. Abb. S. 108.

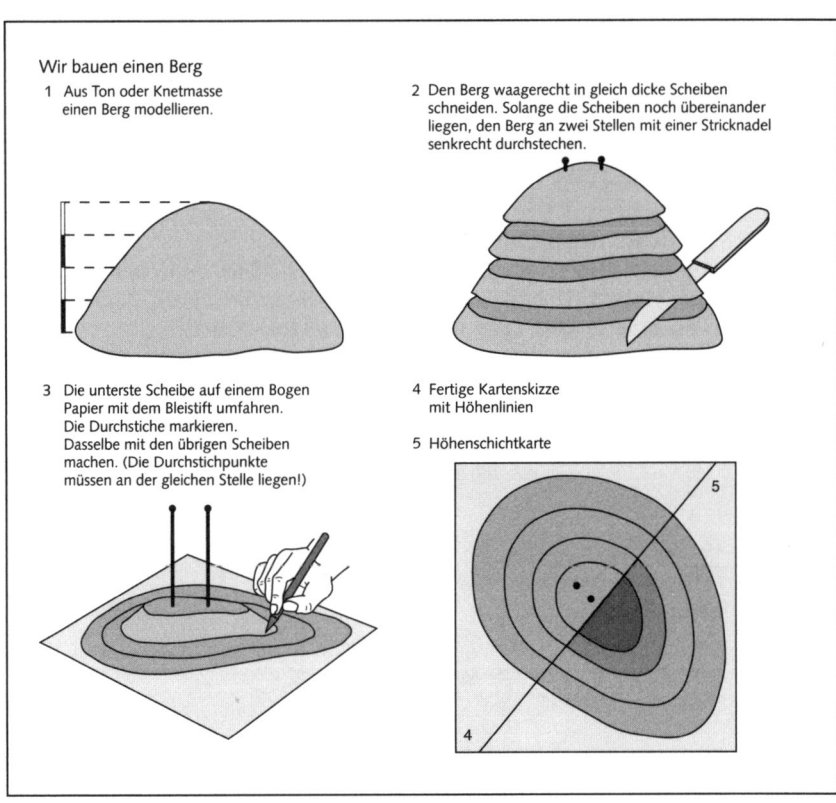

Wir bauen einen Berg

1 Aus Ton oder Knetmasse
   einen Berg modellieren.

2 Den Berg waagerecht in gleich dicke Scheiben
   schneiden. Solange die Scheiben noch übereinander
   liegen, den Berg an zwei Stellen mit einer Stricknadel
   senkrecht durchstechen.

3 Die unterste Scheibe auf einem Bogen
   Papier mit dem Bleistift umfahren.
   Die Durchstiche markieren.
   Dasselbe mit den übrigen Scheiben
   machen. (Die Durchstichpunkte
   müssen an der gleichen Stelle liegen!)

4 Fertige Kartenskizze
   mit Höhenlinien

5 Höhenschichtkarte

Der Weg vom Luftbild einer Landschaft zur Kartendarstellung wird in vielen
Atlanten auf den ersten Seiten beschrieben. Daran anknüpfend kann von der Frage
der Draufsicht auf eine Landschaft übergegangen werden zur Frage der Seitenan-
sicht, also dem Profil. Skizzenhaft können die Höhenlinien auf eine Folie oder
Kopiervorlage für die Schüler übertragen werden.

Der Lehrer entwickelt nun zusammen mit der Klasse anhand der Höhenlinien ein
Profil, das entsprechend der unterschiedlichen Höhenlage farblich gestaltet wird.
Der Übergang zu einem Blockbild mit Höhenschichten ist an dieser Stelle gut
möglich (vgl. Abb. S. 109–111 oben).

Ausgehend von der Darstellung *Entstehung und Verteilung der Niederschläge im
Harz* kann zusätzlich zum Profil des Harzes auch ein Niederschlagsprofil hergestellt
werden. In 2–3 Unterrichtsstunden kann das Thema wie folgt behandelt werden:
Der Querschnitt wird selbst hergestellt mit den Angaben aus einem Atlas. Genau
passend unter den Querschnitt werden mit Hilfe vorher angegebener Niederschlagswerte Niederschlagssäulen gezeichnet. Die Verbindungslinie der Säulenköpfe liefert
ein Niederschlagsprofil, das dem Höhenprofil sehr ähnlich ist (vgl. Abb. S. 111
unten).

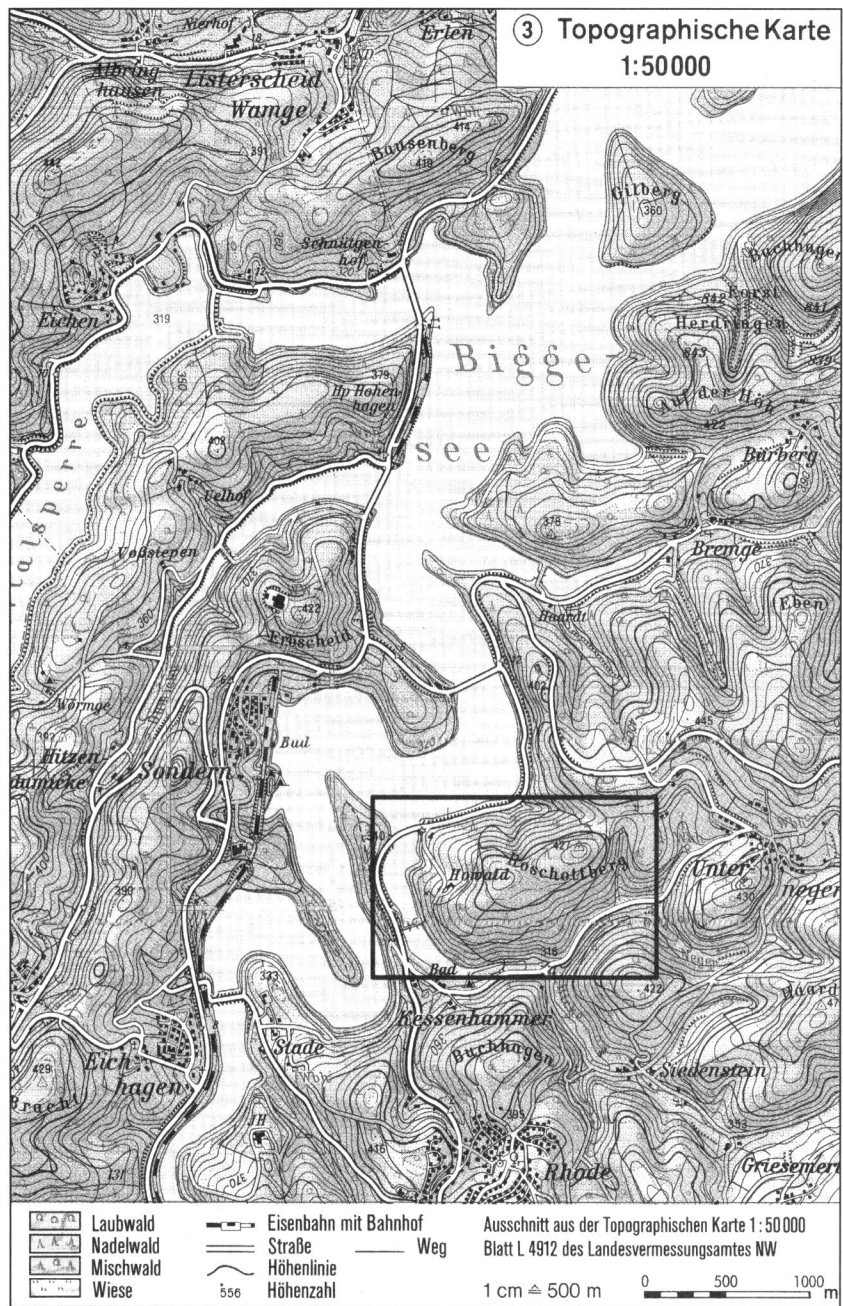

③ **Topographische Karte**
1:50000

Laubwald	Eisenbahn mit Bahnhof		
Nadelwald	Straße	Weg	
Mischwald	Höhenlinie		
Wiese	⁵56 Höhenzahl		

Ausschnitt aus der Topographischen Karte 1:50000
Blatt L 4912 des Landesvermessungsamtes NW

1 cm ≙ 500 m   0   500   1000 m

Topographische Karte 1:50 000

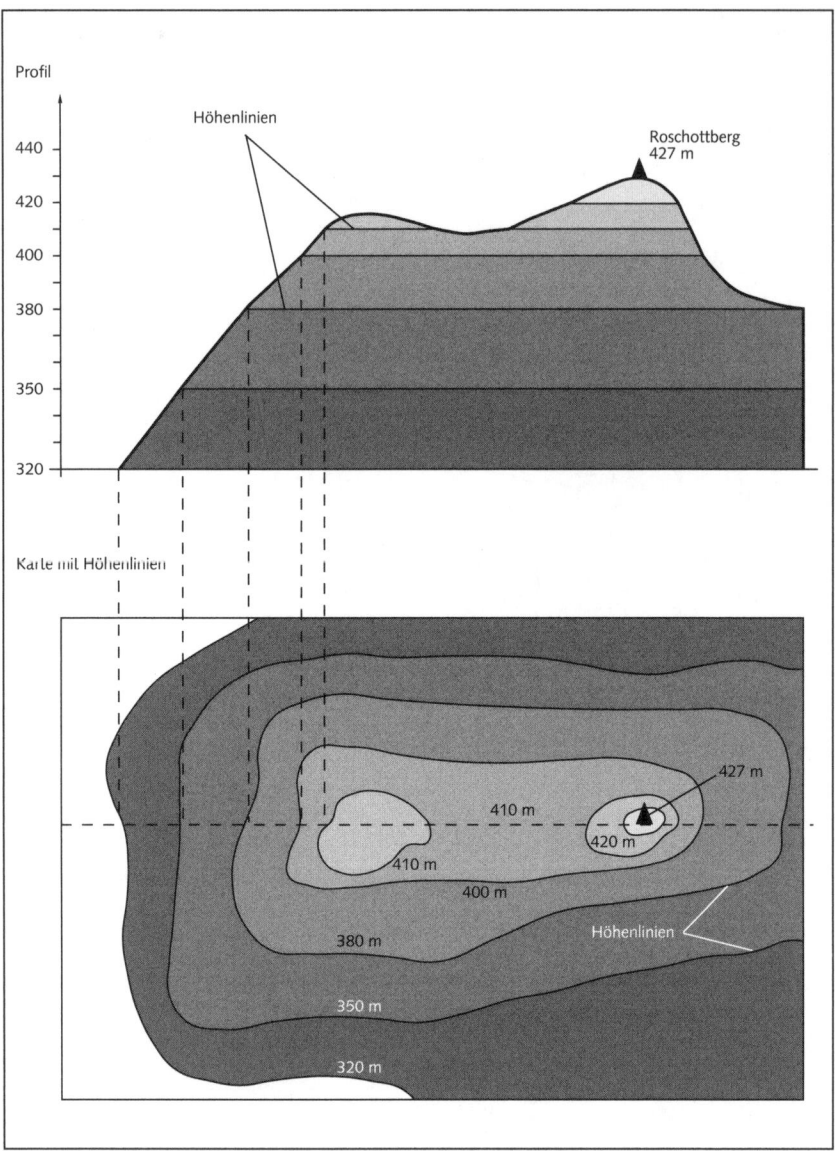

Profil und Karte mit Höhenlinien des Roschottberges (linke Buchseite)

Blockbild (rechte Buchseite oben)

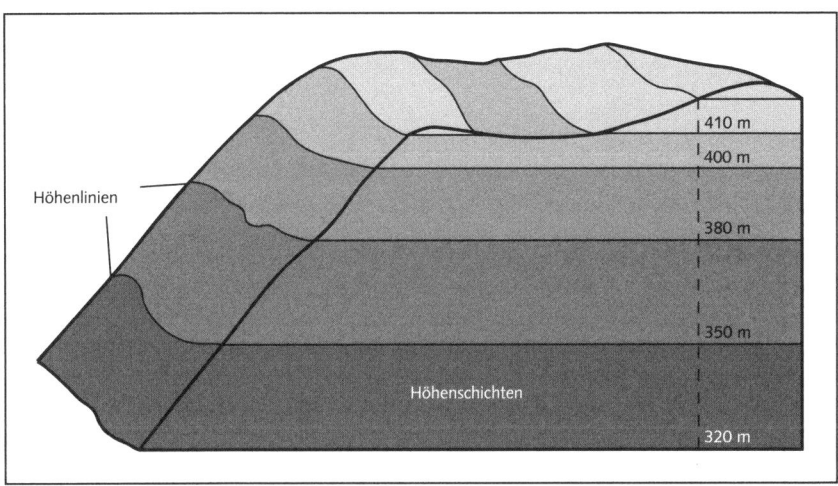

Eine andere Möglichkeit ist es, die Höhen- und Niederschlagswerte in Tabellenform vorzugeben, nur die Entfernungen der Orte voneinander werden von den Schülern im Atlas selbst nachgemessen, hier Höhen- und Niederschlagswerte im Harz:

Ort	Höhe	Niederschlag
Seesen	200 m	799 mm
Clausthal-Zellerfeld	600 m	1 349 mm
Torfhaus	800 m	1 415 mm
Brocken	1 142 m	1 678 mm
Rübeland	380 m	752 mm
Harzgerode	400 m	616 mm
Mansfeld	200 m	514 mm

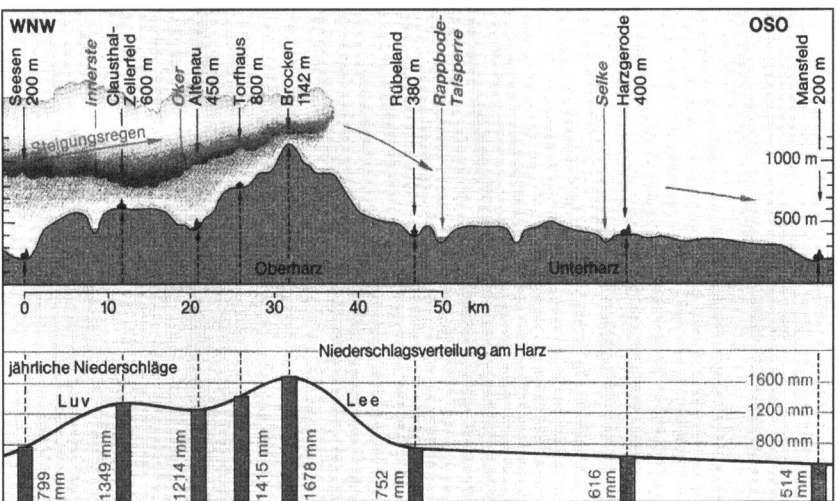

Entstehung und Verteilung der Niederschläge im Harz

Höhenstufen in den Alpen

Das Thema *Höhenstufen in den Alpen* eignet sich gut dazu, von einem Bild, also
z. B. einem Foto im Lehrbuch, zu einer querschnitthaften Darstellung der Höhenstufen zu gelangen. Die Schüler legen ein Transparent über das Foto und tragen die
Höhenstufen und auch die Baum- und Schneegrenze ein. Das setzt schon ein hohes
Abstraktionsvermögen voraus, führt ihnen aber auch gleichzeitig die Schwierigkeiten vor Augen, theoretische Begriffe auf die Natur anzuwenden.

Einfacher ist es, anhand eines Textes und eines dazu passenden Arbeitsblattes in die Thematik der Höhenstufen einzuführen.

Von Weingärten zu Schneegipfeln

Frühlingstag im Wallis. In den Gärten von Sierre (538 m NN) blühen die Tulpen und Osterglocken. Es ist fast windstill. Im warmen Sonnenschein steht am Bahnhof eine Gruppe von Schifahrern. Mit ihrer winterlichen Kleidung passen sie so gar nicht in das Bild dieses warmen Tages. Sie steigen in den Bus, der sie nach Crans bringen soll.

Zuerst fahren sie durch Obstgärten und Weinberge. Die Knospen der Obstbäume sind am Aufbrechen. Die Weingärtner verrichten ihre Frühjahrsarbeit. Dann führt die Straße durch Wiesen und parkartige lichte Wälder aus Eichen und Buchen. In Crans (1 500 m NN) weht ein kühler Wind. Auf den Straßen sieht man kaum frühlingshaft gekleidete Menschen. Überall rieselt Schmelzwasser. An sonnigen Wiesenhängen blühen schon Krokusse und Schneeglöckchen. Im Schatten aber und entlang den Waldrändern liegt der Firn noch hoch.

Die Seilbahn zur Bella Lui, welche die Schifahrer jetzt weiterbefördert, schwebt über die Wiesen und Wälder von Crans in die Höhe.

Die Wipfel von Fichten, Kiefern, Lärchen und Arven liegen unter ihnen. Dann wird der Wald dünner und hört schließlich ganz auf. Nur einzelne vom Wind zerzauste Bäume stehen oberhalb der Waldgrenze. Endlos weit dehnen sich hier die Schneeflächen. An der Bergstation der Bella Lui (2 548 m NN) empfängt ein heftiger eisiger Wind die Schifahrer und treibt ganze Schwaden von Pulverschnee über den Hang. Hier oben ist noch kalter Winter. In Sierre hatte das Thermometer 7° C Wärme gezeigt. Hier steht es bei –3° C. Dick vermummt treten die Schifahrer die Abfahrt an.

Arbeitsaufträge

- Schreibe die Namen der einzelnen Höhenstufen in die Schriftfelder mit den Ziffern: Laubwaldstufe, Stufe des Obst- und Weinbaus, Fels- und Schneestufe, Stufe des Ackerbaus und der Wiesen, Nadelwaldstufe, Stufe der Almen und Matten.
- Zeichne die folgenden Zeichen richtig ein:

| Ort | Laubwald | Nadelwald |

Almen und Matten | Weinbau

Obstbau | Fels und Schnee

- Schreibe die Namen der einzelnen Grenzlinien in die noch freien Schriftfelder des Arbeitsblattes: Getreidegrenze, Weinbaugrenze, Baumgrenze, Schneegrenze, Waldgrenze.
- Trage die Temperaturen mit einem roten Stift in die kleinen Thermometer auf dem Arbeitsblatt ein. Die Temperaturen in 500 m Höhe und in 2 500 m Höhe kannst du dem Text entnehmen, die übrigen errechnen.

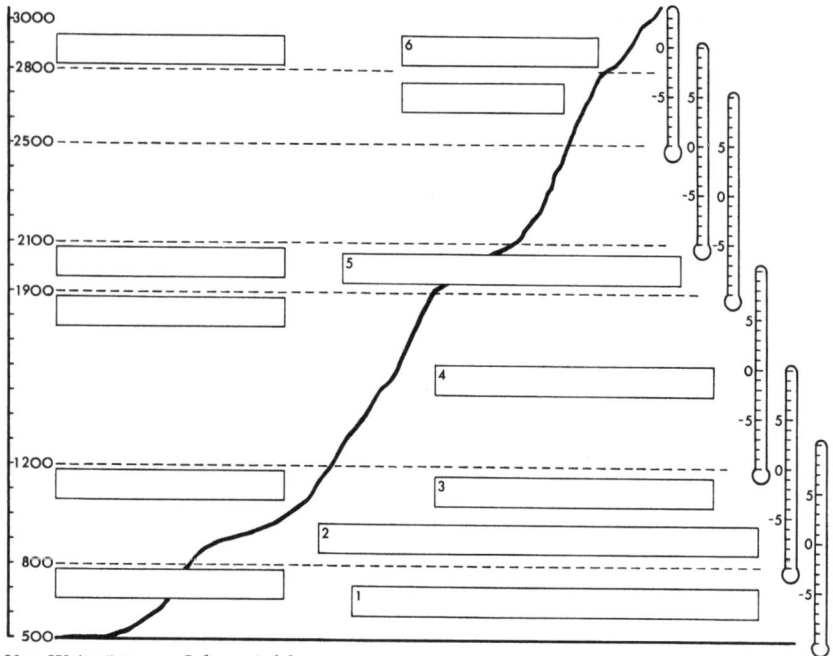

Von Weingärten zu Schneegipfeln

Der letzte Arbeitsauftrag bedarf sicher einer stark geführten Anleitung durch den Lehrer.

Zusammenhängend erarbeiten kann man die Begriffe Höhenlinien, Höhen- und Niederschlagsprofil und Höhenstufen auch am Beispiel des Kilimandscharo. Mit Hilfe der Karte Vegetationszonen und Landnutzung wird ein Höhenprofil erarbeitet. Die Niederschlagswerte der zweiten Abbildung führen zu einem Niederschlagsprofil, das direkt auf die Höhenstufen am Kilimandscharo bezogen wird. Als Arbeitsmaterial wird eine Atlaskarte zum Kilimandscharo mit Höhenlinien und Vegetationszonen benötigt (z. B. Kilimandscharo/Meru, Nord-Tansania – Natur- und Kulturlandschaft und Niederschläge, Diercke Weltatlas; vgl. auch S. 115).

Arbeitsaufträge

- Fertige vom Südrand der Karte (Moshi) bis zum Gipfel des Mawensi einen Querschnitt an, zeichne dazu auf der linken Heftseite eine Hochachse mit folgender Einteilung: 0–1 000 m 1 cm. Eine zweite Hochachse (1 cm rechts von der ersten) wird als Grundlinie genutzt, um die Temperaturen in den Höhen von 1 000 bis 5 000 m Höhe anzugeben, die Temperaturen müssen also nach rechts und nicht nach oben angetragen werden (in Moshi auf 800 m Höhe sind 23° C, bedenke: 0,5° C Temperaturabnahme auf je 100 m Höhenzunahme). Eine dritte Hochachse (etwa 1 cm rechts von der Temperaturachse wird als Grundlinie genutzt, um die Niederschlagswerte in den Höhen von 1 000 bis 5 000 m Höhe anzugeben, auch diese Werte müssen nach rechts angetragen werden.
- Wähle Symbole zur Darstellung der einzelnen Vegetationszonen und Landnutzungen und gestalte damit den Querschnitt.

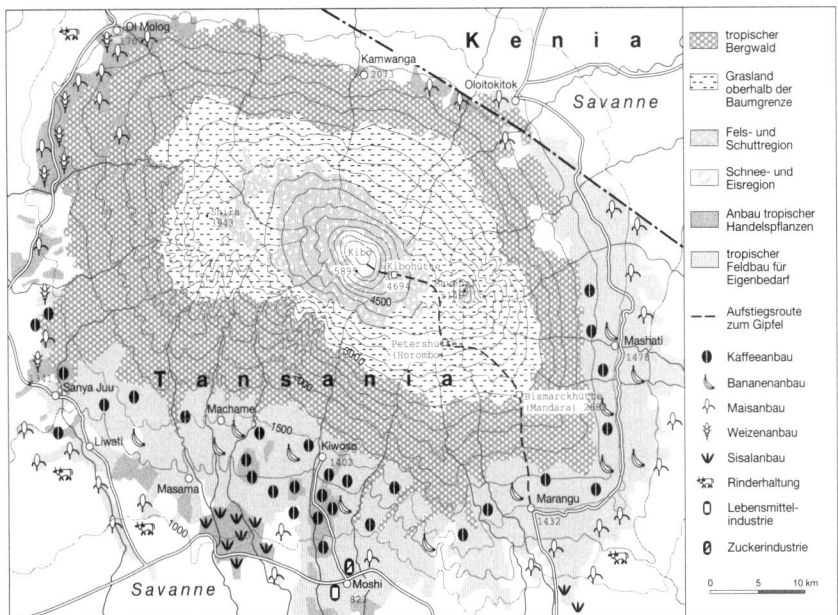

Vegetationszonen und Landnutzung am Kilimandscharo

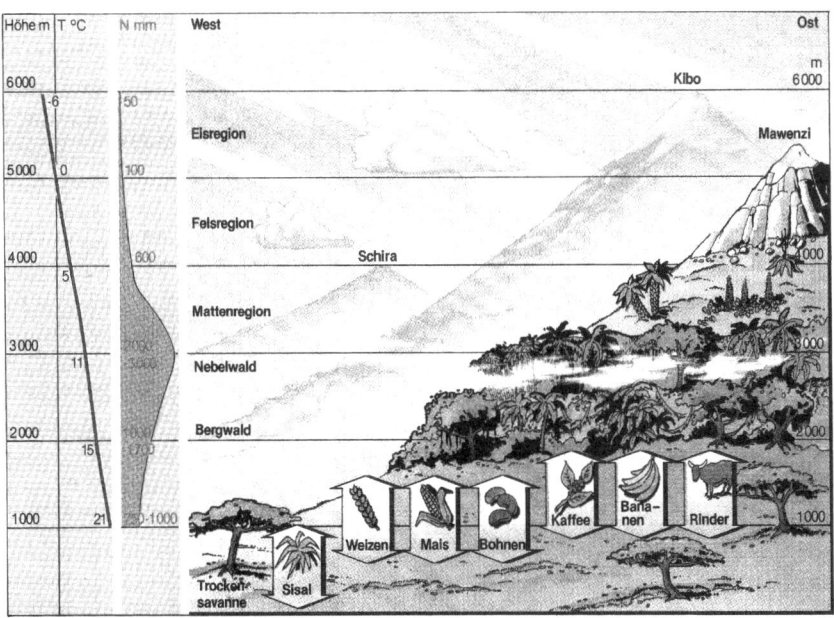

Höhenstufen am Kilimandscharo

	Küstenland (Algier)	Tell-Atlas 2000 m	Hochfläche der Schotts 800 bis 1000 m	Sahara-Atlas 2300 m	Wüste Sahara (Oase)
Klima: Niederschläge:	75 cm, vorwiegend im Winter	55 cm	20 bis 25 cm im Frühjahr und Herbst	gelegentlich Schnee	unter 25 cm
Temperatur:	Jan. + 10° C Juli + 25° C Seewind	kühlere Winter	Winter: 4–8° C, Frost; Sommer: heißer als an der Küste		Jan. + 10 bis 12° C Juli + 32° C NO-Passat, Sandstürme
Pflanzenkleid:	Aleppokiefern, Korkeichen, Zedern, immergrüne Eichen, Macchie, Gräser, Mittelmeerpflanzen		Steppengräser (Halfagras)	in größeren Höhen Wald	Dattelpalmenhaine in den Oasen, Salzpflanzen
Tierwelt:	europäische Haustiere		Viehherden (Schafe und Ziegen)		Gazellen, Bergschafe, Schakale, Panther
Bevölkerung:	Berber, Araber, Juden, Europäer		Berber und Araber	Berber	Araber, Berber, Neger
Volksdichte (Einw. je km²):	20 bis 30		weniger als 10	spärlich	nur in Oasen
Besiedlung:	Städte nach europäischer Art und orientalische Städte			Nomadenzelte, vereinzelt Städte als Märkte und Festungen, Polizeistationen	Lehm- und Ziegelhäuser in den Oasen
Wirtschaft:	Getreidebau: Weizen, Gerste, Hafer, Mais, Frühkartoffeln, Südfrüchte, Wein	Viehzucht, Phosphate, Eisenerz	Halfagras, Viehzucht: Schafe, Rinder, Pferde, Kamele; Bewässerungsfeldbau; Salz, Phosphate	Hochgebirgsweiden	Dattelpalmenhaine; Touristenhotels in den Oasen; Erdöl- und Erdgasförderung
Verkehr:	Eisenbahnen, Autostraßen, Häfen, Flugplätze			Saumpfade, Maulesel- und Kamelkarawanen, Kraftwagen, Stichbahnen bis zum Wüstenrand	Kamel, Kraftwagen, Flugzeug; Pipelines

Kausalprofil durch den Tell- und Sahara-Atlas Nordafrikas

Zum Themenkreis der Querschnitte und Höhenlinien gehört auch das *Kausalprofil.* Die Darstellung und Entwicklung eines solchen Profils stellt hohe Anforderungen an Schüler und Lehrer, kann aber einen umfassenden Abschluss einer Unterrichtsreihe bilden (vgl. Abb. S. 116).
Ein Beispiel sei hier vorgestellt. Das Profil kann mit Hilfe von Atlaskarten während einer Unterrichtsstunde durch Lehrer und Schüler gemeinsam angefertigt werden, es kann aber auch mit einer Kopie gearbeitet werden, die jedem Schüler vorliegt und sowohl den Querschnitt als auch am linken Rand schon die Gliederungspunkte: *Klima, Pflanzenkleid, Bevölkerung ...* enthält. In relativ selbstständiger Arbeit auch mit Hilfe des eingeführten Lehrbuchs oder eines vervielfältigten Textes wird das Profil durch die Schüler vervollständigt.

Thematische Karten   *ab Klasse 5*

Auch jüngere Schüler können schon thematische Karten selbstständig herstellen, sie bedürfen nur geschickter Anleitung. Im Rahmen des Themas: *Freizeitgestaltung in Nah- und Fernerholungsräumen* sei hier ein Beispiel für die 5. Klasse vorgestellt.

Beispiel Wangerooge
Nach einem Foto im Schulbuch werden die Umrisse der Insel gezeichnet. Ist die Darstellung groß genug, können auch Signaturen für die Häuser, die Leuchttürme und Schiffe im Hafen gewählt werden.

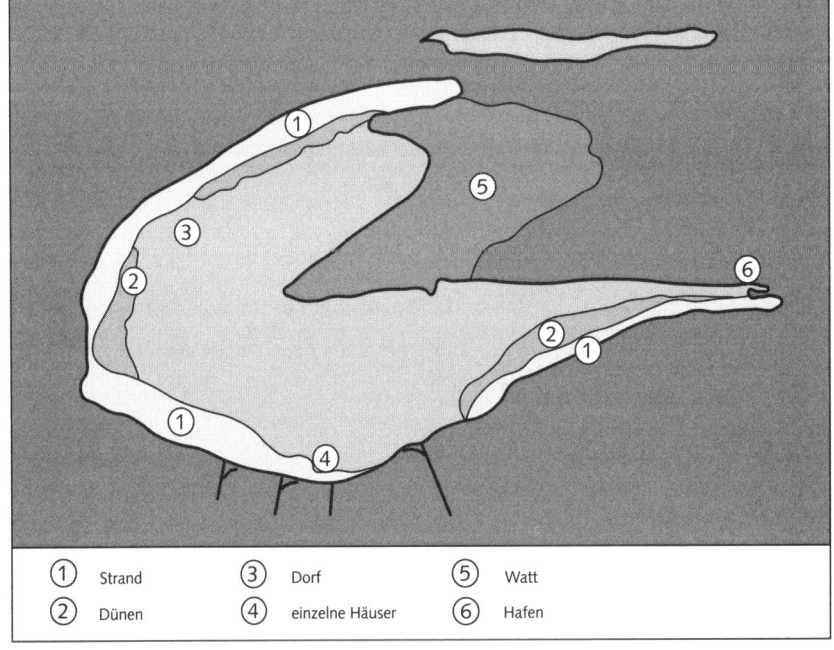

①	Strand	③	Dorf	⑤	Watt
②	Dünen	④	einzelne Häuser	⑥	Hafen

Arbeitsaufträge

- Zeichne die Umrisse der Insel evtl. mit Transparentpapier.
- Kennzeichne folgende Bereiche:
  (1) Strand
  (2) Dünen
  (3) Dorf
  (4) Einzelhäuser
  (5) Watt
  (6) Hafen
- Versuche durch eine sinnvolle Farbgebung, die du in der Legende erläuterst, dein Inselbild schön zu gestalten.

Beispiel New York

Eine Klasse 8 kann eine thematische Karte der Weltstadt New York selbst entwickeln. Grundlage dazu liefert das unten abgebildete Arbeitsblatt.

Als Einstieg eignet sich hier sehr gut ein Luftbild der Stadt, wie es in zahlreichen Erdkundebüchern zu finden ist. Die Schüler können sich mit Hilfe der Luftbilder einen ersten Eindruck verschaffen und das Foto dem Arbeitsblatt zuordnen. Als zusätzliche Hilfe werden Abbildungen im Atlas hinzugenommen. Haben die Schüler sich eingelesen, kann zunächst die Aufgabe gestellt werden, die einzelnen Stadtteile abzugrenzen und die Namen einzutragen. Eine zweite Möglichkeit ist, die Bevölkerungsstruktur mit Hilfe von Atlaskarten oder auch Zahlenangaben thematisch in der Karte darzustellen.

Mögliche Themen:

- Verteilung der schwarzen Wohnbevölkerung, der Puertorikaner und der Weißen (flächenhafte Kennzeichnung und Säulen entsprechend den jeweiligen Bevölkerungszahlen);
- Die wirtschaftliche Nutzung der einzelnen Stadtteile;
- Bebauungsstruktur; die unterschiedlichen Häuser werden als Säulen mit entsprechender Höhe über den einzelnen Stadtteilen dargestellt.

Gedankenanstöße:

- Europa
- Einwanderer
- Export
- Verbindung zum Hinterland über die Appalachen durch die Mohawk-Furche

Einige Informationen zu New York sollten wie im Arbeitsblatt auf der gegenüberliegenden Seite noch bereitgestellt werden.

Arbeitsauftrag

- Trage mit Hilfe des Textes die kursiv geschriebenen Namen bzw. die Nummern auf dem Arbeitsblatt ein.

Informationen zu New York

Lage:
New York liegt an der buchtenreichen Ostküste Nordamerikas und am Hudson.

Daten zur Geschichte:
1524 Giovanni Verrazano findet auf der Suche eines westlichen Seewegs nach Indien die Mündung des Hudson.
> *Verrazano Narrows Bridge* (1)

1609 Henry Hudson findet ebenfalls die Mündung des Hudson im Auftrag der Niederländischen West India Handelsgesellschaft.
> *Hudson* (2)

1624 Die Niederländer kaufen den Manahatta-Indianern die Insel Manhattan ab.
> *Manhattan*

Neu-Amsterdam wird gegründet, die Stadt wird befestigt.
> *Wall – Street* (3)

1664 Neu-Amsterdam fällt an die Engländer.
Die Stadt wird umbenannt in New York nach dem Herzog von York, einem Bruder des englischen Königs.
1825 Durch Eröffnung des Erikanals wird eine noch bessere Verbindung zum Hinterland geschaffen. Das Wachstum der Stadt beschleunigt sich.
ab 1850 Viele Einwanderer kommen nach New York.
1886 Die Freiheitsstatue wird errichtet.
> *Freiheitsstatue* (4)

1898 Die fünf Boroughs (Stadtteile) werden zu New York vereinigt. Das ist heute ein Teilgebiet der New Yorker Metropolitan-Area und entspricht dem zusammenhängenden Gebiet mehrerer Großstädte.
> *Bronx, Brooklyn (King), Manhattan, Queens, Richmond (St. Island)*

Straßenverlauf
Die Straßen verlaufen im Schachbrettmuster, vor allem auf Manhattan.
> *Süd-Nord – Verlauf der Avenues*
> *West-Ost – Verlauf der Streets* (5)

Eine Ausnahme bilden die Highways am Ufer und der Broadway, der auf einem alten Indianerpfad verläuft.
> *Broadway* (6)

Verlauf anderer Verkehrslinien
Im Bereich von Manhattan gibt es ein unterirdisches Schienennetz. Fähren, Tunnel und Brücken führen zu den anderen Stadtteilen.

Gebäude
Vor allem am Südende Manhattans, dem Bankenviertel, gibt es eine Konzentration von Wolkenkratzern.
> *UN-Gebäude* (7)
> *Empire-State-Building* (8)
> *WorldTrade-Center* (9)

Sonstiges
Eine riesige Freifläche dient als Erholungsgebiet.
> *Central Park* (10)

Um Bauland für Luxuswohnungen und Büros zu gewinnen, wurde an der Südspitze Manhattans Land gewonnen. Dabei wurden Teile des Hafens aufgegeben.
Einige Stadtteile sind hauptsächlich von bestimmten Bevölkerungsgruppen bewohnt.
> *Harlem, Wohngebiet der Schwarzen* (11)
> *Chinatown, Little Italy* (12)

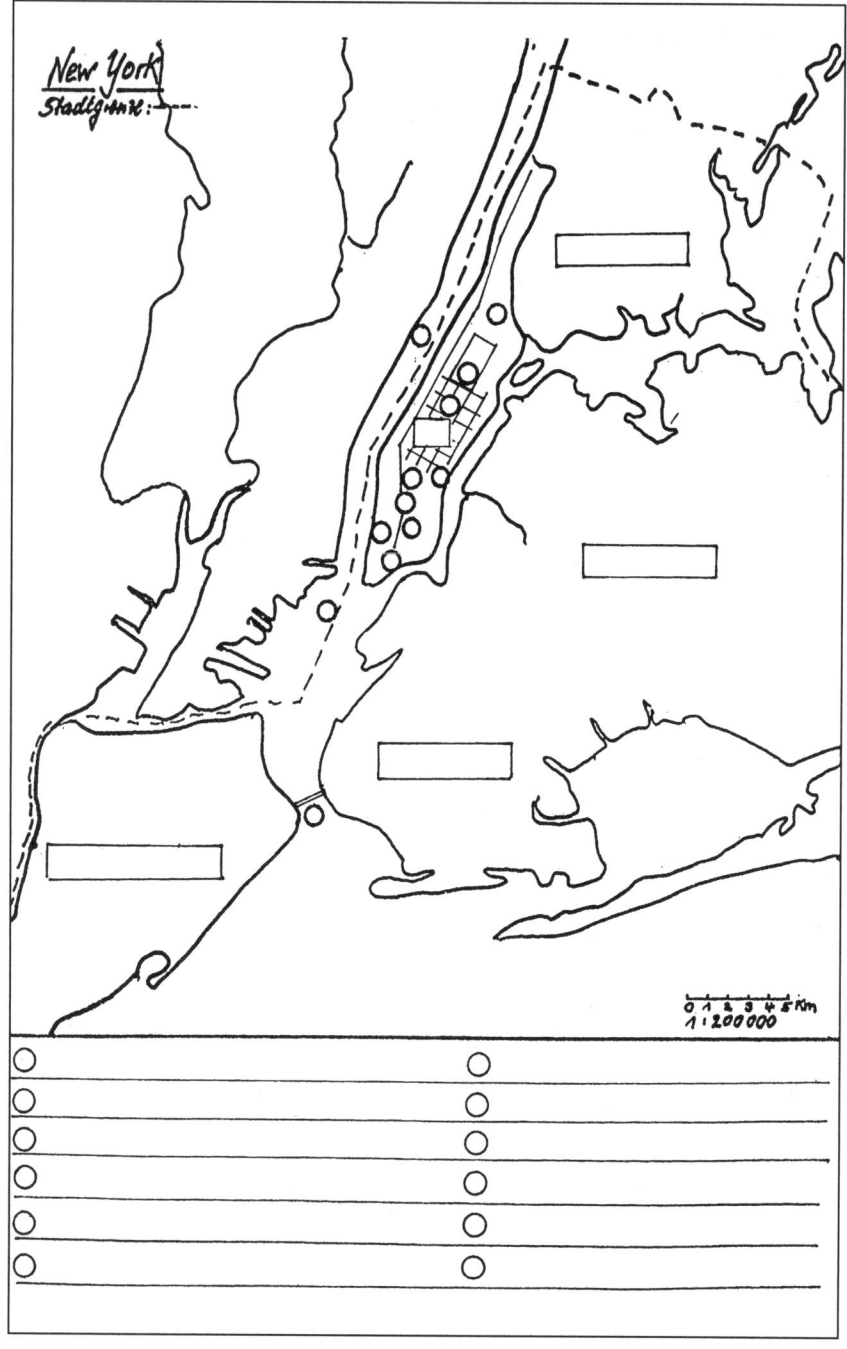

▓ Kleine Übungen

Kleine Übungen zum Kennenlernen thematischer Karten stellt das Arbeitsblatt *Unsere räumliche Umwelt* dar. Es richtet sich an jüngere Schüler und macht mit den Möglichkeiten der Höhendarstellung und mit einfachen Signaturformen thematischer Karten vertraut.

Unsere räumliche Umwelt

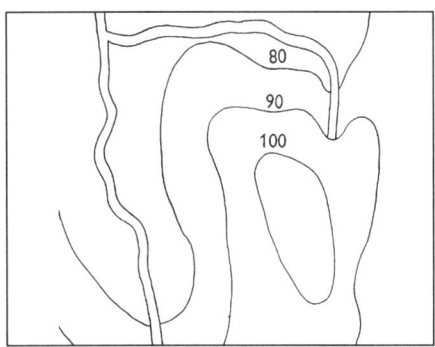

1. Hier ist eine Landschaft mit zwei Bächen und einem Berg dargestellt. Lege sie farbig an, sodass man die Höhenunterschiede gut erkennen kann.

grün	unter 80 m
gelb	80 – 90 m
hellbraun	90 – 100 m
mittelbraun	über 100 m
blau	Gewässer

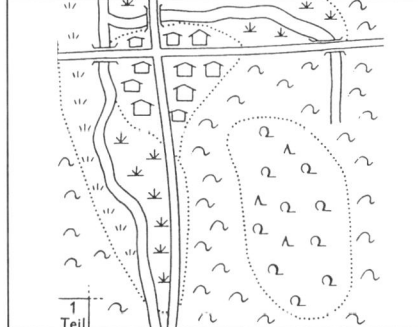

2. Hier ist dieselbe Landschaft noch einmal dargestellt. Lege auch diese Karte farbig an, jedoch soll man hier die unterschiedliche Nutzung gut erkennen können.

rosa	Häuser	⌂
braun	Acker	⌒ ⌒
hellgrün	Wiesen	⊻ ⋎
dunkelgrün	Wald	Ω ⋏

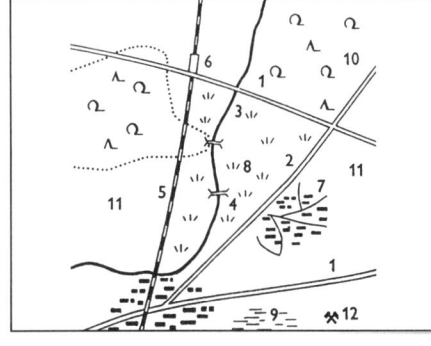

3. Stelle nach der skizzierten Wanderkarte 1:50 000 eine Übersicht über wichtige Kartenzeichen zusammen.

Zeichen: Bedeutung:
1. _____
2. _____
3. _____
4. _____
5. _____
6. _____
7. _____
8. _____
9. _____
10. _____
11. _____
12. _____

Zuletzt sei noch eine nützliche Zusammenstellung von Signaturformen für thematische Karten genannt, z. B. bei R. ITTERMANN *Die thematische Karte als Arbeitsmittel*, in: Praxis Geographie, Heft 2/1979.

Information	Bezug		
	Punkt	Fläche	Richtung
homogen-qualitativ	bildhaft: geometrisch:	bildhaft: Farbe/Muster:	farbiger/gemusterter Pfeil:
homogen-quantitativ	bildhafte Werteinheiten: -15 -41 gestufte Mengenwerte, geometrisch: △ -1-5 △ -6-10 ▲ -10-20	bildhafte Werteinheiten: -15 -41 gestufte Mengenwerte, geometrisch[1]: △ -1-5 △ -6-10 ▲ -10-20	farbiger/gemusterter Pfeil mit mengenabhängiger Breite: -6-10
strukturiert	gegliedertes Mengenbild: ● ● ● ○ ○ -(3+2) -(3+2) Diagramm (Farbe/Muster):	gegliedertes Mengenbild: ● ● ● ○ ○ -(3+2) -(3+2) Diagramm (Farbe/Muster):	farbiger/gemusterter Pfeil mit mengenabhängiger Breite, gegliedert (Banddiagramm): -(3+2)
synthetisch	wie Zeile 1	wie Zeile 1	wie Zeile 1

Signaturformen der thematischen Karte

Auswertungskriterien   *ab Klasse 7*

Ein besonders wichtiger Teil des Erdkundeunterrichts ist das Arbeiten mit Materialien wie Bildern, Karten, Texten, Statistiken bzw. Tabellen und Diagrammen. Da diese Darstellungen besonders für jüngere Schüler z. T. sehr abstrakt sind, ist es notwendig, die Auswertung und Umsetzung zu erlernen und einzuüben.

▪ Die Bildinterpretation

Das Auswerten von Bildern sollte in mehreren Abschnitten vor sich gehen:

a) Angaben zum Formalen
- Wichtig ist die Perspektive, aus der das Bild gemacht wurde (Frontalaufnahme, Schrägluftbild oder Senkrechtluftbild).
- Mit dem Hinweis, dass es sich nur um einen Ausschnitt aus der Wirklichkeit handelt, ist verbunden, ob es sich um eine Total- oder Detailaufnahme handelt.
- Die Angabe des Bildtitels, des Zeitpunktes (wenn möglich, Jahr, Jahres- und Tageszeit) und eine Lokalisierung gehören in diesen ersten Abschnitt.

b) Beschreibung des Inhalts
- Man gliedert das Bild in Teilräume (Vorder-, Mittel- und Hintergrund, Höhenverhältnisse, Nutzung).
- Das Wesentliche wird hervorgehoben (Zusammenhänge zwischen Bildelementen, dargestellte Objekte, Menschen, Landschaftstyp).

c) Erläuterung des Inhalts
- Wie ist die Entstehung des Dargestellten zu erklären?
- Welche Ursachen haben die dargestellten Prozesse?
- Welches ist der funktionale Zusammenhang?

d) Bewertung des Inhalts
- Passen Titel und Bildaussage zueinander?
- Sind die dargestellten Elemente typisch für den entsprechenden Raum?
- Ist eine Tendenz in der Darstellungsart erkennbar, die die Bildaussage beeinflussen soll?

▦ Auswerten von Texten

Texte werden in der Sekundarstufe II häufiger als Material im Erdkundeunterricht verwendet als in der Sekundarstufe I. Deshalb ist es sinnvoll, besonders den Schülern der unteren Klassen eine Hilfe zur Interpretation an die Hand zu geben.

a) Angaben zum Formalen
- Überschrift,
- Verfasser,
- Quelle, Erscheinungsort und Erscheinungsjahr,

b) Auswertung des Textes
- Wichtige Teilaussagen werden unterstrichen.
- Fachbegriffe und Fremdwörter werden mit Hilfe eines Wörterbuchs oder Lexikons geklärt.
- Der Text wird nun in sinnvolle Abschnitte gegliedert.
- Die Hauptaussage des Textes wird beschrieben, dabei kann man Kernaussagen zitieren.
- Wenn es möglich ist, werden die sprachlichen Mittel und die Textart beschrieben (z. B. Reisebericht, Zeitungsartikel oder Rede).

c) Erläuterung des Textes
- Man versucht die Aussageabsicht des Verfassers herauszufinden.
- Welche Hintergründe muss man kennen, um den Text zu verstehen? Lässt sich der Text in einen größeren zeitlichen und inhaltlichen Zusammenhang einordnen?

d) Bewertung der Textaussage
- Ist der Text logisch, widerspruchsfrei und aussagekräftig?
- Wie ist der Informationsgehalt? Sind die Informationen vollständig oder nur lückenhaft, werden sie begründet?
- Wird sachlich informiert oder nur einseitig, z. B. propagandistisch?

▦ Arbeiten mit Diagrammen

Diagramme sind im Vergleich zu Tabellen und Statistiken oft leichter lesbar und in ihrer Aussage schneller zu erfassen.
Anhand folgender Anweisungen ist eine Auswertung möglich.

a) Angaben zum Formalen
- Um welche Art von Diagramm handelt es sich? Ist es z. B. ein Kreis- oder Säulendiagramm oder etwas anderes?
- Welche Überschrift oder Themenangabe hat das Diagramm?
- Welcher Bezugs- und Zeitraum wird gewählt? Ist eine inhaltliche Abgrenzung möglich?
- Welche Begriffe werden benutzt?
- Welche Zahlenart wird dargestellt? Sind es absolute, relative oder Durchschnittszahlen?
- Welche Größenangaben werden gewählt?
- Die Quelle mit Datum wird genannt.

b) Beschreibung des Inhalts
- Was ist die zentrale Aussage des Diagramms?
- Welche Entwicklungstrends werden dargestellt?
- Gibt es Abweichungen vom Trend?
- Welche wichtigen Einzelheiten zeigt das Diagramm?
- Es werden Größenvergleiche gemacht.

c) Erläuterung des Inhalts
- Welche Zusammenhänge zwischen den Einzeldaten sind erkennbar?
- Welches ist die Gesamtaussage des Diagramms?
- Man kann andere Informationsquellen und auch Hintergrundwissen heranziehen.

d) Bewertung des Inhalts
- Stehen Über- und Unterschriften in sinnvollem Bezug zur Darstellung des Inhalts?
- Ist die gewählte Diagrammform sinnvoll?
- Kann anhand des Diagramms eine eindeutige Aussage gemacht werden?
- Besteht die Gefahr einer Manipulation?
Zuletzt sollte eine zusammenfassende Bewertung vorgenommen werden.

▦ Auswerten von Tabellen

Diagramme sind oft Umsetzungen von Tabellen und Statistiken. Sie werden eher verwendet, da Tabellen als zu trocken und abstrakt gelten. Eine Hilfe bei der systematischen Auswertung ist deshalb besonders wichtig.

a) Angaben zum Formalen
- Welche Überschrift hat die Tabelle?
- Welche Zahlenart wird dargestellt? Sind es absolute oder relative Zahlen oder ist es ein Index? Sind die Zahlen gerundet, geschätzt, vorläufig oder vorausgesagt?
- Wie ist die Tabelle gegliedert? Besitzt sie eine Kopfleiste, Spalten und Zeilen?

Arbeitstabelle ①   ②

Flächennutzung in Deutschland 1993

	Flächengröße (in Mio. ha)	Anteil an der Gesamtfläche (in Prozent)
Wasserfläche	0,79	2,2
Siedlungs- und Verkehrsfläche	4,03	11,3
Waldfläche	10,42	–
Landwirtschaftsfläche	19,53	54,7
Sonstige Fläche	–	2,6
Gesamtfläche	35,7	– ⑥

(aus Der Fischer Weltalmanach 1997, Spalte 1158, Fischer Taschenbuch Verlag, Frankfurt/Main 1996)   ⑦

Aufgaben ③   ④   ⑤

1. Vervollständige die Arbeitstabelle zur Flächennutzung in Deutschland 1993.

2. Nenne die Begriffe, die zu den Spalten und Zeilen der Arbeitstabelle passen.
   ① _____
   ② _____
   ③ _____
   ④ _____
   ⑤ _____
   ⑥ _____
   ⑦ _____

3. Worum geht es in der Tabelle?
   _____

4. Für welche Nutzungsarten und für welches Jahr gelten die Angaben?
   _____
   _____

5. Welche Maßeinheiten werden gewählt?
   _____

6. Nenne die Quelle!
   _____

7. Welche Angaben gehören im Allgemeinen zu einer vollständigen Quellenangabe?
   _____
   _____

8. Erkläre, wie die Zahlen in den beiden Spalten zusammenhängen.
   _____

9. Fertige passend zur Arbeitstabelle ein Kreis- oder Balkendiagramm an.

   Das ausgearbeitete Arbeitsblatt finden Sie unter dem Abschnitt Lösungen auf S. 267.

- Welcher Zeitraum wird behandelt? Welche räumliche Abgrenzung wird vorgenommen?
- Woher und aus welchem Jahr stammt die Quelle?

b) Beschreibung des Inhalts
- Es ist sinnvoll, zunächst die höchsten und tiefsten Werte herauszusuchen.
- Man beschreibt die zeitlichen Entwicklungen.
- Welches ist die zentrale Aussage der Tabelle?

c) Erläuterung des Inhalts
- Daten werden verglichen und man versucht Zusammenhänge aufzuzeigen.
- Lassen sich Regelhaftigkeiten und Trends erkennen?
- Die festgestellten Entwicklungen bringt man nun in einen größeren Zusammenhang. Dabei wird Hintergrundwissen mit einbezogen.

d) Bewertung des Inhalts
- Entsprechen sich Überschrift und Inhalt der Tabelle?
- Ist die zeitliche Abgrenzung und Auswahl der Stichjahre sinnvoll?
- Reichen die Daten für eine gesicherte Aussage aus?
- Man macht eine zusammenfassende Bewertung.

Auf Seite 125 wird als Beispiel ein Arbeitsblatt vorgestellt, das etwa ab Klasse 7 eingesetzt werden kann. Notwendig ist allerdings, dass die Schüler die Erläuterungen zum Auswerten von Tabellen kennen.

Kapitel 2

Raus aus der Schule

Projekte in der Nähe

Unser Schulort
ab Klasse 5

Legt man den Themenschwerpunkt auf *Stadtentwicklung*, so bieten sich Möglichkeiten für Klasse 9, für die Sek. II ist das Thema *Raumordnung und Stadtplanung*
geeignet.
Viele Techniken, Fragestellungen, Methoden und Untersuchungen lassen sich am
eigenen Schulort überprüfen, einüben, übertragen oder festigen. Vor allem der
praktische, handlungsorientierte Aspekt lässt die Schüler kreativ werden. Kartenskizzen können angefertigt, Profile gezeichnet, Tabellen und Diagramme erstellt,
Fotos gemacht, Texte verfasst werden. Im Folgenden wird modellhaft gezeigt, wie
man den eigenen Schulort unter geographischem Gesichtspunkt näher kennen
lernen kann. Natürlich lässt sich ein solches Unterfangen nicht einfach in den
Rahmen eines Ein- oder Zweistundenfachs zwängen. Wenn nicht diese Arbeit
außerhalb der Schulzeiten getan werden soll, so ist ein solches Thema doch während
einer Projektwoche oder als fächerübergreifendes Erkundungsprojekt denkbar. Auf
jeden Fall sollte es in Gruppenarbeit projektorientiert durchgeführt werden. Endprodukt wäre eine mögliche Ausstellung, aber auch ein längerer „Lexikoneintrag"
wäre denkbar. Einige Ideen in Stichworten:
– Lage, Größe, Ausdehnung der heutigen Stadt angeben, Bezug zur Naturlandschaft herausfinden (Kartenskizzen der topographischen Lage, der natürlichen
  Vegetation, Klima, Böden, Verkehrslage usw. anfertigen, geologische Profile
  oder Landschaftsquerschnitte zeichnen).
– Die Entwicklung der Stadt aus Karten, Fotos, Luftbildern, Texten und Daten
  aufzeigen (Erarbeitung der inneren Differerenzierung der Stadt durch Karten
  und Fotos, historische Literatur zur Stadt und Umgebung, Stadtverwaltung,
  lokale Buchläden, Büchereien, Zeitungsredaktionen, Heimatverein, Museum,
  Studium der Straßennamen usw.).
– Die wichtigsten touristischen, historischen und aktuellen Sehenswürdigkeiten,
  ihre Bedeutung, Lage und Funktion beschreiben (Fremdenverkehrsverein, Veröffentlichungen der Stadtverwaltung, eigene Fotos, Lexikon und dgl.).
– Entwicklungen und Veränderungen in der Bevölkerungs-, Sozial- und Wirt-
  schaftsstruktur beschreiben und bewerten. Die Rolle der Stadt für das Umland
  erarbeiten (Diagramm- und Texterstellung auf der Basis von Veröffentlichungen
  der Stadtverwaltung und von Zeitungsausschnitten, Besuch beim Bürgermeister).

- Ausblick auf zukünftige Planungen und Entwicklungen (z. B. neue Stadtviertel entstehen, der Kampf um eine Umgehungsstraße, umstrittene Bauprojekte und Verkehrsführungen, Stadtverwaltung, Zeitungsartikel, Zeitungsarchive, Anzeigenteil der Zeitung).

Daneben gibt es viele weitere Möglichkeiten, den Schulort in die Arbeit des Erdkundeunterrichts einzubeziehen, z. B. werden den Schülern Erkundungsaufträge vorgegeben, die als Basis für die Bearbeitung eines Themas dienen: *Das Stadtbild des Schulortes, Leben und Wohnen in ..., Der Schulort als zentraler Ort, Verkehrsprobleme am Schulort.*

■ Leben und Wohnen in ...
- Kartiert die Gebiete, die als reine Wohngebiete zu bezeichnen sind.
- Informiert euch mit Hilfe des Flächennutzungsplans über gesetzliche Vorschriften in diesen Gebieten (Anteil der Einzelhäuser, Reihenhäuser, Mietblöcke, Hochhäuser usw.).
- Beschreibe die Lage der Wohngebiete zu den Verkehrsstraßen, Einkaufsmöglichkeiten, Schulen und öffentlichen Einrichtungen.
- Wie sind die Wohngebiete vor Lärm und Verkehr geschützt?
- Tragt in eine Karte die Grünflächen und Naherholungsmöglichkeiten ein.
- Welche Freizeitmöglichkeiten bietet die Stadt (evtl. auch das unmittelbare Umland mit einbeziehen)? Gibt es besondere Attraktivitäten, die vergleichbare Städte nicht aufweisen (Theater, Museen, Gokartbahn, Eisschnelllaufbahn, Freizeitpark, Erlebnisbad)? Kartiert.
- Wie sieht die Verbindung zu übergeordneten Zentren aus? Wie ist der öffentliche Nahverkehr ausgestattet?
- Welche historischen Gebäude weist die Stadt auf und wie tragen sie zum Stadtbild bei?
- Beurteilt das Wohnen in der Stadt aus Umweltgesichtspunkten (besondere Geruchs- oder Lärmbelästigungen, Nähe der Wohnviertel zu produzierendem Gewerbe, zu besonders lärmintensiven Straßen oder anderen Stellen).
- Wo gibt es in der Stadt Spielmöglichkeiten für Kleinkinder, Schulkinder; welche Möglichkeiten der Freizeitbeschäftigung gibt es für Jugendliche? Kartiert. Wie wird die Situation älterer Menschen in der Stadt berücksichtigt? (z. B. Altersheime, Bereitstellung von Bänken, verkehrsfreie Zonen, Ampelausstattung, Straßenübergänge, Struktur des innerstädtischen öffentlichen Verkehrssystems wie Zahl der Halteplätze, Entfernung zwischen den Haltestellen, Vorhandensein von Taxibetrieben und dgl.)

■ Verkehrsprobleme in ...
- Kartiert Straßen mit fließendem Verkehr, Fußgängerzonen, Einbahnstraßen, verkehrsberuhigte Straßen, Geschwindigkeitsbeschränkungen, Straßenbreitenreduzierung, Anliegerverkehr, Fahrbehinderungen wie Inseln oder Höcker und dgl. (unterschiedliche Farbgebung: fließender Verkehr rot, Fußgängerzonen grün, Einbahnstraßen orange, verkehrsberuhigte Straßen je nach Grad ihrer Einschränkung blau oder Blautöne)
- Wo gibt es „neuralgische Punkte" des Verkehrs (Kreuzungsbereiche von Verkehrslinien, häufig erkennbar an langen Staus; Kreuzung von stark frequentier-

ten Fußgängerbereichen und Straßen; unfallträchtige Gefahrenbereiche, hier können ein Besuch und eine Befragung bei der Polizei hilfreich sein)?
- Stellt die Lage und Anzahl der Pkw-Stellplätze in der Innenstadt fest. Wie stark sind sie ausgelastet? Welche Entfernung haben sie zur Innenstadt und den Haupteinkaufsbereichen?
- Wie sind Wohnbereiche von verkehrsintensiven Bereichen getrennt (räumliche Entfernung, Lärmschutzeinrichtungen, Art des Schutzes, der Bepflanzung usw.)?
- Wie ist die Trennung von übergeordnetem Verkehr und lokalem Verkehr in der Stadt gelungen? Kartiert den Verlauf der Umgehungsstraßen und deren Verbindungspunkte mit den lokalen Zubringerstraßen.
- Wie ist der Fahrradverkehr in die Verkehrssituation eingebunden (Zahl und Umfang der Fahrradwege, Fahrradampeln, Fahrradüberquerungen, Trennung von Auto- und Fahrradverkehr)?
- Vergleicht zwei markante Straßen hinsichtlich ihrer Verkehrsgestaltung.
- Kartiert die Lage der Bushaltestellen in der Stadt. Welche Buslinien fahren den zentralen Omnibusbahnhof an? Zeichnet deren Linienführung innerhalb der Stadt in eine Karte ein. Wo gibt es alternative Linienführungen?

Wohnorte erkunden   *ab Klasse 5*

Vor allem in der Anfangsphase einer neu gebildeten Klasse hat der Klassenlehrer eine wichtige Aufgabe: die Schüler miteinander bekannt und vertraut zu machen. Was liegt näher, dies in Form einer Erkundung des Wohnortes sowie Schulwegs zu tun? Dies lässt sich mit der Herstellung einer Karte verbinden (vgl. Abb. S. 130). Dazu legt die Klasse eine Liste der Namen und Adressen der Schüler an. Weiterhin wird eine Karte der Schulstadt und Umgebung benötigt, in der die Schüler die Herkunft ihrer Klassenkameraden markieren, aber auch die verschiedenen Verkehrsmittel, Verkehrslinien, Haltestellen und Schulwege einzeichnen. Kommen gar eine Reihe von Mitschülern aus einem außerhalb der Schulstadt gelegenen Ort, bietet sich eine Exkursion dorthin an (vgl. auch S. 87 ff. und 97 ff.).

Arbeitsaufträge
- Fertigt eine Liste der Wohnorte und Adressen aller Schüler der Klasse an.
- Zeichnet eine Karte des Schulortes und der umgebenden Wohnorte und markiert darin die Adressen aller Schüler.
- Erstellt eine Tabelle der Verkehrsmittel, der Liniennummern der Busse, die für den Weg zur Schule benutzt werden.
- Die Klasse besucht den Wohnort dreier Mitschüler, benutzt dieselben Haltestellen. Am Wohnort werden die Entfernungen zwischen Wohnungen und Haltestelle notiert, die Zeit für die Busfahrt sowie den Weg von der Haltestelle zur Schule gestoppt. Wann muss er zur 1. Stunde aus dem Haus?

▪ Weitere Untersuchungsfragen am Wohnort
Wie wohnen unsere Mitschüler? Wo arbeiten ihre Eltern? Gibt es nur Wohnhäuser in ihren Wohnorten? Welche öffentlichen Gebäude gibt es? Gibt es am Ort irgendwelche Besonderheiten? Wie ist der Weg zur Haltestelle beschaffen? Welche Einkaufsmöglichkeiten gibt es? Wie sehen die Freizeitmöglichkeiten aus?

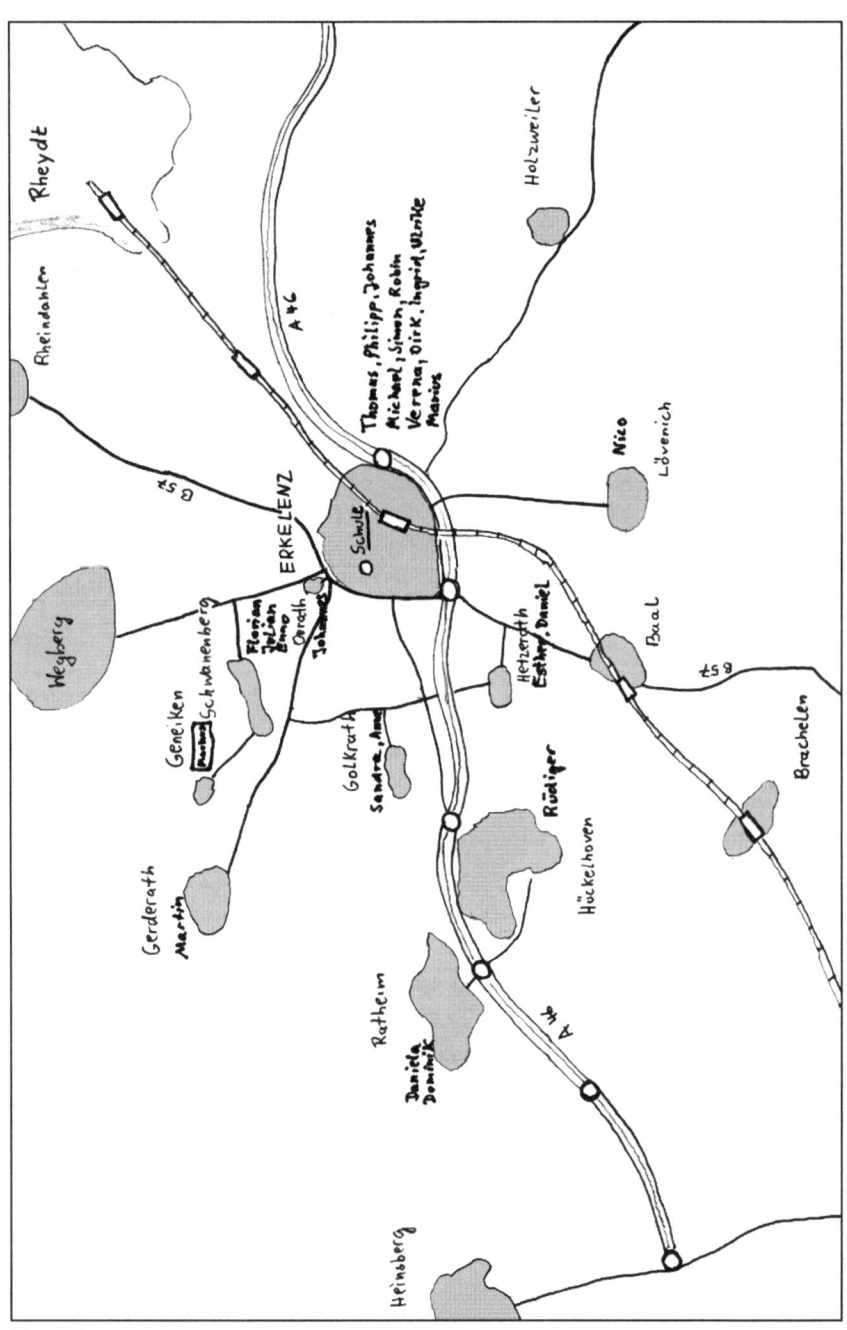

Skizze der Wohnorte

Zeichnet eine Skizze des Wohnortes mit den wichtigsten Merkmalen (öffentliche Gebäude, Haltestellen der Busse, Freizeitmöglichkeiten, Einkaufsmöglichkeiten, Industriegebäude, Kirche(n), Grünanlagen, Verkehrsmöglichkeiten wie Straßen, Fahrradwege, Ampeln, Brücken und dgl.).

Orientierung mit dem Stadtplan   *ab Klasse 5*

Diese Übung setzt sowohl Arbeit im Klassenraum als auch Arbeit vor Ort voraus. Zunächst sollte ein Verständnis von Karte als generalisierende Abbildung der Wirklichkeit vermittelt werden, wobei über Dinge wie Legende, Maßstab, Symbole und Himmelsrichtungen gesprochen wird.

Als vorbereitende Arbeit in der Klasse wird ein Stadtplan der Schulstadt mit der dazugehörigen Legende besprochen. Hier sind vor allem das Straßenverzeichnis, die Planquadrate, Farben und Symbole, die gesonderte Behandlung der öffentlichen Gebäude und Entfernungen (evtl. Maßstab) zu erarbeiten. Anschließend geht es mit bestimmten Arbeitsaufträgen und dem dazugehörigen Stadtplan in die Stadt.

▨ Vorbereitung:

„Fahren Sie an der 3. Ampel rechts, dann zweimal links – nein halt – einmal links und dann rechts – an der Tankstelle vorbei – dann kommt, glaube ich, eine große Kreuzung – dort biegen Sie nach rechts ab – fragen Sie dann am besten noch mal jemanden ...“

Das habt ihr bestimmt schon einmal gehört, wenn eure Eltern in einer fremden Stadt nach dem Weg fragen mussten. Da ist es besser, man hat einen Stadtplan zur Hand. Diesen muss man jedoch lesen und verstehen können. Sucht ihr eine Adresse, z. B. eine bestimmte Straße, so hilft euch das Straßenverzeichnis im Stadtplan, das alphabetisch angelegt ist (vgl. Abb. auf der nächsten Seite). Hinter der Eintragung der Straßen findet ihr eine Kombination aus Buchstaben und Zahlen, die man auf dem Kartenrand wieder findet (am unteren und oberen Rand die Buchstaben, am rechten und linken Rand die Zahlen, z. B. J5). Diese Buchstaben-Zahlen-Kombinationen bezeichnen Planquadrate auf der Karte, die der besseren Orientierung dienen. Zunächst schlagt ihr die von euch gesuchte Straße im Straßenverzeichnis nach, lest die dazugehörige Buchstaben-Zahlen-Kombination ab. Geht man nun der Kombination aus Buchstaben und Zahlen nach, trifft man auf ein Planquadrat, in dem die gesuchte Straße liegt. Manchmal ist eine Straße so lang, dass sie über mehrere Planquadrate verläuft. In diesem Fall habt ihr auch mehrere Buchstaben-Zahlen-Kombinationen angegeben. Auch besonders wichtige öffentliche oder historische Gebäude sind auf der Karte eingetragen (siehe Karte S. 87).

▨ Arbeitsaufträge

– In welchem Planquadrat liegt die Brückstraße?
– Wo findet ihr eure Schule?
– In welchem Planquadrat befindet sich der Ziegelweiher-Park?
– Welche besonderen Gebäude sind generell auf der Karte eingetragen?
– Welches besondere Gebäude befindet sich in Planquadrat J6?
– Wo liegt die Post, wo das Hallenbad, wo der Bahnhof?

STRASSENVERZEICHNIS
Street index · Nomenclature des rues

Straßennamen, die mit einem *) gekennzeichnet sind, befinden sich im vergrößerten Innenstadtausschnitt. Die Zahlen in runden Klammern (4) verweisen auf Straßennamen, die wegen Platzmangels nicht in der Karte eingezeichnet wurden. Diese Straßennamen sind im entsprechenden Netzfeld durch eine Zahl ersetzt worden.
Die Postleitzahl (PLZ) einer Gemeinde steht rechts neben dem Gemeindenamen. Besitzt eine Stadt/Gemeinde mehrere PLZ, so stehen diese vor den zugehörigen Straßennamen. Bei Straßen mit mehreren PLZ, sind die PLZ den Hausnummern zugeordnet. Ein Strich (-) erscheint vor Straßen, die keine PLZ besitzen.

Street names marked with an asterisk *) are to be found in the city centre enlargement. The numbers in brackets (4) refer to street names which, due to lack of space, cannot be placed in the map itself. This number is also to be found in the appropriate map square.
The post code of a municipality is placed to the right of the name of the municipality. If a town/municipality has several post codes, these come before the relevant street names. In the case of streets with several post codes, the post codes are allocated to the house numbers. A dash (-) appears before streets which have no post codes.

Les noms de rues qui sont repérés par un astérisque *) se trouvent dans le plan détaillé du centre-ville. Les nombres entre parenthèses (4) se réfèrent aux noms de rues qui n'ont pas pu être indiqués en raison du marque de place. Ces noms de rues ont été remplacés par un chiffre dans la case correspondante du plan.
Le code postal d'une commune se trouve immédiatement à droite du nom de la commune. Lorsqu'une ville/commune possède plusieurs codes postaux, ceux-ci se trouvent juste devant le nom de rue à laquelle ils appartiennent. Lorsque des rues possèdent plusieurs codes postaux, les codes postaux sont attribués aux numéros de maison. Un trait (-) apparaît devant les rues qui n'ont pas de code postal.

Erkelenz   PLZ 41812

*Aachener Straße J7-J6-K6
Adam-Opel-Straße J6
Adam-Stegerwald-Hof J6
Adolf-Kolping-Hof J6
Ahornweg K4-L5
Akazienweg M8-N8
Alemannenstraße L4-L5
Alcide-de-Gasperi-Straße J7-K6
Alfred-Wirth-Straße L7-L6
Allensteiner Straße K4
Alte Römerstraße B3-C3
Alte Trift L5
Alter Kirchweg T5
Alter Schulhof K12-L12
Am Alten Amt R9
Am Berg R10
Am Bildchen B3
Am Bongert L5
Am Buschhausen (2) D5-E5
Am Dreieck N11-O11
*Am Flachsfeld J6-K6
Am Floßbach B4
Am Grubusch M5-M6
*Am Hagelkreuz J6-K6-K7
Am Hasenloch (5) K11
Am Heiderfeld B3
Am Hufeisen J7-J6
Am Hügel N12-N11
Am Kammerbusch F9-F8
Am Kapellchen L7-L8
Am Kirchenkamp T9-U9
Am Kloster D5
Am Kreuz H9
Am Lerchenpfad K12
Am Liesenfeld L8-L7
Am Lievendahl U9
Am Loher Acker E7-E6
Am Nysterbach N12
Am Pfarracker R6-R5
Am Randerather Hof B3
Am Sägewerk B3
*Am Schneller J7-K6
Am Schwarzen Berg T5
Amselweg N8
Am Spieshof G8
*Am Stadtpark K6
Am Strauch B3
Am Vogelbusch H9
Am Vogelsang K12-K11
Am Wasserturm (3) L6
Am Westend O4

Am Wingsgraben E2-E1
*Am Ziegelweiher K5
Am Zollhaus H9
An den Weiden F8
An der Anlage R5-S5
An der Bohr K7
An der Elsmaar F8-G8
An der Heubahn D5
An der Hofkirche K12
An der Maar N8
An der Renne H8
An der Sandgrube F8-F9
An der Vogelstange L11
An der Windmühle J5
An der Wolfskaul A3-A4
Annastraße M6
An St. Kreuz S5
An St. Lambertus U9
An St. Laurentius (1) E7-D7
An St. Valentin (1) P4-O4
Anton-Heinen-Straße K5-L5
*Anton-Raky-Allee K6-L6
Antwerpener Straße J6
Aschenhütte R10
Auf den Steinen S6
Auf der Heide H9-J9
Auf der Kuff B3-B4
August-Horch-Straße J6
Aussiedlerhof Kaulhausen O5
Aussiedlerhof Mennekrath N4
A.-v.-Harff-Straße K12

Baaler Weg K9-K8
Barbararing A3-A4-B4-B3
Baumschulweg K5-L5
Bauxhof J5
Beecker Straße K4
Bellinghovener Weg M8
Bernhard-Hahn-Straße L5
Bernhard-Schondorff-Platz L6
Berverath Q6
Birkenhof B3
Birkenpfad F2-F3
Birker Weg H9
Bischof-Ketteler-Hof J6
Blatesstraße A4-B3
Blumenstraße E7
Borschemicher Straße S5
*Brabantstraße J6-K6
Breslauer Straße K5
Bruchend D6-D5

Die Farbgebung auf der Karte ist ebenfalls von Bedeutung. So findet man Friedhöfe und Parks oder sonstige Grünflächen wie Waldgebiete, Grünanlagen und dgl. recht schnell. Auch die Straßenführung und die Verkehrssituation sind auf einem solchen Stadtplan berücksichtigt. Je nach Bedeutung der Straßen haben diese nicht nur verschiedene Breiten, sondern auch verschiedene Farben. In manchen Stadtplänen sind die Buslinien und deren Nummern sowie wichtige Haltestellen eingetragen. Darüber hinaus sind Einbahnstraßen oder Fußgängerzonen gekennzeichnet.

Arbeitsaufträge

– Welche Straßen sind als Fußgängerzonen, welche als Einbahnstraßen eingezeichnet?
– Welche Bedeutung hat die Goswinstraße?
– Welche Straßen münden in die B 57, welche werden unterquert?
– Welche Buslinien haben Haltestellen an der Roermonder Straße, welche an der Krefelder Straße?
– Wie viele Parkplätze gibt es am Schulring?
– Suche den kürzesten Weg von der Schule zum Bahnhof. Welche Straßen müssen berücksichtigt werden? Müsst ihr mit Busverkehr rechnen?
– Messt die Entfernung zwischen Bahnhof und Schule.
– An welchen Stellen könnt ihr die Eisenbahn über(unter-)queren?

Reizvoll ist nach erfolgter Arbeit ein Vergleich mit einem anderen Stadtplan, der dasselbe Stadtgebiet zeigt, aber eventuell auf andere Dinge Wert legt. Die Schüler lernen so am bekannten Objekt verschiedene Fragerichtungen und Themen zu unterscheiden, lernen aber auch Karten nach ihrer Güte und ihrem Nutzen zu bewerten.

Nachdem die wichtigsten Elemente des Stadtplans besprochen und das Lesen und Verstehen des Plans eingeübt sind, geht es nun mit der Klasse, die sich mit genügend Plänen ausgestattet hat, in die Stadt. Schon bald taucht das Problem der Orientierung auf, Fragen wie: *Wo sind die Himmelsrichtungen? Wie kann ich mich mit der Karte orientieren? Wo ist denn Osten? In welche Richtung laufe ich, wenn ich diese Straße jetzt runtergehe? Wie weit muss ich denn laufen, bis ich die nächste Kreuzung erreiche?* tauchen auf.

Ähnlich wie bei einer Geländekarte ist das wichtigste Problem das Einnorden der Karte. Einnorden heißt hier eine Karte so in eine horizontale Lage bringen, dass die Himmelsrichtungen auf der Karte die gleiche Richtung haben mit denen im Gelände und die gegenseitige Lage der verschiedenen Straßen, Gebäude und Signaturen vor Ort denen auf der Karte entsprechen. Dazu gibt es als Möglichkeiten: den Kompass, das Einnorden nach Objekten und die Orientierung nach Namenszügen.

Ist ein Kompass zur Hand, kann die waagerecht liegende Karte eingenordet, d. h. so lange gedreht werden, bis die nördlich zeigende Richtungsnadel des Kompasses zum Nordrand der Karte zeigt. Jetzt lässt sich die Himmelsrichtung der vor sich liegenden Straßen aus der Karte ablesen und in der Wirklichkeit wieder erkennen. Am besten eignen sich hierzu Straßen, die z. B. in etwa in Nord-Süd-Richtung verlaufen. Im vorliegenden Fall ist das der Beginn der Krefelder Straße, Ecke Antwerpener Straße. An dieser Stelle verläuft die Antwerpener Straße zugleich in Ost-West-Richtung. Aus diesem Grund eignet sich der Verlauf dieser beiden Straßen recht gut, um den Schülern verständlich zu machen, wie man auch mit Hilfe der

Karte und dem Vergleich der relativen Lage der beiden Straßen zueinander die Orientierung im Gelände erhalten kann. Ist der Standort durch die Zuordnung der Straßen zueinander gefunden, lassen sich mit Hilfe des Stadtplans auch die anderen Straßen finden.

Arbeitsaufträge

- In welche Himmelsrichtung verläuft die Krefelder Straße?
- In welcher Himmelsrichtung verläuft die Antwerpener Straße?
- Wie müsst ihr gehen, um nach Norden (Westen) zu gelangen?
- Ihr seht dort drüben die große Windmühle (auf der Karte als Signatur eingetragen). In welcher Himmelsrichtung liegt diese Mühle? Wie heißt die dazugehörige Straße?
- Sucht auf der Karte ähnliche Straßen, die eindeutig in eine bestimmte Himmelsrichtung laufen.
- Wie heißt die Straße dort drüben (Richtung Goswinstraße zeigen, mit dem Stadtplan zur Hand sollte der Name der Straße erkannt werden)?
- Wie müsst ihr gehen, um in die Innenstadt zu kommen?
- Was ist der kürzeste Weg zum Bahnhof?
- Sucht die nächstgelegene Bushaltestelle auf (in diesem Fall die Haltestelle Antwerpener Straße).

Die nächste Aufgabe besteht darin, den Schülern ein Gefühl für die Entfernungen und die Generalisierung der Karte zu vermitteln. Die Gruppe marschiert etwa einen Kilometer und misst dabei die benötigte Zeit. In diesem Fall ist dies ein Gang von der Kreuzung Antwerpener Straße/Krefelder Straße bis Ziegelweiher-Park. Dabei kann der Lehrer die Gruppe nach den jeweils zu passierenden Nebenstraßen fragen, die die Schüler aus der Karte ablesen können. So festigen sich die Orientierung und das Gefühl für Entfernungen auf der Karte. Gleichzeitig sieht die Gruppe, was an Objekten, Gebäuden usw. in der Realität auf der Karte berücksichtigt wurde, aber auch was nicht eingetragen ist.

Arbeitsaufträge

- Achtet auf markante Gebäude und nennt ihren Namen.
- (Nach etwa 150 m) Was beherbergt das Gebäude auf der rechten Straßenseite (in diesem Fall Berufsbildende Schulen)?
- Welche Schule befindet sich auf der gegenüberliegenden Straßenseite (Haus der Land-wirtschaft)?
- Wie heißt das große Gebäude südlich davon? Hier sehen die Schüler, dass große Super-markthallen im Stadtplan z. B. keine Berücksichtigung finden.
- Was befindet sich nach 300 m auf der rechten Straßenseite hinter dem bepflanzten Sichtzaun (Stadion und Freibad)?
- Wozu dient der gegenüberliegende Parkplatz?
- (Nach etwa 800 m an der Kreuzung Krefelder Straße/Roermonder Straße) Müssen wir hier mit Durchgangsverkehr rechnen, fahren Busse hier, wenn ja, welche Linien?
- In welche Himmelsrichtung verläuft die Roermonder Straße?
- Welche markanten Gebäude, die ihr unterwegs festgestellt habt, hat die Karte nicht berücksichtigt? Warum?
- Sollten eurer Meinung nach noch andere Eintragungen auf der Karte sein? Wenn ja, welche und warum? (Diskussion über Fußgängerwege, Fahrradwege, Ampeln, Tankstel-len, Kioske usw.)

– Nach nochmaligem, jetzt aber zügigem Begehen der Strecke: Wie lange braucht ihr nun für die zurückgelegte Strecke? Wie lange wird es, wenn ihr eure jetzigen Kenntnisse berücksichtigt, voraussichtlich dauern, bis man den Bahnhof zu Fuß erreicht?
– Es ist jetzt 12 Uhr, schafft ihr es noch, den 12 Uhr 17 Zug nach Aachen zu erreichen?

Abschließend teilt der Lehrer eine auf der Karte eingetragene vorbereitete Route aus, die die Gruppe nachgehen soll, um ihr gelerntes Wissen und Können in der Praxis nachzuweisen.

Im Anschluss an die Beschäftigung mit dem Stadtplan der eigenen Stadt kann als möglicher Transfer eine andere, vergleichbare oder auch ganz anders geartete Stadt mit ihrem Stadtplan besprochen werden.

Himmelsrichtungen bestimmen ohne Kompass   *ab Klasse 5*

Voraussetzung ist, dass die Schüler die Windrose kennen und die wichtigsten Himmelsrichtungen unterscheiden können, ihnen evtl. die Orientierung mit dem Gradnetz vertraut ist. Auch der Tagbogen der Sonne sollte besprochen worden sein.

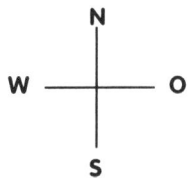

Als Merksatz für die Reihenfolge der Himmelsrichtungen kann man nehmen: Nie ohne Seife waschen.

Bei der Orientierung steht der Beobachter immer im Mittelpunkt der Windrose. Die Himmelsrichtungen sind nur ein relatives Orientierungsraster im Unterschied zum Gradnetz.

Sie sind abhängig vom Standort des Beobachters und sind von Bedeutung bei der Bestimmung der Lage von Orten zueinander, bei der Orientierung im Gelände, das im eigenen Gesichtsfeld auftaucht.

▦ Orientierung nach Himmelskörpern

Himmelsrichtung mit Hilfe des Sonnenstandes ermitteln
Eine einfache Orientierung ist möglich, wenn Vorkenntnisse über den Zusammenhang zwischen Sonnenstand und Uhrzeit vorhanden sind. Die Schüler erhalten eine vorgefertigte Skizze, die den Stand der Sonne im Verlauf eines Tages wiedergibt. Sie orientieren sich am Stand der Sonne in Kombination mit der Uhrzeit und der mitgelieferten Skizze. Ist einmal eine Himmelsrichtung erfasst, kann jede andere Richtung im Gelände festgelegt werden. Unabdingbare Voraussetzung ist hier aber das Vorhandensein des Tageslichts und auch der Sichtbarkeit der Sonne. Daraus ergeben sich weitere Besprechungspunkte wie die Diskussion der Vor- und Nachteile einer solchen Orientierungshilfe.

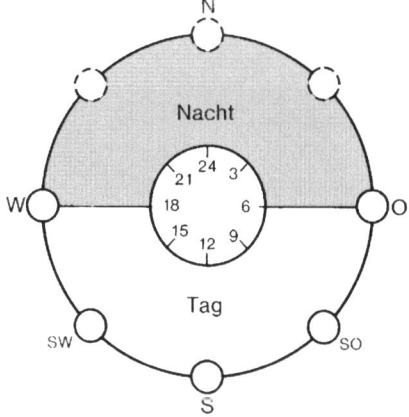

Arbeitsaufträge

Wir haben jetzt 9 Uhr morgens.
- Wo steht die Sonne?
- Welche Himmelsrichtung ist das?
- Wie heißt die entgegengesetzte Himmelsrichtung?
- Wo ist Osten, wo ist Süden?
- Welche Vor- und welche Nachteile hat eine solche Art der Orientierung?
- Wann kann man sie verwenden, wann nicht?

Armbanduhr und Sonne
Auch diese Methode ermöglicht es, die Himmelsrichtung zu finden. Das Zifferblatt der Uhr wird in etwa waagerecht gelegt. Die Uhr wird nun so gedreht, dass der kleine Zeiger auf die Sonne zeigt. Die Mitte zwischen dem kleinen Zeiger und der 12 auf dem Zifferblatt zeigt nach Süden. Hat man einmal die Südrichtung gefunden, lassen sich die anderen Himmelsrichtungen leicht festlegen. Diese Methode eignet sich vor allem für späte Vormittagsstunden und den Nachmittag.

vormittags   nachmittags

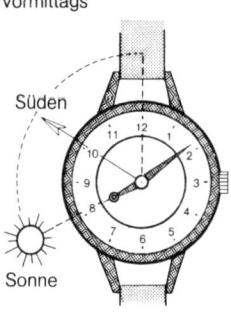

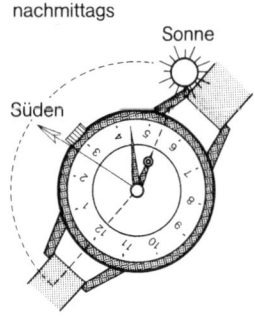

Der Polarstern als Fixpunkt in der Nacht
Selbst dann, wenn die Sonne nicht mehr scheint, kann man sich noch orientieren. In der Nacht gibt es die Möglichkeit, andere Gestirne als Orientierungshilfen zu benutzen. Der Polarstern steht nahezu im Norden. Die Skizze zeigt, wie man ihn findet. Man orientiert sich an den Sternenbildern Großer Wagen und Kleiner Wagen. Hat man einmal den Großen Wagen gefunden, verlängert man den Abstand

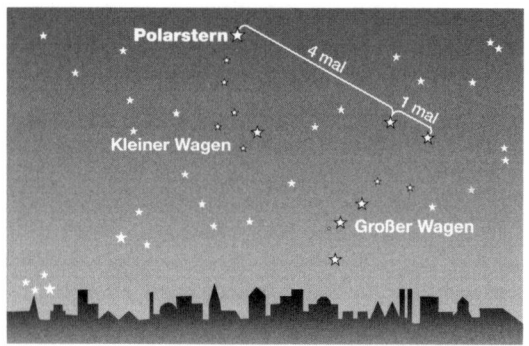

zwischen den beiden hinteren Sternen des Großen Wagens viermal auf den Kleinen Wagen zu und trifft so auf den Polarstern, der stets Norden anzeigt. (Der Polarstern steht beinahe in der Verlängerung der Erdachse über dem Nordpol, so dass er als Fixpunkt seine Lage am Himmel im Unterschied zu den anderen Sternen nicht ändert.)

▨ Andere Orientierungshilfen

In Ortschaften
Häufig scheint tagsüber nicht die Sonne, Wolken verdecken sie so stark, dass andere Mittel zur Orientierung herhalten müssen. Bei alten Kirchen steht der Turm oft im Westen.
Überprüft, ob dies auch bei der Kirche eurer Schulortes/Wohnortes zutrifft.

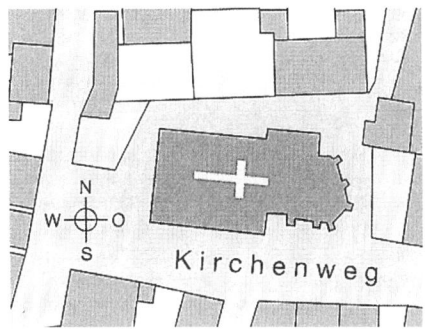

In der Natur
In unseren Breiten, in denen die Regen bringenden Winde vornehmlich aus westlichen Richtungen kommen, kann man sich diese Tatsache für die Orientierung im Gelände zu Nutze machen. Frei stehende Bäume sind auf der Regen bringenden Seite, also der West- bzw. Wetterseite, häufig grünlich gefärbt, auf der Ostseite fehlt diese Färbung meist. Allerdings gibt es hier viele, meist lokale Ausnahmen. Vorherrschende Winde beeinflussen die Wuchsform der Bäume. So sind oft die Kronen der Bäume nach Osten gebogen, sie haben so genannte Windfahnen.

Lebensmittel aus aller Welt   *Klasse 5–8*

Bei diesem Projekt sollen die Beziehungen zwischen einem Supermarkt und der Herkunft seiner Waren untersucht werden, soweit dies durch Etikettierung oder Befragung der Angestellten bzw. des Marktleiters möglich ist. Dabei kann sich die Klasse in Gruppen aufteilen und Warengruppen im Einzelnen untersuchen oder man spezialisiert sich nur auf einen Bereich von Lebensmitteln, z. B. Gemüse oder Obst. Hat man die Daten durch Zählen, Aufschreiben und Befragung erfasst, geht es ans Darstellen in Form von Karten, Tabellen, Diagrammen und Texten. So können bereits auf einfacher Ebene leichte Feldstudien betrieben werden, die die Schüler mit bestimmten Methoden und Techniken des Erdkundeunterrichts vertraut machen. Nebenprodukt einer solchen Arbeit ist überdies die oft zu kurz kommende Beschäftigung mit der Topographie.

Denkbar ist ein solcher Besuch aber auch durchaus im Rahmen anderer Unterrichtsreihen, so z. B. bei der Behandlung von Entwicklungsländern in Klasse 8. Hier wird dann beispielsweise überprüft, mit welchen Produkten ein bestimmtes Land vertreten ist, wobei sich weiterführende Fragen (s. u.) anschließen können.

Eine Schwierigkeit besteht sicherlich darin, dass nicht überall die Herkunft einer Ware ermittelt werden kann. Dann kann sich die Klasse im Voraus darauf einigen, dass nur solche Waren erfasst werden, die eindeutig einem Herkunftsland zuzuordnen sind. Problematisch erscheint auch der Zwischenhandel: Waren aus Übersee werden in Deutschland oder Europa weiterverarbeitet. So werden Weine aus dem Ausland z. T. auch in Deutschland abgefüllt. Tiefgekühlte Produkte sind ebenfalls ein Sonderfall. Eine Pizza Hawaii kommt nicht unbedingt aus dem Pazifikraum. Dergleichen oder ähnliche Probleme sind vor der Untersuchung abzuklären.

Ein mögliches Projektziel ist der Eintrag auf einer vorgefertigten Weltkarte in Form von Beziehungslinien zwischen Deutschland und den Ländern, Regionen oder Städten aus Übersee, Europa oder bestimmten Regionen in Deutschland. Empfehlenswert ist hier schon eine Spezialisierung auf eine bestimmte Thematik, die entweder räumlich erfolgt (z. B. *Deutschland und seine europäischen Nachbarn, Lebensmittelimporte aus der Europäischen Union, Welche Produkte erhalten wir aus Nordeuropa?, Was kommt aus den Niederlanden?, Produkte aus dem unmittelbaren Umland oder dem Schulort*) oder aber warenmäßig.

Weitere Untersuchungsgebiete und Arbeitsaufträge

- Herkunft des Weines (weitere Spezialisierungen möglich, z. B. aus europäischen Ländern, aus aller Welt, aus deutschen Weingegenden usw.)
- Woher kommt unser Obst?
- Woher kommen Gewürze?
- Woher sind Milch- und Käseprodukte?
- Woher sind Fleischprodukte?
- Wo wurden die Süßigkeiten produziert?
- Woher stammen alkoholische Produkte?
- Was ist das Herkunftsland der Genussmittel (oder Spezialisierung auf ein Produkt, z. B. Tee, Kakao)?
- Woher stammen die Teigwaren?
- Woher kommt der Frischfisch?

Je nach Vorbereitung durch den Lehrer und Vorabklärung der oben erwähnten Schwierigkeiten kann ein solcher Unterrichtsgang in bis zu zwei Stunden durchgeführt werden.

- Welche klimatischen Bedingungen haben die Herkunftsräume?
- Warum können wir zu dieser Jahreszeit Äpfel aus Neuseeland bekommen?
- Messt die Entfernung zu den Herstellungsorten. Was bedeutet sie für den Preis des Produktes? Sind die Firmen, die das Produkt vertreiben, aus dem Produktionsland?
- Wie heißen die Verschiffungshäfen, wie die Hauptstädte im Herstellerland?
- Welche Landessprache herrscht im Produktionsland?
- Vergleiche das Preisniveau hinsichtlich eines Produktes aus verschiedenen Produktionsländern? Wie erklärt ihr die Unterschiede?
- Wo wurden die Produkte verpackt?
- Verfolgt den Weg eines ausgewählten Nahrungsmittels (Anbau – Verarbeitung – Vermarktung – Konsum).

Die Karte auf der nächsten Seite hat als Thema *Weine aus aller Welt* aus einem Supermarkt. Die dabei herausgefundenen Produktionsländer waren Österreich, Mazedonien, Italien, Portugal, Griechenland (Kreta), Spanien, Frankreich, Ungarn, Rumänien (Schwarzmeerküste), USA (Kalifornien), Chile und Südafrika.

Arbeitsaufträge

- Welche der aufgeführten Länder gehören zur Europäischen Union?
- Wo sitzt der Vertrieb, der Importeur des Weines?
- Wo wurden die Weine abgefüllt?
- Welche Weine werden angeboten?
- Wie hoch ist der Preis der Weine?
- Ist die Region des Landes, in dem der Wein hergestellt wurde, zu erkennen?
- Wie viele verschiedene Weine aus einem Land finden sich im Angebot des Supermarktes?
- Gibt es andere Wein produzierende Länder, welche sind diese?

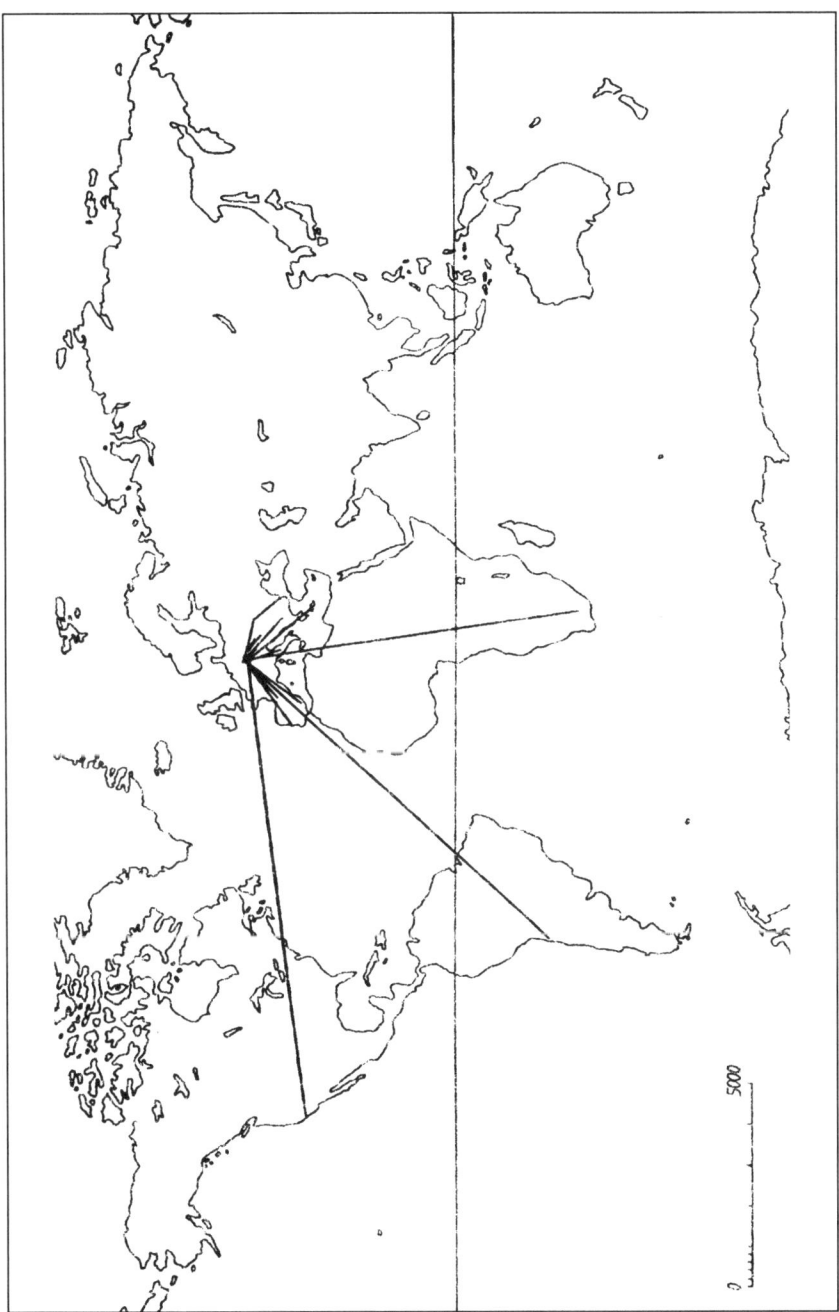

Weine aus aller Welt

Besuch eines Bauernhofes   *ab Klasse 5*

Eine Vielzahl von Aspekten und Themen je nach Zielsetzung und Klassenstufe kann untersucht werden.

■ Lage des Hofes

– *Großräumige Gesichtspunkte:* Einordnung des Hofes in die Landschaft bzw. übergeordneten Raum mit überwiegender typischer Bodennutzung (z. B. Jülicher Börde, Moseltal, Thüringer Wald, Eiderstädter Marsch, Havelland, Oberrheinebene, Uckermark usw.). Gehört der Betrieb in ein Gebiet mit vorherrschendem Ackerbau, überwiegender Grünlandwirtschaft oder einen Raum mit dominierenden Sonderkulturen?
Falls vorhanden: Daten zu naturräumlichen Voraussetzungen wie Niederschlag, Temperatur, Frosttage

– *Kleinräumige Gesichtspunkte:* Lage des Hofes im Dorf, Aussiedlerhof, gehört er zu einer Aussiedlerhofgruppe, Lage des Hofes zur Betriebsfläche, Lage zu Siedlungen und Städten, zu Verkehrswegen, zu natürlichen Gegebenheiten wie Tal, Bergrücken, Flüssen, Seen usw., Lage und Entfernung zu Vermarktungsorten (Markt, Genossenschaft, Fabrik, Sammelstelle, Großhandel, Supermarkt usw.)

■ Betriebsfläche/Tierbestand

– Größe der landwirtschaftlichen Nutzfläche, Lage der Parzellen, Form der Parzellen zueinander (Gemengelage, Streulage des Besitzes), durchschnittliche Größe der einzelnen Parzellen, Untergrund (Zugehörigkeit zu einer bestimmten Bodenart oder einen bestimmten Bodentyp), evtl. Bodenwertzahlen, Nutzung und Aufteilung der landwirtschaftlich genutzten Fläche, Anbauprodukte, Fruchtfolge, Ertragszahlen, Anzahl und Zeitpunkt der Ernten, Vorhandensein von Ödland

– Zusammenhang Ackerbau und Viehhaltung, Art und Zahl der gehaltenen Tiere (Tierbestand), Erträge (z. B. Milchleistung), Größe der Tierhallen, Legebatterien, Ställe usw., Art und Größe der Lagerhaltung, Grad der Spezialisierung, Art und Menge des Futters, Herkunft des Futters

■ Produktionsziel

– Erzeugte Produkte, Art und Grad der Weiterverarbeitung und Veredlung, Grad der Spezialisierung, Grad der Intensivierung

– Art des Betriebes (z. B. Familienbetrieb oder nur Nebenerwerbslandwirtschaft, Zahl der zusätzlichen Arbeitskräfte)

■ Ausstattung

– Großgeräte- und Maschinenbestand und deren Kosten, Art und Umfang benötigter technischer Einrichtungen, Mittel, um die Erträge zu steigern, wie z. B. Dünger (Art des Düngers), Pflanzenschutzmittel, Schädlingsbekämpfungsmittel und Saatgut, Kraftfutter, Grad der Mechanisierung, Art und Umfang des Energieaufwands

– Zahl und Herkunft der Arbeitskräfte, Arbeitszeiten, Art und Umfang der anfallenden Arbeiten

■ Vermarktung der erzeugten Produkte

– Art und Größe der Abnehmer (z. B. Genossenschaft, Großhandel, Molkerei, Supermarkt, Eigenvermarktung und -verkauf), Entfernung zu den Abnehmerstellen

■ Sonstiges

– Umweltproblematik Lärm, Gestank, Frage evtl. nachzukommender Umweltauflagen, Abfallverwertung (z. B. Gülleverwertung, Biogasgewinnung)
– Zusammenarbeit mit anderen Betrieben, Organisationen und Stellen
– Vergleich mit anderen Betrieben
– Ausbildung des Bauern
– Veränderungen auf dem Hof, der Betrieb früher – heute (z. B. Entwicklung der Viehbestände, des Anbaus, des Produktionsziels usw.)
– Inanspruchnahme von Fördermitteln, Pacht

Beispiel für einen Fragebogen in Klasse 5

1. Wo liegt der Betrieb?
2. Wie groß ist die landwirtschaftliche Nutzfläche und wie gut oder schlecht sind die Felder?
3. Was wird angebaut? Wie ist die Fruchtfolge? Wann wird geerntet und wie oft? Welche Tiere werden gehalten und was benötigen sie?
4. Welche Arbeiten fallen an?
   a) für die Feldarbeit
   b) für die Tiere
5. Welche Geräte und Maschinen benutzt der Betrieb?
6. Welche Gebäude stehen auf dem Hof? (Kartierung, Skizze)
7. Was geschieht mit den erzeugten Produkten?

Literatur
Praxis Geographie, Heft 1/1984 „Betriebserkundung" sowie Praxis Geographie, Heft 10/1982 „Agrargeographie"

Bilder im Vergleich   *ab Klasse 5*

Bilder und Fotos eignen sich gut dazu, geographische Fragestellungen und Methoden einzuüben, die Wirklichkeit mit den Augen des Geographen zu sehen, die Prozesse wahrzunehmen, die uns umgeben. Die Bilder lassen dabei viel besser als Texte oder Grafiken diese Prozesse sichtbar werden.
Ausgangspunkt sind fotografische Aufnahmen, Zeichnungen und Bilder des Schulortes aus vergangenen Zeitphasen (z. B. eine Aufnahme zu Beginn des Jahrhunderts, nach dem 2. Weltkrieg im Vergleich mit dem heutigen Zustand). Während die Entwicklung der beiden früheren Phasen und die dabei notwendigen Fragestellungen in der Klasse erarbeitet werden, kann der Vergleich mit dem heutigen Zustand vor Ort erfolgen. Besonders ergiebige und dankbare Untersuchungsgegenstände hierfür sind Plätze, Einkaufsstraßen oder andere physiognomisch oder funktional herausragende Räume.

Die mittlere Kölner Straße in Erkelenz 1926 ...

... 1966

... heute

Das folgende Beispiel einer Einkaufsstraße in einem niederrheinischen Mittelzentrum (Erkelenz) vergleicht die Entwicklung der mittleren Kölner Straße 1926, 1966 und heute (vgl. Abb. auf der linken Seite).

Arbeitsaufträge

- Zuerst musst du erkennen und erläutern, wo und wann die Aufnahmen entstanden (welche wichtigen Ereignisse haben inzwischen stattgefunden?)
- Was ist der Gegenstand der Aufnahmen?
- Was haben die Aufnahmen gemeinsam?
- Worin bestehen die Unterschiede?
  Achte dabei auf:
    - Größe, Zahl, Bau der Häuser, Gestaltung der Fronten,
    - Nutzung der Häuser,
    - Verkehrssituation (Straßenverlauf, Straßenbelag, Beleuchtung, Verkehrsschilder, Verkehrsmittel, Verkehrsteilnehmer, Verkehrsführung).
- Wie erklärst du dir die Unterschiede zwischen den Bildern?
- Welche Aufgabe hat die Straße in den unterschiedlichen Jahren?
- Wie beurteilst du die Veränderungen?

Stadtrallye   *Klassen 5–10*

Eine Stadtrallye ist bei einer Klassenfahrt oder bei einem Aufenthalt in einem Schullandheim eine willkommene Gelegenheit, die Klasse mit der ihr neuen Umgebung vertraut zu machen. In der eigenen Schulstadt ist sie ebenso denkbar. Auch hier steht das Wecken geographischer, kultureller oder historischer Interessen im Vordergrund. Das Beschaffen von Informationen zu trainieren, aber auch gruppendynamische Prozesse spielen eine nicht zu unterschätzende Rolle.
In der Regel sollte man die Gruppen so einteilen, dass sie sich in Leistungsstärke, Motivation und bereits vorhandener Information über das Untersuchungsgebiet in etwa ähneln. Sonst besteht die Gefahr, dass besonders „starke" Gruppen zu früh fertig sind, während andere Gruppen ihre Einsatzbereitschaft verlieren. Im Vorfeld sollte in der Klasse besprochen werden, wie und an welchen Stellen die Informationsbeschaffung möglich ist (Gemeinde- oder Stadtverwaltung, öffentliche Bücherei, Buchladen, Pfarramt, Museum, öffentliche und historische Gebäude, Zeitungsredaktionen, Passanten- oder Einwohnerbefragung, Literatur, Kartenmaterial).
In fremden Orten sollte ein Stadtplan zur Verfügung stehen, mit dem sich die Schüler orientieren können. Hier ist auch ein erster gemeinsamer Rundgang ratsam. Verhaltens- und Spielregeln (Zeitlimit!) sind abzuklären, außerdem sollte die Lehrkraft auf mögliche Gefahrenbereiche hinweisen. Je nach Alter, Interessenlage, Motivation, Lernfortschritt und Leistungsstärke können die Fragen konkreter oder abstrakter gewählt werden. Wichtig ist, dass die Fragen verständlich formuliert sind und ihre Zahl nicht zu groß ist, wobei auf ein einigermaßen ausgewogenes Verhältnis zwischen Fragen, die in Büchern oder Informationsschriften nachzulesen sind, und solchen Fragen, zu deren Beantwortung die Schüler den Ortsteil begehen müssen, zu achten ist. Natürlich sollte pro Frage die zu erzielende Punktzahl angegeben werden, auch ein Preis für den Gewinner sollte vorhanden sein.

Fragebogen – Untersuchungsort Erkelenz

Gruppe: _____ Teilnehmer: _____

1. Zu welchem Landkreis gehört die Stadt? Woran erkennt man dies? (2)

2. Wie viele Einwohner zählt Erkelenz? (1)

3. Welche Gemeinden grenzen an den Stadtbereich? (4)

4. In welche Landschaft gehört die Stadt? (2)

5. Wie hoch liegt Erkelenz über dem Meeresspiegel? Wie hoch ist der Erkelenzer Kirchturm und wie heißt er? (3)

6. Welche übergeordneten Verkehrslinien (Bundes- oder Landstraßen, Eisenbahnlinien oder Autobahnen) führen über Erkelenz? (3)

7. Nenne die Wahrzeichen der Stadt? (3)

8. Wie heißen der amtierende Bürgermeister und der derzeitige Stadtdirektor der Stadt? (2)

9. Welche Elemente enthält das Wappen der Stadt? (3)

10. Aus welchem Jahr stammt das alte Rathaus? (1)

11. Wann wurde Erkelenz das erste Mal urkundlich erwähnt? (1)

12. In welcher Straße befindet sich das Jugendamt und wie heißt der Jugendamtsleiter? (2)

13. Nach welchem Heiligen wurde eine Erkelenzer Grundschule benannt? (1)

14. Welche Jahreszahl trägt die Stadtmauer vor der Burg? (1)

15. Was stellt die Skulptur auf dem Erkelenzer Markt dar? (1)

16. Welches ehemalige öffentliche Gebäude stand in der Patersgasse, wann und bei welchem Ereignis wurde es zerstört? (3)

17. Was sind die wichtigsten Produkte der Firma Hegenscheidt? (1)

18. Wie viele Glocken enthält das Glockenspiel vor dem Erkelenzer Rathaus? (1)

19. Was ist im Haus „Spieß" untergebracht? (1)

20. An welchen Tagen hat die öffentliche Stadtbücherei durchgehend bis abends geöffnet? (1)

21. Welche Sekundarschulen gibt es in Erkelenz? (1)

22. Wie heißen die zum Stadtgebiet Erkelenz zugehörigen Autobahnausfahrten? (2)

23. Borussia Mönchengladbach trägt am Samstag ein Bundesligaspiel um 15.30 Uhr aus. Wann muss man in den Zug am Bahnhof einsteigen, um spätestens zwei Stunden vor Spielbeginn in Mönchengladbach einzutreffen? (1)

24. In welchem Stadtteil ist das Feuerwehrmuseum untergebracht? (1)

Literatur

HONECK, P.: Stadtrallye. Erkundung Lindaus mit einer achten Klasse, in: geographie heute. 59/1988. S. 40–42

KLINGSIEK G.: Rallyeideen für jedes Gebiet, in: geographie heute, 27/1985, S. 32

Kartierung einer Straße   *Klassen 8–9*

Einbindung: Leben und Wirtschaften unter verschiedenen soziokulturellen Bedingungen; Siedlungsstrukturen; funktionale, sozialräumliche Gliederung; Raumordnungskonzepte; Stadtplanung

Im Unterricht sollten in der Regel bereits grundlegende Aspekte wie Stadtentwicklung, funktionale Gliederung einer Stadt, Viertelbildung, die City, Zentralität, aber auch Flächennutzungsplan (hier vor allem die Art der baulichen Nutzung und Begriffe wie Wohnbauflächen, gemischte Bauflächen, gewerbliche Bauflächen, Sonderflächen, Kerngebiet oder Industriegebiet) und Bebauungsplan einer Stadt oder Gemeinde und dgl. besprochen worden sein, sodass den Schülern die notwendigen Hintergrundinformationen vertraut sind und sie eventuell erste Kenntnisse in der Fachterminologie besitzen.

Der erste Schritt zu einer Kartierung ist der nach Möglichkeit maßstabgetreue Straßenplan. Hier sollten großmaßstäbige amtliche Karten (1:1000, 1:2000 oder wenigstens 1:5000) von den öffentlichen Verwaltungen (Katasteramt, Stadtplanungsamt) besorgt werden, in die dann gleich kartiert werden kann. Diese haben allerdings den Nachteil, dass sie eindimensional sind, sodass bestimmte Aussagen zu den oberen Geschossen der Häuser nur schwer eingetragen werden können, es sei denn, man begnügt sich mit zusammenfassenden Aussagen über die Häuser oder beschränkt sich in der Aussage auf die Erdgeschosse. Ist eine solche amtliche Vorlage nicht vorhanden, muss eine Skizze der Straße erstellt werden. Aus der amtlichen Vorlage oder der selbst erstellten Skizze kann dann eine schematisierte Zeichnung entwickelt werden, die neben der Größe der Häuser und der Länge der Straßenfront auch die oberen Geschosse berücksichtigt.

In der Regel wird man weniger in einen reinen Wohnbereich gehen, um dort zu kartieren, es sei denn, Zielsetzung des Unterrichts ist es, die Schüler erarbeiten die physiognomischen Merkmale eines Viertels, das sich von anderen Vierteln und vor allem Wohnvierteln der Stadt unterscheidet. Mögliche Kriterien sind hier Stellung der Häuser zur Straße, Höhe der Häuser, Entfernung zur Straße, Dachform, Art der Bauweise (geschlossene oder offene Bauweise, Einzelbau, Doppelhausbau, Kettenbau, Gruppenhausbau, Zeilenhausbau, Gebäudekomplexbau), Anzahl der Etagen bzw. Geschosse, Baumaterial, Alter der Häuser. Nicht überall kann die Frage des Baustils angesprochen werden. Diese Aussagen müssten in einer Karte durch Symbole, Farben oder Buchstaben ausgedrückt werden.

Interessanter kann die Kartierung bestimmter Straßen in Mischgebieten, Sondergebieten und Innenstadtgebieten der Städte sein. In der City liegt es nahe, eine reine Geschäftsstraße bzw. Einkaufsstraße zu kartieren. Hier muss dann nach den unterschiedlichen Branchen unterschieden werden, die in der Straße zu finden sind. Jeder Branche wird eine bestimmte Signatur, Farbe oder Buchstabe zugeordnet, über die sich die Schüler vorher einigen. Eine mögliche Branchenzuordnung, die auch als Grundlage für eine Legende der Kartierung einer Geschäftstraße gelten kann, ist folgende Aufstellung:

1. Wohnung
2. Großhandel
3. Kaufhaus/Warenhaus
4. Einzelhandel für den täglichen Bedarf (z. B. Backwaren und andere Lebensmittel, Kosmetika, Blumen, Tabakwaren)
5. Einzelhandel für den mittelfristigen Bedarf (z. B. Haushaltsartikel, Geschenkartikel, Bekleidung und Schuhe, Schreibwaren, Sportartikel, Malerartikel, Arzneimittel)
6. Einzelhandel für den langfristigen Bedarf (z. B. Möbel, Radio, Video, Computerartikel, Uhren und Schmuck, Kameras, Optikgeschäfte, Buchhandlung)
7. Gaststättengewerbe (z. B. Hotel, Restaurant, Café, Imbissstube, Eisdiele)
8. Vergnügungsbetrieb (z. B. Tanzschule, Kino, Spielhalle, Diskothek, Bodybuilding)
9. Private Dienstleistungen (z. B. Arzt, Architekt, Friseur, Reisebüro, Reinigung, Rechtsanwaltspraxis, Steuerbüro, Versicherung, Makler, Ingenieurbüro, Bank)
10. Öffentliche Dienstleistungen (z. B. Stadtverwaltung, Post, Polizei, kirchliche Einrichtung, Rotes Kreuz)

■ Kartierungsvorschläge:

– Schließlich lohnt auch die Kartierung von Gewerbegebieten. Hier müssen allerdings eine andere Branchenzuordnung und andere Einteilungskriterien und Fragestellungen berücksichtigt werden. Die Zahl der Stockwerke spielt hier keine große Rolle, dafür geraten Fragen wie Arbeitsplatzangebot, Größe der Parkplätze, der Gebäude und des in Anspruch genommenen Areals, Verkehrsanbindung und dgl. mehr in den Vordergrund.

– Reizvoll, aber vor allem organisatorisch ungleich aufwendiger ist es, Straßenzüge in verschiedenen Orten zu kartieren und miteinander zu vergleichen, um so zum Beispiel Rangstufen der Straßen zu ermitteln, die dann wiederum Aufschluss über die Funktion der aufgesuchten Orte hinsichtlich ihrer Zentralität geben. Allerdings muss dabei klargestellt werden, dass es sich bei der Untersuchung von Hauptgeschäftsstraßen in erster Linie um private Einzelhandelsgeschäfte und Dienstleistungen handelt, während die öffentlichen Dienstleistungen meist in räumlich anderen Teilen der Stadt angeboten werden, sodass eine Aussage hinsichtlich der Zentralität eines Ortes Letztere noch mitberücksichtigen müsste. Ein Beispiel für diese Art der Kartierung findet sich in *Terra* 9, S. 125.

– Im Anschluss an eine Kartierung bietet sich in der Regel eine Befragung der Passanten einer Geschäftsstraße an, um Einsichten und Informationen über den Einzugsbereich der Straße bzw. des Ortes zu gewinnen. Diese Befragung wäre dann Ausgangspunkt für eine neu zu erstellende Karte. Ein Beispiel hierfür findet sich ebenfalls in *Terra* 9, S. 126.

Arbeitsaufträge für eine Geschäftsstraßenkartierung

- Erstelle eine Legende für die Nutzung einer Geschäftsstraße.
- Trage in die mitgelieferte Karte die Nutzung der Gebäude der Straße farbig ein.
- Zu welcher Zentralitätsstufe/Rangstufe würdest du diese Geschäftsstraße zählen? Begründe deine Einschätzung.
- Vergleiche die Ausstattung der Straße mit anderen Straßen deines Schulortes.
- Macht eine Passantenbefragung, um den Einzugsbereich der Geschäftsstraße zu ermitteln.
- Erstellt eine Karte des Einzugsbereich der Geschäftsstraße.

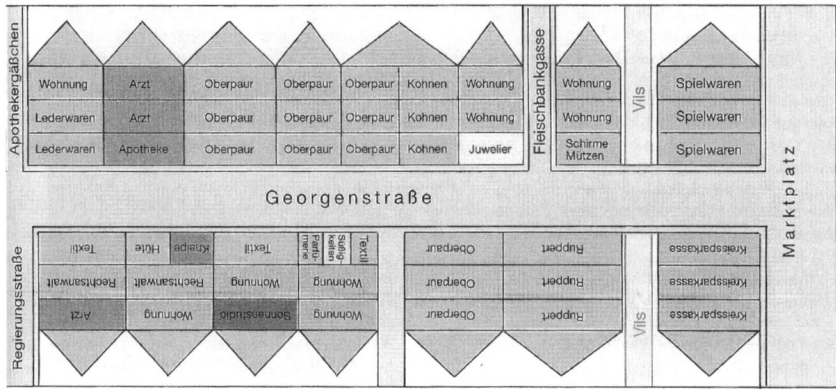

Kartierung der Georgenstraße in Amberg

■ Übergeordnete Gesichtspunkte

- Beschaffung oder Erstellung des Kartenmaterials
- Auswahl der Straße/ des Straßenabschnittes
- Entwurf einer Legende
- Gegenstand der Kartierung (Erdgeschoss/alle Stockwerke/Einzugsbereich)
- Zuordnung zu einer Straßenrangstufe
- Zuordnung zu einer Zentralitätsstufe des Ortes im Vergleich zu anderen zentralen Einrichtungen
- Passantenbefragung
- Kartenerstellung

Literatur

HOFMEISTER, B.: Stadtgeographie. Braunschweig 1969, S. 42 ff.
Geographie. Mensch und Raum, Bd. 9. Cornelsen Berlin 1996, S. 113
SCHÖPFER, K.: Untersuchung der Wilhelmshavener Innenstadt, in: Praxis Geographie 3/1985. Schöpfer liefert eine ausführlichere Liste der möglichen Branchengliederung. Hier finden sich auch Beispiele für Erhebungsbögen sowie einen Kriterienkatalog zur Schaufenster- und Fassadenbeurteilung.
Terra. Erdkunde für Gymnasien in Nordrhein-Westfalen, Bd. 9. Klett Stuttgart 1988, S. 125 f.

Karten im Vergleich

ab Klasse 9

Die Beschäftigung mit der eigenen Schulstadt ist dann besonders sinnvoll, wenn man den historischen Aspekt berücksichtigen kann. So ist nicht nur fachspezifisches, sondern auch fächerübergreifendes Arbeiten möglich. Der Beitrag des Faches Erdkunde kann in diesem Fall über die Beschäftigung mit topographischen Karten, eventuell unterstützt durch Stadtansichten und Luftbilder und deren Interpretation geleistet werden. Diese Arbeit kann durchaus auch in Teilaspekten in Vertretungsstunden erfolgen. Dabei sollte die Auswahl der Karten repräsentativ sein für die wesentlichen Stadien der Stadtentwicklung. Ergänzen könnte man das Material noch durch eine Luftbildaufnahme des Stadtgebiets, z. B. Luftbild Erkelenz 1973 (1:10000), freigegeben durch Regierungspräsident Düsseldorf Nr. 28/74/1468.

Arbeitsaufträge

Folgende Gesichtspunkte sollten beachtet werden:
- Art der Darstellung (Zeichnung, Karte, Maßstab, Luftbild, Ansicht, Modell usw.)
- Zweck der Darstellung (militärische Karte, amtliche topographische Karte, autoorientierter Stadtplan)
- Ortsname (mögliche Veränderungen, z. B. Herkelens, Erkelens, Erkelenz)
- Lage zu übergeordneten Straßen, Verlauf dieser Straßen im Stadtgebiet (z. B. die Stadt am Kreuzungspunkt wichtiger mittelalterlicher Handelsstraßen, die napoleonische Chaussee und spätere B 57, Umgehungsstraße, Eisenbahnlinie Aachen – Düsseldorf, Anschluss an die A 46)
- Äußere Begrenzung der Stadt (z. B. Wassergraben, Stadtmauer, später Eisenbahn, Eingemeindungen)
- Grundrissformen, innerstädtischer Straßenverlauf, Straßen und Plätze

Herausragende Gebäude
Hinweise auf die Funktion der Stadt
- Phasen der Stadterweiterungen und deren Ursachen
- Erkennbarkeit einzelner Stadtviertel (z. B. Wohnviertel, Gewerbegebiete)
- Ursachen für das Entstehen von Vierteln (z. B. Industrialisierung und Eisenbahnbau, Stadtgebietserweiterungen im Rahmen der Aufnahme von Flüchtlingen nach dem 2. Weltkrieg, Autobahnanschluss, neue Planungen im Zusammenhang mit Garzweiler II)
- Einbindung der Stadtentwicklung in übergeordnete historische Ereignisse (z. B. Erkelenz als mittelalterliche Stadt, die Franzosenzeit, die Industrialisierung, Städtewachstum im Zusammenhang mit dem Anschluss ans Eisenbahnnetz, die Nachkriegszeit, das heutige Erkelenz)

Im Anschluss bietet sich eine Stadtbegehung an, die die während des Schulunterrichts erarbeiteten Gesichtspunkte vor Ort illustriert.

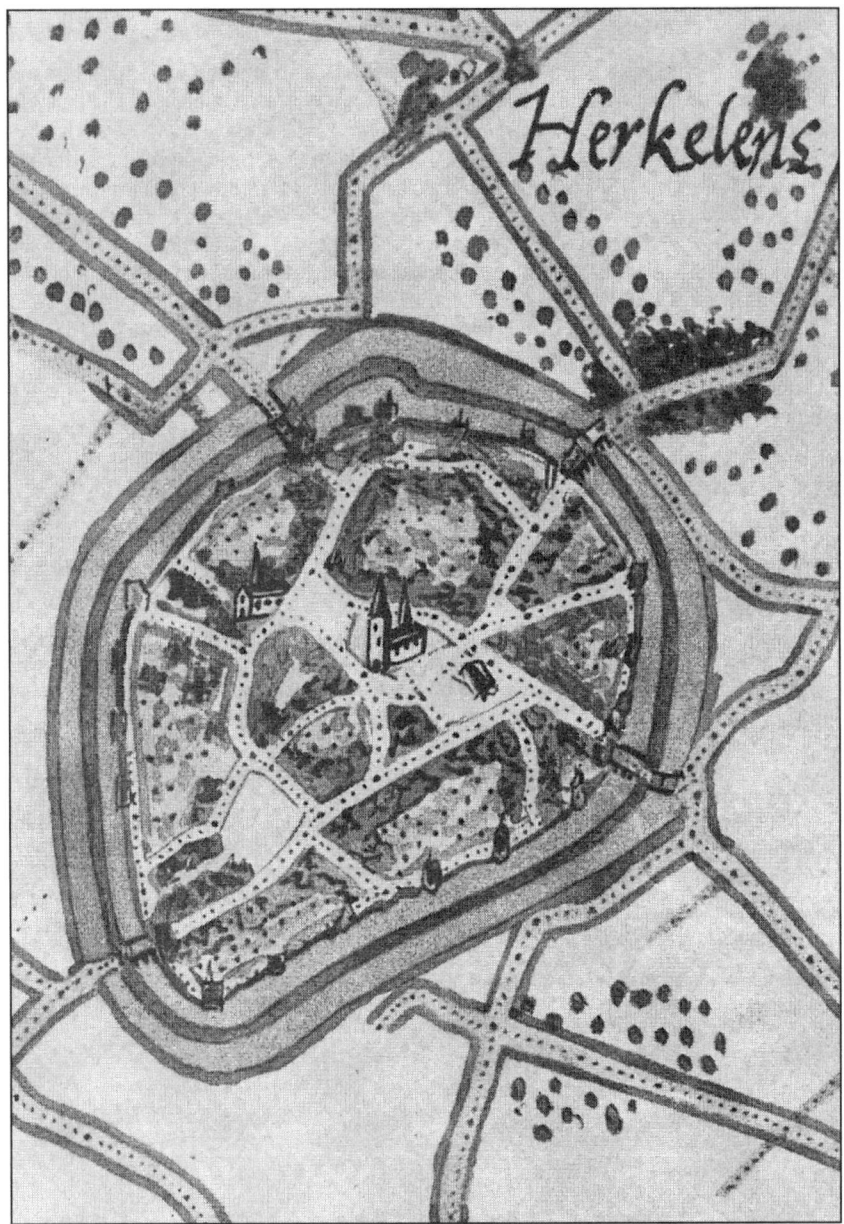

Plan der Stadt Erkelenz um 1550 von Jakob von Deventer aus der Nationalbibliothek Madrid

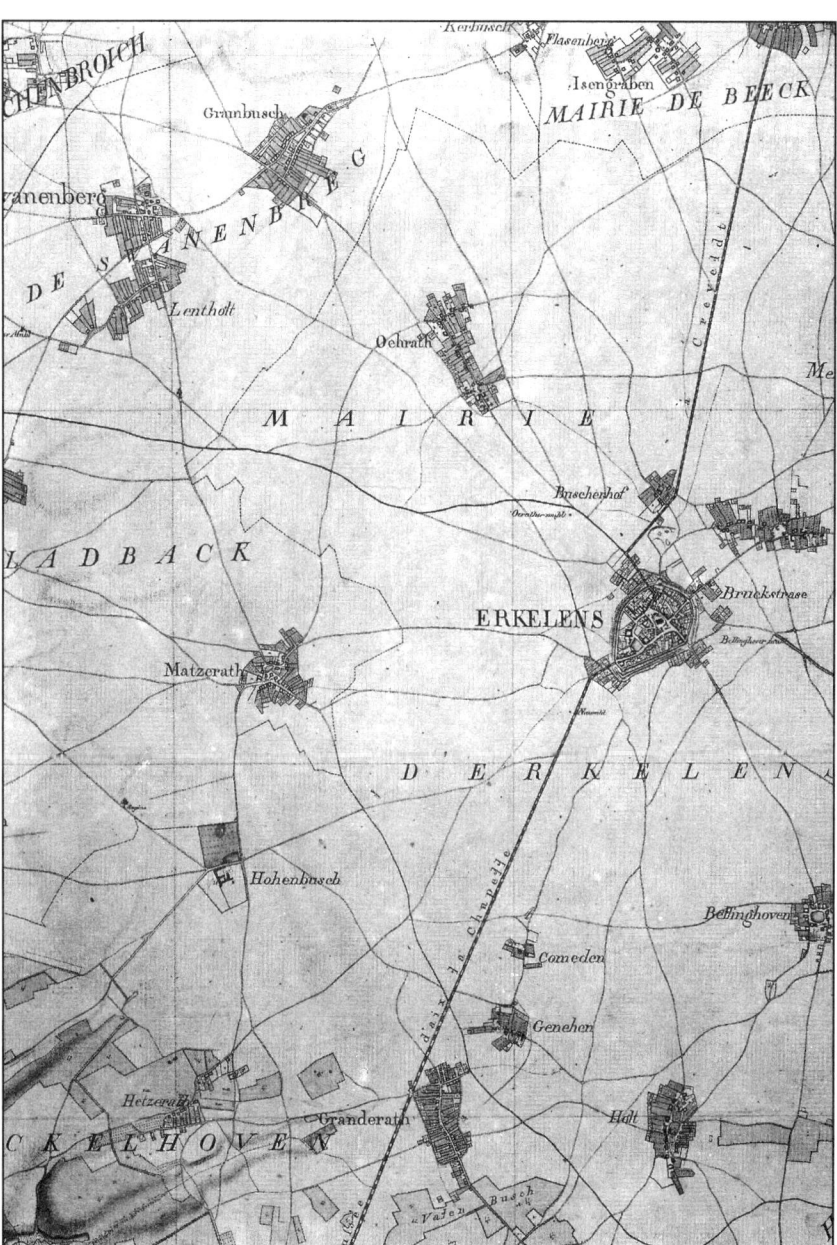

Mairie Erkelenz 1806/08 (1:25000) der topographischen Aufnahme der Rheinlande durch Tranchot und von Müffling (1803–1820)

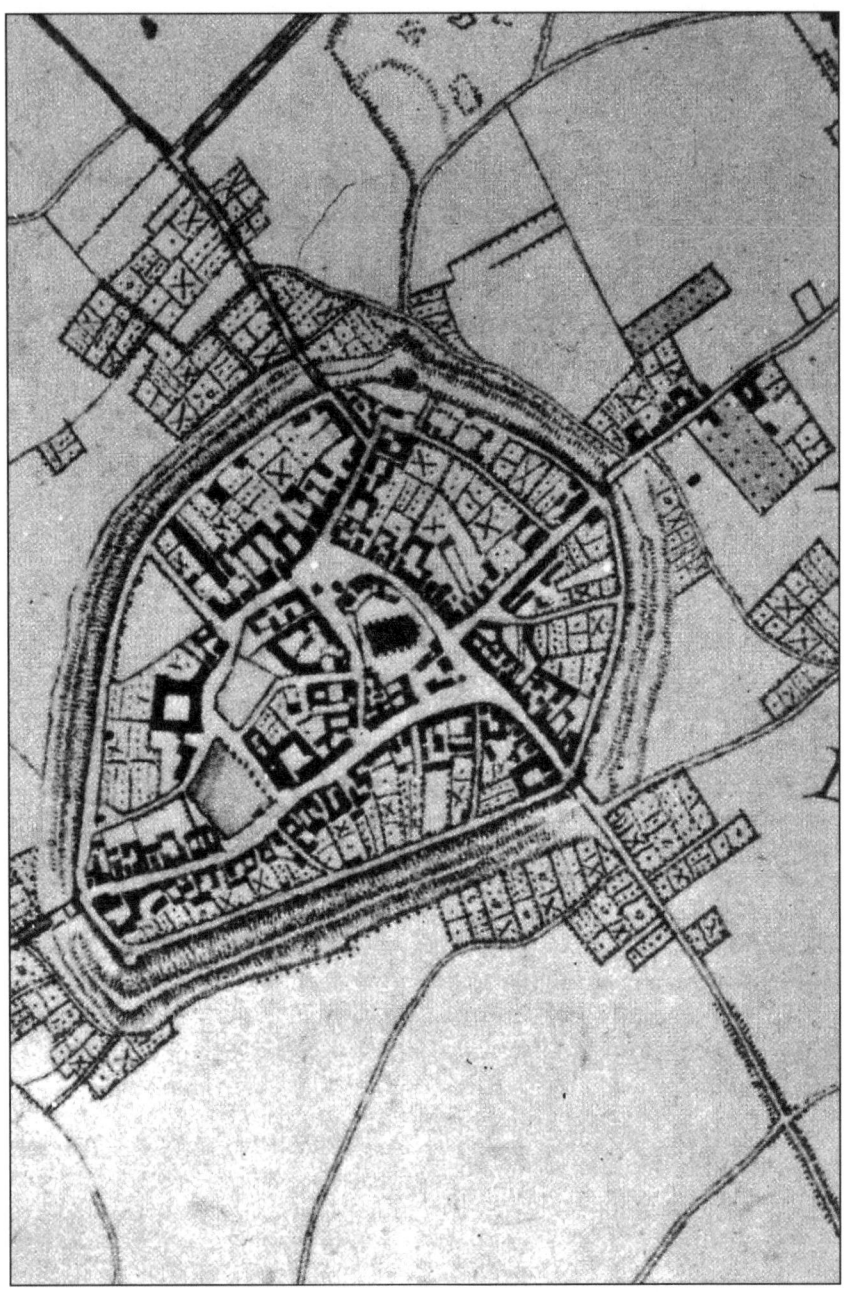

Mairie Erkelenz 1806/08 (1:25000) der topographischen Aufnahme der Rheinlande durch Tranchot und von Müffling (1803–1820) – Detail

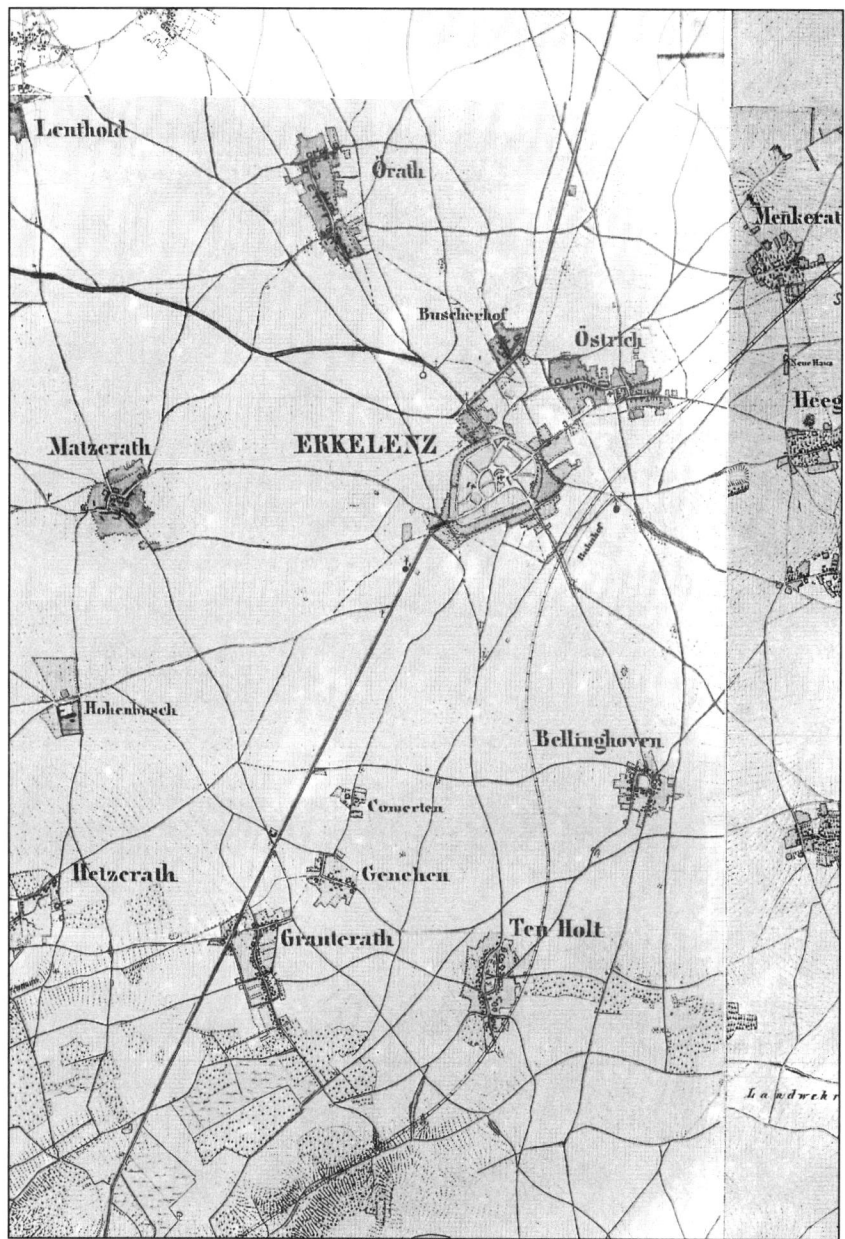

Topographische Karte 1844/45 (1:25000) der topographischen Aufnahmen des Preußischen Topographischen Bureaus

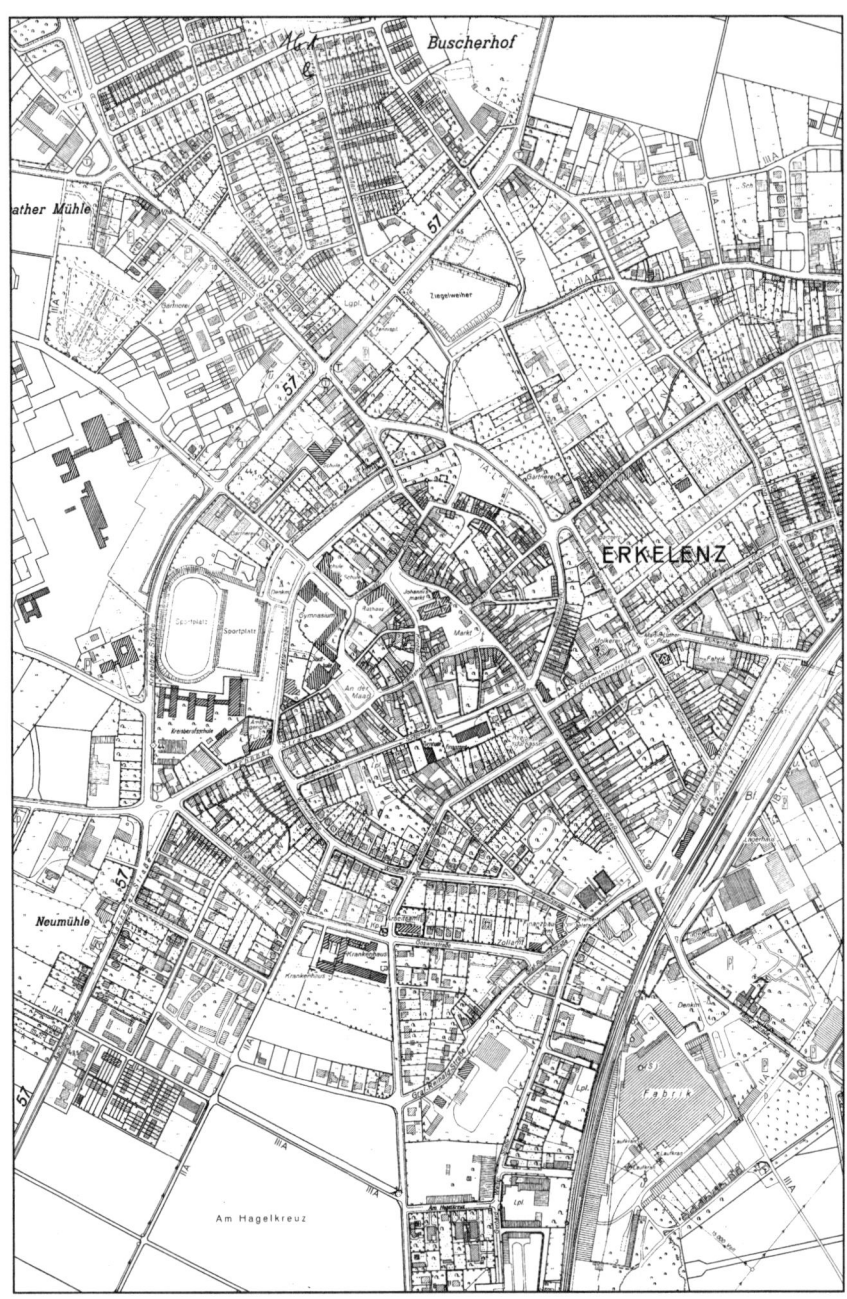

Deutsche Grundkarte Erkelenz 1959/71 (1:5000)

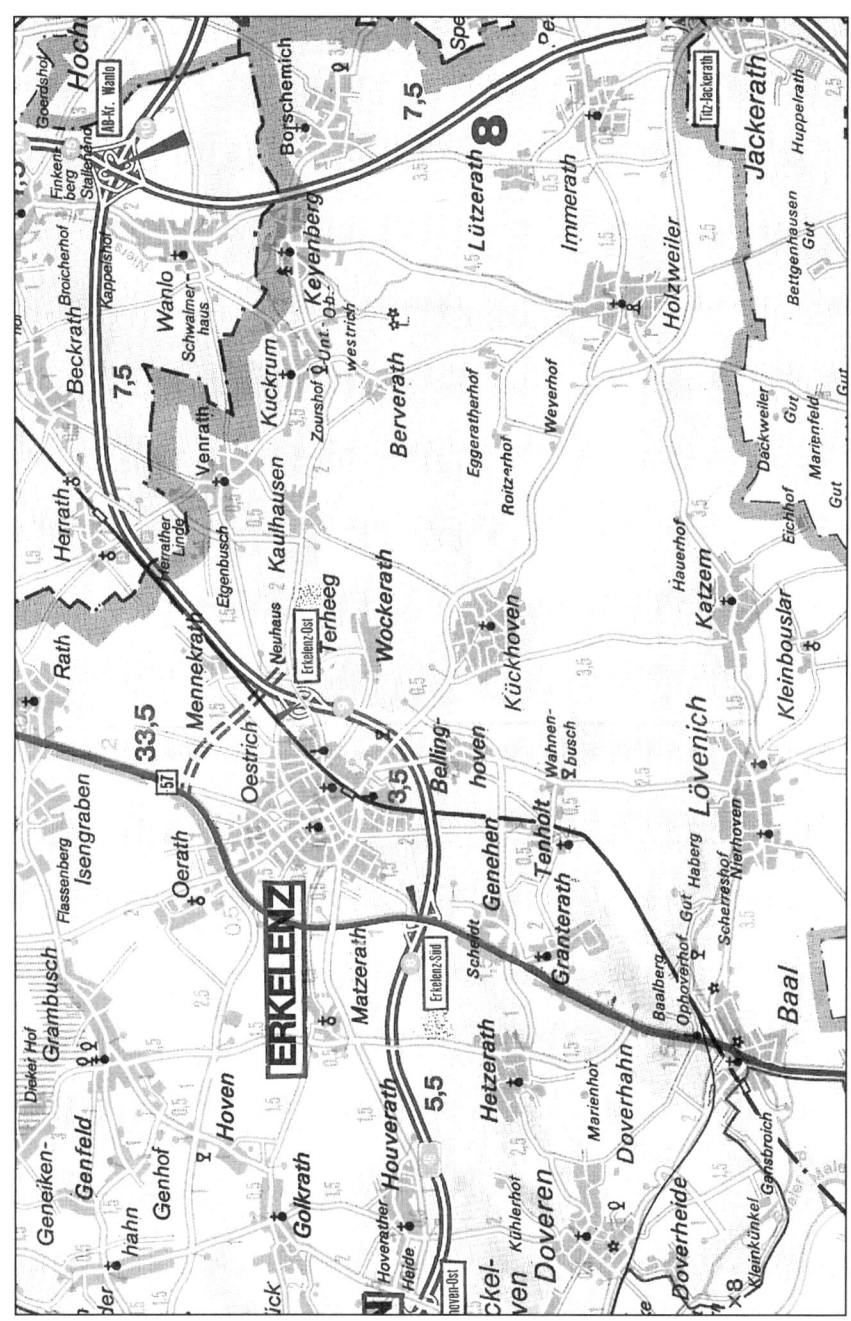

Ausschnitt aus dem amtlichen Stadtplan Erkelenz (1:15000)

Einkaufsverhalten   *ab Klasse 9*

Vor allem in ländlichen Bereichen ist es lohnenswert, Warenhäuser oder Super-
märkte von Unter- oder Mittelzentren hinsichtlich ihres Einzugsbereiches und ihrer
Marktsituation miteinander zu vergleichen, um so Einsichten in Stadt-Umland-Be-
ziehungen oder allgemein zentralörtliche Kriterien zu gewinnen. Neben der Begehung von Märkten und der Befragung von Kunden spielen Verkehrszählung,
Kartierung und Auswertung von Informationen eine Rolle bei der Durchführung
dieses Projektes.

Außer dem Einholen der obligatorischen Einwilligung des Schulleiters zum Besuch
des Supermarktes ist hier sicherlich auch ein vorheriges Gespräch mit dem Markt-
leiter anzuraten. Auch mit den Schülern sollte man vorher besprechen, wie sie sich
ihren Interviewpartnern gegenüber verhalten und ihr Anliegen vorbringen sollten.
Je nach Intensität der Vorbereitungen ist bei gruppenteiliger Arbeit das Projekt in
relativ kurzer Zeit durchführbar.

■ Untersuchungskriterien:

- Erfassen des Warenangebotes
- Preisniveau (Vergleich ausgewählter Produkte)
- Größe (Verkaufsfläche, Zahl der Mitarbeiter, Zahl der Parkplätze), Einrichtung
  und Ausstattung des Marktes (z. B. äußere Attraktivität des Marktes)
- Lage des Marktes in verkehrsgeographischer Hinsicht
- Spezialisierungstendenzen des Marktes
- Zahl und Art der angeschlossenen anderen Geschäfte
- Werbeaufwand des Marktes (z. B. in Tageszeitungen oder Hauswurfsendungen,
  Werbeblätter)
- Kundenbefragung, Erstellung eines Fragebogens
- Kundenzählung zu bestimmten Zeiten
- Erfassung des Herkunftsortes der Besucher und anschließende Kartierung des
  Einzugsbereiches mit Erläuterung seiner Determinanten Entfernung (Einzugs-
  bereich ist meist eine Funktion der wirtschaftlichen, nicht der Kilometerentfer-
  nung)
- Besondere Aktivitäten des Marktes

Ziel der Untersuchung sollte es sein, die Schüler zum Erkennen des größeren
Erfolges des einen oder des weniger großen Erfolges des anderen Warenhauses zu
führen und dessen Bedingungen und Variablen zu erforschen.

Kundenbefragung

1. Woher kommen Sie?

2. Mit welchem Verkehrsmittel sind Sie gekommen?

3. Wie häufig kaufen Sie hier ein?

4. Für welche Summe haben Sie heute eingekauft?

5. Für welchen Betrag kaufen Sie gewöhnlich hier ein?

6. Welche Produkte kaufen Sie gewöhnlich hier?

7. Wie lange sind Sie schon Kunde dieses Marktes?

8. Wie lange dauert in der Regel Ihr Aufenthalt während eines Marktbesuches?

9. Warum kaufen Sie gerade hier ein? (Wieso haben Sie sich gerade für diesen Markt entschieden?)

10. Was gefällt Ihnen an diesem Markt?

11. Was missfällt Ihnen bzw. was würden Sie verbessern oder einführen?

Die Auswertung des Fragebogens ist auf unterschiedliche Weise denkbar. Es kann eine Karte angefertigt werden, die die Herkunft der Käufer und die Häufigkeit ihres Besuches erfasst. Daneben lassen sich Diagramme verschiedenster Art (Säulendiagramme, Kreisdiagramme usw.) erstellen, die Besuchsmotive in prozentualen Aussagen wiedergeben und so die zuvor statistisch ausgewerteten Aussagen grafisch veranschaulichen.

Manche Fragen lassen allerdings nur eine Auswertung innerhalb eines Textes oder einer Diskussion zu. Lohnenswert wäre ein späterer Vergleich mit einem weiteren Markt, um Ergebnisse besser einordnen zu können.

Passantenbefragung   *Klasse 9*

Eine Passage in der Innenstadt ist ein geeignetes Objekt für geographische Arbeit vor Ort, um z. B. über einen Fragebogen und dessen Auswertung Informationen und Aufschluss über die Wirkung, die Akzeptanz einer Citypassage, vielleicht auch im Vergleich mit einer herkömmlichen Fußgängerzone zu gewinnen.

▪ Untersuchungskriterien:
- Größe der Passage
- Lage der Passage (Skizze oder Karte)
- Entfernung zu Parkmöglichkeiten
- Zahl der Geschäfte
- Art der Geschäfte und des Angebots (Branchenstruktur kann im Einzelnen aufgelistet werden)
- Dienstleistungsangebot (inklusive Arzt- oder Rechtsanwaltspraxen, aber auch vor allem Gastronomiebereich)
- öffentliche Einrichtungen
- Preisindizes ausgewählter Waren, auch im Vergleich zu Geschäften außerhalb der Passage
- leer stehende Räume
- Wohnungen
- Zahl der Etagen, Aufzüge, Treppen, Rolltreppen, Ausgänge
- Hinweise zu architektonischer Gestaltung, besondere Ausstattung (Lautsprecher, Klimatisierung, Toiletten, Fernsprecher, Lichtgestaltung, Art und Gestaltung der Werbeflächen, Bepflanzung usw.), besondere Aktionen (Aufführungen, Ausstellungen, Vorführungen, Prominentenautogrammstunde, Antik- oder Trödelmärkte, Messen und dgl.)
- Passantenbefragung: demographische Daten (Geschlecht, Alter, Herkunft der Passanten); schwieriger wird eine Beurteilung des sozialen Standes der Käuferschicht; Grund des Besuches, Häufigkeit des Besuches, Beurteilung der Passage)

Die Entwicklung des Fragebogens setzt eine Reihe von Schritten voraus:
- Formulierung der Untersuchungsziele
- Vorvermutungen, Arbeitshypothesen
- Entwurf eines Fragebogens
- Erprobung und eventuell Überarbeitung
- spontane Auswertung, Diskussion der Schwierigkeiten und Probleme
- Auswertung und Interpretation
- Vergleich mit den vorher aufgestellten Zielen, Hypothesen und Vorvermutungen
- Erstellung grafischen Materials zur Veranschaulichung der Ergebnisse

Die Befragungsgruppen sollten nicht zu groß sein, nach Möglichkeit sollten sie in etwa die gleiche Leistungsstärke aufweisen. Wichtig ist die Ausrüstung: Feste Unterlage, Schreibmaterial oder evtl. Rekorder, hin und wieder ist eine Bescheinigung seitens der Lehrkraft oder der Schule empfehlenswert. Auf jeden Fall sollten die Schüler auf mögliche Schwierigkeiten bei der Befragung vorbereitet sein. Im Allgemeinen sollte die Zahl der Befragten nicht unter 20 liegen, um aussagekräftige Ergebnisse zu bekommen.

Besucher in der Passage

Persönliche Daten: _____

_____

_____

Geschlecht: ☐ männlich   ☐ weiblich

Altersgruppe: ☐ unter 16
                    ☐ 17–25 Jahre
                    ☐ 26–40 Jahre
                    ☐ 41–65 Jahre
                    ☐ über 65 Jahre

Wohnort: ☐ Innenstadt
                    ☐ Randbereich der Kernstadt
                    ☐ Vororte (eingemeindete Dörfer)
                    ☐ näheres Umland (verwaltungsmäßig nicht zur Stadt gehörig)
                    ☐ weiteres Umland

Grund des Besuches

Warum sind Sie heute hier?   ☐ zufällig
                                 ☐ gezielte Inanspruchnahme der Passage

Was wollen Sie in Anspruch   ☐ abkürzender Durchgang
nehmen?
                                 ☐ Wohnen
                                 ☐ Bummel, Shopping
                                 ☐ Besuch eines Gastronomiebetriebes (z. B.
                                   Café, Restaurant, Eisdiele, Snack, Imbiss)
                                 ☐ Inanspruchnahme einer Dienstleistung privater
                                   oder öffentlicher Art (Agenturbesuch, Besuch
                                   eines Büros, einer Arzt- oder Anwaltspraxis)
                                 ☐ Freizeitgestaltung
                                 ☐ gezielter Einkauf (hier evtl. Branchen-
                                   struktur und Rangstufe der Waren auflisten)

Art und Häufigkeit des Besuches

Wie sind Sie heute hier?   ☐ mit dem Pkw
                                 ☐ mit dem öffentlichen Personenverkehr
                                 ☐ mit anderen Verkehrsmitteln
                                 ☐ zu Fuß

Falls mit dem Pkw, wie weit ist
der Parkplatz Ihres Pkws entfernt?
(Angabe in m oder Zeitangabe)   _____

_____

Wann und wie häufig kommen
Sie in diese Passage?   _____

_____

_____

Beurteilung der Passage

Wie beurteilen Sie die Passage (vor allem im Vergleich mit einer herkömmlichen Fußgängerzone)?

☐ sehr positiv
☐ positiv
☐ es geht
☐ weniger gelungen
☐ nicht gelungen

Was beurteilen Sie positiv?

_____

_____

_____

_____

Was beurteilen Sie negativ?

_____

_____

_____

_____

Was vermissen Sie?

_____

_____

_____

_____

Die Auswertung dieses Fragebogens erfolgt mittels Karte, Diagrammen, Statistiken oder Texten:
- So kann z. B. die Herkunft der Besucher durch eine Karte wiedergegeben werden.
- Bestimmte Aussagen werden nach deren statistischer Erfassung in Gruppen zusammengefasst und in Diagrammen veranschaulicht.
- Manche Aussagen lassen sich nur in Texten erfassen. Diese und die anderen Veranschaulichungen geben später Anlass zu:
  - Diskussionen,
  - Überprüfung von Fragestellungen,
  - Erörterung von Vorgehensweisen,
  - Kritik an Darstellungsweisen und dgl.

Stadtviertel untersuchen

ab Klasse 9

Viele Städte mittlerer Größe weisen Stadtviertel auf, die die Schüler in morphogenetischer Hinsicht, in ihrer unterschiedlichen Flächen- und Gebäudenutzung oder auch in sozialräumlicher Hinsicht analysieren können. Hier bieten sich unterschiedliche Vorgehensweisen an, abhängig von der Intensität und dem Zeitraum, der solchen Untersuchungen zugestanden wird, von der Bereitschaft und Motivation der Schülergruppe, vom Untersuchungsgegenstand, vom verfügbaren Informationsmaterial. Neben lokalhistorischer und -geographischer Literatur (Schriften des Heimatvereins, der Stadtverwaltung usw.) stehen z. B. mit dem Flächennutzungsplan und dem Bebauungsplan einer Stadt wichtige Gliederungs- und Planungswerkzeuge zur Verfügung, die der Lerngruppe einen Einblick in mögliche Gliederungsschwerpunkte einer Stadt vermitteln. Einen Einstieg stellen auch so genannte *kognitive Karten* oder *Mental Maps* dar: Die Lerngruppe wird aufgefordert, die von ihnen wahrgenommene städtische Umwelt zu beschreiben und zu skizzieren. Im Verlauf der Diskussion dieser recht subjektiven Vorstellungsbilder der eigenen städtischen Umwelt gilt es, differenzierende Grundelemente des Stadtbildes, bestimmter Funktionen und dgl. zu erarbeiten, die dann kartographisch ausgewertet werden können.

Im konkreten Fall Erkelenz bietet sich ein alternativer Weg an, der sich nur auf Wohngebiete beschränkt: Anhand eines Stadtplanes werden die Straßennamen untersucht. Unter der Frage: *Gibt es auf dem Plan Straßennamen, die einen Zusammenhang zwischen Namen und Entstehung (Nutzung) nahe legen?* erarbeiten die Schüler die Ausdehnung zusammenhängender Wohnviertel einer Stadt. So gibt es im Nordwesten der Stadt eine Häufung von Namen, die ihren Ursprung in den ehemaligen deutschen Ostgebieten haben wie Kolberger Straße, Memelstraße, Breslauer Straße usw. Im Norden finden sich historisch orientierte Straßennamen wie Karolingerring, Burgunderring usw. Im Süden der Innenstadt tauchen Namen auf wie Flachsbleiche, Am Flachsfeld, Flandernstraße, Brabanter Straße. Daran anschließend gibt es ein Viertel mit Namen von Politikern wie J.-Monnet-Straße, Charles-de-Gaulle-Straße. Im Südwesten finden sich Namen wie Ferdinand-Porsche-Straße, Robert-Bosch-Straße, Adam-Opel-Straße. Schließlich gibt es im Westen ein ausgedehntes Viertel mit Straßennamen, die auf *-hof* enden wie Oidtmannhof, Hoogenhof (siehe Karte S. 87).

▨ Untersuchungsgegenstände und weiterführende Fragen

- die Verkehrsgestaltung (Durchgangsstraßen, beruhigte Zonen, Maßnahmen dieser Beruhigung wie Einbahnstraßen, Poller, Bodenwellen und dgl.) Straßenverlauf, Straßenbreite, Fahrradwege, Ampeln usw.
- Anteil der Begrünung (Parks, Bepflanzung, Rasenflächen)
- andere Funktionen im Wohnviertel. Wenn ja, welche (Freizeitmöglichkeiten, Versorgungsmöglichkeiten, Dienstleistungsbetriebe usw.)?
- Physiognomie und Alter der Häuser (Grundrissgestaltung, Aufrissgestaltung). Hier sind Dinge wie Größe, Geschosszahl, Gebäudehöhe, Baustile (Fassadengestaltung), Dachform, Gebäudematerial, Grundtypen des Wohnungsbaus wie frei stehendes Einfamilienhaus (Vorgärten, Entfernung zur Straße), Einfamilienreihenhaus, Mehrwohnungshaus zu unterscheiden.

Sind diese oder ähnliche (je nach Alter der Lerngruppe unterschiedlich differenzierte) Kriterien erarbeitet, wird die Lerngruppe in Arbeitsgruppen unterteilt, die jeweils eines der vorher festgelegten Stadtviertel untersucht. Mit einem Fotoapparat ausgerüstet kann zusätzlich jede Gruppe den Auftrag bekommen, die Viertel möglichst in ihrer Eigenart, ihrem Flair und typisierendem Wesensmerkmal zu erfassen. Die Ergebnisse können in Form von Texten, Tabellen, Fotos oder Karten präsentiert werden.

– Wie unterscheiden sich die Viertel in ihrem Alter und ihrer Entstehung?
– Welche sozioökonomischen Merkmale weisen die Viertel auf (Haushaltsstruktur, d. h. Haushaltsgröße; Eigentümerhaushalte; Anteil Beamte, Angestellte, Arbeiter, Selbstständige, Rentner; berufliche Gliederung, Konfessionen; Ausländeranteil; Grundstückspreisniveau; Mietpreise usw.)?

Fahrten und Exkursionen

Versteht man den Begriff Exkursion als eine Form des Erdkundeunterrichtes außerhalb der Schule, so bieten sich dafür Möglichkeiten bei ein- und auch mehrtägigen Fahrten in der Unter- und Mittelstufe, sowie erst recht bei Studienfahrten und zielgerichteten geographischen Exkursionen in der Oberstufe an. Bei allen Fahrten bzw. Exkursionen wird heute immer mehr die Frage nach der Umwelt- und Sozialverträglichkeit gestellt. Inzwischen gibt es eine Reihe von Reiseveranstaltern (vgl. S. 169 ff.), die diesem Gesichtspunkt gerecht werden.

Die Richtlinien für Schulwanderungen und Schulfahrten der einzelnen Bundesländer sollten auf jeden Fall vor jeder Fahrt geprüft werden, egal, ob es sich um eintägige Unterrichtsgänge oder -fahrten oder um mehrtägige Wanderungen, Studienfahrten, Schullandheimaufenthalte oder Exkursionen handelt. Da die allgemeinen Richtlinien in jeder Schule vorliegen müssen und somit nachlesbar sind, sollen hier lediglich im Hinblick auf den Charakter geographischer Exkursionen einige Aspekte hervorgehoben werden.

Bei der Planung einer Fahrt muss der Fahrtleiter bzw. Erdkundelehrer wichtige Fragen und Aufgaben schon lange vor Fahrtantritt klären, z. B.:

– Wahl des Raumes/Gegenstandes, der in erster Linie untersucht werden soll, sowie dessen thematische und sachliche Einarbeitung im Unterricht;
– Beschaffen zusätzlicher Arbeitsmaterialien, wie Karten, Stadtpläne u. a.;
– Erstellen eines Exkursionsplanes nach inhaltlichen und methodischen Aspekten.

■ a) Inhaltliche Aspekte

– Untersuchung naturräumlicher Strukturen (z. B. natürliche Gegebenheiten der Landschaft wie Heideland, Dünen., geomorphologische Themen ...)
– Erlebnis von Naturgewalten (z. B. Ebbe und Flut)
– agrargeographische Themen (z. B. landwirtschaftliche Nutzung in Abhängigkeit von natürlichen Voraussetzungen, Betriebsformen in der Landwirtschaft, Bauernhausformen ...)
– Fremdenverkehr – Freizeitangebot
– stadtgeographische Themen (z. B. Verkehrsanalyse, Stadtsanierung und Denkmalpflege ...)

■ b) Methodische Aspekte

Im Vordergrund muss das Vertrautmachen bzw. die Vertiefung mit geographischen Arbeitstechniken stehen, wie Beobachten, Beschreiben, Protokollieren, Kartieren, Befragen. Der Hinweis auf Zeichenblock, Arbeitsblätter und Stifte ist zwar selbstverständlich, wird aber oft im Eifer der Vorbereitungen von den Schülern vergessen. Der Einsatz eines Fotoapparates kann durchaus nützlich sein.

Genauso wichtig wie die eigentliche Exkursion ist die Nachbereitung. Die Ergebnisse müssen geordnet und gedeutet werden, Teilergebnisse zu einem Gesamtergebnis führen. Das optimale Ziel, das wohl erst in der Sek. II vollständig erreicht werden kann, ist der Gewinn von geographischen Einsichten, die auf andere Räume übertragbar sind. Welches Arbeitsmaterial bei der Auswertung zum Tragen kommt, hängt entscheidend vom Thema der Exkursion ab, aber auch vom Alter der Schülergruppe. Wichtig ist, dass dabei den Schülern ein selbstständiges Erarbeiten von Karte, Statistik, Diagramm und auch eventuell Bildern möglich wird.

Bereits bei eintägigen Exkursionen besteht die Möglichkeit, abstrakte Unterrichtsgegenstände mit konkreten Inhalten zu füllen. Dabei können Exkursionen an verschiedenen Stellen einer Unterrichtsreihe stehen. Liegen sie am Anfang, dienen sie der Einführung und Motivation für noch unbekannte Sachverhalte (einführende oder motivierende Exkursion). Bei einer zielgerichteten Arbeitsexkursion steht die Gewinnung und Sammlung von Materialien zu einem bestimmtem Problem im Vordergrund. Werden bekannte Sachverhalte in der Realität in einen neuen Zusammenhang gestellt, kann man von einer festigenden Exkursion sprechen.

Der zeitliche Rahmen einer eintägigen Exkursion hängt von der Exkursionsart ab. Bei einer motivierenden Exkursion reichen bereits ein bis zwei Stunden, während bei einer zielgerichteten oder festigenden Exkursion durchaus sechs bis acht Stunden eingeplant werden können. Die folgenden zwei Beispiele können beliebig auf die vorhandenen Gegebenheiten fast jeder Schule umgearbeitet werden.

Beispiel: Stadtexkursion Köln

Thema: *Der neue Glanz der Städte – Aufwertung von Stadtzentren und zentrumsnahen Wohngebieten in den neunziger Jahren (Die Exkursion wurde ausgearbeitet von Dieter Schwede, Köln.)*

Bei der Vorbereitung und Durchführung einer eintägigen Stadtexkursion ist es selbstverständlich, den Schülern einen Stadtplan oder auch eine Kopie mit dem vorgesehenen Exkursionsweg vorzulegen. Noch günstiger ist ein überarbeiteter Plan, in dem auch die Exkursionsschwerpunkte markiert sind (vgl. Karte S. 165). Außerdem sollte man regionale Zeitungen auf Material hin durchsehen, ggf. mit der Zeitung Kontakt aufnehmen.

Thematisch ergeben sich für Köln folgende Schwerpunkte:
- – Funktion der Plätze (Heumarkt, Alter Markt, Neumarkt),
- – Wohnen in der City (Wohngebiete „An Farina" und „Martinsviertel"),
- – Passagen (Olivandenhof, Richmods Passage, Neumarkt-Passage, Passage de Cologne),
- – Form und Funktionswandel von Straßen (Hohe Straße, Schildergasse, Mittelstraße, Friesenwall, Ehrenstraße).

Malls, Shopping-Centers und Passagen: Passage-Stadt Köln

Die Neumarkt-Passage

Kleine, aber wohlgestaltete Flanier-Passage mit den Schwerpunkten „Radio Graf" und „Buchhaus Gonski". Straßencafés und -Restaurants sorgen für City-Flair. Integriert ist das „Käthe-Kollwitz-Museum" der Kreissparkasse, deren Zentrale ebenfalls an die Passage angebunden ist. Das Museum erreicht man über einen gläsernen Aufzug inmitten der Passage. Kurzer Weg über die Straße zum Richmod-Center und zum Modehaus Hanemann.

Die Kölner Ladenstadt

Kölns älteste Passage integriert das „Theater am Dom". Vielseitiges Angebot auch ausgefallener Artikel (Poster, Kalender, Pianos, Orgeln).

Das Richmod-Center

Schön, aber noch zu wenig belebt ist die überdachte Olivengasse, von der aus man Hanemann und Hertie erreicht. Inzwischen ziehen weitere Mieter ein, sodass die Passage in Zukunft eine größere Rolle für Einkaufsbummler spielen wird. Drogerie-Markt im Basement, großzügiges Straßencafé auf der ersten Etage. Kurzer Weg über die Straße zu den benachbarten Zentren „Neumarkt-Passage" und „Olivandenhof".

Der Olivandenhof

Kölns spektakulärste Passage: Auf drei Shopping-Ebenen rund um die „Mall" finden sich zahlreiche Einzelhandelsgeschäfte, Boutiquen, Schnäppchen-Angebote und drei Restaurants. Gläserne Rolltreppen und ein gläserner Aufzug sorgen für raschen Wechsel der Ebenen. Weltstadt-Atmosphäre unter dem Glasdach. Erstklassige Anbindung zu Karstadt über die glasgeschützte Zeppelinstraße sowie über zwei Brücken im ersten und zweiten Stock.

Definitionsmerkmale von Passagen

Passagen sind:
- im Stadtzentrum gelegen
- selbstständige Grundstücke, die häufig zu einem übergeordneten Gebäudekomplex gehören
- ins Innere hineingezogene Außenfassaden mit auffallendem architektonischem Eigenwert
- glasüberdachter Wetterschutz
- Angebote öffentlichen Raumes auf privatem Gelände
- nur dem Fußgänger erschlossene Verbindungswege
- Objekte der Bauspekulation
- Organisationsformen des Detailhandels und weiterer gewerblicher Nutzungen

Verwandte Konstruktions- und Nutzungsformen von Passagen

Bauelemente	Bauformen	Nutzungsformen
Brücken	Atrien – Arkaden	Basare und Khane
Oberlichter	Basiliken – Boulevards	Bahnhofs-, Markt-, Messe-
Treppen	Cités/Cours	und Wandelhallen
Über- und Unter-	Durchhäuser	Einkaufszentren und -höfe
führungen	Galerien – Kolonnaden	Exchanges
	Korridore – Laubengänge	Fach- und Spezialgeschäfte
	Lichthöfe – Loggien	Gemeinschaftswarenhäuser
	Promenaden – Stoen	Kauf- und Warenhäuser
		Orangerien

Der neue Glanz der Städte

Themen der Exkursion:

Form und Funktionswandel von Straßen:
a) die traditionellen Einkaufsmeilen:
Hohe Straße
Schildergasse
b) neue Einkaufszonen:
Mittelstraße
Pfeilstraße
Friesenwall
Ehrenstraße

Passagen:
1 Bazaar de Cologne
2 Neumarkt-Passage
3 Richmods Passage
4 Olivandenhof
5 Kölner Ladenstadt
(6 Kreishausgalerie)

Plätze:
A Neumarkt
B Offenbachplatz
C Altenmarkt
D Heumarkt
(geplant: An der Antoniterkirche)

Endpunkt und Synthese:
Foyer Hotel Maritim
– „gläserne Basilika"
– „eines der schönsten Hotelfoyers der Welt"
– „Beitrag zur Wiederherstellung der Stadträumlichkeit des Heumarkts"

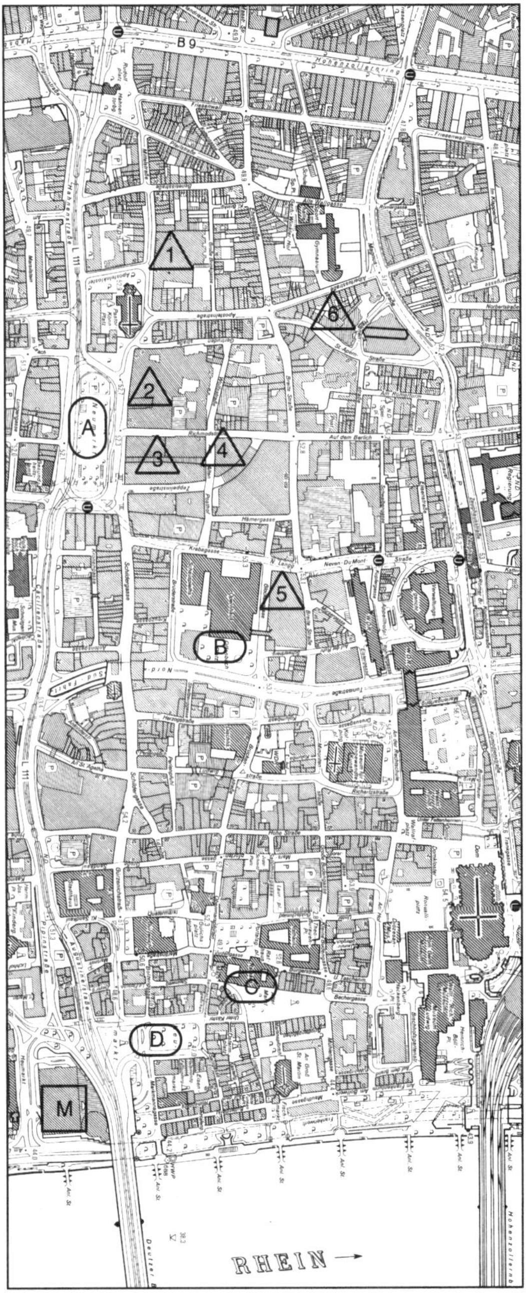

RHEIN →

Bei einer Stadtexkursion bietet sich darüber hinaus eine Fülle weiterer Themen an, zum Beispiel die historische und gegenwärtige Stadtentwicklung, Armut der Städte oder die heutigen City-Probleme.

Auswirkungen von Passagen auf die Stadtzentren				
Planerischer Anspruch	Funktionsspektrum in der Praxis	Positive Auswirkungen auf die Stadtzentren → Aufwertung		Negative Auswirkungen → Abwertung
Architektonisch/gestalterisches Leitbild	Denkmalschutz Objektsanierung Baulückenschließung Parkplätze	Individualität des Stadtbildes Aufenthaltsqualität Erreichbarkeit	Anstieg des Passantenaufkommens 1b-Lagen: Entflechtung von 1a-Lagen und Vernetzung von Einkaufsstraßen	Anstieg der Mietpreise 1a-Lagen: Konzentration zu Ungunsten der Nebenlagen
Ergänzung des öffentlichen Wegenetzes	Überdachter Verbindungsweg als Erschließung von Gebäudekomplexen; Abkürzung	Fußgängerfreundlich abgestufte Verkehrsberuhigung; Durchlässigkeit zu benachbarten Lagen Flächenintensivierung		
Freizeit- u. Kommunikationsort	Gastronomie Aktionen	Möglichkeiten zur Freizeitgestaltung		Kommerzialisierung durch Sponsoren
Einkaufszentrum	Angebotserweiterung Angebotskomplettierung Zusätzliche Geschäftsflächen Diskussion um das Ladenschlussgesetz	Kaufkraftbindung Stärkung der innerstädtischen Zentralität Stagnation der Mietpreise		Verschärfung der Konkurrenzsituation, Selektion von Branchen Geschäftsflächenüberhang (Leerstand von Ladenlokalen)
Renditeobjekt	Kapitalanlage für Bauherren und Betreiber	(private und kommunale Investitionen)	Anstieg des Investitionsaufkommens	Konzentration von ökonomischen Impulsen zu Ungunsten der Nebenlagen
				Fehlplanungen

Beispiel: Exkursion in das rheinische Braunkohlerevier

Das Exkursionsziel *Rheinisches Braunkohlerevier* bietet sich an, um Themen wie *Energiewirtschaft, Umweltschutz, Umsiedlung* und *Rekultivierung* zu vertiefen und real zu erleben.

Folgendes ist vor einer solchen eintägigen Exkursion zu erledigen:
− Terminabsprache innerhalb der Schule;

- Anschreiben an die Firma/Institution mit Angabe über Datum, Schwerpunktthema, Jahrgangsstufe, Zahl der Schüler und etwaige Dauer der Exkursion;
- Fahrplan und Fahrkarten für die Bahn bzw. Anmietung eines Busses (Preisvergleich!);
- Anschreiben an die Eltern mit allen erforderlichen Angaben (Abfahrt und Ankunft, Preis, mitzubringende Materialien u. a.).

Ab Seite 241 findet sich eine große Auswahl an Adressen von Firmen und anderen Institutionen, die für eine eintägige Exkursion in Frage kommen.

Aufenthalt im Schullandheim

Fast alle Schullandheime liegen in einem landschaftlich reizvollen Gebiet, das von Land- und Forstwirtschaft sowie Fremdenverkehr geprägt wird.

Vorteile des Unterrichtes in einem Schullandheim sind das Fehlen starrer Stundenpläne und enger Zeitbegrenzungen. Die Motivation der Schüler ist durch die Arbeit vor Ort besonders groß, sodass oftmals auch lernunwillige Schüler mit Begeisterung bei der Sache sind.

Als Themenschwerpunkte bieten sich die Untersuchung von naturräumlichen Strukturen und Aspekte des Fremdenverkehrs an.

Untersuchung von naturräumlichen Strukturen

Bei einer Wanderung können die Schüler die naturlandschaftlichen Voraussetzungen für den Fremdenverkehr – z. B. Meer, Strand, Dünen, Watt – kennen lernen, aber auch die Landschaftselemente in ihrer räumlichen Verteilung erfassen. Das Ergebnis kann in einem Profil dargestellt werden; Fotografien können als Ergänzung herangezogen werden.

Aspekte des Fremdenverkehrs

Da die Naturfaktoren nur im Zusammenhang mit Einrichtungen für den Fremdenverkehr für diesen nützlich sind, können von den Schülern verschiedene Schwerpunkte erarbeitet werden:

- Charakterisierung von Landschaftselementen, die die Entwicklung des Fremdenverkehrs ausgelöst haben;
- Zusammenstellung von Einrichtungen für den Fremdenverkehr, z. B. Auswertung von Zahlen über die Anzahl von Fremdenbetten, über Hotels, Pensionen, Privatzimmer, Größe und Kapazität von Campingplätzen;
- Analyse des Gästestroms: Herkunft und Alter der Gäste, Saisonabhängigkeit u. a.;
- Bedürfnisse der Urlaubsgäste als Indikator für eine Entwicklungsplanung: Befragung der Gäste, welche Einrichtungen häufig benutzt und welche vermisst werden. Diese kann am einfachsten mit Hilfe einer Tabelle erfolgen, und zwar unter der Fragestellung. „Sind die folgenden Einrichtungen erforderlich, wünschenswert, nicht nötig?" Einrichtungen, nach denen gefragt werden kann, sind u. a. Kunstgewerbe – Café – Nachtlokal – Hallenschwimmbad – Wellenschwimmbad – Kurpark, Kurgarten – Fahrradverleih – Minigolf – Tennisplätze – Kino – Konzert, Theater …

Die Ergebnisse sind zahlenmäßig anhand der Befragungen festzuhalten und können in Diagrammen veranschaulicht werden.

Stadtgeographische Exkursion

Für den Bereich Stadtgeographie bieten sich folgende Teilthemen mit den entsprechenden inhaltlichen Schwerpunkten bzw. Exkursionszielen an (vgl. auch S. 127 ff.):

- *Stadtgenese:* Begehung der Heimatstadt, Erfassen von Grundriss, Bauweise und Alter der Gebäude, Straßenführung;
- *Viertelsbildung:* arbeitsteilige Kartierungen zur Physiognomie, Bestandsdichte, Bauweise, allgemeine Nutzung von Vierteln mit verschiedenen Funktionen (Industrie-, Wohn-, Mischgebiete);
- *City-Merkmale:* City-Begehung, arbeitsteiliges Kartieren des Warenangebotes und der Dienstleistungen sowie des Schaufensterindexes in verschiedenen Straßenzügen; Straßengestaltung, Geschosshöhen, Dichte; Befragungen zum Einkaufsverhalten und zum Mietpreisniveau;
- *Verkehrsprobleme der Innenstädte:* Verkehrszählungen an Brennpunkten vor und zur Zeit der Rushhour, an Verkehrsbaustellen; Erhebungen zu Quell- und Zielgebieten zu verschiedenen Zeiten, an verschiedenen Tagen;
- *Mobiles Verhalten der Stadtbevölkerung:* Befragungen in verschiedenen Stadtteilen zu Motiv und Grad der Mobilität, Herkunft, Ziel; Nummernschildkartierungen an verschiedenen Ausflugsgebieten bzw. Einkaufsstätten;
- *Stadtsanierung:* Stadtbegehung mit Fotografieren und Kartieren der Bausubstanz und des Bauzustandes; Diskussion mit Planungsbeamten; Befragung der ansässigen Bevölkerung zu ihrer Einstellung dem Zustand und der Planung gegenüber;
- *Stadtplanung:* Stadtrundfahrt mit Kartierung verschiedener Stadtteile (Physiognomie und Funktion von Trabanten, Satelliten, Nebenzentren, City); Vergleich von Planung und Realisierung; Diskussion mit Anwohnern über vollendete bzw. geplante Baumaßnahmen; Befragung von Geschäftsleuten über Warenangebot, Kaufnachfrage und Einzugsbereich;
- *Zentralitätsfragen:* Vergleich/Analyse der Funktionalität; Befragungen; Kartierung von Siedlungen unterschiedlicher Zentralität in arbeitsteiliger Gruppenarbeit; Nummernschildkartierungen zum Einzugsbereich.

Eine Exkursion muss in den Unterrichtsablauf integriert werden, indem in der Klasse oder im Kurs diese inhaltlich und methodisch vorbereitet wird. Die Auswertung und Nachbereitung kann auf unterschiedliche Art und Weise geschehen, z. B. in Form von Referaten, Kartendarstellungen, Protokollen oder auch einer Ausstellung in der Schule.

Fahrradexkursion

Wenn man als Fahrtleiter nicht selbst auf die Suche nach geeigneten Jugendherbergen gehen will, kann man einfacher die bereits ausgearbeiteten *Fahrradwandertage von Jugendherberge zu Jugendherberge* (s. u.) in Anspruch nehmen. Dabei sind 50 km durchaus eine Entfernung, die pro Tag bewältigt werden kann. Bei der Auswahl des Gebietes bieten sich solche mit geringem Relief an.

Wichtig bei einer Fahrradexkursion sind die technischen Vorbereitungen:

- Überprüfung der Fahrräder durch die Polizei am Schulort;

- Mitnahme von speziellem Werkzeug, Flickzeug und Ersatzschlauch;
- Vorrichtung am Lenker zum Kartenlesen.

Das Programm solch einer Exkursion kann z. B. die Besichtigung landwirtschaftlicher Betriebe und die Anlage von Bodenprofilen (Klappspaten nicht vergessen!) beinhalten. Bei der Auswahl der landwirtschaftlichen Betriebe ist behilflich:

i IMA (Informationsgemeinschaft für Meinungspflege und Aufklärung), Alexanderstr. 3, 30159 Hannover.

Erlebnisorientierte Alternativen

Erlebnisorientierte Fahrten sollen einen Beitrag zu einem umwelt- und sozialverträglichen Tourismus leisten. Die Diskussion um die Belastung der Umwelt darf nicht dahin führen, eine Abschaffung aller Fahrten als die ökologisch beste Alternative anzusehen. Der entscheidende Gedanke hierbei ist, die geplante Klassenfahrt nach den o. g. Gesichtspunkten zu überprüfen.
Die wichtigsten „Regeln" für einen umweltfreundlichen Aufenthalt sind Müllvermeidung und Mülltrennung, Schonung von Ressourcen (z. B. sparsame Verwendung von Wasser, Energieeinsparung ...), Schonung von Natur und Umwelt.

▨ Bergwandern im Allgäu
Die „Welt" zu Fuß zu erkunden, setzt eine gewisse körperliche Leistungsfähigkeit der Schüler voraus. Dies bietet jedoch ungeahnte Möglichkeiten, ihnen die Natur und damit „erlebte Erdkunde" nahe zu bringen.
Informationen zu *Bergwandern im Allgäu* gibt:

i Roland Weber, Animastr. 13, 63743 Aschaffenburg-Obernau, Tel.: 06028/4337

▨ Outward Bound
Der Begriff *Outward Bound* kommt ursprünglich aus der englischen Seefahrt und wurde von KURT HAHN in die Pädagogik übertragen: Der junge Mensch soll auf seine Fahrt ins Leben vorbereitet werden.
Die Grundsätze von *Outward Bound* zielen darauf, junge Menschen auf eine aktive und verantwortungsbewusste Lebensführung vorzubereiten, wobei Selbstständigkeit und Eigenverantwortung gefördert werden sollen.
Diese Ziele sollen erreicht werden durch:
- körperliches Training, d. h. Verbesserung der allgemeinen Kondition;
- Expedition, d. h. das Hinausgehen in die (Um-)Welt;
- Projekte, bei denen die Teilnehmer selbst gewählte Aufgaben gemeinsam lösen;
- Rettungsdienst, d. h. hier in erster Linie ökologisch orientierte Aufgaben.
Bei den Veranstaltungen geht es um die Verwirklichung eines ganzheitlichen erzieherischen Ansatzes. Dabei sollen die Jugendlichen (15 bis 25 Jahre) in gemischten Gruppen Gelegenheit erhalten,
- sich selbst und die anderen neu kennen zu lernen;
- sich herausfordern zu lassen;
- anderen zu helfen und sich von anderen helfen zu lassen;
- zu merken, dass mehr in ihnen steckt, als sie selbst oder andere bisher annahmen;
- Verantwortung zu tragen und zu übertragen.

Solche *Outward-Bound*-Veranstaltungen werden für Klassen als so genannter „Schnupperkurs" (zwei bis drei Tage), aber auch als ein- bis zweiwöchiger Kurs angeboten. Grenzen setzen die relativ hohen Kosten (ca. 520, – DM für eine Woche, ohne Fahrtkosten), die u. a. dadurch gerechtfertigt sind, dass *Outward Bound* jeweils einen Trainer für die Gruppe zur Verfügung stellt.

Die Pädagogik von *Outward Bound* entspricht in besonderem Maße den Anforderungen an die Sozial- und Umweltverträglichkeit einer Klassenfahrt. Gerade ökologisch verantwortungsbewusstes Handeln wird in vielen Richtlinien für den Erdkundeunterricht gefordert (Anschrift siehe S. 173).

Adressen

Die folgende Auflistung erhebt nicht den Anspruch auf Vollständigkeit. Sie gibt aber andererseits Anregungen, wo und wie man sich gute Adressen für eine mehrtägige Fahrt besorgen kann.

■ Schullandheime

i Verband Deutscher Schullandheime e. V., Mendelssohnstr. 86,
22761 Hamburg, Tel.: 040/8901541, Fax: 040/898639

Der Verband ist auch Herausgeber von Fachliteratur, über die man Anregungen für projektorientiertes Arbeiten, methodische und didaktische Hinweise für den Aufenthalt sowie Berichte über Modellversuche erhalten kann. Die Landesverbände verschicken eine Liste der in ihrem Bereich bestehenden Schullandheime.

■ Jugendherbergen

Einen Überblick über die Jugendherbergen in Deutschland gibt das Deutsche Jugendherbergswerk mit dem Titel *KlassenMobil* heraus. Die einzelnen Jugendherbergen werden in vier Ausgaben (Nord, Ost, West, Süd) anschaulich vorgestellt, wobei auch die verschiedenen Möglichkeiten der Gestaltung vor Ort dargelegt werden. Dies ermöglicht dem Fahrtleiter gezielt, die für ihn geeignete Jugendherberge auszusuchen. Einige Verbände (z. B. Landesverband Hannover, Ferdinand-Wilhelm-Fricke-Weg 1, 30169 Hannover) bieten zusätzlich Fahrradwandertage von Jugendherberge zu Jugendherberge an.

Die Ausgabe „Nord" beinhaltet die JH für die Bundesländer Schleswig-Holstein, Niedersachsen und Bremen, die Ausgabe „Ost" für die Bundesländer Berlin, Brandenburg, Mecklenburg-Vorpommern, Sachsen, Sachsen-Anhalt und Thüringen, die Ausgabe „West" für die Bundesländer Hessen, NRW, Rheinland-Pfalz und Saarland, und die Ausgabe „Süd" für die Bundesländer Bayern und Baden-Württemberg.

Die Adressen der einzelnen Landesverbände sind dem jeweiligen *KlassenMobil* zu entnehmen. Zu beziehen sind diese Hefte über:

i DJH – Hauptverband, Bismarckstr. 8, 32756 Detmold,
Tel.: 05231/7401-0, Fax: 05231/7401-49, -66, -67

■ Waldheime und andere Heime

Beliebte Ziele sind auch die Wald- und übrigen Heime, die alle mehr oder weniger in naturnahen Gebieten gelegen sind. Das Ziel z. B. der Waldheime ist den Schülern die Gesetze der Natur zu vermitteln und ihnen einen verantwortungsbewussten Umgang mit dem Ökosystem Wald und der Umwelt nahe zu bringen. Lehrgänge werden meist ganzjährig durchgeführt und dauern zwischen fünf und zwölf Tagen. Jugendwaldheime in NRW:

- **i** *Gillerbergheim des Kreises Siegen-Wittgenstein,* Hof Ginsberg 3, 57271 Hilchenbach-Lützel, Tel.: 02733/3444

- **i** *JWH Ringelstein,* Forstweg 3, 33142 Büren-Harth, Tel.: 02958/223

- **i** *JWH Urft,* Zum Eichtal 7, 53925 Kall-Urft, Tel.: 02441/6332

- **i** *JWH Raffelsbrand,* Am Peterberg 8, 52393 Hürtgenwald/Raffelsbrand, Tel.: 02429/2888

- **i** *Waldheim Schlagstein,* 52372 Kreuzau, Tel.: 02422/284
  Besichtigungsmöglichkeiten: Stadt und Burg Nideggen mit alten Stadttoren und Fachwerkhäusern, Rurtalsperre, Freilichtmuseum Kommern, Töpfereimuseum Langerwehe u. a.

- **i** *Jugendgästehaus Dümmersee,* Am Sportplatz 70, 49459 Lembruch, Tel.: 05447/525, Fax: 05447/1772
  Es bieten sich von hier Führungen im Naturschutzgebiet oder im Oppenweher Moor, Radwanderungen sowie Exkursionen nach Bremen mit Hafenrundfahrt oder der Besuch des Museumsdorfes Cloppenburg an.

- **i** *Landhaus Hohenfried,* Hohenfried 1, 53937 Schleiden-Gemünd, Tel.: 02444/2330
  Diese Unterkunft bietet eine Vielzahl an Gestaltungsmöglichkeiten an, z. B. Freilichtmuseum Kommern, Bleibergwerk Rescheid, Radioteleskop Effelsberg oder Besuch auf einem nahe gelegenen Bauernhof.

- **i** *Landhaus „Eine Welt",* Alte Reeser Landstr. 51–53, 46446 Emmerich, Tel.: 02822/3314
  Schwerpunkte der Bildungsarbeit in diesem Haus sind Ökologie und Entwicklungspolitik.

- **i** *albaTours*
  Das Unternehmen (Anschrift siehe unter Reiseveranstalter) bietet verschiedene Ferienheime im Osten Deutschlands an, z. B.:
  - Jena mit Stadtführung, Besichtigung der Forststernwarte, Umgang mit Karte und Kompass u. a.;
  - Forsthaus Hohenheide in der Mark Brandenburg;
  - Haus Neidhardtstal im Erzgebirge;
  - Hiddensee.

Weitere Schullandheime stehen zur Verfügung.

▣ Reiseveranstalter

Alle hier alphabetisch aufgeführten Reiseveranstalter sind „Experten" für Studien- und Klassenfahrten und bieten komplette Arrangements, aber auch die Möglichkeit der individuellen Gestaltung an.

- **i** *albaTours,* Majoranweg 5, 70619 Stuttgart, Tel.: 0711/449750, Fax: 0711/4497516
  Dieses Unternehmen bietet „Projekte von der Meeresbiologie bis zur Arbeit auf einer russischen Kolchose, von der Geburt der modernen Naturwissenschaften in der Toskana bis zu archäologischen Ausgrabungen" an.

ⓘ *Agaria Tours,* Lange Reihe 48, 20099 Hamburg,
Tel.: 040/2802415, Fax: 040/245545
Dieser Veranstalter ist spezialisiert auf Studienreisen in die tschechische
und slowakische Republik.

ⓘ *AS – Der Reiseladen,* Postfach 1468, 54504 Wittlich,
Tel.: 06571/27061, Fax: 06571/29082
„Europa entdecken" heißt die Devise dieses Veranstalters. Interessant u. a.
die Ziele in Polen.

ⓘ *ats-Reisen,* Berliner Promenade 7, 66111 Saarbrücken,
Tel.: 0681/3880730, Fax: 0681/376836
Ziele in ganz Europa, incl. Einiger Flugreisen (Mallorca, Malta) sind im Pro-
gramm. Eine kleine Auswahl wird als Info-Reisen angeboten.

ⓘ *Baltic Adventures – Schüler- und Studienreisen,* M.-Kazmierczak-Str. 42,
04157 Leipzig, Tel.: 0341/9126620, Fax: 0341/9126622
Der Schwerpunkt liegt bei diesem Veranstalter auf Reisen nach Litauen.

ⓘ *cts – Gruppen- und Studienreisen,* Herforderstr. 75, 32657 Lemgo,
Tel.: 05261/25060, Fax: 05261/16300
Der Veranstalter bietet Städtereisen, Rundreisen und Aktivreisen in ganz
Europa an.

ⓘ *CVJM-Reisen,* Postfach 410154, 34114 Kassel-Wilhelmshöhe,
Tel.: 0561/3087-300, Fax: 0561/37437
Neben einer großen Auswahl an Gruppenhäusern (mit und ohne Verpfle-
gung) in ganz Europa werden auch Studien- und Erlebnisreisen weltweit angeboten.

ⓘ *Deutsche Bahn AG,* Geschäftsbereich Fernverkehr, Regionalbereich West,
Schulfahrtenzentrum, Goldgasse 2, 50668 Köln,
Tel.: 0221/141-2021, -3435, -3502, Fax: 0221/141-2484
Wer mit der Bahn fahren will, findet hier ein reichhaltiges Angebot quer
durch Europa.

ⓘ *Ferien- und Freizeitreisen,* Annabergstr. 15 a, 45721 Haltern,
Tel.: 02364/14777, Fax: 02364/168703
Interessant sind u. a. die Angebote für Gruppen mit geringer Teilnehmer-
zahl.

ⓘ *Horizonte – Individuelle Gruppenreisen,* Königsstr. 17, 48143 Münster,
Tel.: 0251/44800, Fax: 0251/511031
Der Schwerpunkt liegt bei der Vermittlung eigener Häuser, die der Gruppe
zur alleinigen Verfügung stehen. Daneben werden Jugendhotels in vielen
europäischen Großstädten angeboten.

ⓘ *IfB – Institut für Bildungsreisen,* Max-Stromeyer-Str. 172, 78467 Konstanz,
Tel.: 07531/58020, Fax: 07531/50997
Der Schwerpunkt bei diesem Veranstalter liegt auf den großen Städten
Europas wie Prag, Budapest, Paris, London, Rom, Florenz, Amsterdam und
Barcelona.

ⓘ *Intercontact,* In der Wässerscheid 49, 53424 Remagen,
Tel.: 02642/2009-0, Fax: 02642/2009-38
Dieser Anbieter hat neben Zielen in ganz Europa auch solche in Russland
(Moskau, St. Petersburg u. a.) in seinem Angebot.

i *IRIS – Bonn*, Stiftsgasse 17, 53111 Bonn, Tel.: 0228/631995, 634899, Fax: 0228/634025
Hier werden Schul- und Klassenfahrten für ganz Europa angeboten.

i *IS-Tour*, Postfach 31, 29457 Clenze, Tel.: 05844/575, Fax: 05844/578
Neben Angeboten für Europa liegt ein Schwerpunkt des Programms auf Sportfahrten (Reiten, Segeln, Skilaufen).

i *ix-tours*, Werderstr. 74 a, 66763 Dillingen, Tel.: 06831/970001, Fax: 06831/707057
Das Angebot reicht von Stadtbesichtigungen über kulturelle Erlebnistouren bis zu sportlichen Aktivitäten. Auch New York ist im Angebot.

i *Jugend-Ferienwerk*, Landessportbund NRW, Friedrich-Alfred-Str. 25, 47055 Duisburg, Tel.: 0203/7381-642, Fax: 0203/7381-615
Auffallend ist das große Angebot auf den deutschen Nordseeinseln Norderney, Sylt, Borkum und Langeoog.

i *Kanu-Tours*, Am Sportplatz 70, 49459 Lembruch, Tel.: 05447/525, Fax: 05447/1765
Wie der Name bereits verspricht, werden Kanu-Touren, u. a. auf der Lahn und der Dordogne, angeboten.

i *Katholisches Ferienwerk Oberhausen*, Elsa-Brandström-Str. 11, 46045 Oberhausen, Tel.: 0208/85996-0, Fax: 0208/85996-71
„Kreuz und quer durch Europa", unter diesem Motto werden Unterkünfte in ganz Europa (einschließlich Türkei) zum großen Teil mit Selbstversorgung vermittelt.

i *Kerkfeld Gruppenreisen*, Weseler Str. 27, 48151 Münster, Tel.: 0251/521041, Fax: 0251/533022
Auch dieser Veranstalter bietet eine breite Palette von Gruppenreisen und Studienfahrten in ganz Europa an.

i *Outward Bound*, Nymphenburger Str. 42, 80335 München, Tel.: 089/181058, Fax: 089/183933
Die Gesellschaft bietet neben den eigentlichen Programmen (siehe S. 169) auch die Möglichkeit, die in der Nähe bestehenden Sehenswürdigkeiten zu erleben.

i *Schülerfahrtendienst*, Richard-Wagner-Str. 17, 66111 Saarbrücken, Tel.: 0681/33001 u. 36020, Fax: 0681/3905970
Neben Städtetouren in Europa fallen in diesem Katalog ein vielfältiges Programm innerhalb Deutschlands sowie „Schulen auf See" auf.

i *SHR-Schulfahrten*, Postfach 3940, 55029 Mainz, Tel.: 06131/38620, Fax: 06131/386210
Der Veranstalter ist auf europäische Städtereisen spezialisiert, z. B. Prag, Budapest, Berlin, Brüssel, Wien.

i *Spectral Jugendreisen e. V.*, Cranachstr. 48, 50733 Köln, Tel.: 0221/973061-0, Fax: 0221/973061-31

i *Versum*, Ladislav Vokaty, CZ 17000 Praha 7, Tel.: 004202/324654, Fax: 004202/320384
Das Reisebüro bietet individuelle Programme, wie z. B. Weinbau in Böhmen und Mähren, geologische und Naturbesonderheiten Böhmens.

ⓘ *Vestischer Reisedienst*, Annabergstr. 15 a, 45721 Haltern,
Tel.: 02364/15032, Fax: 02364/7021
Der Veranstalter bucht Fahrten zu Musicals in deutschen Städten und hat
ein vielseitiges Programm an Wintersportfahrten.

ⓘ *de Zeilvaart Enkhuizen*, Stationsplein 3, NL 1601 Enkhuizen,
Tel.: 0031/2280 – 12424, Fax: 0031/2280 – 13737
Eine Klassenfahrt unter Segeln kann eine Vielzahl geographischer Fakten
vermitteln sowie Erdkunde hautnah erleben lassen.

▓ Lehrerreisen

Eine besondere Art von Exkursionen veranstaltet der Verband Deutscher Schulgeographen. Unter dem Stichwort *Verbandsexkursionen* gehen die Erdkundelehrer auf
Reisen. Nähere Informationen:

ⓘ Verband Deutscher Schulgeographen, Meisenstr. 16, 63263 Neu Isenburg,
Tel. 06102-53978. Konkrete Reiseanmeldungen: VS-Studienreisen GmbH,
Augsburger Str. 31, 10789 Berlin, Tel.: 030/2138832, Fax: 030/2138842.

Literatur

In den verschiedenen geographischen Fachzeitschriften gibt es eine Vielzahl an
Literatur über Exkursionen. Eine Übersicht bietet *Praxis Geographie*, und zwar
in den Heften 5, 6, 7–8/1991 sowie 7–8/1993. Hier finden Sie auch Hinweise auf
Aufsätze über spezielle Themen wie Betriebsbesichtigungen, Arbeit im Gelände
(Naturraum, Dorf, Stadt), Ökologie.

BADER, F.: Einführung in die Geländebeobachtungen. Darmstadt 1975. Es werden sieben Geländebeobachtungen beschrieben und z. T. grafisch veranschaulicht. Arbeitsregeln werden unter dem Schwerpunkt der Beobachtungsmöglich-
keiten im Gelände zusammengefasst.

BÖRSCH, D. (Hrsg.): Arbeit vor Ort, in: Geographie und Schule, H. 6/1980. Neben einer theoretischen Erörterung werden drei konkrete Unterrichtsbeispiele beschrieben: Strukturprobleme im ländlichen Raum, alternativer Landbau, Konzep-
te der Raumplanung.

ERNST, E., FÜLDNER, E., MEFFERT, B. und E., SPERLING, E.: Lehrwanderungen im
Erdkundeunterricht, in: Der Erdkundeunterricht, H. 13/1973. Dieses Heft enthält eine Fülle von theoretischen und unterrichtspraktischen Hinweisen.

HASSELBERG, D.: Planung und Organisation von Exkursionen, Studienfahrten und
Schullandheimaufenthalten, in: Geographie im Unterricht, H. 5/1979, S. 275 ff.

RITTER, G., SCHREIBER, TH. (Hrsg.): Geographische Exkursionen an Hochschule
und Schule. München 1976. Diese Sammlung bietet neben didaktisch-methodi-
schen Aufsätzen zur Gestaltung unterschiedlicher Exkursionen drei unterrichts-
praktische Abhandlungen: Bodenuntersuchungen, Schullandheimaufenthalt auf
Texel, Arbeit des fließenden Wasser.

SCHOLZ, D., u. a.: Geographische Arbeitsmethoden. Leipzig 1976. Neben theoretischen Methoden sind Feldmethoden im Einzelnen aufgeführt.

ZIMMER, F.: Praktisch-geographische Schülertätigkeiten, Berlin 1971. Eine detaillierte praktische Handreichung für die Durchführung von Exkursionen sowie Beispiele für mehrtägige Exkursionen.

Firmen laden ein

F. A. Z. Leitfaden Betriebsbesichtigungen
i Bezug: Frankfurter Allgemeine Zeitung, Bewerber Service,
60267 Frankfurt am Main, Tel.: 069/75911302

Umweltbildung. Außerschulische Lernorte im Regierungsbezirk Köln.
Bearbeitet von Marion Klein-Bojanowski, 1993.
i Bezug: Bezirksregierung Köln, Zeughausstr. 2–10, 50667 Köln,
Tel.: 0221/1472511, Fax: 0221/1473185
Dieses Verzeichnis beinhaltet Adressen von Klärwerken, Mülldeponien, Solaranlagen, Bauernhöfen, Forstämtern u. a. Ähnliches gibt es leider nicht bei allen Regierungsbezirken in Deutschland.

Handreichung zur Exkursionsdidaktik, Erdkunde am Gymnasium,
Auer-Verlag, Donauwörth 1995, ISBN 3-403-02664-7
Das Buch enthält neben Ausführungen zur Exkursionsdidaktik und -methodik sowie zu den rechtlichen Rahmenbedingungen 22 Exkursionsbeispiele, die so ausführlich vorgestellt werden, dass sie sich auch auf außerschulische Zielorte übertragen lassen.

Kapitel 3

Entdecker und Reisende

Nirgends wird die Bedeutung des Wortes „Erdkunde" so deutlich wie in der Entdeckungsgeschichte – Er(d)kund(e)ung – der Erde. In Reisebeschreibungen, Forschungsberichten u. a. werden dem Schüler fremde Räume nahe gebracht, wobei diese topographisch, klimatisch, wirtschaftlich oder auch politisch eingeordnet werden können. Gerade in der Sek. I sind die Schüler noch aufgeschlossen für diese Thematik, sodass geographische Sachverhalte spannend in den Unterricht einbezogen werden können. Dieser Spannungsbogen setzt sich bis in die heutige Zeit in der Erforschung der Erde durch Satelliten fort. Aus der Fülle der Berichte und Erzählungen wurden die ausgewählt, die im Atlas nachzuvollziehen sind. Als Leitfaden bzw. Einstieg im Unterricht können hierbei die drei Fragen Was – Wie – Warum stehen:

– **Was** wurde und wird auf, in und über der Erde entdeckt bzw. erforscht?
– **Wie** sahen bzw. sehen die Möglichkeiten aus, die Erde zu erkunden?
– **Warum** war und ist es wichtig, die Erde zu erkunden? Hier werden die verschiedenen Motive der Entdeckungsreisen zur Sprache kommen können (religiöse Motive, handelspolitische Beweggründe, Streben nach Macht und Reichtum, nach Edelmetallen oder Gewürzen).

Daraus ergeben sich je nach Bericht bzw. Erzählung eine Fülle von möglichen Arbeitsaufträgen, die nach den drei Gesichtspunkten *Inhalt – räumliche Orientierung – Anwendung* geordnet werden können. Die folgenden Fragen bzw. Anregungen müssen selbstverständlich der jeweiligen Erzählung angepasst und durch spezifische Aufgaben ergänzt werden.

Fragen zum Inhalt
– Fertige auf Grund der Informationen im Text über (z. B.) Oberflächenform, Klima, Bodenbeschaffenheit, Wasserhaushalt, Vegetation oder Tierwelt eine Übersicht über das Land/den Raum XY an.
– Liste die besonderen Schwierigkeiten der betreffenden Entdeckungsfahrt auf.
– Welche Hilfen zur Orientierung werden genannt?
– Beschreibe, welche Schwierigkeiten bei der Orientierung auftraten.

Fragen zur räumlichen Orientierung
– Suche den Ort/Fluss o. a. auf dem Globus/einer Karte und verfolge die Fahrt.
– Beschreibe möglichst exakt den Expeditionsweg.

Fragen zur Anwendung
– Was konnte durch die Entdeckungsfahrt bewiesen werden?
– Welche Informationen gibt die Erzählung über den entsprechenden Raum?
– Erörtere die Ziele und Ergebnisse der betreffenden Fahrt.

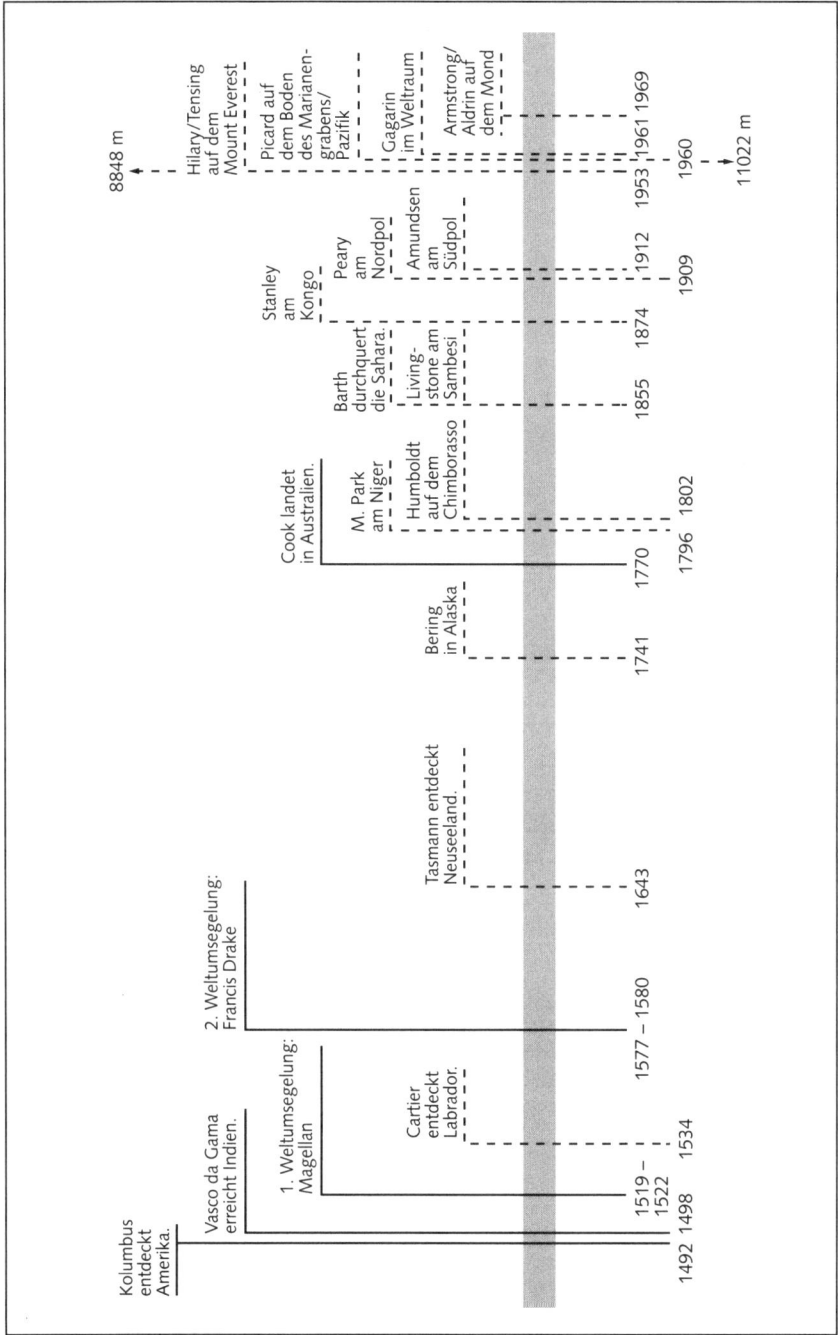

Die Frage nach dem eigentlichen Beginn der Entdeckungsgeschichte der Erde ist zeitlich nicht exakt festzulegen. Viele sind unbekannt, die lange vor Vasco da Gama, Kolumbus oder Magellan unterwegs waren, um erste Handelsbeziehungen zu knüpfen, Waren zu tauschen oder auch um fremde Länder und Völker zu unterwerfen.

Wir beginnen mit der Epoche, in der die Menschen die Kugelgestalt der Erde begriffen und damit zu einem veränderten Weltbild gelangten. Eng damit verbunden sind Namen wie Kolumbus, Magellan oder Cook, Namen, die auch vielen Schülern bekannt sind.

Um den Schülern einen Überblick über die wichtigsten Schritte der Entdeckungsgeschichte der Erde zu vermitteln, kann die Zeitleiste auf der gegenüberliegenden Seite herangezogen werden.

Entdeckung des amerikanischen Kontinents

Heute gelten eindeutig die Wikinger als eigentliche Entdecker des amerikanischen Kontinentes. Ob Kolumbus davon wusste, ist ungewiss. Der von ihm „entdeckte" Kontinent erhielt schließlich den Namen eines anderen Seefahrers: Amerigo Vespucci. Lediglich das südamerikanische Kolumbien erinnert an den Genueser.

Christoph Kolumbus (1451–1506)

Christoph Kolumbus wurde als Sohn einer Weberfamilie in Genua geboren. Das genaue Geburtsdatum ist nicht bekannt, es liegt zwischen dem 25. August und dem 31. Oktober. Um seinen Plan, den Seeweg nach Indien in westlicher Richtung zu finden, umzusetzen, hat er seine Dienste schon sehr früh 1484 der portugiesischen, spanischen, englischen und auch französischen Krone angeboten. Schließlich kann er 1485 im Auftrag des spanischen Königspaares, Ferdinand II. und Isabella I., in See stechen. Am 12. Oktober 1492 betritt er erstmals mittelamerikanischen Boden, und zwar die Insel San Salvador. Auf seiner ohnehin gefahrvollen Rückfahrt zwingt ihn ein Sturm vor der Iberischen Halbinsel, am 4. März 1493 den Lissaboner Hafen Belém anzulaufen. Am 15. März kehrt er schließlich nach Spanien zurück. Auf seinen weiteren drei Reisen (1493–1496, 1498–1500, 1502–1504) entdeckt er u. a. Guadeloupe, Martinique und eine Reihe weiterer Inseln. Am 20. Mai 1506 stirbt Kolumbus, fast vergessen und von Gicht gezeichnet.

Die Zeitleiste von Seite 177 und die Bildgeschichte bieten sich vor allem in der Unterstufe an und können unter verschiedenen Fragestellungen bearbeitet werden, z. B.:

Arbeitsaufträge

- Erkläre die Namen **Westindische** Inseln und **Indianer**.
- Begründe den Plan von Kolumbus, Indien im Westen zu suchen, wo doch jeder wusste, dass Asien, und damit Indien, östlich von Europa liegt.

Arbeitsaufträge

- Erarbeite anhand des Textes die naturgeographischen Bedingungen (Klima, Relief) auf der Insel Haiti und vergleiche die Ergebnisse mit entsprechenden Atlaskarten.
- Beschreibe mit Hilfe des Textes die Lebensweise der Eingeborenen.

12. Oktober 1492, zwei Uhr morgens. Drei Schiffe unter spanischer Flagge, „Santa Maria", „Pinta", und „Nina", fahren unter dem fahlen Licht eines abnehmenden Mondes dahin. Ein mächtiger Passat lässt die Schiffe in schwerer See auf- und abtauchen. Der Matrose Rodrigo de Triana sitzt im Mastkorb des Schiffes „Pinta". Seit Monaten hat er nur Wasser und die beiden anderen Schiffe gesehen. Er schaut zum Himmel. Den Sternen nach fahren sie immer nach Westen. Schaurige Gedanken kommen ihm: Werden sie bald an den Rand der Welt kommen und dort von ungeheuren Seetieren gefressen werden? Wieder lässt Rodrigo seinen Blick zu den Sternen und dann über das endlose Meer streifen. Was war das im Westen? War es Wellenschaum oder eine Sanddüne? Er reibt sich die Augen. Träumt er? Nein, er hat Land entdeckt und brüllt los: „Tierra, Tierra, Tierra" – „Land in Sicht"! Christoph Kolumbus hat endlich sein Ziel vor Augen: Indien, wie er meint. Dass er einen neuen, bis dahin unbekannten Kontinent entdeckt hat, ahnt er nicht.

Der folgende Text ist aus dem ältesten schriftlichen Dokument der Reise Kolumbus' entnommen.

Der Besitz dieser Insel (gemeint ist Hispaniola = Haiti) ist für uns nicht zu unterschätzen, und wenn ich auch, wie erwähnt, von allen übrigen Inseln für unseren siegreichen König feierlich Besitz ergriff, so habe ich doch ganz besonderen Wert darauf gelegt, auf dieser Insel einen für Handel und Gewerbe vortrefflich passenden Platz zu besetzen, dem wir in Erinnerung an die Geburt des Heilands den Namen Natividad (span.: Weihnachten) gaben. Dort ließ ich sofort eine Art Burg erbauen, die inzwischen vollendet sein dürfte; in ihr habe ich die mir nötig erscheinende Besatzung nebst ausreichenden Waffen und Lebensunterhalt zurückgelassen. Menschenfresser, wie man allgemein vermutete, habe ich bei ihnen nicht gefunden, sondern im Gegenteil, nur liebenswürdige und gutmütige Menschen. Auch sind die Eingeborenen nicht schwarz wie die Neger; sie tragen lang herabhängendes glattes Haar; sie setzen sich nicht gern der Sonnenhitze aus, die allerdings hier, 26 Grad vom Äquator, außerordentlich groß ist.

Oben im Gebirge herrscht starke Kälte; doch sind die Eingeborenen daran gewöhnt, wissen sie auch durch heiße Nahrung und reichlichen Genuss von Gewürzen erträglich zu machen. Die Eingeborenen einer anderen Insel (Puerto Rico) gelten bei den Nachbarn als wild; sie besitzen viele zweirudrige Kanus, mit denen sie nach allen indischen Inseln fahren, um zu plündern und mitzunehmen, was sie erreichen können. Von den sonstigen Eingeborenen unterscheiden sie sich nur dadurch, dass sie nach Weiberart lange Haare tragen. Als Waffen führen sie Bogen und benutzen Rohrstäbe als Wurfspieße, an deren Enden Pfeilspitzen befestigt sind. Aus allen diesen Gründen werden sie von den übrigen Indern als wild gefürchtet; uns haben sie ebenso wenig wie die anderen in Schrecken gesetzt.

(KONRAD HAEBLER: Der Deutsche Kolumbus Brief, Straßburg 1900)

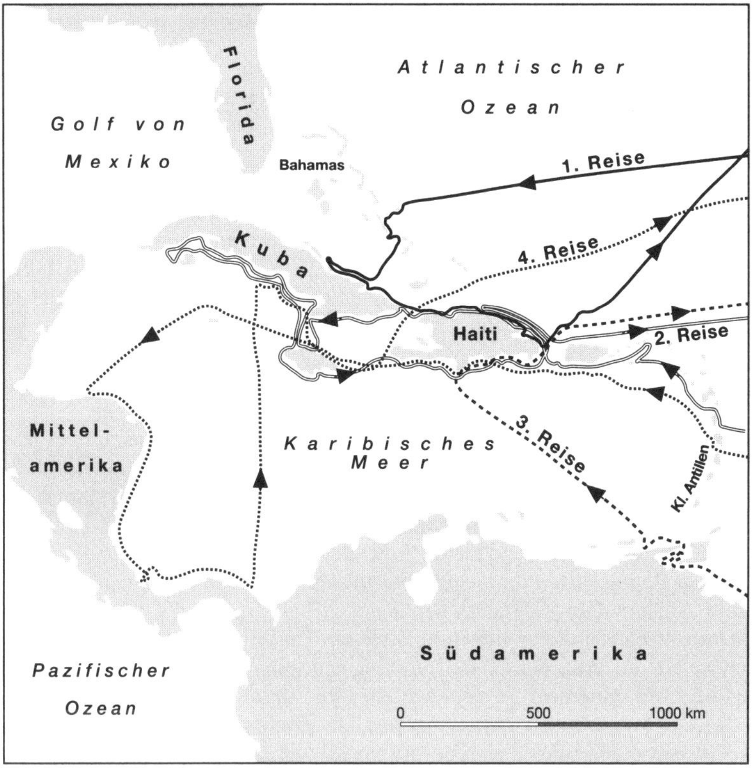
Atlantischer Ozean
Golf von Mexiko
Florida
Bahamas
1. Reise
4. Reise
Kuba
Haiti
2. Reise
3. Reise
Mittelamerika
Karibisches Meer
Kl. Antillen
Südamerika
Pazifischer Ozean
0
500
1000 km

Reiseverlauf der vier Fahrten von Kolumbus zwischen 1492 und 1504

Insula hyspana

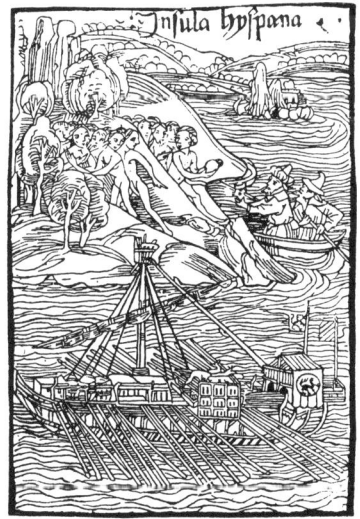

Arbeitsauftrag

Welche Informationen enthält dieser Holzschnitt? Vergleiche deine Ergebnisse mit den entsprechenden Informationen aus dem Text „Der deutsche Kolumbus Brief" von Konrad Haebler.

Der Holzschnitt ist die älteste Darstellung der Landung von Christoph Kolumbus auf „Hyspania" und stammt aus dem Jahre 1492

Alexander von Humboldt (1769–1859)

Alexander von Humboldt wird oft als der „Zweite Entdecker" Amerikas bezeichnet. Schon als 19-Jähriger hat er den Wunsch, ferne Länder kennen zu lernen. Er belegt Vorlesungen in Mathematik, Botanik, Chemie und Geologie, lernt Griechisch und Zeichnen. Nach dem Tod seiner Mutter 1799 segelt er, inzwischen 30 Jahre alt, erstmals nach Südamerika. Kolumbus hat zwar Amerika entdeckt, Amerigo Vespucci hat seinen Namen dafür gegeben, aber Alexander von Humboldt hat sich um Geographie und Geologie dieses Kontinentes mehr verdient gemacht als je ein Forscher vor ihm. Obwohl er im eigentlichen Sinne kein Neuland entdeckt, ist sein Name mehr als 2 000-mal auf der Erde vertreten. So ist die Meeresströmung vor der Westküste Südamerikas, deren Temperatur er maß, nach ihm benannt; selbst ein Mondkrater trägt seinen Namen.

Die Llanos

Unter dem 9. Grad der Breite, betraten wir das Becken der Llanos. Die Sonne stand beinahe im Zenit; der Boden zeigte überall, wo er von Vegetation entblößt war, eine Temperatur von 48–50 Grad. In der Höhe, in der wir uns auf unseren Maultieren befanden, war kein Lufthauch zu spüren; aber in dieser scheinbaren Ruhe erhoben sich fortwährend kleine Staubwirbel in Folge der Luftströmungen, die dicht am Boden durch die Temperaturunterschiede zwischen dem nackten Sand und den mit Gras bewachsenen Flecken hervorgebracht werden. Diese „Sandwinde" steigern die erstickende Hitze der Luft. Jedes Quarzkorn, weil es wärmer ist als die umgebende Luft, strahlt ringsum Wärme aus, und es hält schwer die Lufttemperatur zu beobachten, ohne dass Sandteilchen gegen die Kugel des Thermometers getrieben werden. Die Ebenen ringsum schienen zum Himmel aufzusteigen, und die weite unermessliche Einöde stellte sich unsren Blicken als eine mit Tang und Meeralgen bedeckte See dar. Da die Dunstmassen in der Luft ungleich verteilt waren und die Temperaturabnahme in den übereinander gelagerten Luftschichten keine gleichförmige ist, so zeigte sich der Horizont in gewissen Richtungen scharf und begrenzt, in anderen wellenförmig aufund abgebogen und wie gestreift. Erde und Himmel schmolzen dort ineinander. Durch den trockenen Nebel und die Dunstschichten gewahrte man in der Ferne Stämme von Palmbäumen. Ihrer grünenden Wipfel beraubt, erschienen diese Stämme wie Schiffsmasten, die am Horizont auftauchen.
Der eigentümlichste Zug der Savannen oder Steppen Südamerikas ist die völlige Abwesenheit aller Erhöhungen, die vollkommen waagerechte Lage des ganzen Bodens. Die spanischen Eroberer haben sie daher auch weder Wüsten, noch Savannen, noch Prairien genannt, sondern Ebenen, los Llanos. Auf dreißig Quadratmeilen zeigt der Boden oft keine fußhohe Unebenheit. Diese Ähnlichkeit mit der Meeresfläche drängt sich der Einbildungskraft besonders da auf, wo die Ebenen gar keine Palmen tragen und wo man von den Bergen an der Küste und vom Orinoco so weit weg ist, dass man dieselben nicht sieht.

Der tropische Regenwald

10. Mai. In der Nacht war unsere Pirogue (indianischer Einbaum) geladen worden, und wir schifften uns etwas vor Sonnenaufgang ein, um wieder den Rio Negro bis zur Mündung des Cassiquiare hinaufzufahren und den wahren Lauf dieses Flusses, der Orinoco und Amazonenstrom verbindet, zu untersuchen. Der Morgen war schön; aber mit der steigenden Wärme fing auch der Himmel an, sich zu bewölken. Die Luft ist in diesen Wäldern so mit Wasser gesättigt, dass, sobald die Verdunstung an der Oberfläche des Bodens auch noch so wenig zunimmt, die Dunstbläschen sichtbar werden. Da der Ostwind fast niemals zu spüren ist, so werden die feuchten Schichten nicht durch trockenere Luft ersetzt. Dieser bedeckte Himmel machte uns mit jedem Tag verdrießlicher.

Vom 14. bis 21. Mai brachten wir die Nacht immer unter freiem Himmel zu, ich kann aber die Orte, wo wir unser Nachtlager aufschlugen, nicht angeben. Dieser Landstrich ist so wild und so wenig von Menschen betreten, dass die Indianer, ein paar ausgenommen, keinen der Punkte, die ich mit dem Kompass aufnahm, mit Namen zu nennen wussten. Einen ganzen Grad weit konnte ich durch keine Sternbeobachtung die Breite bestimmen. Oberhalb des Punktes, wo der Itinivi vom Cassiquiare abgeht und westwärts den Granithügeln von Daripabo zuläuft, sahen wir die sumpfigen Ufer des Stroms mit Bambusrohr bewachsen. Diese baumartigen Gräser werden 20 Fuß hoch.

Die Üppigkeit des Pflanzenwuchses steigerte sich in einem Grade, von dem man sich keinen Begriff macht, selbst wenn man mit dem Anblick der tropischen Wälder vertraut ist. Ein Gelände ist gar nicht mehr vorhanden; ein Pfahlwerk aus dicht belaubten Bäumen bildet das Flussufer. Man hat einen 200 Toisen (1 Toise = 1,95 m) breiten Kanal vor sich, den zwei ungeheure mit Laub und Lianen bedeckte Wände einfassen. Wir versuchten öfters zu landen, konnten aber nicht aus dem Canoe kommen. Gegen Sonnenuntergang fuhren wir zuweilen eine Stunde lang am Ufer hin, um nicht eine Lichtung, sondern nur einen weniger dicht bewachsenen Fleck zu entdecken, wo unsere Indianer mit der Axt so weit aufräumen konnten, um für 12 bis 13 Personen ein Lager aufzuschlagen. In der Pirogue konnten wir die Nacht unmöglich zubringen. Die Moskitos, die uns den Tag über plagten, setzten sich gegen Abend haufenweise unter den T o l d o, d. h. unter das Dach aus Palmenblättern, das uns vor dem Regen schützte. Nie waren uns Hände und Gesicht so stark geschwollen gewesen. Pater Zea, der sich bis dahin immer gerühmt, er habe in seinen Missionen an den Katarakten die größten und wildesten Moskitos, gab nach und nach zu, nie haben ihn die Insektenstiche mehr geschmerzt, als hier am Cassiquiare. Mitten im dicken Walde konnten wir uns nur mit schwerer Mühe Brennholz verschaffen, denn in diesen Ländern am Äquator, wo es beständig regnet, sind die Baumzweige so saftreich, dass sie fast gar nicht brennen. Wo es keine trockenen Ufer gibt, findet man auch so gut wie kein altes Holz, das, wie die Indier sagen, an der Sonne gekocht ist. Feuer bedurften wir übrigens nur als Schutzwehr gegen die Thiere des Waldes.

(A. VON HUMBOLDT, Reise in die Aequinoctialgegenden, Band 5)

Arbeitsaufträge

- Verfolge den beschriebenen Weg auf der Karte bzw. dem Globus.
- Vergleiche die Llanos und den tropischen Regenwald. Stelle die Merkmale in einer Tabelle zusammen.

Merkmal	Llanos	Tropischer Regenwald
1. Lage		
2. Klima		
3. Vegetation		
4. Oberflächenform		
5. Nutzungs- möglichkeiten		

Die erste Weltumsegelung

Noch im Mittelalter hatten die Menschen die Vorstellung, die Erde sei eine Scheibe. Es hatte noch nie ein Schiff geschafft, um den ganzen Erdball zu segeln und nur so die Frage nach der Gestalt der Erde beantworten zu können.

Fernando de Magellan (um 1480–1521)

Fernando de Magellan wollte den Beweis von der Kugelgestalt der Erde erbringen. Schon 1517 bat er die spanischen Behörden, zu einer Westfahrt zu den Gewürzinseln aufbrechen zu dürfen. Diese, die Molukken, hatte er bereits 1505 auf Fahrten mit der Indienflotte als die Ursprungsländer der Gewürze erkannt. Am 20. September 1519 verließ er mit fünf Schiffen Spanien, fuhr an Teneriffa und Guinea vorbei, um am 13. Dezember die Bucht von Rio de Janeiro zu erreichen. Er überwinterte bis August des darauffolgenden Jahres im Hafen von San Julian in Argentinien und erreichte am 21. Oktober 1520 die schließlich nach ihm benannte Magellanstraße. Anschließend durchsegelte er drei Monate und 20 Tage den Pazifik.

Die außergewöhnliche Leistung lag vor allem in der Dauer der Fahrt, und dies, ohne frische Nahrung oder frisches Wasser aufnehmen zu können. Auf dem Weg zurück nach Spanien wurde Magellan auf Maktan, einer der zahlreichen Philippinen-Inseln, am 27. April 1521 im Kampf mit Eingeborenen getötet. Nur noch 18 Spanier landeten schließlich am 6. September 1522 – drei Jahre nach Aufbruch und nach 46 300 Seemeilen – im Hafen von Sevilla.

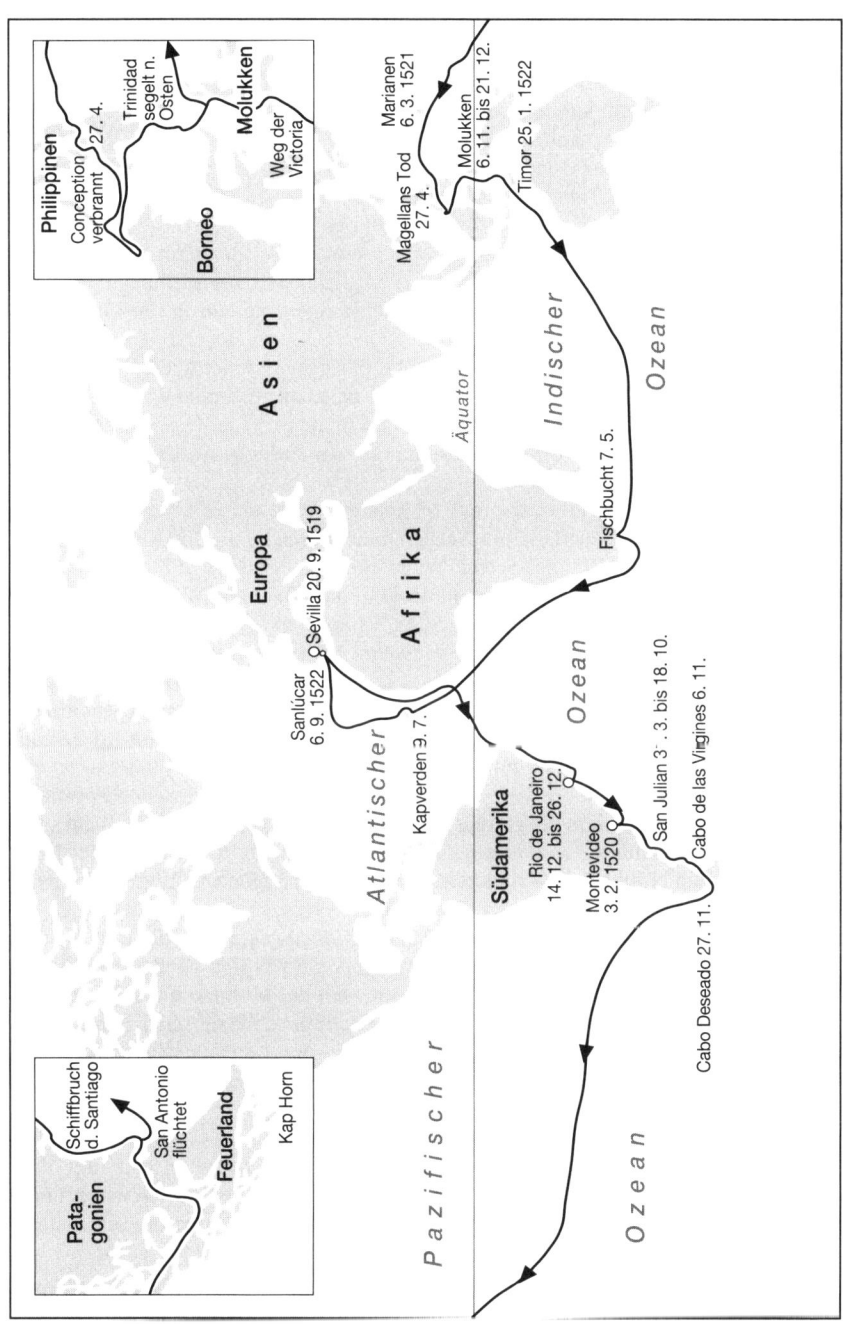

Karte der ersten Weltumsegelung

Nach Verlassen der Straße steuerte Magellan 23 Tage nach Norden, wobei er so weit wie möglich auf dem Meer draußen blieb, ohne die südamerikanische Küste ganz aus den Augen zu verlieren. Wenn der Wind richtig blies, zischte das Meer unter den Schiffsplanken, und in wenig mehr als drei Wochen legten die Schiffe rund 1 600 Seemeilen zurück ...

So groß war Magellans Ungeduld, mit der Überquerung des Pazifiks zu beginnen, dass er in keinem Hafen mehr anlegte, um frisches Wasser und Proviant aufzunehmen – ein schwerer Fehler. Er hatte von der Größe des Pazifiks keine Vorstellung – die Entfernung ist mehr als ein Drittel des Erdumfanges. Und wegen dieser Ahnungslosigkeit, zu der noch Leichtfertigkeit hinzukam, wurde diese Reise zu einer der entsetzlichsten Leidensgeschichten in der Geschichte der Seefahrt.

Die Überquerung begann recht fröhlich. Bei einem prächtigen Rückenwind eilten die Schiffe immer weiter vom Land weg; die tägliche Wegstrecke war beeindruckend – 150 bis 180 Seemeilen und mehr pro Tag. Die Schiffe wurden außerdem durch eine Strömung beschleunigt – die südliche Äquatorialströmung, die genau nach Westen verläuft.

Wind und Wolken waren also auf Magellans Seite; als es aber Mitte Januar wurde, hatte er zwei erdrückende Sorgen: Seit er die chilenische Küste verlassen hatte, war er mehr als 3 000 Seemeilen gesegelt und hatte kein Fleckchen Land gefunden. Seine zweite Sorge war mit der ersten verflochten. Wenn sie nicht bald auf Land stießen, würde seine Besatzung bis auf den letzten Mann verhungern oder an Skorbut zu Grunde gehen. Magellan beschloss den Kurs zu wechseln, und fuhr in nordwestlicher Richtung auf den Äquator zu. Es war ein schicksalhafter Entschluss. Hätte Magellan seinen alten Kurs beibehalten, wäre er auf die Atolle (Atoll = aus Riffkranz und Lagune bestehende Koralleninsel) der südlichen Tuamotu-Inseln gestoßen und hätte Tahiti entdeckt. Dort hätte er so viel frischen Proviant gefunden, wie eine Mannschaft sich nur wünschen konnte ...

Die Entdecker, die nicht die geringste Ahnung hatten, wie nahe sie dem Paradies auf Erden gekommen waren, segelten weiter in einer irdischen Hölle. Ende Januar hatten Hunger und Krankheit die drei Besatzungen von Tag zu Tag erbarmungsloser in ihrer Gewalt. (...)

Während er seine sterbenden Mannschaften in nordwestlicher Richtung auf den Äquator zuführte, konnte Magellan nur hoffen, dass es sich bei der gefundenen Insel Tiburones um den südöstlichsten Vorposten der Molukken handeln würde. Nachdem er aber eine weitere qualvolle Woche unablässig nach Nordwesten gesegelt war und den Äquator überquert hatte, musste er feststellen, dass der Horizont unverändert leer blieb. So unglaublich es auch erscheinen mochte, die Molukken lagen offenbar noch weiter im Westen.

Magellan wagte es jedoch nicht, sie direkt anzusteuern. Auf Grund ihrer 50-jährigen Erfahrung auf der Route um Afrika wussten portugiesische Seefahrer, dass der Äquator mit seiner bleiernen Windstille und seinen heftigen Gewittern eine zu meidende Gefahrenzone war. Sobald er nördlich des Äquators sein würde, so hoffte er, würde er auf westliche Winde stoßen ...

Dann wendete sich sein Schicksal. Am 6. März 1521 tauchten am westlichen Horizont die abseits gelegenen Atolle der Marianen auf. Zum Erholen jedoch blieb den Mannschaften keine Zeit. In ihren Kanus schwärmten die Inselbewohner zu den Schiffen hinaus und versuchten alles, was nicht niet- und nagelfest war, mitzunehmen ...

Nach mehreren Kämpfen hatten die Entdecker zwar keine Schwierigkeiten mehr mit den Inselbewohnern, aber Magellan wollte unbedingt weiter. Nach einer für die Männer unbeschwerlichen Fahrt ohne eine einzige Kursänderung wurde bereits nach einer Woche, am 16. März, wieder Land gesichtet: Es war die Insel Samar aus der Gruppe der Philippinen. Als Magellan Samar aus dem Meer auftauchen sah, wusste er, dass er die Molukken noch immer nicht erreicht hatte – dieses neue Land lag zu weit im Norden. Aber er musste seinen Männern Zeit zum Ausruhen und Erholen gönnen, ehe er weiterfuhr ...

Nach einer achttägigen Rast waren die meisten Kranken auf dem Weg der Genesung, und Magellan fand, dass es an der Zeit sei, tiefer in das Archipel (Archipel = Inselgruppe) vorzudringen. Nach einer dreitägigen Kreuzfahrt durch die Inseln der Surigao-Straße gingen sie am 28. März, einem Gründonnerstag, auf der Insel Limasawa vor Anker; dort, so beschloss Magellan, würden sie Ostern verbringen ...

Das erste Tageslicht des 27. April enthüllte einen unerfreulichen Anblick. Die Stadt von Maktan, wo er vor Anker gegangen war, lag in einer Bucht, in der das Wasser von Felsen übersät und so seicht war, dass die Schiffe nicht näher heranfahren und die Küste mit ihrer Kanone nicht bombardieren konnten. Der Entdecker und 49 von seinen Männern mussten von Bord gehen und die Bucht 600 oder 700 Meter weit durchwaten, um ans Ufer zu gelangen.

Kaum hatten Magellan und seine Männer den Strand erreicht, als sie von 1 500 grimmigen Kriegern angegriffen wurden. Magellan versuchte es sodann mit der Taktik, die Hütten der Inselbewohner zu verbrennen. Dadurch wurde aber die Angriffslust der Krieger nur noch gesteigert. Mit Geheul stürzten sie herab, um die Eindringlinge zu vernichten. Unter einem Geschosshagel aus Felsblöcken, Speeren und Pfeilen zogen Magellans Männer die Köpfe ein – und er rief ihnen zu, dass sie sich zu den Booten zurückziehen sollten ... Als die Krieger sahen, dass Magellan den Landetrupp anführte, konzentrierten sie ihre Angriffe auf ihn. Aber als guter Kapitän und Ritter blieb er mit einigen anderen wie festgewurzelt stehen und kämpfte so über eine Stunde. Und als er sich weigerte, weiter zurückzuweichen, schleuderte ihm ein Eingeborener eine Bambuslanze ins Gesicht. Als Magellan dann versuchte, sein Schwert zu fassen, konnte er es nur bis zur Hälfte herausziehen, weil er am Arm eine Wunde hatte. Als sie das wahrnahmen, stürzten sich alle jene Männer auf ihn – einer von ihnen mit einem großen Wurfspieß, den er in sein linkes Bein stieß, worauf er auf sein Gesicht stürzte. Darauf fielen sie alle gleichzeitig über ihn her mit Lanzen aus Eisen und Bambus und töteten Magellan.

(HUMBLE: Die Entdecker. Time-Life-Bücher, Amsterdam)

Mit dieser ersten Weltumsegelung hat Magellan verschiedene Beweise erbracht:
1. Die Erde ist rund.
2. Es gibt eine Durchfahrt an Amerika vorbei nach Asien.
3. Es ist möglich, um Afrika herumzusegeln, um nach Asien zu gelangen.
4. Nicht die eurasische Landmasse ist die größte zusammenhängende Fläche auf der Erde, sondern der Pazifik.

Arbeitsaufträge

- Verfolge den Weg Magellans auf einer Karte!
- Fertige eine möglichst exakte Tabelle über den Ablauf der Fahrt an.

Datum	Erreichte Ziele	Besonderheiten

- Welche geographischen Beweise erbrachte Magellan mit dieser ersten Weltumsegelung?

Daneben können den Schülern anhand dieser Materialien geographische Inhalte und Begriffe vermittelt werden, wie z. B. Form und Lage der Kontinente, Ozeane und Pole, Äquator, Längen- und Breitenkreise.

Entdeckung des fünften Kontinents

„Es muss noch einen weiteren Kontinent im Süden Asiens geben, der den Globus im Gleichgewicht hält." (Charles de Brosse). Dieses Zitat spiegelt die seit der Antike in Europa herrschende Vorstellung von einem unbekannten Land im Süden – der „Terra australis" – wider. Auf der Suche nach ihm wurde Australien von James Cook entdeckt.

James Cook (1728–1779)

1755 trat James Cook, nach acht Jahren Dienst auf einem Kohlenschiff, in die Royal Navy, die Königliche Marine Englands, ein. Seine ersten Fahrten, bei denen er kartographische Messungen durchführte, führten ihn nach Westen Richtung San-Lorenz-Strom und Neufundland.

1768 erhielt er den Befehl des Königs von Großbritannien und Irland, Georges III.: „Ihr sollt gen Süden fahren, um den Kontinent zu entdecken!" Das war der Beginn seiner Entdeckungs- und Erkundungsfahrten.

Am 25. August 1768 brach er mit der „Endeavour", einem ehemaligen Kohlenschiff, auf. Dreimal kreuzte er jeweils drei Jahre lang im Pazifik, ohne seinen eigentlichen Auftrag – die Entdeckung des legendären, großen, reichen Landes im Süden – erfüllen zu können, was, wie wir heute wissen, unmöglich war – dieses Land gibt es nicht. Auf seiner ersten Fahrt stellte er u. a. den Doppelinselcharakter Neuseelands fest und erreichte am 19. April 1770 bei 37°58′ südlicher Breite die Ostküste Australiens. Auf seiner zweiten Fahrt überquerte er als Erster den südlichen Polarkreis, auf seiner dritten und letzten Expedition schließlich entdeckte er Alaska und die Hawaii-Inseln, wo er 1779 ermordet wurde.

Arbeitsaufträge

- Verfolge die Fahrten Cooks auf einer Weltkarte.
- Wo weisen Namen/Begriffe auf den Entdecker Cook hin?

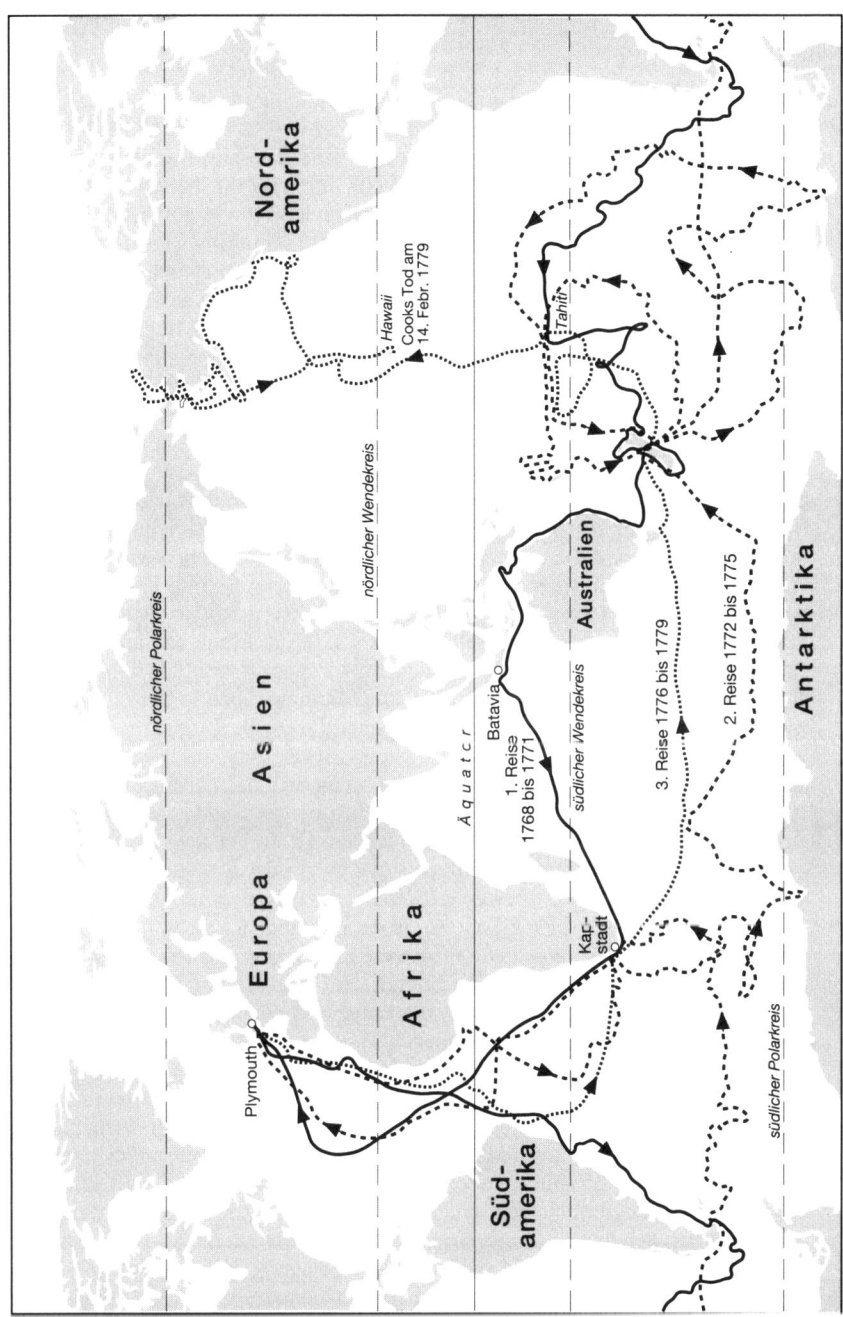

Die drei Expeditionen von Cook

Dieser Text gibt einen Einblick über das Aussehen und in die Lebensweise der Eingeborenen Neuseelands, den Maori.

Die Eingeborenen des Landes sind kräftig, derbknochig, gut gebaut und behände. Sie sind eher von über als unterdurchschnittlicher Größe, besonders die Männer. Ihre Hautfarbe ist von sehr dunklem Braun, ihr Haar schwarz, und sie tragen dünne, schwarze Bärte. Ihre Zähne sind weiß, und jene, die ihre Gesichter nicht mit Tätowierungen verunstalten, haben im Allgemeinen sehr gute Gesichtszüge. Die Männer tragen ihr Haar meist lang, hinaufgekämmt und oben in der Mitte des Kopfes zusammengebunden; einige der Frauen tragen es lang und lose auf die Schultern herabhängend, besonders alte Frauen, andere wiederum kurz. Ihre Kämme sind aus Bein oder Holz gemacht, und manchmal tragen sie sie als Schmuck aufrecht in das Haar gesteckt. Sie scheinen sich einer guten Gesundheit zu erfreuen, und viele von ihnen erreichen ein ansehnliches Alter. Viele der alten Männer und auch einige in mittleren Jahren haben ihre Gesichter schwarz bemalt oder tätowiert, und einige wenige haben wir gesehen, die ihr Hinterteil, ihre Schenkel und andere Körperteile bemalt hatten, was aber auch weniger gebräuchlich ist ... Das Anfertigen von Kleidern und alle andere häusliche Arbeit wird zur Gänze von den Frauen verrichtet, während handwerkliche und körperlich anstrengendere Arbeit, wie das Bauen von Booten und Häusern, Ackerbau, Fischfang usw., Sache der Männer ist. Beide, Männer und Frauen, tragen Schmuck an ihren Ohren und um den Hals. Er ist aus Stein, Knochen oder Muscheln gemacht und sehr verschiedenartig geformt. Einige sah ich menschliche Zähne und Fingernägel tragen, und wenn wir recht verstanden haben, waren diese von ihren verstorbenen Freunden. Die Männer trugen, wenn sie bekleidet waren, meist zwei oder drei lange weiße Federn aufrecht ins Haar gesteckt ... Wenn uns Eingeborene besuchten, die uns vorher noch nie gesehen hatten, kamen sie fast immer in ihren größten Kanus, von denen einige 60, 80 oder sogar 100 Leuten Platz boten; immer hatten sie ihre besten Kleider bei sich, die sie anzogen, sobald sie in die Nähe des Schiffes kamen. In der Regel befand sich in jedem Kanu ein alter Mann, in einigen sogar zwei oder drei; diese pflegten die anderen zu führen, waren besser gekleidet und trugen eine Hellebarde, eine Streitaxt oder sonst etwas ähnliches in ihren Händen, das sie von den Übrigen unterschied. Sobald sie unserm Schiff auf die Entfernung eines Steinwurfes nahe gekommen waren, hielten sie an und riefen ,Haromai Hareuta a patoo age', das heißt: ,Kommt her, kommt mit uns ans Land und wir werden euch töten mit unseren patoos (= Streitaxt)'. Zu diesen Worten schwangen sie ihre Waffen gegen uns, und manchmal führten sie dann ihren Kriegstanz auf, manchmal wieder handelten und sprachen sie danach mit uns und beantworteten die an sie gerichteten Fragen mit aller nur denkbaren Ruhe, um dann wieder ihren Kriegstanz zu beginnen ... Handfeuerwaffen beachteten sie nie, außer sie bekamen ihre Wirkung zu spüren, aber große Kanonen sehr wohl, weil diese die Steine für sie unbegreiflich weit schleuderten. Nachdem sie erkannt hatten, dass unsere Waffen den ihren weit überlegen waren, wir aber keinerlei Vorteil daraus zogen, waren wir uns – wohl nach einiger Erwägung dieser Tatsache – gute Freunde. Nie versuchten sie einen von uns an Land zu überfallen, obwohl sie sicher das eine oder andere Mal Gelegenheit dazu gehabt hätten.
(aus: Captain Cook. Verlag Anton Schroll & Co, Wien und München 1971)

Die folgenden Aufzeichnungen stammen von David Samwells, der James Cook und seine Mannschaft als Schiffsarzt begleitet hat.

Mittwoch, 24. Dezember 1777. Um halb acht heute Morgen sichteten wir Land im Nordosten, das sich als flache, sandige Insel mit vielen Lagunen erwies; gegen fünf Uhr nachmittags fanden wir einen Ankerplatz an der Leeseite in 1°58′ nördlicher Breite und 202°32′ östlicher Länge.

Donnerstag, 25. Dezember. Heute Morgen ging Käpt'n Cook an Land, um die Insel zu erforschen. Er kehrte am Nachmittag zurück, nachdem er festgestellt hatte, dass sie an dieser Stelle aus nichts als Korallenfels und Sand, einigen wenigen Büschen, die hier und da wuchsen, und drei oder vier toten Kokosnuss- bäumen bestand, ohne jedes Wasser. Die Insel war voller Vögel, darunter Fregattvögel, tropische Vögel und eine weitere Vogelart, die wir Eiervogel nannten, wegen der großen Zahl ihrer Eier. Es gab ebenso einen kleinen Landvogel und einige Ratten. Als Entschädigung für das trockene, unfruchtbare Land fanden wir das Meer voller Fische, und Boote wurden ausgesandt, um sie zu fangen.

Käpt'n Cook achtete die alte, lobenswerte Sitte des Weihnachtsfestes und widmete diesen Tag der Freude und Besinnlichkeit. Während er zu Tisch saß, empfing er eine Nachricht von Käpt'n Clerke, die ihn davon unterrichtete, dass einige Männer von der „Discovery", als sie an Land umhergingen, eine Wasser- schildkröte fanden und sie mitnahmen. Dies war eine willkommene Nachricht, und wir änderten unsere schlechte Meinung von der Insel, die wir bisher hatten.

Freitag, 26. Dezember. Heute Morgen wurden die Boote beider Schiffe zu verschiedenen Stellen der Insel ausgesandt, um nach Schildkröten zu suchen.

Montag, 29. Dezember. Etwa zu Mittag kehrte das große Beiboot der Discovery, das die letzten zwei Tage auf Schildkrötenjagd in der Lagune gewesen war, zum Schiff zurück. Es hatte zwei Mann an Land zurücklassen müssen. Diese hatten sich vom Boot entfernt und konnten den Weg zurück nicht mehr finden. Da befürchtet werden musste, dass die Umherstreifenden sich völlig verirren und verdursten könnten, denn das Wetter war äußerst heiß, sandte Käpt'n Cook einen Maat und drei weitere Männer an Land, um sie zu suchen.

Dienstag, 30. Dezember. Die Barkasse der Discovery, die zur Schildkrötenjagd ausgesandt worden war, kam am Abend längsseits und brachte einen der vermissten Männer an Bord zurück. Nachdem dieser nicht mehr in der Lage gewesen war weiterzugehen, hatte er seinen Gefährten verlassen und den Maat benachrichtigt. Die beiden hatten den Rückweg falsch eingeschätzt, den sie benötigen würden, um die erlegten Schildkröten vom Strand zum Boot zurück- zubringen, und waren in große Wassernot geraten. Nachdem sie mehrmals vergeblich versucht hatten, sich Wasser zu beschaffen, indem sie Löcher in den Sand bohrten, nahmen sie Zuflucht darin, dass sie das Blut einer Schildkröte tranken, das aus einer Wunde an ihrem Hals floss. Dies jedoch machte sie krank, anstatt ihren Durst zu stillen; sie fanden nur Erleichterung, indem sie sich wiederholt in das Meer warfen, so unerträglich war die Hitze der Sonne, die den Sand aufheizte.

Mittwoch, 31. Dezember. Heute um Mittag wurde der andere Mann an Bord der Discovery gebracht. Der Maat war ihn sogleich suchen gegangen, nachdem er die Nachricht von seinem Gefährten erhalten hatte, und hatte ihn nahe am Ufer liegen gesehen. Er brach, sobald er seine alten Schiffskameraden erblickte, in Tränen aus. Derart zerschlagen durch Hitze und Durst war er, dass er sich kaum auf den Beinen halten konnte. Nach einer Stärkung, die man ihm brachte, erholte er sich jedoch so weit, dass er sich allein behelfen und an Bord zurückgehen konnte. Er war aber noch einige Zeit danach krank. Wir blieben bis zum Morgen des 2. Januar 1778 und fingen Schildkröten. Dann setzten wir Segel und fuhren gen Norden; vor Mittag hatten wir das Land aus den Augen verloren. Beide Schiffe zusammen hatten fast zweihundert Wasserschildkröten geladen, die zwischen 50 und 200 Pfund wogen. Sie boten uns vorzügliche Nahrung gerade zu der Zeit, als das frische Schweinefleisch, das wir von den Gesellschaftsinseln mitgebracht hatten, zu Ende gegangen war und wir schon eine Tagesration Pökelfleisch aufgebraucht hatten. Käpt'n Cook nannte die Insel Christmas Island, Weihnachtsinsel."

(nach: The Journals of Captain James Cook on His Voyages of Discovery. Cambridge University Press, London 1967)

Arbeitsaufträge

–   Gib anhand der Tagebuchaufzeichnungen eine möglichst exakte Beschreibung der Insel.
–   Vergleiche die Aufzeichnungen mit der Karte der Weihnachtsinsel von heute. Wo sind Gemeinsamkeiten, wo Unterschiede?

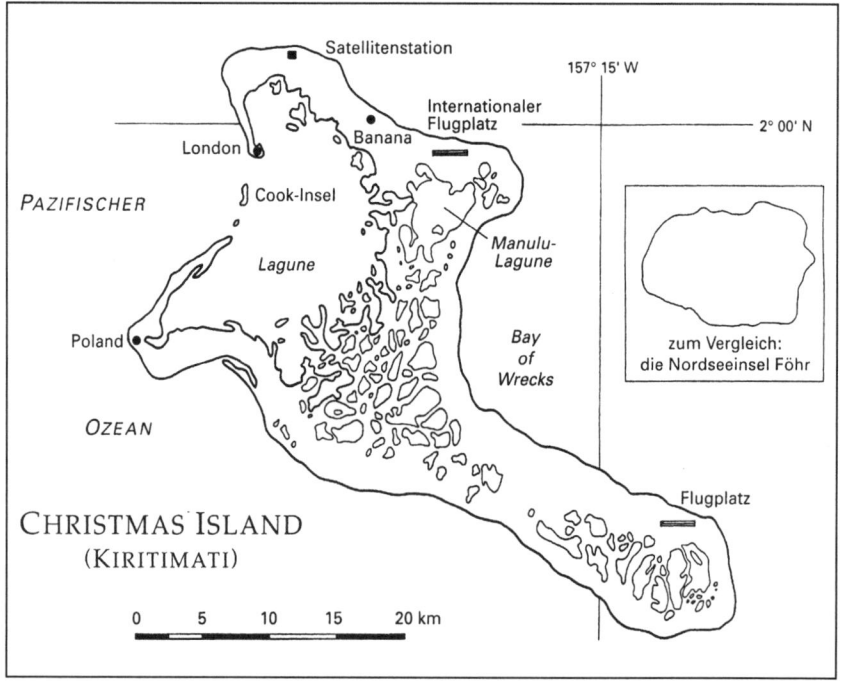

Weihnachtsinsel

Entdeckung des afrikanischen Kontinents

Auch wenn die ostafrikanische Küste bereits im Altertum von den Arabern besegelt wurde, galt Afrika noch im letzten Jahrhundert als der „dunkle Kontinent". Expeditionen stießen zwar damals schon vom Nordrand Afrikas aus in die Sahara vor, jedoch war bis gegen Ende des Altertums nur der nördlich der Sahara gelegene Teil von Afrika in Europa bekannt.

Im Mittelalter dann waren es vor allem die Portugiesen, die Expeditionen an die Westküste Afrikas schickten. 1488 umsegelte *Bartolomeu Diaz* als Erster das Kap der Guten Hoffnung.

Abgesehen von einigen europäischen Handelsniederlassungen an der Guineaküste, war Afrika im 16.–18. Jh. vor allem eine Etappe auf dem Weg nach Ostindien, zu den begehrten Gewürzen. Nur vereinzelt drangen Europäer in das Landesinnere vor. Die eigentliche Entdeckung und wissenschaftliche Erforschung von Afrika begann 1788 mit der Gründung der *African Association* in London. Von da an stießen die Entdecker von der Küste aus oder über die großen Ströme ins Unbekannte vor.

Um den Schülern von dieser Besitzergreifung Afrikas einen Eindruck zu vermitteln, sollte man in Atlanten Karten unter dem Aspekt *Afrika – 1914/18* und *Afrika – heute* vergleichen. Verschiedene Fragestellungen sind möglich:

– Welche europäischen Länder waren an der Entdeckung/Erschließung von Afrika beteiligt?
– Welche Gebiete Afrikas wurden zuerst erforscht? Begründe.
– Beschreibe die politischen Veränderungen in diesem Jahrhundert.

David Livingstone (1813–1873)

Einer der bedeutendsten Afrikaforscher war der Schotte *David Livingstone*. Er wurde am 19. März 1813 in der Nähe von Glasgow geboren, arbeitete in jungen Jahren als Drahtknüpfer in einer Fabrik, um sich das Geld für ein Medizin- und Theologiestudium zu verdienen. 1840 kam er als Missionar nach Afrika und gründete dort eine Missionsstation. 1849 begann er seine Erforschung des „dunklen Erdteils". In drei großen Reiseperioden (1841–1856, 1858–1864, 1865–1873) durchquerte er zwischen 3° südlicher Breite und der Kalahari einerseits, Atlantischem und Indischem Ozean andererseits das zentrale tropische Südafrika. Auf diesen Reisen entdeckte er u. a. den Ngamisee und den Njassasee, sah als erster Europäer die von ihm so benannten Victoriafälle und gelangte auf einer seiner Expeditionen zur Südspitze des Tanganjikasees. Das Rätsel von den Quellen des Nils konnte Livingstone allerdings nicht lösen. Am 1. Mai 1873 starb Livingstone an Sumpffieber. Sein Leichnam wurde nach England überführt und unter den Größten des Landes in der Westminsterabtei in London beigesetzt – sein Herz wurde am Sterbeort begraben.

Eine Stadt in Sambia, 32 Wasserfälle am unteren Kongo und eine Gebirgskette in Tansania tragen seinen Namen als Zeugen seines Ruhms.

Der folgende Bericht beschreibt den Weg von der Ruvumamündung zum Njassasee, heute Malawisee.

5.4.1866 Büffel und Kamele wurden zum ersten Mal von Tsetsefliegen gestochen. Wir hatten dicht verwachsenes Dschungelland zu durchqueren, für die Kamele musste ein Weg gebahnt werden.

12.4.1866 Wir fanden den Dschungel so undurchdringlich, dass meine Leute allen Mut verloren. Die Bäume sind nicht groß, aber sie stehen außerordentlich dicht gedrängt, und es kostet schwere Arbeit, durchzubrechen und den Gang auszuweiten. Im Urwald, in dieser von der Feuchtigkeit des Indischen Ozeans durchatmeten Heißluft, konnte ich beim Betrachten dieser üppigen Pflanzenwelt das Gefühl nicht überwinden, ich kämpfe um mein Dasein wie sie.

27.5.1866 Nachts sahen wir zwei Männer, die zwei Frauen an Ketten führten. Ein dritter ging vorne mit einer Fackel, ein vierter folgte mit einem Gewehr. Matumore erlaubt, dass die Leute seines Stammes ihre Frauen den Sklavenhändlern verkaufen.

24.6.1866 Die Afrikaner scheinen seit urdenklichen Zeiten eine hoch entwickelte Töpferei zu besitzen. Töpfe, die zum Kochen oder auch zur Aufbewahrung von Bier und Wasser dienen, werden zumeist von Frauen hergestellt; die Form wird nach freiem Augenmaß und ohne Maschine gewonnen.

28.7.1866 Wir steigen in das Hochland hinauf. Das Bergland ist dicht bewohnt, wir fanden überall Ortschaften von Hunderten Häusern und mehr. Die Einwohner sind in der Technik der Wasserverwertung und Drainierung weit fortgeschritten.

2.8.1866 Häufige Spuren von Schmiedewerkstätten. Offenbar gab es hier, bevor das Land entvölkert wurde und zum Dschungel verwilderte, eine alte und weit verbreitete Kultur.

6.8.1866 Am Ufer des Njassasees.

3.9.1866 Die Araber am See fliehen mich, als ob ich die Pest hätte, und so kann ich weder Briefe nach der Küste zurücksenden noch über den See kommen."

Arbeitsaufträge

– Verfolge auf einer Karte den Weg Livingstones.
– Beschreibe und erkläre die natur- und kulturgeographischen Bedingungen, die Livingstone auf seiner Expedition vorfand.

Die folgenden Aufzeichnungen aus dem Tagebuch von Livingstone zeigen, dass die täglichen Sorgen um Nahrung und Gesundheit den Expeditionsalltag bestimmten.

16. Dezember. Wir mussten über den Loangwa (auch: Luanwo), der etwa achtzig Meter breit ist, weil auf dem diesseitigen Ufer nichts Essbares aufzutreiben war. Der Loangwa soll im Norden entspringen. Die Ufer sind aus angeschwemmter Humuserde gebildet und mit hohen Bäumen bewachsen, der Grund ist sandig; er ist fast ebenso reich an Sandbänken wie der Sambesi.

17. Dezember. An Wild ist kein Mangel; ich sah Flusspferde und schoss zwei Pokuantilopen, Tfebulas genannt. Wir drangen drei Meilen nordwärts vor und fanden die Bevölkerung ungastlich. Man wollte uns keine Hütte zur Verfügung stellen und so mussten wir Zelte aufschlagen.

18. Dezember. Unsere Leute beklagten sich, dass sie sich auf dem Marsch durch unwegsame Wälder die Füße mit Dornen zerstochen hätten; ich musste einen Führer aufnehmen und der Einzige, der sich bereit fand, wollte nur nach Molengas Dorf gehen; ich musste also von der Marschroute nordwärts abbiegen.

20. Dezember. Wir kamen nach Kafembe, einem elenden, aus wenigen Hütten bestehenden Dorf, das mit der Residenz des gleichnamigen Häuptlings im Moerogebiet keine Ähnlichkeit aufzuweisen hat. Die Leute sind außerordentlich misstrauisch, keine Arbeit ist ohne Vorauszahlung des Lohnes zu erdingen; wir konnten weder Korn noch Gemüse auftreiben. Ich schoss einen Buschbock.

23. Dezember. Der Hunger treibt uns vorwärts, denn von bloßer Fleischkost kann man nicht leben. Wir fühlen uns alle schwach, da ist ein Weg von drei Stunden täglich schon eine große Leistung.

Christtag 1866. Ich habe meine vier Ziegen verloren; ich weiß nicht, ob sie gestohlen worden sind oder sich im Wald verlaufen haben; jedenfalls ist der Verlust schwer, denn in Zeiten des größten Hungers war mir ihre Milch ein Labsal, und ich konnte die gröbste, ohne Milch unverdauliche Kost vertragen. Einen Tag lang suchten wir nach ihnen, aber alles war vergeblich.

27. Dezember. Unser Führer bat, wir sollten ihm ein Kleid leihen, denn es regnete in Strömen, und sein aus Baumrinden gefertigter Schurz war kläglich genug. Ich willigte ein, aber wenige Minuten nachher war er verschwunden. An Verfolgung war nicht zudenken, denn der Wald ist sehr dicht.

28. Dezember. Bei uns ist große Not, denn ich konnte keine Jagdbeute machen. Ein ganzes Kleid musste ich Moerwa schenken, damit er uns ein Gericht Maere bereite: Hirse und Elefantenmagen. Es war ein wahres Fest für uns, wieder einmal satt zu werden, und wir waren überglücklich, als wir hörten, er werde morgen noch einmal für uns kochen. Aber am nächsten Abend stellte sich heraus, dass er nichts für uns angerichtet hatte. Der Bote hatte gelogen. Ich glaube wohl, dass Moerwa selbst der Lügner ist.

6. Januar 1867. Nach dem Gottesdienst kamen zwei Leute zu uns und sagten, sie müssten nach Lobemba gehen und würden uns gern bis zu Motunas Dorf führen. Die Leute sahen ehrlich aus, aber sie enttäuschten uns, denn sie führten uns einfach weglos westwärts; am Nachmittag gerieten wir in eine tiefe Schlucht, die dicht mit Bambus bestanden war: das Flussbett des Mawofche. Die Bäume hier sind infolge der großen Feuchtigkeit mit Flechten überwachsen, und der Abstieg war so steil und schlüpfrig, dass zwei unserer Leute stürzten.

In Motunas Dorf fanden wir keine Lebensmittel vor; der Vorsteher aber wollte zwei Ellen Kattun von uns erpressen, weil wir sein Land durchzogen hätten; ich antwortete, wir würden sofort weiterziehen und auf „Gottesland", das heißt auf noch nicht urbar gemachtem Gebiet, lagern; darauf bat er uns zu bleiben.

Die Eingeborenen nähren sich von wilden Früchten, Wurzeln und Blättern, sind aber merkwürdigerweise dick.

Am **9. Januar** stiegen wir wieder in das Hochland hinauf. Zwei Führer, die mit uns gekommen waren, stießen von Zeit zu Zeit ein johlendes Geschrei aus, um Honigvögel herbeizulocken, aber es war vergeblich. Wir fanden Reste eines Wasserbocks und Spuren heftigen Kampfes, aber von dem Raubtier war nichts zu bemerken. Zu gewissen Zeiten kommen Büffel und Elefanten hierher, jetzt aber ist die Landschaft mit einer dünnen Grasmatte überwachsen, die ihr den Charakter eines gepflegten Parks gibt; aber diese Stellen sind wie Schwämme, übervoll mit Wasser; man muss sehr vorsichtig sein, wenn man nicht in tiefe Wasserlöcher fallen will, die durch die Schritte der Elefanten erzeugt werden. Das Wasser reicht immer bis zur halben Höhe des Stiefels. Diese landschaftlich reizvolle Gegend ist zur Zeit unbewohnt; aber wir fanden Schlacken von alten Schmelzöfen. Der Führer beschwerte sich, dass er kein Fleisch erhielt, obwohl er sonst immer von Blättern lebt; ohne Mühe hätte er sich im Walde eine Mahlzeit zusammensuchen können. Niemals können wir uns satt essen.

10. Januar. Mittags erreichten wir das Dorf Tschafunga; ich hatte meinen Gürtel drei Löcher enger gezogen, um den Hunger zu ertragen. Auch in Tschafunga ist Hungersnot, aber die Dorfleute hatten vor kurzem einen Elefanten getötet und boten uns gedörrtes Elefantenfleisch zum Kauf; wenn der Hunger diktiert, zahlt man jeden Preis.

16. Januar. Marsch über Bergland: weißer und fleischfarbiger Dolomit (Dolomit = körniges bis dichtes Sedimentgestein, wahrscheinlich aus Kalkgestein durch Zufuhr von Magnesium entstanden), spärlich mit alpiner Vegetation bewachsen. Wir stießen auf Leute, die sich ganz von der Masukofrucht nähren und aus den Blattstielen der Schuarepalme Matten flechten. Wir haben schwere Zeiten: etwas Maere, Suppe und Hirsekuchen. Wir rösteten Korn und kochten es. Dann bildeten wir uns ein, Kaffee zu trinken! Der Führer, unzufrieden, weil wir ihm keine bessere Kost zu bieten hatten, kehrte nach Hause zurück.

19. Januar. Wir bekommen etwas Elefantenfleisch; es ist sehr bitter und schmeckt widerwärtig; wir schneiden etwas davon in die Maeresuppe. Keiner von uns würde es anrühren, wenn wir etwas anders bekämen, denn die Elefantenbrühe schmeckt wie zerkochte Aloe, aber der Fleischzusatz verhindert das Sodbrennen, das von der Hirse erzeugt wird. Ich versuche statt Fleisch Schwämme zu essen, aber es ist unmöglich: die Dschungelkost ruft eine Mattigkeit hervor, deren man nur mit Hilfe von Fleischnahrung Herr werden kann; der Salzmangel macht den Hunger unerträglich.

20. Januar. Wir setzen unseren Marsch führerlos fort. Auch die beiden Ajahu haben sich von uns getrennt. Bis zum letzten Augenblick erwiesen sie sich als treu und waren immer auf unserer Seite. Da sie vollkommen der Sprache mächtig waren, leisteten sie uns große Dienste. Niemand erwartete, dass sie uns plötzlich im Stich lassen würden. Vielleicht hatten wir ihnen größeres Vertrauen geschenkt, als bei den frei gewordenen Sklaven am Platz ist. Der Verlust war umso ärgerlicher, als sie einen unentbehrlichen Schatz stahlen, nämlich die Arzneikiste; und dabei wussten wir doch, dass sie sie wegwerfen würden, sobald sie sich von ihrem Inhalt überzeugt hätten. Überdies hatten sie alle Schlüssel mit sich genommen, einen Pulverkasten und das Mehl, das wir teuer erworben hatten, allerlei Werkzeuge, zwei Gewehre – aber der schwerste Verlust war doch die Arzneikiste. Mir war zu Mut, als ob ich mein Todesurteil empfangen hätte. Ohne Chinin ist man in den Tropen so gut wie verloren. (Chinin wird aus der Chinarinde gewonnen und findet als Mittel gegen Fieber und Malaria Verwendung.)

22. Januar. Da es unentwegt regnete, blieben wir in Lifunga und kauften allen Maere auf, den der Häuptling uns abgeben wollte. Unsere Hauptschwierigkeiten sind jetzt Nahrungsmangel und Regen; vom Norden her kommen ganze Wolkenbänke gezogen, entladen ihre Wässer in furchtbaren Gewittern und überschwemmen die Randgebiete des Hochlandes.

27. Januar. Als ich heute Morgen meinen Anzug wechselte, erschrak ich über meine Magerkeit.

(LIVINGSTONE, DAVID: Die Erschließung des dunklen Erdteils. Reisebücher aus Zentral-Afrika, 1866–1873)

Arbeitsaufträge

- Welche Informationen gibt der Text in Bezug auf Vegetation und Oberflächenform?
- Mit welchen Schwierigkeiten mussten sich Livingstone und seine Begleiter auf dieser Expedition auseinander setzen? Versuche diese auf der Grundlage der Ergebnisse von Aufgabe eins zu erklären.

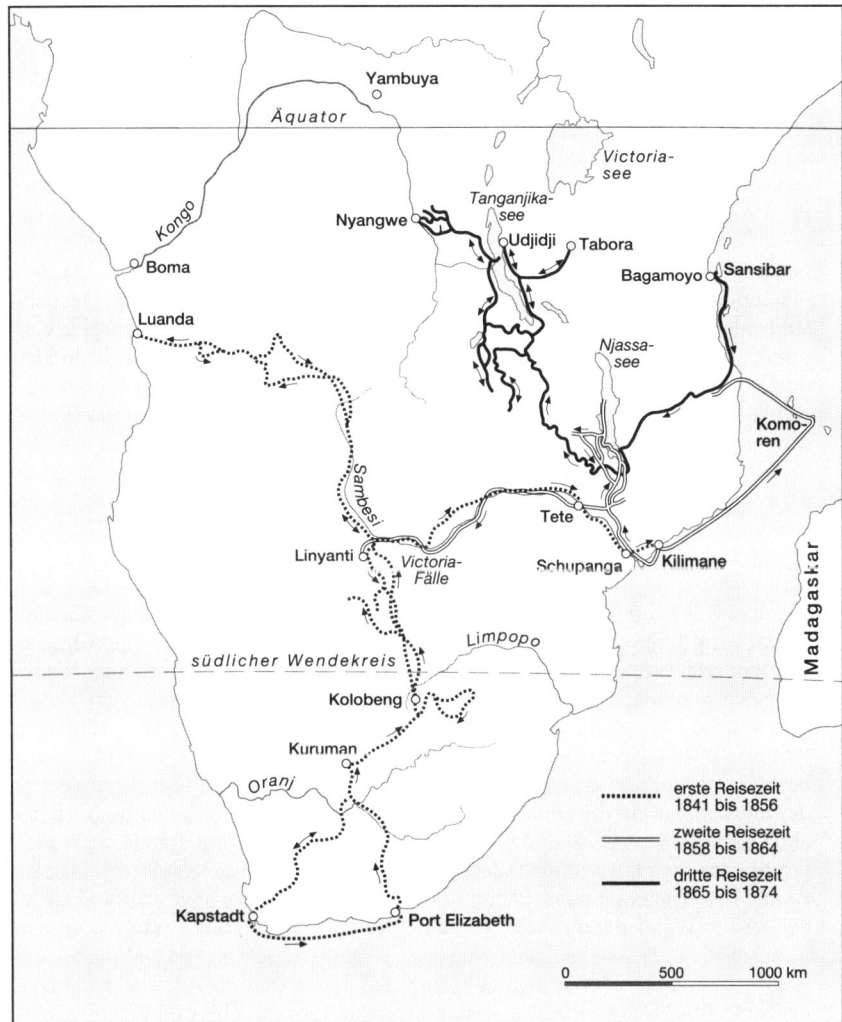

Die Reisen Livingstones

Die wahrscheinlich eindrucksvollste Entdeckung Livingstones ist die der Victoria-fälle im Jahr 1855. Einen Eindruck über die Erscheinung und die Mächtigkeit dieses Wasserfalles gibt der folgende Text wieder.

Da dies die Stelle war, wo wir uns nach Nordosten wenden sollten, beschloss ich am folgenden Tage, die Victoria-Fälle zu besuchen, die von den Eingeborenen „Mosioatunya" (d. h., hier tost Rauch) genannt werden. Von diesen Fällen hatten wir oft gehört, seit wir in das Land gekommen ... In der Überzeugung, dass Oswell und ich die einzigen Europäer waren, welche je den Sambesi im Zentrum des Landes besuchten und dass diese Stelle das Bindeglied zwischen dem bekannten und unbekannten Teil des Flusses ist, gab ich dem Wasserfall einen englischen Namen ... Nach zwanzig Minuten Fahrt von Kalai aus sahen wir zum ersten Male die Rauchsäulen, die sich in einer Entfernung von fünf bis sechs Meilen erhoben, gerade wie wenn große Strecken Gras in Afrika angebrannt werden. Es stiegen fünf Säulen auf, deren Spitzen sich mit den Wolken zu vermischen schienen. Unten waren sie weiß, höher aber wurden sie dunkel, sodass sie fast wie Rauch aussahen. Die ganze Szene war außerordentlich schön; die Ufer und die auf dem Fluss verstreuten Inseln sind mit Waldbäumen der verschiedensten Farben und Gestalt geschmückt ...

Noch kein Europäer vor mir ist hierher gekommen; aber so liebliche Szenen müssen selbst von den Engeln auf ihrer Flucht angestaunt worden sein. Die Fälle sind auf drei Seiten von drei- bis vierhundert Fuß hohen Bergketten eingeschlossen, die mit Waldbäumen bedeckt sind, zwischen denen der rote Erdboden durchschimmert ... Aber obwohl wir eine Insel im Fluss erreicht hatten und wenige Ellen von der Stelle entfernt waren, von wo aus ein Blick das ganze Rätsel lösen sollte, so glaube ich doch, dass niemand sehen kann, wohin die Wassermasse geht; sie schien sich in der Erde zu verlieren, da die gegenüberliegende Seite des Spaltes, in der sie verschwand, nur achtzig Fuß entfernt war. Wenigstens konnte ich es mir nicht erklären, bis ich voll Scheu bis an den obersten Rand kroch und in einen großen Spalt schaute, der von einem Ufer des Sambesi bis zum anderen reichte; da sah ich, dass der Strom etwa tausend Ellen breit war, hundert Fuß tief hinabstürzte und dann plötzlich in einem Raume von fünfzehn bis zwanzig Ellen eingeengt wurde. Die Fälle sind nichts weiter als ein Riss in den harten Basaltfelsen ... Wenn man rechts von der Insel in den Spalt hinunterblickt, sieht man nichts als eine dichte, weiße Wolke, auf welcher sich, als wir dort waren, zwei glänzende Regenbogen zeigten. Aus dieser Wolke erhob sich eine große Dunstsäule zwei- bis dreihundert Fuß hoch, welche dicker wurde, die Farbe von dunklem Rauch annahm und in einem dichten Regen herunterfiel, der uns bald bis auf die Haut durchnässte. Dieser Regen fällt namentlich auf der entgegengesetzten Seite des Spaltes, und wenige Ellen vom Rande steht eine Gruppe immergrüner Bäume, deren Blätter stets nass sind. Von ihren Wurzeln rieseln eine Unzahl kleiner Bäche in den Abgrund zurück; aber während sie an der steilen Wand herabbrinnen, leckt sie die aufsteigende Dunstsäule rein vom Felsen weg, und sie steigen wieder empor ... Die Wände des riesigen Spaltes sind senkrecht und bestehen aus einer Felsmasse ein und derselben Art. Der Rand an der Seite, über welche das Wasser hinunterstürzt, ist zwei bis drei Fuß ausgewaschen, und Felsstücke sind hinuntergefallen, sodass der Rand wie eine Säge aussieht ... Ich sagte oben, dass wir fünf Dunstsäulen aus dem geheimnisvollen Abgrunde aufsteigen sehen: Sie werden offenbar durch das Aufschlagen des herabstürzenden Wassers in den nicht nachgebenden spaltförmigen Raum gebildet. Von den fünf Säulen waren zwei zur Rechten und eine zur Linken der

Insel die größten. Es war jetzt niedriger Wasserstand, aber soweit ich es beurteilen konnte, war es ein fünf- bis sechshundert Ellen breiter, am Rande des Abgrunds wenigstens drei Fuß tiefer Strom.

(LIVINGSTONE, DAVID: Missionsreisen und Forschungen in Süd-Afrika. 2. Band, Leipzig 1858)

Arbeitsauftrag

– Zeichne nach den Angaben im Text ein möglichst genaues Bild der Victoriafälle.

Die Entdeckung der Nilquellen

Eines der größten Geheimnisse Afrikas war das Rätsel um die Quellen des Nils. Schon die Ägypter beschäftigten sich mit dieser Frage, war doch der Fluss mit seinem regelmäßigen Steigen und Fallen der Segen des Landes. Ägyptische Könige und römische Kaiser schickten bereits Karawanen bzw. Expeditionen los, um dem Geheimnis auf die Spur zu kommen, jedoch ohne Erfolg. Erst der britische Afrikaforscher *John Hanning Speke* (1827–1864) erbrachte im Juli 1862 endgültig den Beweis, dass der Victoriasee der Quellfluss des Weißen Nils ist: Er folgte vom Nordufer des Victoriasees aus dem Fluss, von dem ihm Eingeborene berichteten, in nördlicher Richtung und traf schließlich auf seinen Landsmann *Samuel Baker*, der nilaufwärts bis zu dieser Stelle gekommen war.

Der eigentliche Quellfluss, der Kagera, wurde erst Jahrzehnte später von den Deutschen *Oskar Baumann* und *Richard Kandt* entdeckt.

Der folgende Bericht beschreibt die Stelle, an der der Nil den Victoriasee verlässt und die Speke als erster Europäer gesehen hat.

Hier stand ich endlich am Rande des Nils; die Szene war äußerst schön, nichts konnte sie übertreffen. Ein prächtiger, breiter Strom, mit Inseln und Felsen bedeckt. Auf den Inseln standen kleine Fischerhütten, auf den Felsen lagen Kähne und Krokodile, die sich in der Sonne lechzten. Ein Strom, der zwischen schönen hohen Grasufern dahinfloss, mit reichen Bäumen und Bananenstauden im Hintergrund, wo Herden von Rindern grasend gesehen wurden, während Nilpferde im Wasser schnarchten. Aber Schwierigkeiten aller Art dämpften bald unsere freudige Erregung, besonders schwer war es, die nötigen Boote für die Weiterreise zusammenzubekommen ... Unser Weg führte uns nun am linken Ufer des Nils entlang aufwärts zu den Isamba-Stromschnellen ...

Der nächste Tag brachte einen langen und beschwerlichen Marsch durch hohes Gras und Wälder. Wir erreichten jetzt einen Distrikt, den ich nicht anders beschreiben kann, als dass ich ihn „Kirchenstaat" nenne. Er ist in einer geheimnisvollen Weise dem Lubari (Allmächtigen) geweiht.

Am 28. ging es endlich mit einem guten Ruck vorwärts. Wir überschritten die Berge, durchzogen große Grasflächen und ausgedehnte, von Elefanten verwüstete Dorfpflanzungen. Die Tiere hatten alles Essbare gefressen, und was nicht als Nahrung dienen konnte, hatten sie mit Rüsseln zerstört, sodass nicht eine Bananenstaude und eine Hütte ganz geblieben waren. So kamen wir endlich am äußersten Ende unserer Reise an.

Wir wurden gut belohnt, denn die „Steine", wie die Eingeborenen die Fälle des Nils nannten, wo er den Victoriasee verlässt, waren weitaus der interessanteste Anblick, den ich in Afrika gesehen habe. Alle miteinander rannten sofort hin, sie zu sehen, obgleich der Marsch lang und ermüdend gewesen war. Obgleich sehr schön, so war die Szene doch nicht so, wie ich erwartet hatte; denn die breite Fläche des Victoriasees war durch einen Bergausläufer von der Ansicht ausgeschlossen, und die ungefähr 12 Fuß hohen und 400 bis 500 Fuß breiten Fälle waren durch Felsen gebrochen. Doch war es ein Anblick, der stundenlang fesseln konnte: das Getöse des Wassers, die Tausende von wandernden Fischen, die mit aller Gewalt aus den Fällen heraussprangen; die Fischer, die mit Booten herauskamen und sich auf den Felsen mit Ruten und Haken postierten; die Krokodile und Nilpferde, die schläfrig auf dem Wasser lagen; die Fähre, die oberhalb der Fälle im Gange war; Rinder, die zum Tränken an den See getrieben wurden: Dies alles zusammen mit dem hübschen Rahmen des Landes – kleinere mit Gras gegipfelte Hügel und Bäume in den Einsenkungen und Gärten an den unteren Abhängen – machte das Bild zu einem so interessanten, wie man nur zu sehen wünschen konnte.

Der Zweck meiner Expedition war nun erreicht. Ich sah, dass der alte Vater Nil ohne Zweifel in dem Victoriasee entspringe und dass, wie ich vorhergesagt hatte, jener See die große Quelle des heiligen Flusses war, welcher die Wiege des ersten Verkündens unseres Glaubens trug. Ich trauerte indessen, wenn ich daran dachte, wie viel ich dadurch verloren, dass die Aufenthalte auf der Reise mich des Vergnügens beraubten, nach der nordöstlichen Ecke des Sees zu gehen, um zu sehen, welche Verbindung dort durch die so oft erwähnte Straße zwischen ihm und dem anderen See existierte. Ich fühlte aber, dass ich damit zufrieden sein sollte, was mir zu erreichen möglich geworden war. Ich hatte eine Hälfte des Sees gesehen und über die andere Erkundigungen eingezogen, aus denen ich alles erfuhr, was von geographischer Wichtigkeit sein konnte.

Ich taufte nun die „Steine" Ripon-Fälle nach dem Edelmann, der Präsident der „Royal Geographical Society" war, als meine Expedition ausgerüstet wurde, und den Seearm, aus dem der Nil entspringt, Napoleon-Kanal, als Beweis meiner Achtung vor der Pariser Geographischen Gesellschaft, die mir, kurz bevor ich England verlassen, für die Entdeckung des Victoriasees auf meiner ersten Reise die goldene Medaille zuerkannt hatte.

(aus: JOHN SPEKE: An den Quellen des Nils, in: Entdeckungsgeschichte aus erster Hand, hrsg. von Heinrich Pleticha. Arena, Würzburg 1990)

Arbeitsaufträge

– Erarbeite aus dem Text die naturgeographischen Bedingungen, die Speke auf seiner Reise zu den Quellen des Nils antraf.
– Begründe, warum für Speke die Entdeckung der Nilquellen zu einem seiner eindrucksvollsten Erlebnisse zählt.

Wettlauf zu den Polen

Jahrhundertelang sehnten sich die Menschen danach, die polaren Eis- und Schnee-
wüsten zu besiegen und an die Pole vorzudringen. Die verschiedensten Berichte
erzählen von den Entbehrungen und Gefahren, aber auch von der Faszination, die
diese extremen Landschaften auf den Menschen ausüben.
Eine Antwort auf die Motive der Polarfahrten gibt die Formulierung eines norwe-
gischen Autors, die schon 700 Jahre alt ist, aber nichts an ihrer Aktualität verloren
hat: „Wünschest du zu wissen, was Leute in jenem Land suchen oder warum Leute
bei so großer Lebensgefahr dorthin fahren, so wisse, dass eine dreifältige Natur in
dem Manne ist, die ihn dazu treibt. Ein Teil ist Wetteifer und Neigung zur
Berühmtheit; denn es ist die Natur des Mannes, dorthin zu ziehen, wo Aussicht auf
große Gefahr ist, und sich dadurch einen großen Namen zu machen. Der zweite
Teil ist Wissbegierde; denn es ist auch die Natur des Mannes, dass er die Gegenden,
von denen man ihm erzählt hat, kennen und sehen und auch wissen will, ob es dort
so ist, wie man ihm gesagt hat oder nicht. Der dritte Teil ist Gewinnsucht; denn die
Leute suchen überall nach Geld und Gut und gehen dorthin, wo sie hören, dass
man es gewinnen kann, wenn auch große Gefahr sein sollte." (Geographie heute,
6/1984)
Auch heute noch sind Stürme, unkalkulierbare Eisspalten und Feuer die größten
Risiken und Gefahren bei jeder Polarexpedition. So unwahrscheinlich es klingt, aber
es kommen mehr Menschen durch Feuer als durch Erfrieren ums Leben. Die
verheerenden Feuer haben ihre Ursache in der trockenen Luft, den starken Winden,
den meist engen Unterkünften und Zelten sowie dem notwendigen Gebrauch von
leicht entzündlichen Stoffen.

Erforschung der Antarktis

Unter dem Begriff der Antarktis versteht man die Land- und Meeresgebiete um den
Südpol, der sich in der Mitte der großen Landmasse befindet, die als eigener Erdteil
angesehen werden muss. Dieser Kontinent ist der Kontinent des ewigen Eises: Das
gesamte Innere wird von einer riesigen Inlandeisdecke eingenommen, deren Mächtigkeit im Durchschnitt 1720 m beträgt.
Die Entdeckung und Erforschung dieses Kontinentes begann eigentlich schon mit
Cook, der hinter dem Packeis, das er auf seiner zweiten Reise gesichtet hatte, Land
vermutete. Jedoch schreckte die offensichtliche Unbewohnbarkeit dieses unbekannten Landes für fast 50 Jahre von weiteren Nachforschungen ab. Fast gleichzeitig
entdeckten der Amerikaner *N. Palmer* und der Brite *W. Smith* 1820 die Nordwest-
Küste der antarktischen Halbinsel. Dies war der Beginn, die Existenz des Kontinentes Antarktika endgültig nachzuweisen.
Es sind vor allem zwei Namen, die mit dem Ziel, den Südpol als Erster zu erreichen,
eng verbunden sind: der Norweger *R. Amundsen* und der Brite *R. F. Scott*.

■ Robert F. Scott (1868–1912)
Scott beginnt seine Laufbahn als Marinesoldat. Als Anfang dieses Jahrhunderts ein
internationaler geographischer Kongress beschließt, die Antarktis von mehreren
Seiten aus zu erforschen, übernimmt Scott, der sich ursprünglich wenig mit der

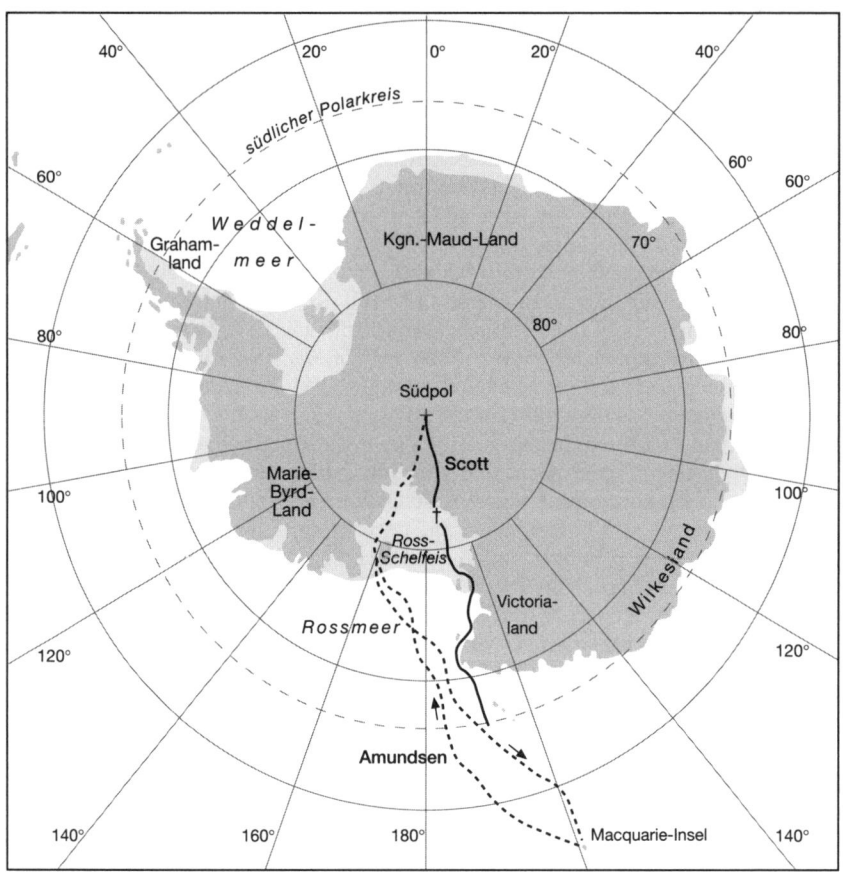

Die Antarktis mit den Routen von Amundsen und Scott

Polarforschung beschäftigt hat, den englischen Teil. So erhält er 1901 den Auftrag, eine Expedition in die Antarktis zu führen, und durchforscht auf der *Discovery* zunächst die Rossbarriere und die Walfischbai. Vom Polarfieber gepackt, reift sein Entschluss, den Südpol zu entdecken. Dieses Ziel erreicht er am 18. Januar 1912, muss jedoch feststellen, dass er rund einen Monat zu spät gekommen ist: Der Norweger Roald Amundsen ist auf einer anderen Route vor ihm am Ziel angelangt. Auf dem Rückweg kommt Scott mit seinen Begleitern in Schneestürmen um, nur knapp 20 km vor dem rettenden Versorgungslager.

■ Roald Amundsen (1872–1928)

Bereits 1894 bricht Amundsen sein Medizinstudium ab, um sich auf verschiedenen Expeditionen auf ein Leben als Polarforscher vorzubereiten. Seine eigene erste Reise beginnt er 1903 mit sechs Begleitern auf dem umgebauten Fischkutter *Gjöa*. Dank gründlicher Vorbereitung und Ausrüstung (Ski, Hundeschlitten) erreicht er mit vier

Gefährten am 15. Dezember 1911 als erster Mensch den Südpol und schafft auch den Rückweg zum Ausgangslager.
Sein zweites großes Ziel, den Nordpol zu erforschen, verhindert zuerst einmal der 1. Weltkrieg. 1918 endlich kann er mit seinem neu gebauten Schiff *Maud* (vgl. *Königin-Maud-Kette*, von ihm auf dem Rückweg vom Südpol zum Lager entdeckt) aufbrechen. Sein alter Plan, mit der Eisdrift zum Nordpol vorzustoßen, misslingt jedoch. So versucht er schließlich den Nordpol auf dem Luftweg zu bezwingen, und es gelingt ihm, vom 11. bis 13. Mai 1926 mit dem Luftschiff *Norge* den Nordpol zu überfliegen. Im Juni 1928 stürzt Amundsen beim Versuch, eine verschollene Arktisexpedition des Italieners Nobile zu suchen, wahrscheinlich in der Nähe der Bäreninsel ab. Er gilt seitdem als verschollen.

Die beiden folgenden Berichte stammen aus dem Buch *Die Pole – Expeditionen ins ewige Eis*.

Im arktischen Herbst (im März) hatte Amundsen 1,5 t Lebensmittel auf drei Depots bei 80°, 81° und 82° südlicher Breite verteilt. Im Frühjahr stellt er seine vierköpfige Mannschaft zusammen: Kapitän Helmer Hansen, ein Hundespezialist, Sverre Hassel, Zöllner und Schlittenführer, Olav Olavson Bjaaland, ein preisgekrönter Skiläufer, und Oskar Wisting, ein Waljäger.
Am 20. Oktober 1911 brechen sie mit jeweils zwölf Hunden pro Schlitten auf. Am 17. November befinden sie sich bei 85° südlicher Breite am Fuß einer Bergkette. Bis jetzt haben sie sich mit einer Tagesgeschwindigkeit von 13 Seemeilen nicht sehr verausgabt. Es bleiben ihnen nun für den Hin- und Rückweg noch 600 Seemeilen, aber vor allem müssen sie einen Weg durch das Gebirge finden.
Es beginnt der mühsame Aufstieg auf den Axel-Heiberg-Gletscher, der von gefährlichen Spalten durchzogen ist. Auf dem Gipfel lässt Amundsen die überzähligen Hunde töten und behält nur noch 18 Tiere für drei Schlitten zurück. Am 10. Dezember ist er nur noch 60 Seemeilen vom Pol entfernt.
Am 14. Dezember erreichen Amundsen und seine Gefährten den 90. Breitengrad. Drei Tage lang vermessen sie mit dem Sextanten den Sonnenstand, um ihre Position genaustens zu bestimmen. Vor dem Aufbruch hinterlegt Amundsen einen Brief an Scott. Am 25. Januar 1912 ist die siegreiche Mannschaft wieder in Framheim. Sie hat für den Hin- und Rückweg 97 Tage gebraucht.

Aus dem Tagebuch von Scott

Dienstag, 16. Januar 1912. Das Furchtbare ist eingetreten – das Schlimmste, was uns widerfahren konnte! Wir machten am Vormittag 14 Kilometer. Am Nachmittag brachen wir in gehobener Stimmung auf, denn wir hatten das sichere Hochgefühl, morgen unser Ziel zu erreichen. Nach der zweiten Marschstunde entdeckten Bowers scharfe Augen etwas, das er für ein Wegzeichen hielt. In wortloser Spannung hasteten wir weiter – uns alle hatte der gleiche furchtbare Verdacht durchzuckt. Eine weitere halbe Stunde verging – da erblickte Bowers vor uns einen schwarzen Fleck! Ein Schneegebilde war das nicht – konnte es nicht sein! Geradewegs marschierten wir darauf los, und was fanden wir? Eine schwarze, an einem Schlittenständer befestigte Flagge! In der Nähe ein verlassener Lagerplatz und die deutlich erkennbaren Eindrücke von Hundepfoten – vieler Hundepfoten – das sagte alles. Die Norweger sind uns zuvorgekommen – Amundsen ist der Erste am Pol! Eine furchtbare Enttäuschung! Aber nichts tut mir dabei so weh als der Anblick meiner armen, treuen Gefährten! All die Mühsal, all die Entbehrungen, all die Qual – wofür? Für nichts als Träume – Träume über Tag, die jetzt zu Ende sind. –

17. Januar. Der Südpol. Unter wie anderen Umständen hatten wir diesen Augenblick seit Monaten herbeigesehnt! ...Großer Gott! Und an diesen entsetzlichen Ort haben wir uns mühsam hergeschleppt und erhalten als Lohn nicht einmal das Bewusstsein, die Ersten gewesen zu sein!

18. Januar. Wir stellten fest, dass wir noch etwa sechs Kilometer vom Pol entfernt waren. Ziemlich genau in dieser Richtung erblickte Bowers ein Zelt. Dieses Zelt haben wir eben erreicht. Es ist 2⅔ Kilometer vom Pol entfernt und enthielt einen kurzen Bericht über die Anwesenheit der Norweger, die schon am 16. Dezember fünf Mann hoch hier waren ... Mittags waren wir nur noch 1 oder 1½ Kilometer vom Pol entfernt; daher nannten wir dieses Lager das Pollager, errichteten hier ein Wegzeichen, steckten unsere Flagge, den armen, zu spät gekommenen „Union Jack" auf und fotografierten uns – alles eine mächtig kalte Arbeit ...
Wir haben jetzt dem treulosen Ziel unseres Ehrgeizes den Rücken gekehrt. Vor uns liegt eine Strecke von 1 500 Kilometern mühsamer Wanderung – 1 500 Kilometer trostlosen Schlittenziehens – 1 500 Kilometer Entbehrung, Hunger und Kälte! Traum meiner Tage – leb wohl!

Sonnabend, 16., oder Sonntag, 17. März. Ich bin mir über das Datum nicht ganz klar, glaube aber, das letztere wird richtig sein.
Die Tragödie ist in vollem Gange. Vorgestern erklärte der arme Oates, er könne nicht mehr weiter und machte uns den Vorschlag, ihn in einem Schlafsack zurückzulassen. Davon konnte natürlich keine Rede sein, und wir bewogen ihn, uns noch auf den Nachmittagsmarsch zu begleiten. Es muss eine entsetzliche Qual für ihn gewesen sein! In der Nacht wurde es ihm schlechter, und wir sahen, dass es zu Ende ging ... Er schlief die Nacht ein in der Hoffnung, nicht wieder zu erwachen; aber er erwachte doch am Morgen. „Ich will einmal hinausgehen", sagte er, „und bleibe vielleicht eine Weile draußen." Dann ging er in den Orkan hinaus – und wir haben ihn nicht wieder gesehen.

Sonntag, 17. März 1912. Ich kann nur absatzweise schreiben. Die Kälte ist ungeheuer, mittags 40 Grad. Meine Kameraden sind heiter, aber wir sind drauf und dran zu erfrieren, und obwohl wir beständig davon reden, dass wir uns doch noch durchschlagen werden, glaubt es im Herzen keiner mehr. Gestern mussten wir des Orkans wegen stillliegen, und heute geht es furchtbar langsam ...

18. März. Heute, beim zweiten Frühstück, sind wir 39 Kilometer vom Depot entfernt. Das Unglück schreitet weiter. Gestern hatten wir wieder Gegenwind, und der Schnee trieb uns ins Gesicht; wir mussten den Marsch unterbrechen; Temperatur 37 Grad. Kein menschliches Wesen brächte es fertig, solch einem Wetter zu trotzen, und unsere Kraft ist fast ganz erschöpft ... Wir haben den Primuskocher noch einmal halb voll gegossen, das letzte Mal – dann müssen wir verdursten. Der Wind ist augenblicklich günstig – vielleicht hilft er uns.

19. März. Gestern Abend waren wir fast erstarrt, bis wir unser Abendessen verzehrt hatten: Es bestand aus Schiffszwieback, kaltem Pemmikan (Pemmikan

= getrocknetes und so konserviertes Bison- oder Rindfleisch) und einem halben Kännchen Kakao. Dann wurden wir wider Erwarten ganz warm und haben alle gut geschlafen. Wir sind 29 Kilometer vom Depot entfernt und können in drei Tagen hinkommen. Wir haben noch auf zwei Tage Lebensmittel, aber nur noch auf einen Tag Brennmaterial. Wilsons Füße sind noch am besten, mein rechter am schlechtesten, nur mein linker ist ganz in Ordnung. Aber wie sollen wir unsere Füße schonen, ehe wir das Depot erreicht haben und uns wieder mit warmem Essen pflegen können?

21. März. Montagabend waren wir nur noch 20 Kilometer vom Depot entfernt; gestern konnten wir eines wütenden Orkans wegen nicht weiter. Heute wieder eine verlorene Hoffnung – Wilson und Bowers wollen zum Depot gehen, um Brennstoff zu holen.

22. und 23. März. Der Orkan wütet fort. Wilson und Bowers konnten sich nicht hinauswagen – morgen ist die letzte Möglichkeit – kein Brennstoff mehr und nur noch auf einen, höchstens zwei Tage Nahrung – das Ende ist da. Wir haben beschlossen, eines natürlichen Todes zu sterben – wir wollen mit unseren Sachen oder auch ohne sie zum Depot marschieren und auf unserer Spur zusammenbrechen.

Freitag, 29. März. Seit dem 21. hat es unaufhörlich aus Südwest gestürmt. Jeden Tag waren wir bereit, nach unserem nur noch 20 Kilometer entfernten Depot zu marschieren, aber draußen vor der Zelttür ist die ganze Landschaft ein wirbelndes Schneegestöber. Wir können jetzt nicht mehr auf Besserung hoffen. Aber wir werden bis zum Ende aushalten; der Tod kann nicht mehr fern sein. Es ist ein Jammer, aber ich glaube nicht, dass ich noch weiter schreiben kann.

R. Scott

Um Gottes willen – sorgt für unsere Hinterbliebenen!

Im Oktober 1912 findet eine Expedition die sterblichen Überreste der drei Männer, das Tagebuch und ihre letzten Briefe.

Arbeitsaufträge
– Nenne die Gründe für das Scheitern der Expedition von Scott.
– Vergleiche die Ausrüstung der Expedition zur Zeit Scotts mit der von heute.
Kriterien des Vergleichs: Ernährung, Bekleidung, Transportmittel, Dauer, weitere Hilfsmittel.

Erforschung der Arktis

Im Gegensatz zur Antarktis liegt um den Nordpol eine mit Treibeis bedeckte Tiefsee. Bis ins 19. Jh. standen die Entdeckung und Erforschung des Nordpolarmeeres im Zeichen der Suche nach den beiden nördlichen Seewegen, der *Nordwestpassage* (1903–1906 von *R. Amundsen* entdeckt) und der *Nordöstlichen Durchfahrt* (1878–1879 von A. E. von Nordenskjöld mit seinem Schiff *Vega* erstmals durchfahren). Den ersten Nachweis, dass der Nordpol vom Meer umgeben ist, erbrachte *Nansen* bereits 1893, indem er mit der *Fram* die Theorie des driftenden Eises bewies.
Die eigentliche Erforschung der Arktis war abhängig von neu entwickelten Methoden und Techniken wie Hundeschlitten, Dampfschiff oder auch den extremen

Eispressungen standhaltenden Schiffen. Seit dem 1., verstärkt aber seit dem 2. Weltkrieg steht die geophysikalische Erforschung der Arktis im Vordergrund des Interesses. Ausgerüstet mit Funk, Echolot und Rechengerät unterquerte 1958 das U-Boot *Nautilus* das Eis am Nordpol.

■ Fridtjof Nansen (1861–1930)

Nansen beginnt mit dem Studium der Zoologie, bevor er mit 27 Jahren erstmals als Entdecker auftritt: vom 15. August bis 26. September 1888 durchquert er mit fünf Gefährten erstmals das 3000 m hohe Binneneis Grönlands von Ost nach West auf eigens dafür konstruierten Schlitten und beweist durch dieses Unternehmen die Geschlossenheit der Eisdecke im Inneren der Insel.

1893 bricht er zu seiner berühmten Nordpolarfahrt mit der *Fram* auf, lässt sich vor den Neusibirischen Inseln vom Eis einschließen, um sich dann mit der Eisdrift polwärts treiben zu lassen, um damit die Theorie des driftenden Eises zu beweisen. Jedoch treiben die Schollen mit der *Fram* südlich des Pols vorbei, sodass er die Reise mit nur einem Begleiter auf Schlitten und Skiern fortsetzt. Nach monatelanger Polarnacht gelangt Nansen schließlich bis 86°13′ n. B., um von dort aus über Franz-Joseph-Land nach Norwegen zurückzukehren. Mit der Erforschung des innerarktischen Tiefseebeckens und der ostwestlichen Eisströmung hat Nansen die größten Rätsel des Nordpolarmeeres gelöst.

Neben seiner wissenschaftlichen Arbeit ist Nansen 1906 bis 1908 norwegischer Gesandter in London. Nach dem 1. Weltkrieg engagiert er sich für die Heimführung der Kriegsgefangenen aus Russland und organisiert Hilfsaktionen für das hungernde Land. 1922 erhält er für sein Engagement den Friedensnobelpreis.

Der Vega gelingt die Nordostpassage

Der Nebel hielt sich, sodass wir jenseits nicht das Geringste mehr vom Land wahrzunehmen vermochten, bis am Morgen des 20. endlich wieder dunkle Höhen am Horizonte auftauchten. Es waren die Gipfel der Berge der östlichen Spitze von Asien, des Ostcaps. Der Name Ostcap ist meiner Ansicht nach eine weniger passende Benennung dieser Spitze, weswegen ich denselben auf der Karte gegen den Namen Cap Deschnew ausgetauscht habe, welcher von mir nach dem kühnen Kosaken gewählt wurde, der vor 230 Jahren die genannte Spitze zum ersten Mal umsegelte.

Um 11 Uhr vormittags waren wir mitten in der Meerenge, welche das Nördliche Eismeer mit dem Stillen Ozean verbindet, und begrüßten von der Vega die Alte und die Neue Welt mit Flaggen und schwedischem Salut.

Endlich also war das Ziel erreicht, nach dem so viele Nationen gestrebt haben. Unzählige Expeditionen haben seitdem diesen Weg betreten, nie aber mit Erfolg und oftmals mit Aufopferung von Fahrzeugen, von Leben und Gesundheit so mancher kecken Seeleute. Erst jetzt, nach Verlauf von über 300 Jahren und nachdem die meisten mit den Verhältnissen der Seefahrt vertrauten und erfahrenen Männer dieses Unternehmen für unausführbar erklärt haben, ist die Nordostpasage bewerkstelligt worden. Und dies ist, dank der Tüchtigkeit der Leute unserer Marine und des Ordnungssinnes ihres Befehlshabers, ohne Krankheiten unter den Teilnehmern dieser Expedition, ohne die geringste Beschädigung des Schiffes und unter Umständen erreicht worden, welche zeigen, dass dieselbe Fahrt die meisten, ja vielleicht sogar alle Jahre in nur einigen wenigen Wochen wieder zu machen ist. Unter solchen Verhältnissen dürfte es wohl auch verzeihlich sein, dass wir mit Stolz die blaugelbe Flagge nach der Mastspitze hinaufgleiten sahen und mit Stolz den schwedischen Salut auf der Meerenge hörten, über welche hinweg die Alte und die Neue Welt sich die Hände reichen. Wohl ist der von uns gemachte Weg als Handelsweg zwischen Europa und Asien nicht mehr erforderlich, aber es war doch dieser und den zunächst vorausgegangenen schwedischen Expeditionen vergönnt gewesen, der Schifffahrt einen Ozean zu eröffnen und nahezu der Hälfte eines Weltteils die Möglichkeit einer Verbindung mit dem Weltmeere zu schenken.

(NORDENSKJÖLD, A. E. VON: Die Umsegelung Asiens und Europas, 1882)

Die Treibfahrt der Fram

24. Juni 1893: Die *Fram* sticht von Pepperviken aus in See – 13 Mann Besatzung, 34 Schlittenhunde, Vorräte für fünf Jahre. Expeditionsleitung: Dr. Fridtjof Nansen (31 Jahre).

18. September 1893: „Kurs Nord zu Ost, weg von der Küste, ins unbekannte Meer hinein! Jetzt muss es sich zeigen, ob meine Theorie, auf der die ganze Expedition beruht, richtig ist: ob wir etwas nördlich von hier eine nach Norden gerichtete Strömung finden."

Die täglichen Messungen über den Standort des Schiffes lassen in Nansen erste Zweifel aufkommen:

Mittwoch, 20. September 77°44′
Dienstag, 26. September 78°50′
Freitag, 29. September 79°5′
Sonntag, 8. Oktober 78°35′
Montag, 23. Oktober 78°15′ n. B.

„Meine Stimmung ist wie ein Pendel. Die Frage, ob wir mit Erfolg oder ohne Erfolg zurückkehren werden, berührt mich tief. Ich muss diese Fahrt unternehmen. Mein Plan war so, dass ich fühlte, er müsse gelingen. Deshalb war es meine Pflicht, den Versuch zu machen."

Sommer 1894 am 80. Breitengrad: Die Lotungen der Wassertiefe unter dem Eis gehen regelmäßig bis fast 4 000 Meter. Die Messungen der Wassertemperatur in verschiedenen Tiefen von der Oberfläche bis hinab zum Grund bringen überraschende Resultate. Unter der kalten Oberflächenschicht gibt es warmes Wasser! Nansen zweifelt nicht daran, dass es sich hierbei um Ausläufer einer warmen Meeresströmung – des Golfstromes – handelt.

Ende Dezember 1894 (82°30′ n. B.): „Das Eis, das jetzt gut zwei Meter dick ist, hat sich an Backbord aufgetürmt und unser Schiff umklammert, während es mit seinem Gewicht auf die unteren Eisschichten drückt, in denen die *Fram* liegt. So wird das Schiff durch die Last der oberen Eisschichten immer fester in seine Unterlage gepresst. Natürlich stöhnte und ächzte die *Fram* unter diesem eisigen Zangengriff, aber schließlich befreite sie sich vom Eis und schob sich nach oben."

Die schleppende Drift der *Fram* lässt in Nansen den Plan reifen, das Schiff zu verlassen und die noch verbleibenden 500 Kilometer zum Nordpol in einem Fußmarsch zurückzulegen. Mit drei Schlitten, 27 Hunden und zwei Kajaks brechen Nansen und sein Begleiter Johansen am 14. März 1895 zum Nordpol auf.

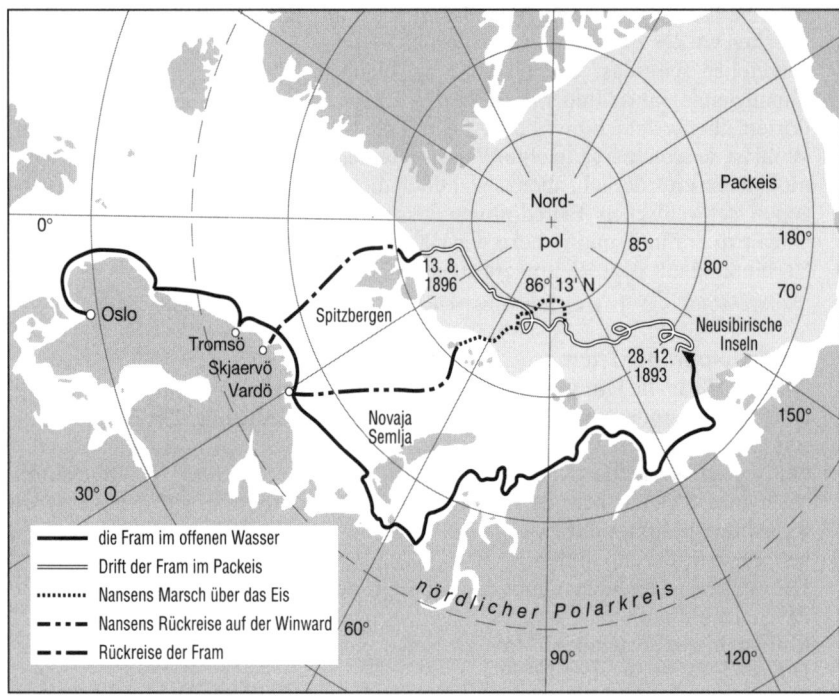

die Fram im offenen Wasser
Drift der Fram im Packeis
Nansens Marsch über das Eis
Nansens Rückreise auf der Winward
Rückreise der Fram

Nansens Fahrt mit der Fram

Samstag, 6. April 1895: „Zwei Uhr morgens, minus 24,2 Grad Celsius. Das Eis wurde immer schlimmer. Es besteht aus Rinnen und Hügeln, die wie eine endlose Moräne aus Eisblöcken aussehen. Ständig müssen die Schlitten über jede Unebenheit hinweggehoben werden."

Montag, 8. April 1895: „...Wir fanden keinen Weg nach Norden. Bis zum Horizont sehen wir nur Eishügel. Es hat keinen Sinn, uns länger hier aufzuhalten. Wir verschwenden nur unsere kostbare Zeit, ohne etwas zu erreichen."

Noch am gleichen Tag entscheidet sich Nansen für den Rückmarsch. 86°14′ nördlicher Breite – nie zuvor war ein Mensch so nahe zum Nordpol vorgedrungen. Nansen und Johansen kämpfen sich durch das Eis zurück – Tage, Wochen, Monate. „Wir wissen weder, wo wir sind, noch wissen wir, wie alles enden soll. Inzwischen schwinden unsere Vorräte von Tag zu Tag. Werden wir Land erreichen, solange wir noch zu essen haben? Werden wir es überhaupt erreichen?"

Endlich, am 7. **August 1895**, sichten sie offenes Wasser. Sie vertäuen die Kajaks miteinander, hissen ein Segel und treiben auf die nördlichsten Inseln von Franz-Joseph-Land zu – ohne es genau zu wissen. Ein dritter Polarwinter steht ihnen bevor. Zum Schutz gegen die eisige Kälte bauen sie sich eine Hütte aus Steinen, Moosen und Fellen.

Dienstag, 19. Mai 1896: Nansen hinterlässt eine Botschaft in der Steinhöhle: „Erreichten diesen Ort am 26. August 1895. Lebten von Bärenfleisch. Brachen heute südwärts auf, längs des Landes, mit der Absicht, auf dem nächsten Weg nach Spitzbergen hinüberzugelangen." Durch ein Gewirr unbekannter Inseln bahnen sich Nansen und sein Begleiter ihren Weg nach Süden. Bis zu jenem Morgen des **17. Juni 1896:** „Es war eine seltsame Mischung aus Gefühlen, während ich dort zwischen den zahlreichen Hügeln herumrannte. Plötzlich glaubte ich den Ruf einer menschlichen Stimme zu hören, einer fremden Stimme, der ersten nach drei Jahren."
Der englische Polarforscher Jackson nimmt die beiden auf. Mit dessen Expeditionsschiff „Windward" treffen sie am **13. August 1896** in Vardö ein. Nur wenige Wochen später läuft auch die Fram in Oslo ein. Sie hatte sich nach einer Drift von 35 Monaten nordwestlich von Spitzbergen aus dem Eis befreien können.
(aus: In Nacht und Eis, Bd. 1 und 2, Leipzig 1897)

Amundsen befährt die Nordwestpassage

Wir verließen unser Lager am 13. August 1905 und segelten durch die Simpson-Straße. Ein großer Teil dieser Küste war schon durch frühere Entdecker aufgenommen worden, die von der Hudson-Bay aus, auf dem Landweg, dahin gelangt waren, aber kein Schiff hatte vor uns diese Gewässer befahren oder ihre Untiefen erforscht – denn den Titel „Tiefen" verdienen sie nicht. Sonst wäre es uns besser ergangen. Denn immer wieder schien es, als sollten wir durch die Seichtheit dieser gewundenen Wasserstraßen besiegt werden. Tag für Tag, drei Wochen hindurch – die längsten drei Wochen meines Lebens – krochen wir vorwärts, loteten die Tiefen mit dem Senkblei ab und versuchten bald hier, bald dort in einen Kanal zu gelangen, der uns zu den bekannten Gewässern des Westens geleitet hätte. Einmal trennte in der Simpson-Straße gerade noch ein Zoll Wasser unseren Kiel vom Meersgrunde. Während dieser Anstrengungen konnte ich weder essen noch schlafen. Jeder Brocken blieb mir im Halse stecken, wenn ich schlucken wollte. In dem verbissenen Entschluss, jede Gefahr vorauszusehen, jeden unglücklichen Zufall zu vermeiden, waren alle Nerven zum Reißen angespannt. Es musste gelingen!
„Ein Segel! Ein Segel!"
Es war gelungen! Wie herrlich erschienen uns die fernen Umrisse eines Walfischfängers, die im Westen auftauchten. Das bedeutete das glorreiche Ende jahrelangen Hoffens, jahrelanger harter Arbeit, denn jenes Schiff dort war von San Francisco durch die Beringstraße längs der Nordküste Alaskas gekommen, und wo Raum für seinen tiefen Schiffsbauch war, musste auch für uns Raum sein, und damit waren alle Zweifel, ob uns die Nordwestpassage gelingen werde, zu Ende. Der Sieg war unser!
(AMUNDSEN, ROALD: Mein Leben als Entdecker, 1929)

Arbeitsauftrag

– Vergleiche beide Karten auf den folgenden Seiten. Welche Kenntnisse fehlten Amundsen und Nordenskjöld?

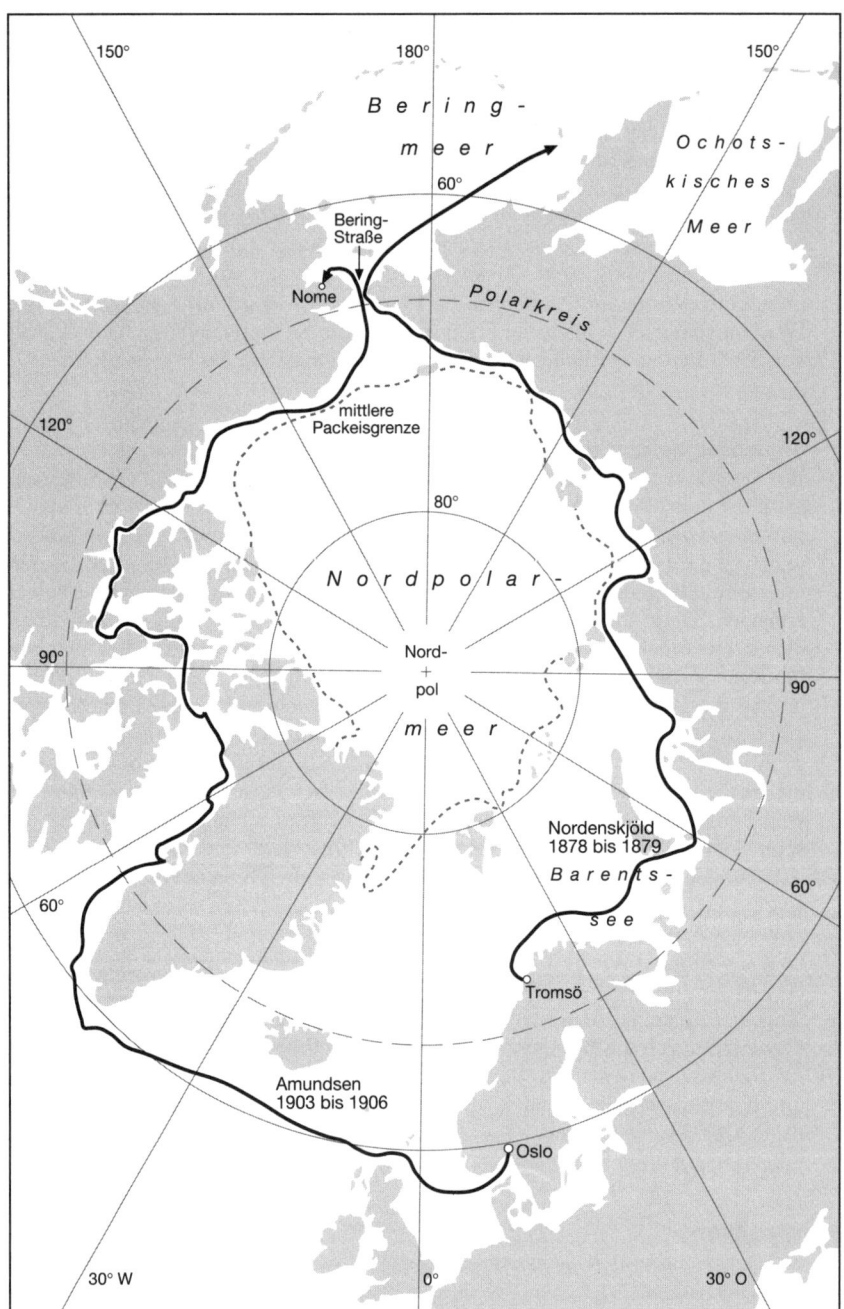

Die Entdeckung der Nordost- und Nordwestpassage

Darstellung der Arktis in einem Konversationslexikon von 1839

Mit der Nautilus unter dem Nordpol

Unsere Nautilus sollte das erste Schiff sein, das genau über den Nordpol fährt. Für diesen Versuch war sie so vollkommen ausgerüstet, dass sie wie ein Raumschiff in einem Zukunftsfilm aussah.

Unser Marschweg führte uns von der Beringstraße über den Nordpol unter einer Eisdecke aus treibenden Blöcken und Schollenfeldern. 1 380 Seemeilen lagen vor uns, als wir am 1. August 1958 bei Alaska unter das Polareis tauchten. Hier waren wir den Elektronenaugen und dem Elektronengehirn der Nautilus ausgeliefert. Unsere drei Piloten hatten sehr wenig zu tun; denn Rechengeräte und ein Selbststeuerapparat führten die Nautilus, wie mit Zauberhand, zwischen dem klüftigen Packeis und dem unebenen Meeresboden hindurch. Dreizehn Echolotgeräte gaben dauernd die Entfernung zum Grund und zur Eisdecke an. Steile Gipfel und tiefe Täler konnten wir dabei am Grunde des Ozeans feststellen. Oft hielten wir sekundenlang den Atem an, wenn zwischen den bis zu 20 m langen „Eiszapfen" nur ein schmaler Spalt für unser U-Boot blieb. Dann meinten wir jeden Augenblick, das malmende Knirschen von Eis auf Stahl zu hören. Aber das Elektronengehirn arbeitete blitzschnell, obwohl wir bei 120 bis 360 m Tiefe 20 Seemeilen in der Stunde zurücklegten. Ein automatischer Tiefenregler hielt unser Boot auf ein paar Zentimeter genau in der jeweils befohlenen Wassertiefe. Unsere Messgeräte mussten sehr genau arbeiten; denn der geringste Fehler hätte uns weit von der Bahn abbringen können.

Am 4. August, um 3.15 Uhr, zählte unser Kapitän über die Lautsprecheranlage die letzten Sekunden bis zu dem großen Augenblick. Bei „Null" zeigten die Messgeräte den Geographischen Nordpol an. Als wir am 5. August, nach 96 Stunden, erstmals wieder offenes Wasser über uns hatten, waren wir um einige Entdeckungen reicher geworden. Fernsehschirme hatten gezeigt, dass das Arktis-Packeis voller Löcher ist wie ein Schweizer Käse. Das Eismeer ist unter dem Nordpol 4 087 m tief, also 587 m tiefer, als man bisher glaubte. In der Nähe des Pols entdeckten wir eine 2 700 m hohe, unterseeische Gebirgskette.

(aus: Geographie heute, 6/1984)

Arbeitsaufträge (auch als Gruppenarbeit denkbar)

- Ermittelt mit Hilfe des entsprechenden Reiseberichtes den Reiseweg der Expeditionen.
- Stellt eine Liste mit den geographischen Namen zusammen, die in den Texten genannt werden.
- Zeichnet nach den Texten den Weg der Expeditionen auf eine Folie und tragt die geographischen Namen ein.
- Gebt das Ziel der Expeditionen an und nennt die Schwierigkeiten, mit denen die Expeditionsteilnehmer zu kämpfen hatten.
- Welche Forschungsergebnisse werden in den Texten genannt?

Erforschung der Erde durch Satelliten

Das vorläufig letzte Kapitel in der Geschichte der Erforschung der Erde schreiben die zahlreichen unbemannten und bemannten Raumflüge.

Vom ersten Start eines künstlichen Satelliten im Oktober 1957 – die damalige Sowjetunion schickte *Sputnik I* in die Erdumlaufbahn – bis heute sind über 4 000 künstliche Satelliten in den Weltraum geschossen worden. Ein wichtiger Meilenstein in dieser Entwicklung ist u. a. die erste Mondlandung von *Apollo* 11 am 20. Juli 1969 mit den beiden amerikanischen Astronauten *Armstrong* und *Aldrin*.

Stand jahrhundertelang der Wunsch nach Gewinn, Macht oder auch Landeroberung im Vordergrund aller Entdeckungsfahrten, so gilt es heute mit Hilfe der Satelliten nicht nur den Weltraum zu erforschen, sondern auch die Erkundung der Erde aus dem Weltall zu vervollkommnen. Ein Zitat von Wernher von Braun, amerikanischer Physiker und Raketeningenieur deutscher Herkunft, mag dies verdeutlichen:

„Was will man mit diesen Erdbeobachtungen erreichen? Wir haben aus den bisherigen Raumflügen gelernt, dass die Erde sozusagen ein einsames Raumschiff ist, auf dem dreieinhalb Milliarden Astronauten mit unbekanntem Ziel durch das Weltall reisen. Und diese Besatzung lebt von den begrenzten Rohstoffquellen dieses

Raumschiffs Erde, und sie ist vom einwandfreien Funktionieren der Luftversorgung abhängig. Dennoch geht die Menschheit mit diesen Lebensvoraussetzungen so unvernünftig um, als ob sie sich selber ausrotten wollte. Wir glauben, dass durch Beobachtungen aus dem Weltraum viele dieser die Erde betreffenden Fragen wesentlich besser gelöst werden können als vom Erdboden aus."

Literatur

Captain Cook: Mit den Augen der Entdecker. Verlagsgesellschaft Wien, 1971
Die Entdeckung der Südsee – Auf der Suche nach der „terra incognita", Abenteuer Geschichte. Ravensburger Buchverlag, 1990
Die Pole – Expeditionen ins ewige Eis, Abenteuer Geschichte. Ravensburger Buchverlag, 1990
Auf der Suche nach den Quellen des Nils, Abenteuer Geschichte. Ravensburger Buchverlag, 1994
Besonders für Kinder mit zahlreichen Abbildungen versehen und doch mit großer Ausführlichkeit und Genauigkeit ist der BILDATLAS der Entdeckungen von Neil Grant, ars edition, 1997
PLETICHA, HEINRICH: Entdeckungsgeschichte aus erster Hand. Arena Verlag, Würzburg 1990
HUBY, FELIX: Auf den Spuren großer Entdecker. Deutscher Bücherbund, Stuttgart 1980
Alte abenteuerliche Reise- und Entdeckungsberichte. Edition Erdmann, in K. Thienemanns Verlag, Stuttgart – Wien – Bern
Diese Reihe beinhaltet Berichte vieler Entdecker und Forscher, u. a. von Stanley, Vasco da Gama, Columbus, Cook oder Amundsen.
Praxis Geographie, März 3/1989: Entdeckungs- und Forschungsreisen. Westermann Verlag. Berichte und Schilderungen von Columbus bis Heinrich Harrer mit vielfältigen Literaturangaben

Kapitel 4
Planspiele

Gerade der Erdkundeunterricht mit seinen vielfältigen Themen, die Konflikte verschiedener Interessengruppen behandeln, eignet sich thematisch hervorragend für die Durchführung von Planspielen. Hier können sich die Schüler spielerisch in die agierenden Personen versetzen und deren Betroffenheit nachempfinden. Ausgangspunkt und Rahmen des Spiels ist die Lage, der Fall oder die Situation. Davon ausgehend erhalten die Spieler ihre Rollenanweisungen, nach denen sie versuchen bestimmte Personen in ihrem Verhalten, in Worten und Taten darzustellen. Durch die vorgegebene Lage und Rolle wird jedem Spieler ein Orientierungsrahmen vorgegeben, in dem jedoch genügend Raum bleibt, die Rolle nach eigenen Vorstellungen auszufüllen. Dazu bedarf es eines konkreten Faktenwissens und bestimmter Sachkenntnis, da die Rollenanweisungen oft nur aus knappen Angaben zur Person und ihrer Meinung besteht. Anhand dieser Vorgaben soll der Schüler den Standpunkt der von ihm dargestellten Person vertreten und seine Meinung im Konflikt mit anderen durchsetzen. Dies kann in unterschiedlichsten Handlungen und Strategien geschehen, z. B. durch Absprachen, vorübergehende oder dauerhafte Koalitionen mit Mitspielern, Verhindern anderer Verbindungen usw.

Um nach seinen Vorstellungen rollengerecht agieren zu können, benötigt der Schüler ausreichende Information zur Ausgangslage und Zielrichtung. Er kann sie mit seinen Rollenanweisungen in Form von Tabellen, Texten oder Plänen erhalten. Außerdem ist ihm die Situation aus dem vorhergehenden Unterricht meist vertraut, da das Planspiel sinnvoll erst am Ende einer Unterrichtsreihe zur Vertiefung und Auswertung des Lerninhalts eingesetzt wird. Während des Spiels können Situationen auftreten, die zahlreiche Fähigkeiten wie schnelles Reaktionsvermögen, Fantasie und Anpassung verlangen, da der Ablauf des Entscheidungsprozesses nicht exakt vorausplanbar ist. Planbar ist aber der methodische Grundrhythmus für den Lehrer, der im Wesentlichen aus *Vorbereitung, Durchführung* und *Auswertung* besteht. Eine ausführliche Anleitung dazu findet sich bei HILBERT MEYER, *UnterrichtsMethoden* II (S. 367), aus der die folgenden Punkte zusammengefasst zitiert werden.

1. Vorbereitung:
(1) Schüler werden auf die Spielsituation vorbereitet
    (Anlass, Ziele, Regeln und Ausgangslage)
(2) Rollenverteilung unter Schülermitwirkung
(3) Ausgabe der Spielmaterialien und schriftlichen Informationen zur Rolle
(4) Längere Zeit lassen zur Einarbeitung in die Rollen und zur Absprache von
    Gruppenstrategien
(5) Auftrag für möglichen Beobachter formulieren

2. Durchführung:

(6) Noch einmal Spielidee und Spielregeln für alle nennen
- Spielidee ist bindend
- Entscheidungen der Spielleitung sind bindend

(7) Eröffnung der ersten Spielrunde

(8) Bei Bedarf Unterbrechung durch die Spielleitung, um Gruppengespräche oder interne Strategieverhandlungen zu ermöglichen

(9) Die Spielleitung organisiert Konfliktlösungen und Entscheidungen (Abstimmung, Kompromissvorschläge)

3. Auswertung:

(10) Gemeinsames Rekapitulieren des Spielverlaufs

(11) Gemeinsame Interpretation des Spielergebnisses (Realität, Konsequenzen)

(12) Kritische Reflexion des Planspiels (Vorzüge, Fehler, Schwächen, Lernerfolg usw.)

Die genauen Spielregeln müssen für jedes Spiel individuell, am besten mit den Schülern zusammen, vereinbart werden. Folgende Beispielliste (MEYER, S. 369) mit elf Regeln kann dabei als Basis dienen, modifiziert oder sogar so übernommen werden. Die Beobachter schlüpften dabei in die Rolle von Reportern.

1. Der *Spielleiter* ist allmächtig! Er eröffnet das Spiel und er beendet es.

2. Der Spielleiter hat das Recht, das Spiel zu *unterbrechen*, um Spielregeln in Erinnerung zu rufen oder neue Spielregeln zu erlassen.

3. Der Spielleiter kann einzelnen Gruppen *Entscheidungsfristen* setzen, aber nicht die Entscheidungen selbst treffen.

4. Der Spielleiter kann Spielsituationen für einige Minuten „einfrieren", damit wichtige Prozesse an anderen Stellen der Spielfläche für Mitspieler und Beobachter überschaubar bleiben.

5. Der Spielleiter ist für die *Dokumentation des Spielablaufs* zuständig und kann verlangen, dass wichtige Entscheidungen einzelner Gruppen der Spielleitung schriftlich mitgeteilt werden.

6. Die *Reporter* haben das Recht, Informationen einzelner Gruppen einzuholen und an andere weiterzugeben.

7. Die Reporter können *nicht gezwungen* werden, ihre Informationen an andere Gruppen weiterzugeben.

8. Jede Gruppe kann *Presseerklärungen*, Flugblätter usw. verfassen und veröffentlichen.

9. Die *Mitspieler* müssen ihre zugewiesenen Rollen aktiv ausfüllen; sie dürfen die Rollen nicht grundsätzlich ändern!

10. Die *Ausgangslage* des Planspiels ist bindend und kann nicht mehr verändert werden.

11. Zu Beginn wird in allen Gruppen die Ausgangssituation im Gespräch analysiert, die eigenen *Interessen* und Ziele formuliert und eine *Verhaltensstrategie* abgesprochen.

Das folgende, relativ leicht durchführbare Beispiel soll Ihnen Mut machen, diese lohnenswerte und interessante Variante einmal selbst zu versuchen. Im anschließenden Teil befinden sich Hinweise auf einige veröffentlichte Spiele, Erfahrungsberichte und Ideen zur weiteren Eigeninitiative. Denn hat man einmal eine mögliche Planungsproblematik erkannt, kann die Gestaltung eines eigenen neuen Planspiels eine interessante Herausforderung sein und ist vielfach „nur" noch eine Frage der zu investierenden Arbeitszeit. Die Materialien zu fiktiven oder realistischen Ausgangslagen finden sich in vielen Erdkundebüchern, die Rollenanweisungen erfordern ein wenig Fantasie und Kreativität.

Soll aus unserem Baggersee ein Naherholungszentrum werden?

▧ 1. Brief zum Einstieg

Düsseldorf, den 23.04.1997

Sehr geehrter Herr Bürgermeister!

In jedem Sommer fahre ich am Wochenende bei gutem Wetter mit meiner Familie in Ihren herrlichen Ort nach Schönhausen. Uns gefällt der kleine Stadtteil und seine Umgebung sehr.

Bei unseren Wanderungen haben wir schon oft das verlassene Kieswerk mit dem Baggersee gesehen. Dabei kam uns der Gedanke, ob es nicht möglich wäre, daraus einen Badesee mit Campingplatz, Bungalows, Hotels und Restaurants zu machen, wie es z. B. in unserem Nachbarland an der Maas erfolgreich vorgemacht wurde. Dies würde Ihrer Kleinstadt am Rande des Naturparks doch sicher weiteren Aufschwung bringen.

Mit freundlichen Grüßen
Josef Schmitz, Düsseldorf

▧ 2. Ausgangslage zu Beginn des Spiels

Der kleine Ort Schönhausen mit 2 600 Einwohnern ist ein Ortsteil der Kleinstadt Pfadberg. Er liegt ca. 35 km von Düsseldorf entfernt. 15 % der Erwerbstätigen arbeiten noch in der Landwirtschaft, das Dorf besitzt drei Gaststätten. In der Nähe des Baggersees wohnen auch Menschen, die von der Großstadt nach Schönhausen gezogen sind, um abseits großer Menschenansammlungen ihre Ruhe zu genießen. Sie fahren als Pendler jeden Tag zur Arbeit in die Großstadt.

Der Bürgermeister hat gemeinsam mit dem Stadtdirektor, angeregt durch den Brief, mit dem „Verein zur Förderung von Erholungsgebieten" Kontakt aufgenommen, um den aufgelassenen Baggersee in ein Erholungsgebiet für die Städter der Umgebung zu verwandeln.

Der Verein will die Ausbaukosten tragen. Die Stadt kostet der Ausbau nichts, sie muss aber für den Unterhalt sorgen.

Der Verein macht dem Bürgermeister die Entwicklungsmöglichkeiten für Schönhausen deutlich, worauf der Bürgermeister das Projekt zur „Chefsache" erklärt. Der Verein verspricht, bis zum Mai einen genauen Plan aufzustellen.

Der Bürgermeister garantiert, dass er den Vorschlag im Stadtrat mit Mehrheit durchbringen wird. Die Fachleute des Vereins sind dabei, einen Plan auszuarbeiten. Ebenso beschäftigen sich die Leute des Dorfes mit der Idee. Der Baggersee wird Gesprächsthema Nr. 1 im Dorf und auch in der gesamten Stadt. Ende Mai, kurz vor der Sitzung des Stadtrates am 6. Juni, setzt das Spiel ein.

Bis zu diesem Termin müssen alle Betroffenen und Interessierten ihre Stellungnahme abgeben können.

▨ 3. Der Baggersee – Foto und Lageskizze

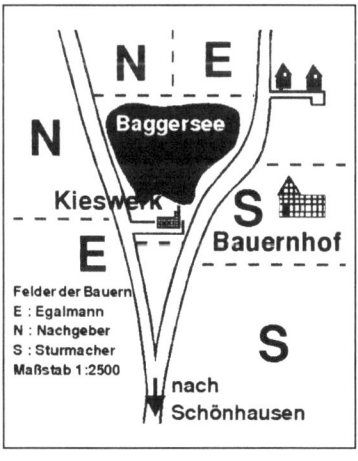

▨ 4. Weitere Informationen zum Naherholungsverhalten

Da das Planspiel sinnvollerweise erst am Ende einer Reihe über Naherholung steht, sollten die Schüler bereits über Materialien verfügen. Man findet sie zum einen in zahlreichen Erdkundebüchern der Klasse 5 zum Thema Fremdenverkehr. Außerdem erhöht es die Betroffenheit der Spielpartner, wenn „Argumentationshilfen" aus dem eigenen Nahbereich vorhanden sind. Diese können die Schüler sich zur Vorbereitung selbst bei der Stadt- oder Kreisverwaltung, evtl. beim Fremdenverkehrsamt oder auch beim statistischen Landesamt besorgen. Zeitungsartikel zum Thema können das Bild vervollständigen.

Preisangaben als gemeinsame Basis könnten sein:

a) Grundstückspreise in Schönhausen: Ackerland 5,– bis 20,– DM/qm, Bauland 100,– bis 150,– DM/qm

b) Kosten für den Bau eines Restaurants: ca. 700 000,– DM, eines Kiosks ca. 40 000,– DM

c) Kosten für bauliche Umgestaltung: Planierung, Bepflanzung ca. 200 000,– DM

d) Kosten für Parkplätze für 200 Pkw: 60 000,– DM

■ 5. Rollenanweisungen für 8 Gruppen:

a) Rollenkarte 1 (3 Schüler)

Der Bürgermeister und zwei Stellvertreter
ist sehr aktiv – ist redegewandt – ist Vorsitzender des Stadtrats – kann den Stadtrat beeinflussen – hat große, hochtrabende Pläne, denkt an Hotels, Wochenendhäuser am See usw. – ist interessiert an einem wirtschaftlichen Aufstieg des Ortes
Aufgaben:
● erstellt einen eigenen groben Plan für das Erholungsgebiet
● hat Kontakt zu allen andern Betroffenen
● bereitet die Sitzung des Stadtrats vor, eröffnet und leitet sie, indem er die beteiligten Gruppen aufruft
● Vorschlag für den Ablauf der Sitzung:
  – Eröffnung durch den Bürgermeister
  – Der Verein stellt seinen Plan vor
  – Der Bürgermeister fordert jede Gruppe zu Stellungnahmen auf, möglichst zu jeder Einzelmaßnahme (Hotel, Parkplatz, Campingplatz usw.)
  – Aussprache und Schlussabstimmung
  – Bekanntgabe der Ergebnisse durch den Bürgermeister
● Die Stellvertreter planen mit, notieren bei der Sitzung die Wortmeldungen und achten auf die Reihenfolge. Sie halten die wichtigsten Ergebnisse der Abstimmung schriftlich fest.

---

b) Rollenkarte 2 (2 oder 3 Schüler)

Die Besitzer des Baggersees
Die Kiesausbeute ist vorbei, das Werk liegt still – sie wollen durch Verkauf oder Verpachtung des Kieswerks und des Sees Geld verdienen – sie sind nicht an Einzelheiten der Planung interessiert
Aufgaben:
● knüpfen Kontakte zu allen am Kauf interessierten Gruppen, um ihren Gewinn möglichst groß zu machen
● bereiten eine kurze Rede für die Stadtratsitzung vor, in der sie ihre Meinung zum Verkauf oder zur Verpachtung darlegen

---

c) Rollenkarte 3 (5 Schüler)

Die Bauern: Egalmann, Nachgeber und Sturmacher
Die Anlieger: Mohren und Vieten
sind zunächst alle gegen das Erholungsgebiet – befürchten die Verwüstung ihrer Felder durch Abfall und parkende Autos und die Vergiftung ihrer Ernte durch Abgase – Bauer Sturmacher ist aus Prinzip gegen jede Veränderung – die Anlieger befürchten Lärm-, Geruchs- und Schmutzbelästigungen, besonders am Wochenende
Aufgaben:
● Sammeln schriftlich Argumente gegen die Errichtung des Naherholungsgebietes
● Sie suchen gemeinsam nach Mitteln und Wegen, um ihre Ziele durchzusetzen
● Bereiten ihre Rede für die Ratssitzung vor
● Egalmann und Nachgeber verhandeln mit Vertretern des Vereins

---

d) Rollenkarte 4 (3 Schüler)

Die Gastwirte des Dorfes

sind z. T. am Ausbau interessiert – sind offiziell gegen ein Hotel, obwohl einer von ihnen es selbst gerne bauen würde – sind gegen einen Grillplatz und gegen einen Kiosk – wollen eventuell gemeinsam eine Gaststätte am See bauen und betreiben

Aufgaben:

- Sie entwickeln einen eigenen Ausbauplan, der vor allem ihre Interessen betont
- Sie nehmen Kontakte auf zum Bürgermeister, zum gesamten Stadtrat und zum Verein
- Sie bereiten schriftlich eine kurze Rede für die Sitzung vor

---

e) Rollenkarte 5 (ca. 8 Schüler)

Der Verein zur Förderung von regionalen Erholungsgebieten

Vertritt die Interessen der Erholung suchenden Bevölkerung der umliegenden Städte – ist finanziell abhängig von den Städten der Umgebung, für den Ausbau stehen ca. 800 000 DM zur Verfügung – hat Fachleute für die Planung: Verkehrsexperten, Tourismusberater, Landschaftsplaner

Aufgaben:

- Er wählt einen Vorsitzenden als Sprecher
- Er nimmt durch einen Vertreter Kontakte auf zu allen betroffenen Gruppen
- Er stellt durch seine Fachleute einen anschaulichen Plan auf und zeichnet ihn mit Legende als Folie
- Er sammelt schriftlich Argumente für den Ausbau des Baggersees und bereitet sich auf die möglichen Einwände vor
- Er bereitet eine Darstellung im Stadtrat vor

---

f) Rollenkarte 6 (ca. 8 Schüler)

Der Stadtrat

es gibt verschiedene Gruppierungen, die nicht an große Parteien gebunden sind – sie repräsentieren verschiedene Bevölkerungsgruppen, auch Einwohner der Stadt aus anderen Orten als Schönhausen – der Bürgermeister und seine Stellvertreter sind Mitglieder des Stadtrates

Aufgaben:

- Einzelne Gruppierungen entwickeln im Vorfeld eigene Ideen zum Erholungsgebiet
- Je zwei Mitglieder nehmen Verbindung auf zu den übrigen Gruppen, um ein Meinungsbild zu erhalten
  - In der Stadtratsitzung
  - hören sie die Betroffenen an
  - können sie Fragen stellen
  - beraten sie öffentlich über den vorgelegten Plan
  - entscheiden sie in geheimer Abstimmung
  - geben sie danach evtl. Aufträge an den Verein zur Änderung des Plans und zur endgültigen Vorlage
  - beauftragen sie den Bürgermeister mit weiteren Schritten

---

g) Rollenkarte 7 (ca. 6 Schüler)

Die Bürgerinitiative der Umweltschützer

sind sehr aktiv und redegewandt – sind nicht grundsätzlich gegen ein Erholungsgebiet, ihnen ist die Art des Gebiets wichtiger

Aufgaben:

- Sie entwerfen einen eigenen Plan (Skizze)
- Sie überlegen Argumente gegen einen Ausbau zum Massenerholungszentrum, wie es der Bürgermeister wohl plant
- Sie sammeln Unterstützung durch Unterschriften und Interviews
- Sie bereiten schriftlich eine Rede vor, die ihr Sprecher im Stadtrat vorträgt
- Sie wissen um gesetzliche Auflagen (z. B. sanitäre Anlagen)

---

h) Rollenkarte 8 (2 oder 3 Schüler)

Die Pressebeobachter

sind grundsätzlich neutral, zeigen aber eventuell Sympathien

Aufgaben:

- Beobachten die Entwicklung und veröffentlichen einen informativen Artikel vor der Ratssitzung
- Protokollieren die Ratssitzung

■ 6. Auswertung des Spiels durch Schülerbefragung

Der kritischen Reflexion könnten folgende Fragen dienen:

- Meinst du, das Spiel und besonders das Verhalten deiner Gruppe entspricht der Wirklichkeit?
- Was hältst du von dem Material, z. B. von den Rollenkarten, das du zu Anfang bekommen hast?
- War das Spiel für deine Gruppe eher zu leicht, zu schwierig? a) Wärst du lieber in einer anderen Gruppe gewesen? b) Wenn ja, in welcher? c) Warum (nicht)?
- Wie ist dein begründetes Gesamturteil über das Spiel?

■ 7. Zur Überprüfung des Lernerfolgs kann folgender Fragenkatalog dienen:

In einem Dorf in der Nähe von Hamburg soll ein Baggersee zu einem Naherholungszentrum für die Bürger der umliegenden Städte ausgebaut werden.

- Wer kann an der Planung für dieses Naherholungszentrum beteiligt sein?
- Nenne Einrichtungen, die so ein Naherholungsgebiet haben könnte.
- Nenne Einrichtungen, die für die Naherholung nicht geeignet sind. Begründe.
- Welche Argumente sprechen für den Ausbau eines solchen Gebiets?
- Warum sind die Bewohner und Anlieger teilweise gegen den Ausbau?

Das beschriebene Spiel nach einer Idee von ALFONS BALTHESEN kann mit Schülern aller Schulformen von Klasse 5 bis max. Klasse 8 durchgeführt werden. Es erfordert ca. 4 Unterrichtsstunden, die sich aus Gründen der Motivation und Mitarbeit aber lohnen werden. Lage und Bezeichnung der Orte können modifiziert werden, sodass möglicherweise der Betroffenheitsgrad der Beteiligten höher wird. Bei Problemen mit Gruppengrößen kann wohl am ehesten auf die Baggerseebesitzer verzichtet werden.

Anregungen und Ideen

Soll Markerwaard gebaut werden? ist ein schönes Beispiel eines Planspiels, veröffentlicht im Heft 7/8, 1991 von *Praxis Geographie* von den Autoren DÖLTGEN und KLINGSIEK. Es simuliert die schwierige Entscheidung um den Bau des Ijsselmeerpolders Markerwaard. In 3 bis 4 Unterrichtsstunden kann man anhand der Materialien mit Klassen oder sogar Oberstufenkursen tief in die Problematik der Raumnutzung eindringen. Die betroffenen Interessengruppen (Spielgruppen) sind hier:

1. Directie Flevoland – Rijkwaterstaat (Staatliche Planungsbehörde des Ministeriums für Verkehr und Wasserwirtschaft)
2. Stichting Initiativgroep Markerwaard (Initiativgruppe zum Bau des Markerwaard-Polders „Westilijk Flevoland")
3. Vereniging tot Behoud van het Ijsselmeer (Vereinigung zum Erhalt des Ijsselmeers)
4. Naturschutzverbände

Zahlreiche Beispiele und viele weitere Anregungen zum Thema Planspiele finden sich in dem Buch *Planspiele* von HEINZ KLIPPERT (BELTZ-praxis 1996, 48,– DM). Obwohl nicht direkt für das Fach Geographie konzipiert, eignen sich die meisten Themen auch für den Erdkundeunterricht. Neben einem ausführlichen Theorieteil enthält das Werk 10 komplette Planspiele mit zugehörigem Spielmaterial als Kopiervorlage: Arbeitsdienst für Sozialhilfeempfänger? – Bergstadt soll 20 Asylbewerber bekommen – Ein Naturschutzgebiet ist in Gefahr – Umweltverschmutzung in Talstadt – Kohlekraftwerk und/oder Umweltschutz? – Ein Betrieb soll verlagert werden – Konflikt in der Metallfabrik – Roboter für die Agro-KG? – Soja, Kaffee oder schwarze Bohnen? – Projektplanung in Translawi.

Der Lehrerservice des WWF in der Schweiz hat ein optimal ausgestattetes Planspiel zum Problem der Fremdenverkehrsentwicklung in den Alpen herausgegeben. Unter dem Namen **Alpina** ist es zum Preis von 75,– DM in jeder guten Buchhandlung oder beim Versand Koch, Neff & Oetinger, Schockriedstraße 39 in 70565 Stuttgart zu beziehen. Es geht dabei um ein *Sesselliftprojekt* im fiktiven Dorf Alpina und die Schüler übernehmen die Rolle der Gemeindemitglieder. In 4 bis 6 Unterrichtsstunden ist es in beiden Sekundarstufen einsetzbar. Eine ausführliche Besprechung findet man in *Praxis Geographie* 2/1993.

Aus dem gleichen Jahr stammt ein Planspiel, in dem die Entscheidung um den **Nationalpark Elbtalaue** verarbeitet wurde. Der Autor ROLF MANTHEY, dessen Spezialgebiet der Einsatz von Planspielen im Erdkundeunterricht ist, stellt hier zahlreiche Materialien zur Verfügung und lässt den Konflikt zwischen den Beteiligten lebendig werden. Vgl. MANTHEY, ROLF: Theorie und Praxis des Planspiels im Erdkundeunterricht, Frankfurt am Main 1990.

Mit Interessenkonflikten um ein Naturreservat setzt sich auch das Planspiel **Darf das Wurzacher Ried ein Naturschutzgebiet werden?** auseinander. Mit 18 Schülermaterialien ausgestattet lässt es die tatsächliche Entscheidung im Schwäbischen Raum gut dokumentiert nachvollziehen. Ausführlich gestaltet und mit Anleitungen versehen ist es als Kopiervorlage der *Praxis Geographie* 5/1997 zu entnehmen.

Einen Entwurf für ein Planspiel **Gefährdung des Wattenmeers** mit den beteiligten Gruppen der Fischer, Bauern der Umgebung, den vom Tourismus lebenden Küstenbewohnern, den Umweltschützern, der Öl und Gas fördernden Industrie, den Touristen, dem Bürgermeister und den Vertretern der Landesregierung findet man bei GREVING/PARADIES in ihrem Buch *Unterrichts-Einstiege*, S. 100. Als Rollenspiel bezeichnet der Autor HELMUT OBERMANN sein Nachempfinden um die Konfliktsituation der Trinkwasserversorgung im ländlichen Raum. Unter der Überschrift **Brunnensanierung statt Fernwasserversorgung** macht das Spiel die Wasserprobleme der Stadt Wertheim und ihre möglichen Lösungen nachvollziehbar bzw. fordert zu Alternativvorschlägen auf. Mit ausführlichem Informationsmaterial und Rollenanweisungen wurde es in *Praxis Geographie* 2/1995 veröffentlicht. In der Zeitschrift *Geographie heute* 11/1990 wurde die Planung und Diskussion zur **Trasse des Transrapid** zum Planspiel verarbeitet.

Die Ansiedlung von Industrieunternehmen ist ein Entscheidungsprozess, der sich von Schülern im Planspiel ausgezeichnet nachvollziehen lässt. Schüler versetzen sich in die Rollen von Firmenleitungen, Arbeitnehmern, Behörden – oder Verwaltungsvertretern, Anwohnern sowie Umweltschützern. Als Beispiele mögen hier das ausbaufähige Rollenspiel **Was wird aus der Aqua AG?** dienen aus dem Schulbuch *Terra 9* (NRW) von 1993 oder die Planspiele **Wohin mit dem neuen Zweigwerk?** aus *Terra 9/10* von 1983, S. 34 bzw. **Wohin mit der neuen Großmühle?** aus *Terra 7* bis 9 für HS von 1980, S. 236.

Auswahl des Standortes und möglicher Bau eines Staudamms oder einer Talsperre kann Ausgangspunkt eines Planspiels sein. Materialien und Anregungen hierzu liefern Bücher zu den Auswirkungen des Assuandammes in Ägypten (vgl. S. 256/257), wie das Schulbuch *Terra 7/8* von 1985 oder ein älteres Planspiel von HENNING TRIBIAN **Ein Staudamm für Lumumbia**, veröffentlicht im Beiheft zur *Geographischen Rundschau* 5/1976.

Weitere Anregungen liefern die leider nicht mehr lieferbaren Planspiele aus einer Reihe des Westermann-Verlages, die aber möglicherweise noch an vielen Schulen vorhanden sind. Themen waren hier z. B.:

– Die **Flurbereinigung** mit den Rollen der Flurbereinigungsbehörde, den Sachverständigen für Straßenplanung, Naturschutz und Landschaftsgestaltung, Wasserbau und Bodenverbesserung, den Mitgliedern von Bauernverband, Sportverein und Gemeinderat.

– Der **Erholungsraum** mit den Rollen der Experten für Verkehrsplanung, den Vertretern des Forstamtes, den Interessengruppen Landschaftspflege, Naturschutz und Fremdenverkehr, dem Bürgermeister und den Gemeinderäten.

– Die **Fußgängerbereiche** mit den Rollen von Fußgängern, Benutzern öffentlicher Verkehrsmittel, Autofahrern, Geschäftsleuten, Käufern, Touristen, Innenstadtbewohnern und Verkehrsexperten.

Heute noch stärker interessierende Themen, die sich für die Verarbeitung zu einem Planspiel eignen, könnten sein:

Bau einer Windkraftanlage in der Nähe eines Wohngebiets, Bau einer Müllverbrennungsanlage, Ausbau eines Flughafens, Erschließung eines Braunkohletagebaus, Bau und Finanzierung eines Großprojekts in einem Entwicklungsland (Straßenbau, Kraftwerk usw.), Renaturierung eines Flusslaufs oder lediglich in einer kleineren Dimension die *Planung einer Urlaubsreise in den Mittelmeerraum.*

Kapitel 5

Computer im Erdkundeunterricht

Allgemeines

Zu den selbstverständlichen Arbeits- und Unterrichtsmedien gehört heutzutage in den Schulen der Computer. Aber in Ausstattung und Nutzung gibt es von Schule zu Schule riesige Unterschiede. Während z. B. manche großstädtische Hauptschule sich noch mit veralteten Homecomputern oder PCs bescheiden muss, gibt es vor allem an Gymnasien in privater Trägerschaft – oft mit einem industriellen Sponsor im Rücken – die tollsten vernetzten Multimediamaschinen. Sie verfügen über schnellste CD-ROM Laufwerke, Sound- und Videomöglichkeiten und haben über ihre Modems Anschluss an BTX, E-Mail und an das weltweite Internet. In vernetzten Räumen mit bis zu 20 Geräten kann der Lehrer von seinem Pultrechner aus auf die Schülerbildschirme zugreifen und über großformatige Displayprojektion allen Schülern Bildschirmdarstellungen transparent und zum Unterrichtsinhalt machen. Auch wenn an der eigenen Schule die medialen Voraussetzungen nicht so traumhaft sind, sollte der Erdkundeunterricht vom hohen Motivationsgrad und den vielfältigen Möglichkeiten des Computereinsatzes profitieren. Die Realität sieht aber leider häufig anders aus. Zahlreiche Hindernisse scheinen sich dem Wunsch nach weiterer Verbreitung entgegenzustellen. Aus einer Befragung des Hochschulverbandes für Geographie und ihre Didaktik (HGD) von 1992 gehen die Gründe für die zögerliche Nutzung von Software im Erdkundeunterricht hervor. 29,8 % der Nennungen betrafen Lehrerhaltungen und -einstellungen, 24,4 % bezogen sich auf Probleme mit Räumen, Geräten und Ausstattungen der Schulen. In 16,6 % wurden fehlende Kenntnis über gute Softwareprogramme und in ebenfalls 16,6 % Schwierigkeiten finanzieller Art genannt. Dieses Kapitel möchte ein wenig dazu beitragen, solche Hemmnisse zu verringern oder sogar gänzlich abzubauen. Geldmangel allerdings kann nicht allein von den Erdkundelehrern einer Schule beseitigt werden. Zusammen mit den Kollegen anderer Fachbereiche wie Physik, Biologie, Mathematik oder Fremdsprachen und insbesondere Informatik können Aufrufe organisiert werden an die Elternschaft oder an benachbarte Firmen. Manchmal werden ausgediente Geräte der Schule gespendet. Warnen muss man hier allerdings vor uralten Computern, d. h. Geräten, die älter sind als 5 Jahre. Ihre Prozessoren unter Standard 486 können die moderne Software nicht mehr verarbeiten. Entscheiden Sie mit über die *Hardwarevoraussetzungen*, so legen Sie Wert auf 15 oder mehr Geräte, sodass jeweils für zwei Schüler ein Computer zur Verfügung steht. Die Prozessoren sollten mindestens den Standard 586 haben, also sog. Pentiumrechner sein. Legen Sie Wert auf Farbbildschirme, Mäuse, CD-ROM-Laufwerke und mindestens einen Farbdrucker. Eine Vernetzung, die allerdings mehrere Tausend DM kosten kann, ist für das sinnvolle Unterrichten optimal, kann aber auch nachträglich erfolgen.

Speziell für das Fach Erdkunde sind eine Reihe von Softwareprodukten auf dem deutschen Markt. Hilfen und Informationen dazu liefert auch die SODIS-Datenbank (Software Dokumentations- und Informationssystem), die über die Beratungsdienste der einzelnen Bundesländer zu beziehen ist. Hier sind ebenfalls Anfragen und spezielle Recherchen möglich. In der SODIS-Datenbank ist alle deutschsprachige und beispielhaft fremdsprachige Unterrichtssoftware erfasst und von erfahrenen Pädagogen bewertet und beurteilt.

Die kooperierenden Länder und ihre Institute

- *Baden-Württemberg:* Landesinstitut für Erziehung und Unterricht (LEU), Referat II/3, Wiederholdstr. 13, 70174 Stuttgart, Tel.: 0711/1849-556
- *Bayern:* Zentralstelle für Computer im Unterricht, Schertlinstr. 9, 88159 Augsburg, Tel.: 0821/573011
- *Berlin:* Zentrum für audiovisuelle Medien, Landesbildstelle Berlin (BICS) Wikingerufer 7, 10555 Berlin, Tel.: 030/39092-264
- *Brandenburg:* Pädagogisches Landesinstitut Brandenburg (PLIB), Struveweg, 14974 Ludwigsfelde, Tel.: 03378/821-144
- *Bremen:* Landesbildstelle Bremen, Uhlandstr. 53, 28211 Bremen, Tel.: 0421/361-3178
- *Hamburg:* Behörde für Schule, Jugend und Berufsbildung, Amt für Schule, S 13/122, Hamburgerstr. 31, 22083 Hamburg, Tel.: 040/2988-2078
- *Hessen:* Hessisches Institut für Bildungsplanung und Schulentwicklung (HIBS), Viktoriastr. 35, 65189 Wiesbaden, Tel.: 0611/9003-294
- *Mecklenburg-Vorpommern:* Medienzentrum des Landesinstitutes für Schule und Ausbildung (L.I.S.A.), Möllnerstr. 12, 18109 Rostock, Tel.: 0381/498-4041
- *Niedersachsen:* Niedersächsisches Landesinstitut für Fortbildung und Weiterbildung im Schulwesen und Medienpädagogik (NLI) – Computer-Centrum, Richthofenstr. 29, 31137 Hildesheim, Tel.: 05121/760-347
- *Nordrhein-Westfalen:* Landesinstitut für Schule und Weiterbildung (LSW), Paradieser Weg 64, 59494 Soes, Tel.: 02921/683-200
- *Rheinland-Pfalz:* Landesmedienzentrum Rheinland-Pfalz, Arbeitsbereich Neue Technologien, Hofstr. 256a, 56077 Koblenz, Tel.: 0261/9702-303
- *Saarland:* Landesinstitut für Pädagogik und Medien (LPM), Beethovenstr. 26, 66125 Saarbrücken, Tel.: 06897/7908-91
- *Sachsen:* Sächsisches Staatsinstitut für Bildung und Schulentwicklung – Comenius Institut, Dresdnerstr. 78c, 01445 Radebeul, Tel.: 0351/8324-496
- *Sachsen-Anhalt:* Landesinstitut für Lehrerfortbildung, Lehrerweiterbildung und Unterrichtsforschung von Sachsen-Anhalt (LISA), Riebeckplatz 9, 06110 Halle (Saale), Tel.: 0345/2042-323
- *Schleswig-Holstein:* Landesinstitut für Praxis und Theorie der Schule (IPTS), Schreberweg 5, 24119 Kronshagen, Tel.: 0431/5403-166
- *Republik Österreich:* Bundesministerium für Unterricht und kulturelle Angelegenheiten, EDV-Entwicklung und Evaluation, Referat V/20b, Minoritenplatz 5, A-1014 Wien, Tel.: 0222/53120-3524

Für das Fach Erdkunde lassen sich drei verschiedene Anbietertypen unterscheiden:
– Die für die kommerzielle Nutzung entwickelten Spiele oder Simulationen mit auch geographischen Inhalten. Neben den Klassikern PCGlobe, Civilisation oder

SimCity drängen heute immer mehr Anbieter auf den Markt, die auf Grafikbasis entwickeltes so genanntes Edutainment anbieten, eine Mischung aus Education und Entertainment. Ihre großen Datenmengen verlangen eine *CD-ROM* als Datenträger. Sie sind in erster Linie für die Beschäftigung des Schülers zu Hause am eigenen Computer gedacht, lassen sich aber auch mit einem vernünftigen pädagogischen Konzept für den Unterricht nutzen. Das Angebot auf dem deutschsprachigen Markt ist vielfältig und ändert sich von Monat zu Monat. Kritische Besprechungen finden sich ab und an in aktuellen Computerzeitschriften.

CD-Titel	Hersteller	Distributor	Preis in DM	Alters-empfeh-lung	Plattform	Sprache	Inhalt	Umset-zung
Vulkane	Corbis	Bomico, Kelsterbach	ca. 90,–	ab 12	Windows	deutsch	⊕	⊕
Das Wetter	Meteo Consult	Systhema, München	69,–	ab 12	Windows, Mac	deutsch	⊕	⊕
Wild World Of Animals	Creative Wonders	Electronic Arts, Aachen	ca. 50,–	ab 13	Windows	deutsch	O	O
Sexualität								
Selma	Donna Vita	Donna Vita, Ruhnmark	39,90	ab 10	Windows, Mac	deutsch	⊕⊕	⊕⊕
Love Line	Vis Art/ Fox Light	Bundeszentr. f. gesundheit. Aufklärung, Köln	–	ab 12	Windows, Mac	deutsch	⊕⊕	⊕
Geographie								
Die Kicher-erbsenbande auf Weltreise	Headbone Interactive	Ravensburger, Ravensburg	ca. 59,–	ab 4	Windows, Mac	deutsch	⊕	⊕
Meine erste Reise um die Welt	Dorling Kindersley	Bibliograph. Institut, Mannheim	98,–	ab 4	Windows, Mac	deutsch	O	⊕
Mit Alex auf Reisen: Deutschland	Heureka Klett	Heureka Klett, Stuttgart	98,–	ab 10	Windows, Mac	deutsch	⊕	⊕
⊕⊕ sehr gut	⊕ gut	O zufrieden stellend	– nicht vorhanden					

Ausriss aus c't 1997, H. 11

– Die zweite Anbietergruppe stellen die traditionellen Schulbuchverlage, z. T. mit speziellen Ablegern wie Heureka (Klett) oder Comet (Cornelsen). Ihre Produkte sind eher auf den Schuleinsatz ausgerichtet und werden u. a. weiter unten detaillierter vorgestellt.

– Die dritte Gruppe, Kleinverlage, die häufig von Geographielehrenden betrieben werden, vertreiben ihre Produkte speziell für den Unterrichtsmarkt. Die schnelle Entwicklung auf dem Softwaresektor führt aber dazu, dass sie, trotz aller pädagogischer Sorgfalt, mit ihren fachspezifischen und weniger kommerziell ausgerichteten Inhalten immer mehr verdrängt werden.

Zusätzliche Einsatzmöglichkeiten des Computers vor allem zu Hause bietet das geballte Wissen in interaktiven Lexika für Kinder oder auch Erwachsene auf *CD-ROM.* Diese werden in großer Zahl auf den Markt gebracht, sprengen aber den Rahmen des Unterrichts.

Einsatzfähiger dagegen scheinen speziell im Erdkundeunterricht die Multimedia-Atlanten auf *CD-ROM* zu sein, deren Zahl immer mehr zunimmt. Mit pädagogisch vernünftigen Arbeitsaufträgen und -materialien ergänzt, bieten sie vielfältige Möglichkeiten, das topographische Wissen der Schüler in der Schule oder zu Hause zu verstärken. Das Angebot reicht vom einfachen Weltatlas mit 60 Übersichtskarten (Microsoft Lexirom) über multimediale Informationen in Video-, Foto-, Audio- und Musikbeispielen (Microsoft Encarta-Weltatlas). Suchfunktionen zu mehr als 1 Mio. Ortsnamen, Entfernungsangaben durch Klicken auf den Karten, statistische Angaben zu allen Staaten der Erde und Zoom-Funktionen vom Weltraumbild der Erde bis zum Stadtplan sind Möglichkeiten, die noch ungenutzt für den Erdkundeunterricht schlummern. Preise (von ca. 30,– bis zu 200,– DM pro CD) und Gerätevoraussetzungen (z. B. freie 70 MB auf einer Festplatte) können Hindernisse für die Anschaffung sein. Ergänzend soll hier noch auf CDs mit den topographischen Karten Deutschlands (pro Bundesland ca. 50,– DM) und Luftbildern hingewiesen werden. So bietet beispielsweise der Kommunalverband Ruhrgebiet KVR eine CD-ROM *Karten- und Luftbildausschnitte des östlichen Ruhrgebiets* zum Auswerten und Heranzoomen auf Gebäudegröße (79,– DM). Bei der Firma Top-Ware gibt es zum Preis von 49,95 DM den D-Sat-Satellitenatlas für Deutschland. Aus 270 km Höhe wurden die Bilder aus dem russischen Satelliten Cosmos zwischen 1993 und 1996 aufgenommen und sollen durch Zoomen auch 5 bis 10 m große Objekte erkennen lassen. Zur Orientierung lassen sich Landesgrenzen oder Autobahnen hinzufügen. Alle Produkte sind problemlos über den Buchhandel zu beziehen.

Software-Programme für Unterricht und Vorbereitung

Alle für den Unterrichtseinsatz angebotenen Softwareprogramme haben mit dem Problem zu kämpfen, dass die Entwicklung im Computerbereich, speziell die Hardwareentwicklung rasend schnell vonstatten geht und sich so die angeblichen „Neuerungen" schon bald beim Überholten befinden. Insbesondere gilt dies bei den Erdkundeprogrammen für ihre grafische Gestaltung. Bei ihrem Einsatz ist also von Schülerseite nicht immer mit einem motivatorischen Schub und Staunen zu rechnen, sondern z. T. mit einem enttäuschten „Oh, schon so alt!" Trotz allem werden an dieser Stelle einige Programme vorgestellt, die in ihrer Anwendung recht zeitlos erscheinen und häufig als beispielhaft empfohlen wurden. Bei den Preisangaben handelt es sich um ungefähre Werte. Vor einer eventuellen Bestellung sollte man aktuelle Preise erfragen.

Topographie

■ **TOPO**   *Klassen 5–7*
Art des Programms: Topographieübung
Beschreibung: In diesem sehr einfach gestalteten Übungsprogramm stellt der Computer dem Schüler die Frage nach der Entfernung von zwei beliebigen Orten, zumeist in Süddeutschland. Mit Hilfe einer vorher genannten Karte im Atlas kann

diese ausgemessen und berechnet werden. Die eingegebene Antwort vergleicht das Programm mit der exakten Entfernung und bewertet sie mit Punkten. Nach mehreren Durchgängen kann das Gesamtergebnis für den einzelnen Schüler gespeichert werden.

Das Programm ist lediglich geeignet für erste Orientierungs- und Maßstabsübungen in der Klasse 5. Unterrichtsvoraussetzung ist eine kurze Vorbereitung am Atlas und das Vorrechnen einzelner Beispiele. Der Einsatz sollte sich aus Motivationsgründen auf eine Stunde beschränken, kann auch mit einem zeitlichen Abstand von einigen Monaten wiederholt werden.

Bezugsmöglichkeit: Bernd Matejek, Sedanstr. 6, 86316 Friedberg, Tel.: 0821/666758
Preis: Einzellizenz: 20,- DM, Schullizenz: 40,- DM
Letzte Version von: 1990

▥ Kartofix 1, 2 und 3 *Klassen 5-7*

Art des Programms: Lern und Übungsprogramm zur Topographie und Kartographie
Beschreibung: Etwas ausführlicher und umfangreicher ist das Programm *Kartofix*, das im Dreierpaket zu erwerben ist.

In spielerischer Form werden hier Fähigkeiten der Topographie und Kartographie vorgestellt und geübt. Während *Kartofix 1* den Schülern ohne weitere Hilfsmittel grundlegende Kenntnisse vermittelt mit zusätzlichen Übungen und einem Abschlusstest, liegen im zweiten und dritten Paket 100 verschiedene Originalkarten von Städten und Landschaften bei und stehen zusätzlich zum Computer zur Verfügung. Hier werden, als Rallye oder Schnitzeljagd verpackt, Themen behandelt wie: Straßenverzeichnis, Maßstab, Legende, Himmelsrichtungen, Höhenlinien oder Texte zur Beschreibung.

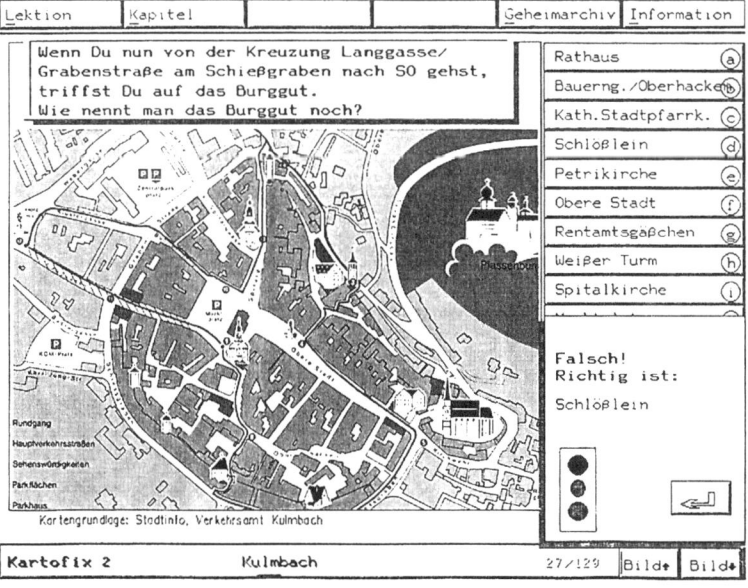

Bezugsmöglichkeit: Uni-Nürnberg, Lehrstuhl Didaktik der Geographie, Regensburger Str. 160, 90478 Nürnberg, Tel.: 0911/5302-523/587, Fax: 0911/592398/4010212
Preis: Einzellizenz: 150,– DM, Schullizenz (bis 15): 300,– DM, über 15 Arbeitsplätze: 400,– DM
Letzte Version von: 1996

▓ Wo liegt was?   *Klassen 5–6*
Art des Programms: Lern – und Übungsprogramm zur Topographie Deutschlands
Beschreibung: Moderner, z. B. mit einer Windows-Oberfläche arbeitet das Lernprogramm *Wo liegt was?*. Hier trainieren die Schüler, wie die wichtigsten Städte, Flüsse, Kanäle und Mittelgebirge in Deutschland heißen und wo sie liegen. Verschiedene Übungseinheiten, z. B. ein puzzleartiger Zusammenbau der Bundesrepublik aus den Bundesländern, lockern die Übungsphasen etwas auf. Das erworbene Wissen lässt sich in einem Quiz überprüfen. Auf farbig ansprechendem Kartenmaterial basierend motiviert die Software auch mit ansprechender Grafik, allerdings ist die Datenmenge mit z. B. nur 15 Städten etwas begrenzt.
Bezugsmöglichkeit: Cornelsen Software, Berlin
Preis: Einzellizenz: 48,– DM, Schullizenz: 148,– DM
Letzte Version von: 1996

▓ Kennst du deine Erde?   *Klassen 5–7*
Art des Programms: Lern- und Übungsprogramm zur Topographie der Erde
Beschreibung: Weitaus mehr Daten über Städte, Länder, Berge und Flüsse sind vorhanden im grafisch ansprechend gestalteten Programm *Kennst du deine Erde?*. Auf 26 Bildschirmkarten kann der Benutzer die ganze Erde, ausgehend von Deutschland, bereisen. Sogar ein Blick auf unser Sonnensystem und den Sternenhimmel ist möglich. In einzelnen Aufgabengruppen kann der Schüler sein Wissen darstellen und überprüfen, z. B. indem vorgegebene Orte auf den Karten per Mausklick auf dem Farbmonitor gefunden werden.
Bezugsmöglichkeit: Klett Verlag, Stuttgart
Preis: Einzellizenz: 68, – DM, Schullizenz: 318, – DM
Letzte Version von: 1995

▓ WEGA über Deutschland   *Klassen 5–7*
Art des Programms: Spielerische topographische Übungen
Beschreibung: Dieses Programm ist eingekleidet in eine überzeugende und sehr motivierende Spielidee: Ein beschädigtes Raumschiff des Planeten Wega bittet um Landeerlaubnis auf der Erde, die Havarierten geben sich als Erdenbürger aus. Doch die misstrauischen Erdbewohner stellen zuerst einige Prüfungen und Tests mit den Gestrandeten an, um sicher zu sein, dass sie auf der Erde zu Hause sind und sich dort auskennen. Erst bei erfolgreichem Bestehen wird die Landeerlaubnis erteilt. Dazu müssen von der Crew (bis zu drei Schüler an einem Computer) entweder mit oder ohne Atlas zahlreiche Aufgaben gelöst werden. Zuvor können sie Räume (Bayern, Deutschland, Europa u. a.) auswählen und sich zwischen Basis- oder Spezialtraining entscheiden, dem sich bei erfolgreichem Test die eigentliche Landung anschließt. Die Fragen steigern sich dabei in ihrem Schwierigkeitsgrad und decken zudem ein breites Spektrum ab. Ob Autobahnen, Inseln, Pässe, Millionen-

städte, Landwirtschaftsregionen oder Industriestandorte, Vielfalt wird geboten. Auch das Messen oder Schätzen von Entfernungen wird geprüft. Grafisch gut aufgemacht sind die eingescannten und reduzierten Atlaskarten, die die Schüler als Hilfe jeweils einblenden können. Das Programm ist trotz aller Ausführlichkeit und Möglichkeit leicht zu bedienen, die Schüler und auch die Lehrer kommen damit rasch zurecht. Außerdem bietet der Entwickler, die Uni-Nürnberg, eine telefonische Betreuung bei Problemen an.
Bezugsmöglichkeit: Uni-Nürnberg, Lehrstuhl Didaktik der Geographie, Regensburger Str. 160, 90478 Nürnberg, Tel.: 0911/5302-523/587, Fax: 0911/592398/401012
Preis: Einzellizenz: 70,- DM, Schullizenz (bis 15): 130,- DM, über 15 Arbeitsplätze: 200,- DM
Letzte Version von: 1994

■ Mit Alex auf Reisen   *Klassen 5-6*
Art des Programms: Spielerisch aufbereitetes Multimedia-Programm auf CD-ROM zum entdeckenden Lernen
Beschreibung: Mit der Comicfigur Alex gehen die Schüler auf eine motivierende Ballonfahrt über fremde Landschaften und lernen sie so kennen.
Mit der kleinen Identifikationsfigur des Alex ist dem Klett-Verlag überzeugend gelungen, das entdeckende Lernen am Multimedia-PC möglich zu machen. Alex nimmt die Benutzer mit auf eine Entdeckungstour durch Deutschland, Programme mit weiteren Gebieten sind vorgesehen. Dabei steuert der Benutzer den Reiseweg selbst und wählt zwischen Küste/Tiefland, Mittelgebirge oder Alpen/Alpenvorland aus. Jeweils eine von sieben charakteristischen Reisestationen wird angeflogen und es gilt hier, sie anhand von Aufgaben und Spielen zu erforschen. Aufgelockert wird das Ganze durch kleine Filmpassagen, in denen Alex Kommentare liefert. In bunten szenischen Darstellungen (Bauernhof, Wald, Hafenrundfahrt) gibt es für die Schüler in mehreren Handlungsebenen viel zu entdecken. Schwerpunkte liegen auf den Kapiteln Reisen und Kartenführung. Ergänzend eingebaut ist jeweils ein Lexikon mit wichtigen Begriffen zu den Landschaftsräumen, mit Fotos und Grafiken. Insgesamt erlebt der Schüler eine kurzweilige Entdeckungsreise durch Deutschland von hohem Informations- und Motivationswert. Das Programm ist maßgeschneidert für die Einzel- oder evtl. Partnerarbeit. Im Klassenraum sollte allerdings mit Kopfhörern gearbeitet werden, da die zahlreichen Erklärungen und Geräusche eine gemeinsame Arbeit eher stören.
Bezugsmöglichkeit: Klett Verlag, Stuttgart
Preis: Einzellizenz: 98,- DM (CD-ROM unter Windows), Schullizenz: 318,- DM
Letzte Version von: 1996

Auf einem Waldspaziergang mit Alex können die Schüler die Tier- und Pflanzenwelt entdecken und sich spielerisch fächerverbindende Inhalte erschließen. So gelangen sie z. B. über das Anklicken der Spechthöhle in das Waldquartett für Vögel

■ Sonstige Programme

Unbefriedigend ist die Motivation und das Arbeiten mit den doch mittlerweile veralteten Programmen:

Around-the-world-softwarepackage/Europe 1994
World 1.5 von 1993
bp-Stadt 1 von 1991

Sie lassen besonders im grafischen Bereich zu wünschen übrig und fragen nur quizartig selektiv Haupt- oder Großstädte, Flüsse oder Gebirge ab.

Klima

■ Klima und Wetter   *Klasse 8*

Art des Programms: Multimedia-Informationssoftware
Beschreibung: Einen Kurs über Klimaentwicklung, Meteorologie, Atmosphäre, Temperaturen und Niederschlag bis zu Wetterrekorden bietet das multimediale Lernprogramm auf CD-ROM. Auf über 150 Bildschirmseiten wird anschaulich in die Inhalte und Zusammenhänge der Naturphänomene eingeführt. Der Schüler kann selbstständig Wetterkarten erstellen und sich on line Informationen von Wetterstationen und Satelliten holen.
Bezugsmöglichkeit: Klett Verlag, Stuttgart
Preis: Einzellizenz: 98,– DM, Schullizenz (8 Arbeitsplätze): 318,– DM
Letzte Version von: 1997 (CD-ROM unter Windows)

■ Zukunft im Treibhaus   *ab Klasse 8*

Art des Programms: Multimedia-Informationssoftware
Beschreibung: Für einen fächerübergreifenden Unterricht ab der Klasse 8 kann dieses auf CD-ROM gelieferte Programm genutzt werden. Hier wird sehr anschaulich demonstriert, wie der Treibhauseffekt entsteht, wie er wirkt und was man dagegen tun kann. In grafisch sehr schön aufgemachten Bildern, Audio- und Videoausschnitten vermittelt die Software Informationen zum Thema *Klimaschutz und Energie.* Ein Spiel motiviert zusätzlich, sich durch die zahlreichen Fakten durchzuarbeiten. Zudem wird das eigene Verhalten in Konsum, Verkehr oder Freizeit und seine Auswirkungen kritisch hinterfragt. Wichtige Daten und Informationen sind außerdem in einem Lexikon vorhanden und können ausgedruckt werden.
Bezugsmöglichkeit: Klett Verlag, Stuttgart
Preis: Einzellizenz: 98,– DM, Schullizenz: 268,– DM
Letzte Version von: 1996

■ Sonstige Programme

Alle angebotene Software verfügt über einfache Benutzeroberfläche und ist vor allem als Datenbank einsetzbar. Mit geeigneten didaktischen Materialien, d. h. Arbeitsaufträgen zum Suchen, Beschreiben und Vergleichen lockern Sie das doch für Schüler etwas trockene Unterrichtsthema durchaus auf.
Im Handel sind: *bp-Klima,* Verlag Jutta Pohl, *Klimagraph* von Soft- und Hardware Schmid u. Bose GdR, *Klimadiagramme* von D. Matejek (siehe S. 227), die z. T. den Vergleich von bis zu vier Diagrammen auf einem Bildschirm erlauben.

Simulation

■ Ökolopoly bzw. ecopolicy   *ab Klasse 7*

Art des Programms: Simulation eines abgeschlossenen Siedlungssystems
Beschreibung: Das Spiel des bekannten Autors Frederic Vester simuliert das verknüpfte System einer abgeschlossenen Gesellschaft in einer fiktiven Siedlungseinheit, z. B. eine Stadt oder ein Land. Es ist dabei möglich, die Entwicklungsstufe der Gesellschaft zwischen Urwaldbevölkerung und Industriegesellschaft in mehreren Stufen unterschiedlich zu wählen. Ein oder besser mehrere Spieler können nun über verschiedene Einflussfaktoren wie Produktion oder Umwelt in dieses System eingreifen und so unterschiedliche Entwicklungsschwerpunkte setzen. Diese Entscheidungen wirken sich im folgenden Zeitraum, z. B. ein Jahr, auf unterschiedliche, meist indirekte Weise auf das System in verschiedenen Ebenen aus, z. B. bei der Zufriedenheit der Bevölkerung. Nach jedem Jahr werden diese Auswirkungen für den Benutzer grafisch und in Punktzahlen dargestellt. So erkennt er die komplexen Zusammenhänge in verflochtenen Gesellschaften und sein Problembewusstsein soll verstärkt werden. Im Klassenverband können diese Auswirkungen und Verknüpfungen dann u. a. in Rollenspielen diskutiert und so vertieft werden. Für die Hand des Lehrers ist umfangreiches Informationsmaterial, vor allem zur Vorbereitung des Unterrichtseinsatzes, bestimmt. Obwohl diese Software vom Verlag für den Einsatz ab Klasse 5 angeboten wird, scheint sie mit größerem Erfolg doch erst für Schüler ab der Klasse 7 geeignet zu sein, auch wenn Jüngeren die grafisch schöne Aufbereitung Spaß macht.
Mit neuer grafischer Oberfläche und netzwerkfähig ist seit 1997 der Nachfolger von Ökolopoly im Angebot: ecopolicy. Er basiert als Simulation auf den gleichen Möglichkeiten des vernetzten Denkens.
Bezugsmöglichkeit: Co.Tec GmbH, Traberhofstr. 12, 83026 Rosenheim
Preis: Einzellizenz: 98,- DM, Schullizenz (bis 14 Arbeitsplätze): 698,- DM
Letzte Version von: 1997

■ Landwirtschaft im Sudan   *ab Klasse 7*

Art des Programms: Simulation menschlicher Eingriffe in eine Naturlandschaft
Beschreibung: Das Programm ist eine Weiterentwicklung der Programme *Hunger in Nordafrika* und *Hunger in Afrika.* Die Schüler übernehmen bei diesem Simulationsprogramm die Rolle einer Bauernfamilie im Süd-Sudan, die ihr Haus an einem Hang gebaut hat. Sie treffen dabei Entscheidungen über Art und Umfang des Anbaus. Unbeeinflussbare Risikofaktoren sind allerdings die Wetterbedingungen, seien es Starkregen oder lang anhaltende Dürreperioden. Um langfristig unter diesen schwierigen Bedingungen zu überleben, können Entscheidungen allgemeiner Art getroffen werden wie der Kauf von landwirtschaftlichen Geräten, Kauf oder Verkauf von Tieren, Art der Vorratshaltung, Schulbesuch der Kinder oder Familienplanung. Nach jedem simulierten Jahr erhält der Benutzer ein Protokoll der getroffenen Entscheidungen und eine grafische Darstellung der Entwicklung. Besondere Risiken der Existenzbedrohung nach bestimmten Entscheidungen werden explizit angezeigt, mit der Aufforderung, sich über die Einflussfaktoren (Klimadaten, Ertragsfaktoren, Familienlage) in allgemeiner, lexikalisch aufgemachter Form zu informieren und seine Entscheidungen zu überdenken. Ziel des Programms ist es,

Hypothesen zum Überleben zu entwickeln, diese am Modell zu testen und das zu Grunde liegende Modell zu überdenken. Bei den komplexen Faktoren kann dies sehr sinnvoll in Kleingruppen geschehen und die Vorstellung der Ergebnisse im Plenum kann zu fruchtbaren Gesamtdiskussionen führen.

Das Programm ist grafisch ansprechend gestaltet und leicht zu bedienen. Eingescannte, farbige Karten machen die gleichzeitige Atlasarbeit überflüssig. Zum Lieferumfang gehört ein kleines Handbuch. Sowohl in den Klassenstufen 7/8 zur Problematik der Entwicklungsländer, als auch in höheren Klassen kann es sehr sinnvoll eingesetzt werden, da es sowohl das entdeckende Erkennen der vielfältigen Kausalzusammenhänge fördert, als auch Diskussionsbasis für gemeinsame Gruppenarbeit liefert. Das Programm wurde von der SODIS NRW als „Beispielhaftes Neues Medium" ausgezeichnet.

Bezugsmöglichkeit: Uni-Nürnberg, Lehrstuhl Didaktik der Geographie, Regensburger Str. 160, 90478 Nürnberg, Tel.: 0911/5302-523/587
Preis: Einzellizenz: 80,-, Schullizenz (bis 15): 150,-, über 15 Arbeitsplätze: 250,- DM
Letzte Version von: 1996

■ Weltsimulation und Umweltwissen   *ab Klasse 10*

Art des Programms: Lern- und Simulationsprogramm
Beschreibung: Nahezu alle Möglichkeiten des modernen Mediums Computer werden durch das hervorragende multimediale Informationsprogramm ausgenutzt. Zahlreiche Fachbereiche, die von der Umweltproblematik betroffen sind, werden angesprochen und eingebunden – fächerübergreifendes Lernen in Biologie, Chemie, Erdkunde, Politik oder Gesellschaftswissenschaft ist möglich. In komplexen Themenfelder kann der Benutzer sowohl in einem systematischen Einzellehrgang, als auch in gesteuerter Gruppenarbeit viele Zukunftsprobleme dieser Welt erfahren. Die Software ist übersichtlich in fünf Kapitel gegliedert: Zunächst werden Bedienung und Ziele vorgestellt. Im zweiten Kapitel wird unter dem Titel *Unsere Zeitmaschine* gelernt, was allgemein und beim weiteren Vorgehen z. B. unter Systemanalyse, Simulation oder Weltmodell zu verstehen ist. Ein erstes kleines Weltmodell kann dabei entwickelt und seine Aussagekraft verifiziert werden.

Wissenskern der Software sind die drei Kapitel *Vergangenheit, Gegenwart und Zukunft,* in denen eine immense Fülle von Fakten als themenbezogenes Lexikon oder als Datenbank jederzeit abruf- und einsetzbar ist. Hierbei wird zunächst aus dem Blickwinkel der verschiedenen Natur- und Gesellschaftswissenschaften, z. B. Bevölkerungs- oder Technikentwicklungen, vermittelt, wie es in der *Vergangenheit* zur heutigen Umweltsituation kam. Im Kapitel *Gegenwart* stellen die Lernenden Überlegungen an, was aus heutiger Sicht zu tun ist. Aus verschiedenen Positionen und Wertvorstellungen geht man der Frage nach, was muss der Einzelne, was muss die verantwortliche Politik tun. Dabei erfolgt die verständliche und wirklichkeitsnahe Darstellung auf vielfältige Art und Weise, durch Bilder, grafische Animationen oder kurze Video-Filme. So können auch komplexe Sachverhalte veranschaulicht werden. Über Querverweise können die Schüler sich in verschiedene Richtungen informieren, sich allerdings auch im reichhaltigen Wissensangebot verirren.

Breiten Raum nimmt das Kapitel *Zukunft* ein. Die Darstellung des Zukunftsmodells basiert auf dem Buch von D. MEADOWS u. a. *Die neuen Grenzen des Wachstums,* DVA, Stuttgart 1992. Aber auch andere Simulationsmodelle sind integriert, können vom Benutzer modifiziert und in ihren Auswirkungen transparent gemacht werden. Das erworbene Wissen kann durch verschiedene Aufgaben überprüft werden. Insgesamt vermittelt diese Software auf hohem Niveau einen ausgezeichneten Eindruck von der interdisziplinären Vernetzung und Komplexität der Umweltproblematik. Neben seiner großen Wissensbasis überzeugt das Programm auch durch eine recht einfache Handhabung. Seine zeitlichen Möglichkeiten gehen weit über die eigentliche Unterrichtszeit hinaus, sodass immer wieder sinnvolle Einschränkungen gefunden werden müssen. Dies kann sowohl zur Einzelarbeit, als auch zur Arbeit in Kleingruppen mit gemeinsamer Auswertung führen. Die Software wurde von SODIS-NRW als „Beispielhaftes Neues Medium" für den Unterricht bezeichnet und erhielt den „GOLD AWARD" der „Worlddidac 1994". Sie ist zwar auch auf Diskette erhältlich, geeigneter für den Einsatz ist aber die CD-ROM-Version. Außer einem entsprechenden Laufwerk benötigt man zur Installation auf der Festplatte vorübergehend mindestens 10 MB Speicherplatz.

Bezugsmöglichkeit: Cornelsen Software, Berlin
Preis: Einzellizenz: 128,– DM, Schullizenz: 398,– DM, Demodiskette: kostenlos
Letzte Version von: 1994

Kartographie und Datenbanken

▓ Mercator 4.5 für Windows *Sek. II, Lehrer*

Art des Programms: Software zum Anfertigen von thematischen Karten
Beschreibung: In diesem Programm ist die Darstellung von vielfältigen Daten in Form von Balken-, Kreis- oder Kurvendiagrammen unter besonderer Heraushebung des räumlichen Bezugs möglich. Eine speziell für Windows 3.x entwickelte Benutzeroberfläche erleichtert auch dem wenig computererfahrenen Benutzer die Bedienung und eine kleine „Gebrauchsanweisung" führt in die ersten Schritte ein. Zahlreiche Kartengrundlagen sind im Lieferpreis enthalten wie z. B. Kreise, Regierungsbezirke und Bundesländer von Deutschland oder Österreich, Länder der EU und Afrikas, Staaten, Regionen und Divisions der USA, GUS und Australien. Auf ihnen lassen sich dann bereits vorhandene oder neu einzugebene Daten unter räumlicher Platzierung darstellen. Dabei kann die Art des Diagramms aus sechs verschiedenen ausgewählt und in seiner Größe variiert werden. Bis zu 12 Merkmale können so verarbeitet und optisch sehr ansprechend gestaltet werden. Zusätzlich lassen sich auf den Karten noch Mengensymbole oder andere größenabhängige Symbole eintragen. Als Datenbasis akzeptiert das Programm Mercator 4.5 für Windows die meisten gängigen Datenbanksysteme wie LOTUS 123, EXEL, D-Base und viele andere und setzt ihre Inhalte optisch um. Als räumliche Unterlage kann der Benutzer auch alle selbst eingescannten oder hergestellten Karten verwenden oder zusätzlich bei der Firma SDE zu allerdings recht hohen Preisen kaufen (z. B. Weltkarte – 175 Staaten zum Preis von 315,– DM) Die Auswahl zum Beschriften und Formatieren der Texte ist reichhaltig, ebenso wie die freie Wahl von Farben, Strichstärken oder Schraffuren. In Quer- und Hochformaten von DIN A5 bis DIN A2 lassen sich die fertigen Karten ausdrucken oder von einem Plotter ausgeben. Der Einsatz im Unterricht scheint allerdings nur in „Spezialfällen" möglich, z. B. bei besonderen Kurseinheiten in der Mittel- und Oberstufe zur Karthographie. Die

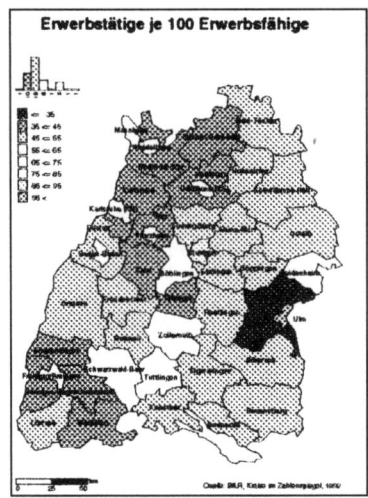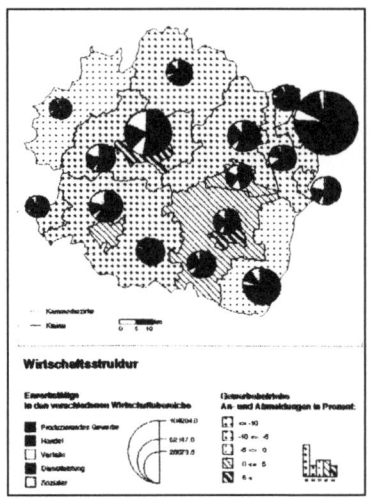

Schüler können – allenfalls zu zweit in Partnerarbeit – ihre eigene Karte herstellen. So lernen sie die unterschiedlichen Wirkungsweisen der verschiedenen Diagrammarten auf den Betrachter kennen und eventuell an anderen vorgefertigten Karten kritisch zu hinterfragen. Besonders geeignet scheint das Programm aber für den Lehrer zu sein, der räumliche Zusammenhänge für die Schüler im Unterricht sichtbar machen will. Das Erstellen einer Folie oder einer thematischen Karte für eine Klausur wird durch das Programm Mercator erheblich erleichtert.
Bezugsmöglichkeit: SDE Sigrid Schüller, Schillerstr. 19, 68723 Plankstadt, Tel.: 06202/18568
Preis: Einzellizenz für Lehrer: 299,– DM, Schullizenz: 599,– DM. Zum Kennenlernen des Programms kann man eine preiswerte Demoversion anfordern.

■ Die Welt auf CD-ROM   *Lehrer*

Art des Programms: Karten und Texte zum topographischen Grundwissen
Beschreibung: Auf fünf CDs bietet diese Software Lehrmaterial mit ca. 250 Karten von hoher Qualität. Aufgeteilt sind sie in die Bereiche *Deutschland, Europa, Kontinente, Staaten der Erde* und *Zonen der Erde* (Klima, Vegetation, Trockenräume ...). Zu jedem Kapitel sind kopierfähige Arbeits- und Lösungskarten vorhanden, die in verschiedenen Schwierigkeitsgraden jeweils einen Themenbereich abdecken. Die Lösungskarten können auch als farbige Overheadfolien ausgedruckt werden. Durch Wissens- oder Ratefragen und Kartenaufgaben wird das Material ergänzt. So ist es auch sinnvoll einsetzbar für Phasen der Freiarbeit, in Vertretungsstunden oder als Hausaufgabe. Weiterhin kann man fertige Karten und Texte direkt ausdrucken, sie als Grafik in eigene Arbeitsblätter importieren oder sie mit Hilfe zusätzlicher Software (Corel Draw, Winword oder Write) individuell verändern. Die einfache Handhabung macht die Arbeit auch für den ungeübten PC-Nutzer möglich.
Bezugsmöglichkeit: Verlag Berger, Erbprinzenstr. 16, 79098 Freiburg, Tel.: 0761/286900
Preis: Einzellizenz pro CD: 98,– bis 509,–, Schullizenz pro CD: 259,– bis 349,– DM

▨ agri-inform   *Lehrer*

Art des Programms: Infos und Daten zur Landwirtschaft

Beschreibung: Ein interessantes Programmpaket zum Thema *Landwirtschaft* wird hier kostenlos für den Erdkundelehrer angeboten. Es darf beliebig oft kopiert und weiterverteilt werden und besteht aus vier Bausteinen: Ein thematisches Lexikon mit über 500 Stichwörtern (*Agrilexikon*), ein Adressenverzeichnis zur Landwirtschaft (*Agriadress*), eine Vielzahl von Statistiken (*Agrimente*) und ein *Kalender*. Hinter dem Lexikon verbirgt sich eine recht umfangreiche, informative Datenbank, bei der Stichworte wie *Abkommen von Lomé* oder *Flächenstilllegung* per Mausklick wählbar und in weiteren Querverweisen aufzuschlüsseln sind. Mit einem zusätzlichen Textprogramm wie z. B. Winword lassen sich die Artikel in Arbeitsblätter oder Klausuraufgaben einbinden. Die *Agrimente* liefern statistische Angaben und Vergleiche in Deutschland, aufgeteilt bis zu jedem einzelnen Landkreis, also auch speziell für den Heimatraum der Schüler. Das Adress- und Telefonbuch der landwirtschaftlichen Spezialisten liefert zusätzliche Hilfequellen und Ansprechpartner für Rat suchende Lehrer. Im *Kalender* findet der Lehrer praktische Optionen wie Terminkalender, Telefonbuch oder Stundenplan, die individuell zu füllen sind. Das Programm kann aus dem Internet heruntergeladen werden oder wird auf telefonischen Wunsch als Diskette problem- und kostenlos zugesandt.

Bezugsmöglichkeit: IMA (Informationsgesellschaft für Meinungspflege und Aufklärung) Alexanderstr. 3, 30159 Hannover, Tel.: 0511/328726, Internet: http://www.dainet.de/ima.htm

Internet und E-Mail

Die wachsende Bedeutung der neuen Technologien in unserer Gesellschaft ist unbestritten. Die Informationsgesellschaft setzt auf schnellen Datenzugriff, die Bereitstellung von Informationen wird als entscheidender Wirtschaftsfaktor gesehen. Damit wächst auch die Notwendigkeit, sich in der Schule damit auseinander zu setzen. Angestrebt ist dabei, dass das Internet nicht nur als Gegenstand im Informatik-Unterricht angesehen wird und es somit bei der Behandlung rein technischer Aspekte bleibt. Um es mit anwendungsorientierten Inhalten zu füllen, soll das Internet vor allem als Methode in anderen Fächern und/oder interdisziplinär mit anderen Fächern zum Tragen kommen. Die Behandlung des Internet als Unterrichts*gegenstand* und der Einsatz als Unterrichts*medium* könnte exemplarisch die sich wandelnde Nutzung von Rechnern – weg von Einzelplatzcomputern hin zu lokal bis international vernetzten Rechnersystemen – aufzeigen. Damit wird die bisher dominierende Funktion des Rechners um den Aspekt der Kommunikation und der ausgedehnten Informationsbeschaffung erweitert. Fachübergreifend eignet sich das Internet daher, um Grundlagen von Telekommunikation, Netzen, Multimedia, Hypertext und Informationssystemen zu vermitteln bzw. einzuüben.

Inhaltlich bietet das Internet vor allem Möglichkeiten der Informationsbeschaffung und des Informationsaustausches: einerseits Zugriff auf Informationen jeder Art in Text-, Ton-, Bild- und Filmformat wie aktuelle Nachrichten und Artikel aus internationalen Zeitungen und Magazinen, die neuesten Satellitenbilder, Karten, Luftbilder, Statistiken, Projekte an Schulen in der ganzen Welt, Angebote zur Zusammenarbeit, nationale und internationale Zeitungsarchive, Online-Bibliotheken, Universitätsdatenbänke, Computerprogramme, virtuelle Besichtigungen von Museen u. a. sowie andererseits weltweite Kommunikation: Kontaktaufnahme, Erfahrungsaustausch, Zusammenarbeit in gemeinsamen Projekten.

Grundsätzlich lassen sich zwei Anwendungsfelder unterscheiden: Etablierte Unterrichtsinhalte werden motivierender und neuartig aufbereitet und es können Themen vermittelt werden, die ohne das Internet nicht oder nur sehr aufwendig berücksichtigt werden könnten.

Im ersten Fall kann von einer *Substitutionsfunktion* gesprochen werden. Das Internet dient als eines von mehreren möglichen Medien dazu, z. B. um Bevölkerungszahlen, Karten, landeskundliche Informationen (z. B. http://www.city.net), Umwelt- oder Wirtschaftsdaten für ein gerade behandeltes Land herauszusuchen. Das Internet ersetzt hier den Atlas oder das Lexikon. Ein solches Unterrichtsvorhaben hätte dann in erster Linie zum Ziel, die Schüler dank eines Medienwechsels stärker zu motivieren und ihnen das neue Medium vorzustellen.

Im zweiten Fall lässt sich dagegen von einer *Innovationsfunktion* sprechen. Hier können dank der neuen Technologien *neue* Aspekte in den Vordergrund gerückt werden. Die Vorzüge des Internet liegen neben der Fülle des Informationsangebotes vor allem in der *Aktualität* der abrufbaren Daten und in der *Authentizität* der Informationswahrnehmung, z. B. aktuelle Wetterdaten und -bilder, Arbeitsmarktdaten oder Zahlen zum Strukturwandel in der Landwirtschaft. Dies macht das Medium vor allem für den Erdkundeunterricht interessant, denn der Datenaustausch bzw. die Kommunikation erfolgt orts- und zeitunabhängig. Somit können weit entfernt ablaufende Prozesse von den Schülern mit Hilfe des PCs beobachtet und mitverfolgt werden, z. B. die aktuelle Größe des Ozonlochs über der Antarktis.

Die Vorzüge der telekommunikativen Seite zeigen sich in einer Reihe internationaler Projekte, die von mehreren Schulen oder Institutionen initiiert wurden und an denen auch die eigene Schule teilnehmen kann, z. B. das GLOBE-Projekt (http://www.globe.gov) oder das AquaData-Projekt (http://baldrick.kc.kuleuven.ac.be/~karls/bionet/aquadata/). Ziel dieser Projekte ist es, das Bewusstsein der Schüler für ihre Umwelt zu fördern. Die teilnehmenden Schulen ermitteln Umweltdaten der Heimatregion, speisen sie ins Netz ein und können gleichzeitig Daten anderer Schulen abrufen. Andere Projekte sehen vor, Schüler Fragen an Wissenschaftler richten zu lassen, die gerade spektakuläre Forschungsprojekte leiten.

Allerdings bilden solche weltumspannenden Projekte (noch) die Ausnahme im Internet. Das Hauptanwendungsfeld für den Unterricht stellen daher die einzelnen Informationsangebote der zahllosen Web-Server dar, die meist von öffentlichen Einrichtungen (Universitäten, Forschungseinrichtungen) unterhalten werden. Die deutschsprachigen Angebote nehmen mittlerweile an Umfang zu, was den praktischen Umgang mit dem Internet in der Schule erleichtert. Doch auch viele englischsprachige Informationensquellen sind oft sehr unkompliziert und leicht verständlich gehalten. Insbesondere die grafische Aufbereitung erleichtert den Umgang mit fremdsprachigen Web-Servern.

Für den Erdkundeunterricht interessante Adressen einzelner Web-Server:

i   http://www.awi-bremerhaven.de/MET/Neumayer/ozone.html
     Enthält zur Interpretation geeignete Diagrammdarstellung des Ozonlochs
     (Abhängigkeit von Jahreszeiten)

i http://www.atm.ch.cam.ac.uk/tour/
Von Mitgliedern des Centre for Atmospheric Science der Universität Cambridge, UK, erstellte multimediale (Grafiken, Filmsequenzen) Einführung in die Ozonloch-Problematik, allerdings in Englisch

i http://www.dkrz.de/index.html
Deutsches Klimarechenzentrum mit Kürzestfristprognosen für Deutschland (für die nächsten 6 Stunden) und Links zu Wetterkameras weltweit

i http://www.asg.physik.uni-erlangen.de/europa/
Datenbank Europa: Aktuelles zu Geographie, Wirtschaft, Politik, Kultur und Schule für alle Länder Europas; betreut vom Albert-Schweitzer-Gymnasium Erlangen

i http://www-seismo.hannover.bgr.de/
Von der Bundesanstalt für Geowissenschaften und Rohstoffe in Hannover erstellte und aktualisierte Erdbebenkarten weltweit und in Deutschland

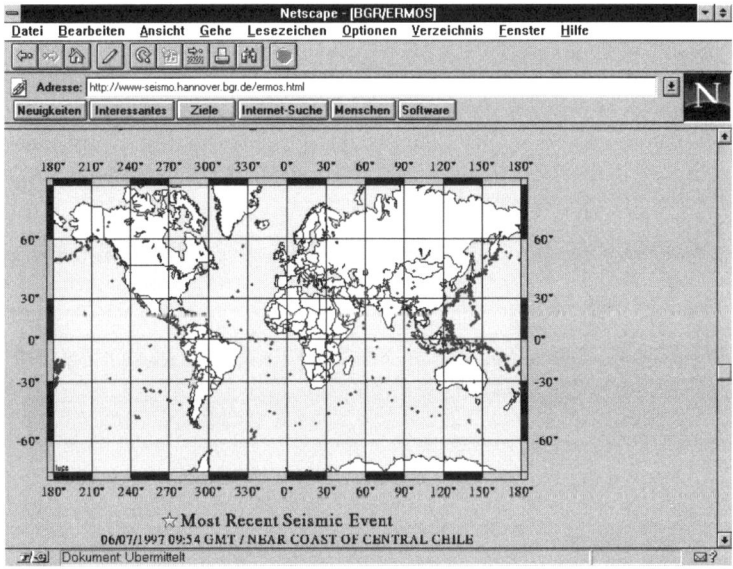

Ständig aktualisierte Erdbebenkarten des Web-Servers der Bundesanstalt für Geowissenschaften und Rohstoffe in Hannover

i http://ilsebill.biologie.uni-freiburg.de/cgi-bin/worldpop
Die aktuelle Weltbevölkerungszahl lässt sich per Knopfdruck ermitteln. Die Zahlen sind das Ergebnis einer einfachen Regression zwischen aktuellen Daten und Zukunftsschätzungen. Zudem werden Schüler mit Hinweisen ermuntert, Vergleiche anzustellen, die den Umfang des Bevölkerungszuwachses verdeutlichen helfen.

i http://www.uni-kiel.de:8080/ewf/geographie/forum/fragen/fr-form.htm
E-Mail-Formular für den Eintrag von Erdkundefragen, die vom Geographischen Institut in Kiel beantwortet werden.

ⓘ http://isis.dlr.de/services/ISIS/ISIS-query.html
Deutsche Forschungsanstalt für Luft- und Raumfahrt, DLR, Abrufmöglich-
keiten aktueller und mit Ländergrenzen unterlegter Satellitenbilder

Das Internet bietet somit zwar eine Fülle von Informationen, eine didaktische
Aufbereitung der Datenangebote fehlt jedoch bisher weitestgehend. Die bereits auf
Landes- und Bundesebene entstandenen Bildungsserver sowie einzelne Web-Server
von Didaktikinstituten der Universitäten versuchen hier Abhilfe zu schaffen. Sie
wollen zum einen in einer Art Materialdatenbank schulische Internet-Projekte
vorstellen, die zumeist nach Fächern sortiert sind. Zum anderen werden auch
konkrete Unterrichtsvorschläge angeboten. So bietet beispielsweise der NRW-Bil-
dungsserver (http://www.learn-line.nrw. de) bereits einige konkrete Unterrichtsver-
läufe an, z. B. zu Problemfeldern der Bevölkerungsentwicklung mit unterschiedlichen Materialien (Diagramme, Grafiken, Texte).

■ Web-Server mit didaktisch aufbereitetem Angebot (Auswahl)

ⓘ http://www.zum.de/schule/BS.HTM
Liste aller Bildungsserver in der BRD

ⓘ http://www.uni-kiel.de:8080/ewf/geographie/forum/forum.htm
Das Forum Erdkunde der Abteilung Geographie des Instituts für Kulturwis-
senschaften und ihre Didaktiken an der Erziehungswissenschaftlichen Fa-
kultät der CAU Kiel; versteht sich als Informations- und Austauschforum
für den Erdkundeunterricht

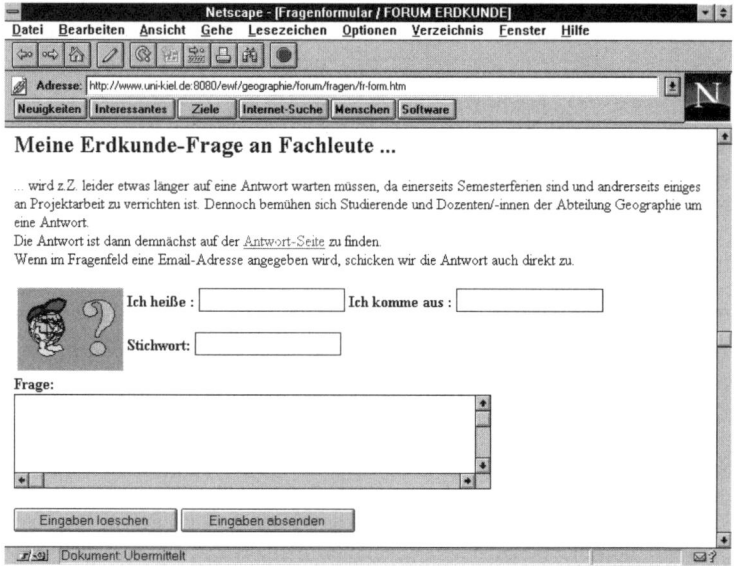

*Der Web-Server des Kieler Geographischen Instituts bietet die Möglichkeit,
Erkundefragen an Fachleute zu richten. Die Schüler müssen dazu ihre Frage über
die Tastatur in ein dafür vorgesehenes Eingabefeld eingeben und absenden.*

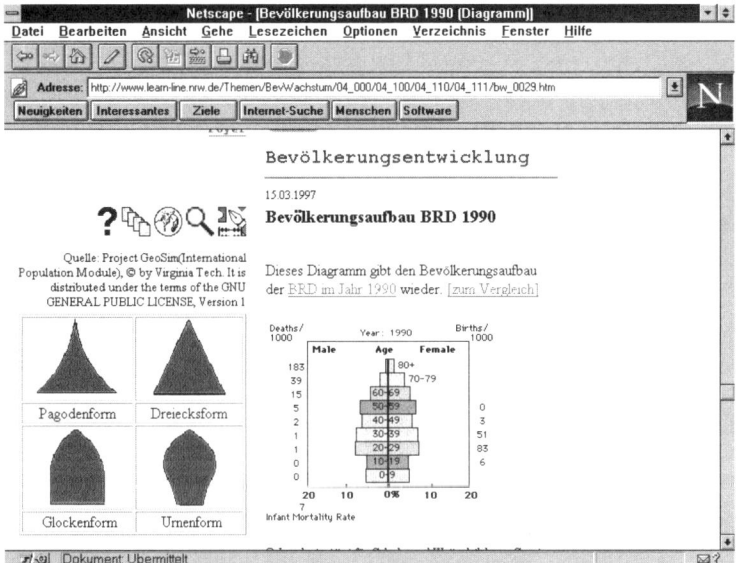

i   http://www.uni-kiel.de:8080/ewf/geographie/forum/unterric/konzepte/
fe_hongk/fehkeinf.htm
Schiffe zählen in Hongkong – eine Einführung in die Arbeit mit Luftbildern
bei wirtschaftsgeographischen Fragestellungen

i   http://www.learn-line.nrw.de/Themen/BevWachstum/medio.htm
Lernsystem zum Thema *Bevölkerungsentwicklung* des Bildungsservers
NRW, dessen hypermedialer Datenbestand entdeckendes Lernen ermögli-
chen soll; Unterrichtsvorschläge mit zahlreichen Materialien

Ausschnitt aus dem Unterrichtsangebot des NRW-Bildungsservers
(http://www.learn-line.nrw.de) zum Thema Bevölkerungsentwicklung

i   http://volcano.und.nodak.edu/
Handlungsorientierte Lerneinheiten zum Thema *Vulkanismus*; Aufgaben
mit Lösungen; anschauliche und abrufbare Arbeitsmaterialien, darunter
auch Filmsequenzen, allerdings in Englisch

Literatur

Geographie und Schule 16/1994. Aulis, Deubner und Co. KG, Köln 1994
Praxis Geographie 3/1995, Computer-Software für den Geographieunterricht:
Zahlreiche Beiträge beschäftigen sich mit Software und ihren Einsatzmöglichkeiten,
Programme werden detailliert beschrieben. Ein Artikel gilt der Datenbeschaffung
über Btx.
Reihe: Computer und Fachdidaktik: Erdkunde, Anregungen-Unterrichtsmodelle-
Perspektiven, Zentralstelle für Computer im Unterricht, Augsburg 1995: Das 290

Seiten umfassende Buch stellt theoretisches und praktisches Detailwissen vor. Zahlreiche Programme werden beschrieben und bewertet. Es kann bei der Zentralstelle für Computer im Unterricht, 86159 Augsburg, Schertlinstr. 9, Tel.: 0821/573011, bestellt werden.

Die SODIS Datenbank auf CD-ROM beim Landesinstitut für Schule und Weiterbildung, Paradieser Weg 64, 59494 Soest, Referat Z 3, Tel.: 02921/693-0 und Fax: 02921/683-228, und bei den auf S. 224 genannten Adressen.

Die SODIS Datenbank kann auch über das Internet „angezapft" werden unter http://www.learn-line.nrw.de

Software für den Unterrichtseinsatz verkaufen:

Fa. Co-Tec, Traberhofstr. 12, 83022 Rosenheim

Verlag für Lehr- und Lernprogramme Jutta Pohl, Im Buckeberg 11a, 76307 Karlsbad, Fax: 07202/3879

HuBiTa geo-software, Postfach 1139, 74301 Bietigheim-Bissingen, Tel.: 07141/200956

Literatur zum Thema Internet

Sehr ausführlich und vielfältig: Geographie heute, 152/August 1997. Das Heft beschäftigt sich in zahlreichen Artikeln mit dem Thema Internet und liefert geographisch relevante Informationen sowohl für den Anfänger als auch für den erfahrenen Benutzer.

BESTE, D., et al.: Bildung im Netz. Auf dem Weg zum virtuellen Lernen, Düsseldorf 1996

BOHLEN, H.: Unterrichtsvorbereitung mit dem Internet, in: Computer und Unterricht, 25/1997, S. 50–52

DICKMANN, F.: Das „Internet" als methodischer Bestandteil einer Unterrichtsreihe über „Die Rolle des Tourismus in der heimischen Region", unveröffentlichte Staatsarbeit, Mönchengladbach 1997

DIEPOLD, P.: Das Weltgehirn – Das Internet als Weg zu den Wissensspeichern der Welt, in: LOG IN 14, 1994, H. 5/6, S. 13–18

HILDEBRAND, J.: Internet: Ratgeber für Lehrer, Köln 1997

MEYER, F.: World Wide Web in der Schule, in LOG IN 14, 1994, H. 5/6, S. 19–24

Landesinstitut für Schule und Weiterbildung NRW (Hrsg.): Die pädagogische Konzeption des NRW-Bildungsservers – Kurzfassung, Soest o. J. (1997)

Niedersächsisches Kulturministerium (Hrsg.): Neue Technologien und Allgemeinbildung, Bd. 26: Telekommunikation – Anregungen für den Unterricht, Hannover 1994

SCHULZ-ZANDER, R.: Veränderte Lernwelten mit Multimedia und Telekommunikation, in: Computer und Unterricht, 21/1996, S. 41–46

SCHULZ-ZANDER, R.: Lernen mit Netzen, in: Computer und Unterricht, 25/1997, S. 10–13

Kapitel 6

Adressen und Tipps

Experten in den Unterricht zu holen ist ein empfehlenswerter Weg, geographische Aspekte aus anderer Sicht zu sehen oder direkt aus erster Hand die Probleme kennen zu lernen. Zu Themen der Entwicklungsländer den Botschafter oder Handelsattaché eines Landes einzuladen ist denkbar, wenn die Schule nicht weit entfernt von entsprechenden Botschaften oder Behörden liegt.

Ideal für die Sekundarstufe I sind Fachleute der Stadtverwaltung oder ansässiger Firmen und Hilfsdienste, die zu Themen Stellung nehmen können, die das unmittelbare Schulumfeld betreffen. In Klasse 5 beispielsweise lohnt sich der Besuch auf einem nahe gelegenen Bauernhof (eventuell in Verbindung mit einem Wandertag, vgl. S. 140), damit die Schüler neben der theoretischen Aufbereitung im Unterricht die Praxis lebensnah miterleben können.

Viele Ministerien, Landesämter, Institutionen oder Konzerne verfügen über ein teilweise breit gefächertes Angebot an geographisch relevanten Materialien, die auf Anfrage sehr häufig kostenlos bereitgestellt werden.

Die im Folgenden nach Themen geordnete Zusammenstellung von Adressen stellt nur eine Auswahl dar. Sie sollte durch örtliche, z. B. auf das Umfeld der Schule bezogene Anschriften von Behörden, Verbänden oder Firmen aktualisiert und ergänzt werden. Ratsam ist es, Themenkataloge oder Literaturlisten anzufordern, da die Mitteilungen, Informationen, Berichte und Broschüren sich meistens jährlich ändern.

Empfehlenswert ist *Oeckl, Taschenbuch des öffentlichen Lebens, Festland Verlag Bonn*, ein Buch, das jährlich erscheint (45. Jahrgang, 1995/96) und die kompletten Anschriften aller öffentlichen Einrichtungen von Bund und Ländern bis hin zu den Adressen von Abgeordneten enthält. Dieser Band ist in jeder guten Bibliothek und manchmal auch bei der Industrie- und Handelskammer einzusehen.

Nützliche Adressen

Staatliche Einrichtungen

i   Bundesministerium für Umwelt, Naturschutz und Reaktorsicherheit, Ref. Öffentlichkeitsarbeit, Kennedyallee 5, 53175 Bonn, Tel.: 0228/305-0, Fax: 0228/305-3225

i   Umweltbundesamt, Ref. Öffentlichkeitsarbeit, Bismarckplatz 1, 14193 Berlin, Tel.: 030/8903-0, Fax: 030/8903-2285
Das Umweltbundesamt gibt den *Behördenführer Umwelt Bundesatlas* heraus, der sämtliche Zuständigkeitsfragen im Umweltschutz beantwortet.

- ⓘ Bundesministerium für Gesundheit, Am Probsthof 78 a, 53121 Bonn, Tel.: 0228/941-0, Fax: 0228/941-4900
- ⓘ Bundesamt für Naturschutz, Konstantinstr. 110, 53179 Bonn, Tel.: 0228/8491-0, Fax: 0228/8491-200
- ⓘ Bundesgesundheitsamt, Thielallee 88–92, 14196 Berlin, Tel.: 030/8412-0, Fax: 030/8412-2741
- ⓘ Bundesamt für Strahlenschutz, Postfach 100149, 38259 Salzgitter, Tel.: 05341/188-0, Fax: 05341/188188
- ⓘ Bund für Umwelt und Naturschutz Deutschland e. V. (BUND), Bundesgeschäftsstelle, Im Rheingarten 7, 53225 Bonn, Tel.: 0228/40097-0, Fax: 0228/40097-40
- ⓘ Naturschutzbund Deutschland e. V. (NABU), Bundesgeschäftsstelle, Herbert-Rabius-Str. 26, 53225 Bonn, Tel.: 0228/97561-0, Fax: -90, -93, -94
- ⓘ Bundesforschungsanstalt für Naturschutz und Landschaftsökologie, Konstantinstr. 110, 53179 Bonn, Tel.: 0228/8491-0 Zuständig für das gesamte Bundesgebiet; jedes Bundesland verfügt über eigene Institute bzw. Landesämter.
- ⓘ Deutscher Naturschutzring (DNR), Am Michaelshof 8–10, 53177 Bonn, Tel.: 0228/359005, Fax: 0228/359069
- ⓘ Deutsche Bundesstiftung Umwelt, An der Bornau 2, 49090 Osnabrück, Tel.: 0541/9633-0, Fax: 0541/9633-190
- ⓘ Umweltministerium Baden-Württemberg, Pressestelle, Kernerplatz 9, 70182 Stuttgart, Tel.: 0711/126-0, Fax: 0711/126-2881
- ⓘ Landesamt für Umweltschutz Baden-Württemberg, Griesbachstr. 3, 76185 Karlsruhe, Tel.: 0721/983-0, Fax: 0721/983-1456
- ⓘ Bürgerinformationsstelle des Bayerischen Staatsministeriums für Landesentwicklung und Umweltfragen, Rosenkavalierplatz 2, 81925 München, Tel.: 0171/3606196 (Funktel.)
- ⓘ Bayerisches Landesamt für Umweltschutz, Rosenkavalierplatz 3, 81901 München, Tel.: 089/9214-0, Fax: 089/9214-3281
- ⓘ Bayerische Landesanstalt für Wald- und Forstwirtschaft, Hohenbachernstr. 20, 85354 Freising-Weihenstephan, Tel.: 08161/714880, Fax: 08161/714971
- ⓘ Ministerium für Umwelt, Naturschutz und Raumordnung des Landes Brandenburg, Ref. Presse und Öffentlichkeitsarbeit, Albert-Einstein-Str. 42–46, 14473 Potsdam, Tel.: 0331/866-0, Fax: 866-7240
- ⓘ Hessisches Ministerium für Umwelt, Energie und Bundesangelegenheiten, Ref. Öffentlichkeitsarbeit, Mainzer Str. 80, 65189 Wiesbaden, Tel.: 0611/815-0, Fax: 0611/815-1941
- ⓘ Hessische Landesanstalt für Umweltschutz, Rheingaustr. 186, 65203 Wiesbaden, Tel.: 0611/6939-0, Fax: 0611/6939-555
- ⓘ Ministerium für Landwirtschaft und Naturschutz, Paulshöher Weg 1, 19061 Schwerin, Tel.: 0385/588-0, Fax: 5886024, -6022
- ⓘ Niedersächsisches Umweltministerium, Archivstr. 2, 30169 Hannover, Tel.: 0511/104-0, Fax: 0511/104-3399
- ⓘ Ministerium für Umwelt, Raumordnung und Landwirtschaft des Landes Nordrhein-Westfalen, Schwannstr. 3, 40476 Düsseldorf, Tel.: 0211/4566-0, Fax: 0211/4566-388

ⓘ Landesumweltamt Nordrhein-Westfalen, Abteilung Öffentlichkeitsarbeit, Wallmeyer Str. 6, 45133 Essen, Tel.: 0201/7995-0, Fax: 0201/7995-446, -447

ⓘ Ministerium für Umwelt und Forsten des Landes Rheinland-Pfalz, Ref. Öffentlichkeitsarbeit, Kaiser-Friedrich-Str. 7, 55116 Mainz, Tel.: 06131/16-0, Fax: 06131/16-4646

ⓘ Ministerium für Umwelt des Saarlandes, Ref. Öffentlichkeitsarbeit, Postfach102461, 66024 Saarbrücken, Tel.: 0681/501-00, Fax: -4522, -4521

ⓘ Sächsisches Staatsministerium für Umwelt und Landesentwicklung, Ostra-Allee 23, 01067 Dresden, Tel.: 0351/564-0, Fax: 0351/564-2209

ⓘ Sächsisches Landesamt für Umwelt und Geologie, Wasastr. 50, 01445 Radebeul, Tel.: 0351/710, Fax: 0351/714372

ⓘ Ministerium für Umwelt und Naturschutz des Landes Sachsen-Anhalt, Ref. Öffentlichkeitsarbeit, Pfälzer Platz 1, 39106 Magdeburg, Tel.: 0391/567-01, Fax: 0391/567-3368, -3366

ⓘ Ministerium für Natur und Umwelt des Landes Schleswig-Holstein, Ref. Öffentlichkeitsarbeit, Postfach 6209, 24123 Kiel, Tel.: 0431/219-0, Fax: 0431/219-209, -239

ⓘ Landesamt für Naturschutz und Landschaftspflege Schleswig-Holstein, Hansering 1, 24145 Kiel, Tel.: 0431/71839-0, Fax: 0431/71839-99

ⓘ Niedersächsisches Landesamt für Ökologie, An der Scharlake 39, 31135 Hildesheim, Tel.: 05121/509-0, Fax: 05121/509-196

ⓘ Deutsche Umwelthilfe (DUH), Güttinger Str. 19, 78315 Radolfzell, Tel.: 07732/9995-0, Fax: 07732/9995-77

ⓘ Deutsche Umwelthilfe e. V., Landesgeschäftsstelle für Niedersachsen, Nordrhein-Westfalen und Bremen, Goebenstr. 3a, 30161 Hannover, Tel.: 0511/663480

ⓘ Deutsche Umweltstiftung, Schlachthofstr. 6, 73726 Germersheim, Tel.: 07274/4767, Fax: 07274/77302

ⓘ Deutsche Umweltaktion, Öffentlichkeitsdienst für Umweltschutz, Gemeinnütziger e. V., Heinrich-Heine-Allee 23, 40213 Düsseldorf, Tel.: 0211/131322, Fax: 0211/132454

ⓘ Deutsche Gesellschaft für Umwelterziehung, Frauenthal 25, 20149 Hamburg, Tel.: 040/4106921, Fax: 040/456129

ⓘ Bundesverband Bürgerinitiativen Umweltschutz e. V. (BBU), Prinz-Albert-Str. 43, 53113 Bonn, Tel.: 0228/214032, Fax: 0228/214033

Natur- und Gewässerschutz

ⓘ Nationalverwaltung Niedersächsisches Wattenmeer, Virchowstr. 1, 26382 Wilhelmshaven, Tel.: 04421/408-271, Fax: 408-280

ⓘ Arbeitsgemeinschaft Natur- und Umwelterziehung e. V. (ANU), Bundesgeschäftsstelle, Gutsweg 35, 32120 Hiddenhausen, Tel.: 05223/87031, Fax: 05223/87559

ⓘ World Wide Fund For Nature (WWF), Hauptsitz Deutschland, Hedderichstr. 110, 60596 Frankfurt am Main, Tel.: 069/605003-0, Fax: 617221

ⓘ Robin Wood – Gewaltfreie Aktionsgemeinschaft für Natur und Umwelt e. V., Erlenstr. 32–34, 28199 Bremen, Tel.: 0421/500405, Fax: 0421/500421

ⓘ Schutzgemeinschaft Deutscher Wald Bundesverband e. V.,
Meckenheimer Allee 79, 53115 Bonn, Tel.: 0228/658462, Fax: 0228/656980

ⓘ Naturschutzjugend, Bundesgeschäftsstelle,
Königsträßle 74, 70597 Stuttgart, Tel.: 0711/7656612, Fax: 0711/7656157

ⓘ Stiftung Wald in Not,
Mirbachstr. 2, 53173 Bonn, Tel.: 0228/361295, Fax: 0228/358174

ⓘ Deutscher Alpenverein,
Von-Kahr-Str. 2–4, 80997 München, Tel.: 089/14003-0, Fax: 0228/14003-11

ⓘ Internationale Alpenschutzkommission CIPRA,
Adelgundenstr. 18, 80538 München, Tel.: 089/292736, Fax: 089/292740

ⓘ Oesterreichischer Alpenverein, Fachabteilung Raumplanung/Naturschutz,
Wilhelm-Greil-Str. 15, A-6020 Innsbruck,
Tel.: +44/51259547-0, Fax: +44/512575528

ⓘ Alfred-Wegener-Institut für Polar- und Meeresforschung, Postfach 120161,
27515 Bremerhaven, Tel.: 0471/4831-0, Fax: 0471/4831-149

ⓘ Institut für Meereskunde der Universität Hamburg,
Troplowitzstr. 7, 22529 Hamburg, Tel.: 040/4123-1, Fax: 040/4123-2449

ⓘ Institut für Meereskunde der Universität Kiel,
Düsternbrooker Weg 20, 24105 Kiel, Tel.: 0431/880-00, Fax: 0431/880-2072

ⓘ Institut für Ostseeforschung an der Universität Rostock, Seestr. 15,
18119 Rostock-Warnemünde, Tel.: 0381/498-0, Fax: 0381/498-1120

ⓘ GEOMAR, Forschungszentrum für Marine Geowissenschaften,
Wischhofstr. 1–3, 24148 Kiel, Tel.: 0431/7202-0, Fax: 0431/725650

ⓘ Bundesanstalt für Gewässerkunde, Kaiserin-Augusta-Anlagen 15–17,
56068 Koblenz, Tel.: 0261/1306-0, Fax: 0261/1306-302

ⓘ Bundesforschungsanstalt für Fischerei,
Palmaille 9, 22767 Hamburg, Tel.: 040/38905-0, Fax: 040/38905-200

ⓘ Deutsches Hydrographisches Institut, Bernhard-Nocht-Str. 78,
20359 Hamburg, Tel.: 040/3190-0, Fax: 040/3190-5000

ⓘ Vereinigung Deutscher Gewässerschutz e. V., Matthias-Grünewald-Str. 1–3,
53175 Bonn, Tel.: 0228/375007, Fax: 0228/375515

ⓘ Berliner Wasser-Betriebe, Abt. Öffentlichkeitsarbeit,
Postfach 310180, 10631 Berlin, Tel.: 030/8644-0, Fax: 030/8644-2810

Energie und Wirtschaft

ⓘ Duales System Deutschland, Frankfurter Str. 720–726, 51145 Köln,
Tel.: 02203/937-0, Fax: 02203/937-190

ⓘ BASF AG, Abt. Öffentlichkeitsarbeit und Marktkommunikation (Umweltberichte), 67056 Ludwigshafen, Tel.: 0621/60-0, Fax: 0621/60-92693

ⓘ Bundesverband der Deutschen Gas- und Wasserwirtschaft e. V.,
Josef-Wirmer-Str. 1, 53123 Bonn, Tel.: 0228/2598-0

ⓘ Bayer AG, Konzernzentrale/Öffentlichkeitsarbeit (Umweltberichte),
51368 Leverkusen, Tel.: 0214/30-1, Fax: 0214/30-66328

ⓘ Daimler-Benz AG, Ref. Öffentlichkeitsarbeit (Umweltberichte),
Epplestr. 225, 70546 Stuttgart, Tel.: 0711/17-0

i Hoechst AG, Abt. Unternehmenskommunikation (Umweltberichte),
Brüningstr. 50, 65929 Frankfurt am Main, Tel.: 069/305-0, Fax: 069/303666

i STEAG Entsorgungs GmbH (Kopiervorlagen zur Abfallbeseitigung),
Duisburger Str. 170, 46535 Dinslaken, Tel.: 02064/608-330, Fax: 608-358

i Aktionsgemeinschaft Umwelt, Gesundheit, Ernährung (A. U. G. E.)
Reimerstwiete 22, 20457 Hamburg, Tel.: 040/362894, Fax: 040/373869

i Arbeitsgemeinschaft ökologischer Forschungsinstitute,
Alexanderstr. 17, 53111 Bonn, Tel.: 0228/630129, Fax: 0228/693075

i Bioland – Verband für organisch-biologischen Landbau,
Nördliche Ringstr. 91, 73033 Göppingen, Tel.: 07161/91012-0, Fax: 91012-7

i Bremer Umweltinstitut für die Analyse und Bewertung von Schadstoffen,
Wielandstr. 5, 28203 Bremen, Tel.: 0421/76078, Fax: 0421/71404

i Bundesdeutscher Arbeitskreis umweltbewußtes Management (B. A. U. M.)
Tinsdaler Kirchenweg 211, 22559 Hamburg, Tel.: 040/810101, Fax: 810126

i E.-F.-Schmacher-Gesellschaft für politische Ökologie,
Görrestr. 33, 80798 München, Tel.: 089/529770, Fax: 089/529770

i European Car Sharing,
Manteuffelstr. 40, 10997 Berlin, Tel.: 030/6119025, Fax: 030/6113727

i Eurosolar
Plittersdorfer Str. 103, 53173 Bonn, Tel.: 0228/362373, Fax: 0228/361279

i Naturfreunde Deutschland, Großglocknerstr. 28, 70327 Stuttgart,
Tel.: 0711/337687-88, Fax: 0711/337310

i Naturland-Verband für organisch-biologischen Landbau,
Kleinhaderner Weg 1, 82166 Gräfeling, Tel.: 089/8545071, Fax: 089/855974

i Ökomedia-Institut für ökologische Medienarbeit,
Habsburgerstr. 9 a, 79104 Freiburg, Tel.: 0761/52024, Fax: 0761/555724

i Pestizid-Aktions-Netzwerk,
Nerustweg 32, 22765 Hamburg, Tel.: 040/393978, Fax: 040/3907520

i Stiftung Ökologie und Landbau,
Weinstr. Süd 51, 67098 Bad Dürkheim, Tel.: 06322/8666, Fax: 06322/8794

i Verkehrsclub Deutschland,
Eifelstr. 2, 53119 Bonn, Tel.: 0228/985850, Fax: 0228/9858510

i Wuppertal-Institut fur Klima, Umwelt, Energie,
Döppersberg 19, 42103 Wuppertal, Tel.: 0202/2492-0, Fax: 0202/2492-108

i Allgemeiner Deutscher Fahrradclub,
Hollerallee 23, 28209 Bremen, Tel.: 0421/34629-0, Fax: 0421/3462950

i GSF – Forschungszentrum für Umwelt und Gesundheit GmbH, Abteilung
Öffentlichkeitsarbeit, Ingolstädter Landstr. 1, 85764 Oberschleißheim,
Tel.: 089/3187-0, Fax: 089/3187-3322
(*Themenhefte Mensch und Umwelt*)

i Verband kommunaler Unternehmen, Abt. Öffentlichkeitsarbeit,
Brohler Str. 13, 50968 Köln, Tel.: 0221/3770-0, Fax: 0221/3770-255
(Zahlreiche Beispiele für Umweltschutzprojekte)

i Alfred-Wegener-Stiftung zur Förderung der Geowissenschaften,
Ahrstr. 45 d, 53175 Bonn, Tel.: 0228/302260, Fax: 0228/302270

i Bundesministerium für Wirtschaft, Ref. Öffentlichkeitsarbeit,
Villemombler Str. 76, 53123 Bonn, Tel.: 0228/615-0, Fax: 0228/615-4436

(i) Bundesministerium für Forschung und Technologie,
Heinemannstr. 2, 53175 Bonn, Tel.: 0228/57-0, Fax: 0228/57-3601

(i) Informationszentrale der Elektrizitätswirtschaft (IZE),
Stresemannstr. 23, 60596 Frankfurt am Main, Tel.: 069/6304-372, Fax: -387

(i) Hauptberatungsstelle für Elektrizitätsanwendung, Ref. Energieberatung und
Umwelt, Am Hauptbahnhof 12, 60329 Frankfurt am Main,
Tel.: 069/25619-0, Fax: 069/232721

(i) Deutsche Gesellschaft für Sonnenenergie,
Augustenstr. 79, 80333 München, Tel.: 089/524071, Fax: 089/521668

(i) Deutsche Gesellschaft für Windenergie,
Lutherstr. 14, 30171 Hannover, Tel.: 0511/282363, Fax: 0511/282377

(i) Forum für Zukunftsenergien,
Godesberger Allee 90, 53175 Bonn, Tel.: 0228/376942, Fax: 0228/376442

(i) Bundesverband Solarenergie,
Kruppstr. 5, 45128 Essen, Tel.: 0201/12-23006, Fax: 0201/12-24937

(i) Information Erdgas,
Postfach 101714, 45017 Essen, Tel.: 0201/271160

(i) Wirtschaftsverbund Erdöl- und Erdgasgewinnung e. V.,
Brühlstr. 9, 30169 Hannover, Tel.: 0511/1319555, Fax: 0511/1316739

(i) Fachverband Biogas, Bauernschule Hohenlohe,
Am Feuersee 8, 74592 Kirchberg, Tel.: 07954/1270

(i) Ruhrgas AG, Abt. Öffentlichkeitsarbeit,
Huttropstr. 60, 45138 Essen, Tel.: 0201/184-00, Fax: 0201/184-3766

(i) SCHLESWAG AG, Abt. Öffentlichkeitsarbeit,
Postfach 260, 24756 Rendsburg, Tel.: 04331/18-0, Fax: 04331/18-2517

(i) Mineralölwirtschaftsverband e. V., Ref. Öffentlichkeitsarbeit,
Steindamm 55, 20099 Hamburg, Tel.: 040/24849-0

(i) ESSO AG, Presse- und Informationsabteilung,
Kapstadtring 2, 22297 Hamburg, Tel.: 040/6393-0

(i) Deutsche Shell AG, Abt. Presse und Information,
Überseering 35, 22297 Hamburg, Tel.: 040/6324-0, Fax: 040/6321051

(i) Deutsche BP, Abt. Presse und Information,
Überseering 2, 22297 Hamburg, Tel.: 040/6395-0, Fax: 040/63952224

(i) RWE Energie AG, Hauptverwaltung/Öffentlichkeitsarbeit,
Rellinghauser Str. 41, 45128 Essen, Tel.: 0201/12-00, Fax: 0201/1215199

(i) Deutscher Braunkohlen-Industrieverein e. V. (DEBRIV),
Postfach 400252, 50832 Köln, Tel.: 02234/1864-0, Fax: 02234/55365

(i) Rheinbraun AG, Abt. Presse- und Öffentlichkeitsarbeit,
Stüttgenweg 2, 50935 Köln, Tel.: 0221/480-0, Fax: 0221/4801351

(i) Mitteldeutsche Bergbau-Verwaltungsgesellschaft mbH, Abt. Öffentlichkeitsarbeit, Brehnaer Str. 41, 06749 Bitterfeld, Tel.: 03493/64-0

(i) Mitteldeutsche Braunkohlengesellschaft mbH, Presse- und Öffentlichkeitsarbeit, Wiesenstr. 20, 06727 Theißen, Tel.: 03441/684-0

(i) Lausitzer Bergbau-Verwaltungsgesellschaft mbH, Presse- und Öffentlichkeitsarbeit, Franz-Mehring-Str., 01968 Brieske, Tel.: 03573/84-0

(i) Lausitzer Braunkohle AG (LAUBAG), Presse- und Öffentlichkeitsarbeit,
Knappenstr. 1, 01968 Senftenberg, Tel.: 03573/78-0, Fax: 03573/782424

i Gesamtverband des Deutschen Steinkohlenbergbaus, Abt. Öffentlichkeitsarbeit, Postfach 103663, 45036 Essen, Tel.: 0201/1805-0, Fax: 1805-437, -444

i Kommunalverband Ruhrgebiet, Landeskunde und Kultur,
Kronprinzenstr. 35, 45128 Essen, Tel.: 0201/20690, Fax: 0201/2069-500

i Stahl-Informationszentrum,
Postfach 104842, 40039 Düsseldorf, Tel.: 0211/829-370, Fax: 0211/829-344

i Aluminium-Zentrale,
Postfach 101262, 40003 Düsseldorf, Tel.: 0211/4796-0, Fax: 0211/4796-400

i Bayernwerk AG, Ref. Öffentlichkeitsarbeit,
Postfach 200553, 80005 München, Tel.: 089/1254-1, Fax: 089/12543906

i Philips GmbH, Zentralbereich Öffentlichkeitsarbeit,
Postfach 100229, 20001 Hamburg, Tel.: 040/2899-0, Fax: 040/2899-2971

i Preussen Elektra AG, Ref. Öffentlichkeitsarbeit,
Tresckowstr. 5, 30457 Hannover, Tel.: 0511/439-0, Fax: 0511/439-2375

i Siemens AG, Postfach 3220, 91020 Erlangen,
Tel.: 09131/70-0, Fax: 09131/725393

i Thyssen AG, Kaiser-Wilhelm-Str. 100, 47166 Duisburg,
Tel.: 0203/52-1, Fax: 0203/52-25102

i Veba AG, Public Relations,
Bennigsenplatz 1, 40474 Düsseldorf, Tel.: 0211/4579-1, Fax: 0211/4579-501

i Moselkraftwerke GmbH,
56626 Andernach, Tel.: 02632/298-0

i Österreichische Donaukraftwerke AG,
Parkring 12 A, A-1010 Wien, Tel.: +44/151538-0, Fax: +44/15123648

Landwirtschaft und Ernährung

i Bundesministerium für Ernährung, Landwirtschaft und Forsten, Ref. Öffentlichkeitsarbeit, Rochusstr.1, 53123 Bonn, Tel.: 0228/529-0, Fax: 529-4262

i Bundesanstalt für Landwirtschaft und Ernährung
Adickesallee 40, 60322 Frankfurt am Main, Tel.: 069/1564-0, Fax: 1564-445

i Bundesforschungsanstalt für Landwirtschaft,
Bundesallee 50, 38116 Braunschweig, Tel.: 0531/596-1, Fax: 0531/596-814

i Deutscher Bauernverband, Godesberger Allee 142–148, 53175 Bonn,
Tel.: 0228/818-0, Fax: 8198-231

i Institut für Strukturforschung und Planung in agrarischen Intensivgebieten,
Hochschule Vechta, Postf. 1553, 49364 Vechta, Tel.: 04441/15-1, Fax: 15444

i Industrieverband Agrar e. V., Fachbereich Pflanzenschutz,
Karlstr. 21, 60329 Frankfurt am Main, Tel.: 069/2556-1281, Fax: 236702

i IMA, Informationsgemeinschaft für Meinungspflege und Aufklärung e. V.,
Alexanderstr. 3, 30159 Hannover, Tel.: 0511/328726, Fax: 0511/3632157

i Centrale Marketing-Gesellschaft (CMA) der Deutschen Agrarwirtschaft
m.b.H., Koblenzer Str. 148, 53117 Bonn, Tel.: 0228/847-0, Fax: 847-202

i Biologische Bundesanstalt für Land- und Forstwirtschaft, Messeweg 11–12,
38104 Braunschweig, Tel: 0531/399-5, Fax: 0531/399-3000
oder: Königin-Luise-Str. 19, 14195 Berlin, Tel.: 030/8304 1, Fax: 8304 281

Bevölkerung, Entwicklungsländer und Welthandel

(i) Bundesministerium für wirtschaftliche Zusammenarbeit und Entwicklung (BMZ), Pressereferat, Friedrich-Ebert-Allee 40, 53113 Bonn, Tel.: 0228/535-0, Fax: 0228/535-3500

(i) BMZ, Ref. Öffentlichkeitsarbeit, Friedrich-Ebert-Allee 114–116, 53113 Bonn, Tel.: 0228/535-0

(i) Deutsche Welthungerhilfe, Pressestelle, Adenauerallee 134, 53113 Bonn, Tel.: 0228/2288-0, Fax: 0228/220710

(i) DED – Deutscher Entwicklungsdienst, Kladower Damm 299, 14089 Berlin, Tel.: 030/36509-0, Fax: 030/36509-271

(i) Deutsches Institut für Entwicklungspolitik GmbH, Hallerstr. 3, 10587 Berlin, Tel.: 030/39073-0, Fax: 030/39073-130

(i) Deutsche Gesellschaft für die Vereinten Nationen e. V., Poppelsdorfer Allee 55, 53115 Bonn, Tel.: 0228/213646 und 213690

(i) Deutsche Gesellschaft für technische Zusammenarbeit, Dag-Hammerskjöld-Weg 1–5, 65760 Eschborn, Tel.: 06196/79–0, Fax: 06196/79–1115

(i) Deutsche Stiftung für internationale Entwicklung (DSE), Rauchstr. 25, 10787 Berlin, Tel.: 030/25433-0, Fax: 030/25433-375

(i) DSE – Presse- und Öffentlichkeitsarbeit, Hans-Böckler-Str. 5, 53225 Bonn, Tel.: 0228/4001-22, Fax: 0228/4001-111

(i) Brot für die Welt, Postfach 101142, 70010 Stuttgart, Tel.: 0711/2159-0, Fax: 0711/2159-288

(i) Misereor, Mozartstr. 9, 52064 Aachen (auch: Postfach 1450, 52015 Aachen), Tel.: 0241/442-0, Fax: 0241/442-188

(i) Missio, Goethestr. 43, 52064 Aachen, Tel.: 0241/7507-00, Fax: 7507-237

(i) Arbeitsgemeinschaft Kirchlicher Entwicklungsdienst, Kniebisstr. 29, 70188 Stuttgart, Tel.: 0711/9257710, Fax: 0711/9257725

(i) Arbeitsgemeinschaft für Entwicklungshilfe e. V., Ripuarenstr. 8, 50679 Köln, Tel.: 0221/8896-0, Fax: 0221/8896-100

(i) terre des hommes, Ruppenkampstr. 11 a, 49084 Osnabrück, Tel.: 0541/71010, Fax: 0541/707233

(i) Care Deutschland e. V., Herbert-Rabius-Str. 26, 53225 Bonn, Tel.: 0228/97563-0, Fax: 0228/97563-51

(i) Indienhilfe e. V., Luitpoldstr. 20, 82211 Herrsching, Tel.: 08152/1231, Fax: 08152/48278

(i) Kinderhilfswerk für die Dritte Welt e. V., Hamburger Str. 11, 22083 Hamburg, Tel.: 040/22799-96, Fax: 040/2279869

(i) Kindernothilfe e. V., Düsseldorfer Landstr. 180, 47249 Duisburg, Tel.: 0203/7789-0, Fax: 0203/7789-118

(i) Arbeitsgemeinschaft Entwicklungsländer, G.-Heinemann-Ufer 84–88, 50968 Köln, Tel.: 0221/3708-415, Fax: 0221/3708-420

(i) Deutsch-Brasilianische Gesellschaft e. V., Argelanderstr. 59, 53115, Bonn, Tel.: 0228/210707, Fax: 0228/241658

(i) Botschaft der Föderation Republik Brasilien, Kennedyallee 74, 53175 Bonn, Tel.: 0228/95923-0, Fax: 0228/373696

Stellvertretend für viele ist hier die Anschrift der brasilianischen Botschaft genannt. Über den *Fischer Weltalmanach* sind die Telefonnummern anderer Botschaften leicht zu ermitteln.

i Deutsches Übersee-Institut, Ref. Lateinamerika (LADOK),
Neuer Jungfernstieg 21, 20354 Hamburg, Tel.: 040/3562-593, Fax: 3562-547

i Institut für Brasilienkunde,
Sunderstr. 15/17, 49497 Mettingen, Tel.: 05452/2358, Fax: 05432/4357

i Amazonas-Aktion e. V., Dorfstr. 16, 25451 Quickborn,
Tel.: 04106/69393

i Lateinamerika-Zentrum e. V., Argelanderstr. 59, 53115 Bonn,
Tel.: 0228/210707, Fax: 0228/241658

i Rettet den Regenwald e. V.,
Pöseldorfer Weg 17, 20148 Hamburg, Tel.: 040/4103804, Fax: 040/4500144

i Werkstatt Ökonomie, Obere Seegasse 18, 69124 Heidelberg,
Tel.: 06221/720296, Fax: 06221/781183
(Kampagne gegen Kinderarbeit in der Teppichindustrie)

i Institut für Iberoamerika-Kunde,
Alsterglacis 8, 20352 Hamburg, Tel.: 040/414782-01, Fax: 040/414782-41

i KOBRA – Kooperation Brasilien,
In den Weihermatten 27, 79108 Freiburg, Tel.: 0761/56232
(Kooperation deutscher Brasiliengruppen)

Verkehr und Schifffahrt

i Bundesministerium für Verkehr, Ref. Öffentlichkeitsarbeit,
Robert-Schumann-Platz 1, 53175 Bonn, Tel.: 0228/300-0, Fax: 300 3428

i Deutsche Bundesbahn, Presse- und Öffentlichkeitsarbeit, Friedrich-Ebert-Anlage 43–45, 60327 Frankfurt am Main, Tel.: 069/9733-0, Fax: 9733-7500

i Bundesamt für Seeschiffahrt und Hydrographie,
Postfach 3012, 20305 Hamburg, Tel.: 040/3190-0, Fax: 040/3190-5000

i Bundesverband der Deutschen Binnenschiffahrt e. V.,
Dammstr. 15–17, 47119 Duisburg, Tel.: 0203/800060, Fax: 0203/8000621

i Bundesminister für Verkehr, Abt. Binnenschiffahrt und Wasserstraßen,
Robert-Schumann-Platz, 53175 Bonn, Tel.: 0228/300-0

Über Bundeswasserstraßen und Schifffahrt geben die jeweiligen Wasser- und Schifffahrtsdirektionen (WSD) jährlich Informationen heraus:

i WSD Nord, Hindenburgufer 247, 24106 Kiel,
Tel.: 0431/3394-0, Fax: 0431/3394-348

i WSD Nordwest, Schloßplatz 9, 26603 Aurich,
Tel.: 04941/602-0, Fax: 04941/602-378

i WSD Mitte, Am Waterlooplatz 5, 30169 Hannover,
Tel.: 0511/9115-0, Fax: 0511/9115-400

i WSD West, Cheruskerring 11, 48147 Münster,
Tel.: 0251/2708-1, Fax: 0251/2708-338

i WSD Südwest, Brucknerstr. 2, 55127 Mainz,
Tel.: 06131/979-0, Fax: 06131/979-155

i WSD Süd, Wörthstr. 19, 97082 Würzburg,
Tel.: 0931/4105-0, Fax: 0931/4105-380

i WSD Ost, Werderscher Markt, 10117 Berlin,
Tel.: 030/2038-0, Fax: 030/2038-3109

i Wasserverband Westdeutscher Kanäle, Kronprinzenstr. 24,
45128 Essen, Tel.: 0201/104-0

i Hafenschiffahrtsverband Hamburg e. V.,
Mattentwiete 2, 20457 Hamburg, Tel.: 040/36128-0, Fax: 040/364255

i Deutscher Kanal- und Schiffahrtsverein Rhein-Main-Donau e. V.,
Karl-Schönleben-Str. 65, 90471 Nürnberg, Tel.: 0911/8149509, Fax: 864666

Stadt- und Raumplanung

i Bundesministerium für Raumordnung, Bauwesen und Städtebau (BMBau),
Deichmanns Aue 31–37, 53179 Bonn, Tel.: 0228/337-0, Fax: 337-3060

i Bundesforschungsanstalt für Landeskunde und Raumordnung (BfLR),
Am Michaelshof 8, 53177 Bonn, Tel.: 0228/826-0, Fax: 0228/826-266

i Akademie für Raumforschung und Landesplanung (ARL),
Hohenzollernstr. 11, 30161 Hannover, Tel.: 0511/34842-0, Fax: 34842-41

i Institut für Landes- und Stadtentwicklungsforschung des Landes NRW
(ILS), Königswall 38–40, 44137 Dortmund, Tel.: 0231/9051-0, Fax: 9051155
(Ähnliche Institute gibt es in den übrigen Bundesländern; sie geben u. a.
Hefte zur Raumentwicklung heraus.)

Europäische Union

i Vertretung der Europäischen Kommission in Deutschland,
Presse und Informationsbüro, Zitelmannstr. 22, 53113 Bonn,
Tel.: 0228/53009-0, Fax: 0228/5300950

i Europarat, Naturopa-Zentrum, Abt. Öffentlichkeitsarbeit,
F-67075 Strasbourg Cedex
(Europäisches Informationszentrum für den Naturschutz)

Filme, Video und andere Medien

i FWU – Institut für Film und Bild,
Bavariaplatz 3, 82031 Grünwald, Tel.: 089/6497-1, Fax: 089/6497-300
(Produktion und Verbreitung von Unterrichtsmedien mit schriftlichem
Begleitmaterial: 16-mm-Filme, VHS-Kassetten, Diareihen, Tonbänder,
Computersoftware)

i WBF – Institut für Weltkunde in Bildung und Forschung,
Juthornstr. 33, 22043 Hamburg, Tel.: 040/687161, Fax: 040/687204
(16-mm-, Unterrichtsfilme, Videos, Unterrichtsbeiblätter)

Den kostenlosen Verleih o. g. und weiterer AV-Medien bieten die *Landesbildstellen*
bzw. die ihnen zugeordneten *Stadt- und Kreisbildstellen*, die darüber hinaus die

Aufgabe haben, die Medienarbeit der Schulen durch Fortbildungskurse, Informationen und Beratung zu unterstützen.
Können die zuständigen Bildstellen nicht weiterhelfen im Hinblick auf das Schulfernsehen, so hilft folgende Adresse:

i   Südwestfunk, Geschäftsstelle Schulfernsehen Südwest 3,
    Hans-Bredow-Str., 76530 Baden-Baden, Tel.: 07221/923486, Fax:
    07221/922027

Auch die *Landesfilmdienste* verleihen kostenlos (bis auf die Versandkosten) unterschiedliche AV-Medien.

i   *Landesfilmdienst Baden-Württemberg,*
    Wolframstr. 20, 70191 Stuttgart, Tel.: 0711/251012, Fax: 0711/2569400

i   *Landesfilmdienst Bayern,*
    Dietlindenstr. 18, 80802 München, Tel.: 089/347065, Fax: 089/347067
    Prinzregentenplatz 4, 86150 Augsburg, Tel.: 0821/510715, Fax: 0821/36394
    Fürther Str. 80 a, 90429 Nürnberg, Tel.: 0911/262605, Fax: 0911/269366
    Kardinal-Döpfner-Platz 5, 97070 Würzburg, Tel.: 0931/54141, Fax: 572084

i   *Landesfilmdienst Berlin-Brandenburg,*
    Bismarckstr. 80, 10627 Berlin, Tel.: 030/3138055, Fax: 030/316660

i   *Landesfilmbilddienst Hessen,* Kennedyallee 105 a,
    60596 Frankfurt am Main, Tel.: 069/630094-0, Fax: 069/630094-30
    Wilhelmshöher Allee 19, 34117 Kassel, Tel.: 0561/13710
    Sturmiusstr. 8, 36037 Fulda, Tel.: 0661/73138
    Leopold-Lucas-Str. 8, 35037 Marburg, Tel.: 06421/27577,
    Fax: 06421/27577

i   *Landesfilmdienst Mecklenburg-Vorpommern,*
    Bleicherstr. 3, 19053 Schwerin, Tel.: 0385/5813359, Fax: 0385/5813360

i   *Landesfilmdienst Niedersachsen,*
    Podbielskistr. 30, 30163 Hannover, Tel.: 0511/661393, Fax: 0511/667792

i   *Landesfilmdienst Nordrhein-Westfalen,*
    Schirmerstr. 80, 40211 Düsseldorf, Tel.: 0211/360556, Fax: 0211/358279

i   *Landesfilmdienst Rheinland-Pfalz,*
    Deutschhausplatz, 55116 Mainz, Tel.: 06131/28788-0, Fax: 06131/28788-25
    Markenbildchenweg 38, 56068 Koblenz, Tel.: 0261/36243, Fax: 0261/34237
    Talgrafenstr. 2/Schöntal, 67433 Neustadt, Tel.: 06321/84672, Fax: 81272
    Zurmaienstr. 114, 54292 Trier, Tel.: 0651/23055, Fax: 0651/23057

i   *Landesfilmdienst Saarland,*
    Mainzer Str. 30, 66111 Saarbrücken, Tel.: 0681/67174, Fax: 0681/68065

i   *Landesfilmdienst Sachsen,*
    Karl-Heine-Str. 41, 04229 Leipzig, Tel.: 0341/4900420, Fax: 0341/4900444

i   *Landesfilmdienst Sachsen-Anhalt,*
    Bahnhofstr. 14, 06406 Bernburg, Tel.: 03471/23748, Fax: 03471/23748

i   *Landesfilmdienst Schleswig-Holstein,* Thormannplatz 20–22,
    24768 Rendsburg, Tel.: 04331/76388, Fax: 04331/77941

i   *Landesfilmdienst Thüringen,*
    Brühler Str. 52, 99084 Erfurt, Tel.: 0361/6438868, Fax: 0361/6438869

Sonstige

Für zusätzliche Anschriften von Behörden und Institutionen sollte man *Geographisches Taschenbuch*, Steiner Verlag, Stuttgart, zu Rate ziehen.

- ⓘ Presse- und Informationsamt der Bundesregierung (Ref. III B 6),
  Postfach 2160, 53011 Bonn, Tel.: 0228/208-0
- ⓘ Greenpeace Umweltschutzverlag GmbH
  Vorsetzen 53, 20459 Hamburg, Tel.: 040/31186-0, Fax: 040/31186-141
- ⓘ Greenpeace e. V. (Zentrale),
  Große Elbstr. 29, 22767 Hamburg, Tel.: 040/30618-0, Fax: 040/30618100
- ⓘ Greenpeace e. V., Kinder- und Jugendprojekt,
  Chausseestr. 131, 10115 Berlin, Tel.: 030/308899-1, Fax: 030/2385745
- ⓘ Geologisches Landesamt Nordrhein-Westfalen,
  Postfach 1080, 47710 Krefeld, Tel.: 02151/897-0, Fax: 02151/897505
  (Ähnliche Einrichtungen in den übrigen Bundesländern)
- ⓘ Arbeitsgemeinschaft der Verbraucherverbände,
  Heilsbachstr. 20, 53112 Bonn, Tel.: 0228/6489-0, Fax: 0228/644258
- ⓘ Deutscher Verband für Angewandte Geographie e. V.,
  Königstr. 68, 53115 Bonn, Tel.: 0228/9148811, Fax: 0228/9148849
- ⓘ Verband der Geographen an Deutschen Hochschulen,
  Arcisstr. 21, 80333 München, Tel.: 089/2105-2811, Fax: 089/2105-2804
- ⓘ Deutsche Gesellschaft für Kartographie,
  Karlstr. 6, 80333 München, Tel.: 089/1265-2619, Fax: 089/1265-2698

Topographische Karten lassen sich bei den Landesvermessungsämtern der einzelnen Bundesländer beziehen:

- ⓘ Baden-Württemberg: Landesvermessungsamt Baden-Württemberg,
  Büchsenstr. 54, 70174 Stuttgart, Tel.: 0711/123-0, Fax: 0711/1232979
- ⓘ Bayern: Bayerisches Landesvermessungsamt,
  Alexandrastr. 4, 80538 München, Tel.: 089/2129-01, Fax: 089/21621537
- ⓘ Berlin: Vermessungs- und Liegenschaftsamt,
  Am Kölnischen Park 3, 10179 Berlin, Tel.: 030/2324-4779
- ⓘ Brandenburg: Landesvermessungsamt Brandenburg,
  Heinrich-Mann-Allee 103, 14473 Potsdam, Tel.: 0331/8844-0, Fax: 872387
- ⓘ Bremen: Kataster- und Vermessungsverwaltung Bremen,
  Wilhelm-Kaisern-Brücke 4, 28199 Bremen, Tel.: 0421/361-0
- ⓘ Hessen: Hessisches Landesvermessungsamt,
  Schaperstr. 16, 65195 Wiesbaden, Tel.: 0611/535-0, Fax: 0611/535309
- ⓘ Mecklenburg-Vorpommern: Landesvermessungsamt Mecklenburg-Vorpommern, Lübecker Str. 289, 19059 Schwerin, Tel.: 0385/7444-0
- ⓘ Niedersachsen: Niedersächsisches Landesverwaltungsamt – Landesvermessung, Warmbüchenkamp 2, 30159 Hannover, Tel.: 0511/3673-0, Fax: -549
- ⓘ Nordrhein-Westfalen: Landesvermessungsamt NRW,
  Muffendorfer Str. 19–21, 53177 Bonn, Tel.: 0228/846-0, Fax: 0228/846502
- ⓘ Rheinland-Pfalz: Landesvermessungsamt Rheinland-Pfalz,
  Ferdinand-Sauerbruch-Str. 15, 56073 Koblenz,
  Tel.: 0261/492-1, Fax: 0261/492492

i Saarland: Landesvermessungsamt des Saarlandes,
Von-der-Heydt-Str. 22, 66115 Saarbrücken, Tel.: 0681/9712-03

i Sachsen: Landesvermessungsamt Sachsen,
Olbrichtplatz 3, 01099 Dresden, Tel.: 0351/8283-0, Fax: 0351/8283202

i Sachsen-Anhalt: Landesvermessungsamt Sachsen-Anhalt,
Marktplatz 22, 06108 Halle, Tel.: 0345/2146-0

i Schleswig-Holstein, Hamburg: Landesvermessungsamt Schleswig-Holstein,
Mercatorstr. 1, 24106 Kiel, Tel.: 0431/383-0, Fax: 0431/3832099

i Thüringen: Landesvermessungsamt Thüringen,
Viktor-Scheffel-Str. 66, 99096 Erfurt, Tel.: 0361/34793-0

Jedes Bundesland bietet eine Reihe von Kontaktadressen hier beispielhaft für
Sachsen-Anhalt:

i Geologisches Landesamt Sachsen-Anhalt,
Köthener Str. 34, 06118 Halle

i Geologische Forschung und Erkundung GFE-GmbH,
Köthener Str. 34, 06118 Halle, Tel.: 0345/5244-0, Fax: 0345/5229908

i Kultusministerium des Landes Sachsen-Anhalt,
Breiter Weg 31, 39104 Magdeburg, Tel.: 0391/567-01, Fax: 567-7611, -3131

i Landesamt für Landesvermessung und Datenverarbeitung Sachsen-Anhalt,
Barbarastr. 2, 06110 Halle, Tel.: 0345/1304-50, Fax: 0345/1304999

i Landesamt für Umweltschutz Sachsen-Anhalt, Reideburger Str. 47–49,
06116 Halle, Tel.: 0345/5704-100, Fax: 0345/5704-190

i Landesheimatbund Sachsen-Anhalt e. V.,
Martinstr. 14, 06108 Halle, Tel.: 0345/502760, Fax: 0345/502761

i Ministerium für Bundes- und Europaangelegenheiten des Landes Sachsen-
Anhalt, Postfach 3680, 39011 Magdeburg, Tel.: 0161/2527141 (Funktel.)

i Ministerium für Umwelt, Naturschutz und Raumordnung des Landes
Sachsen-Anhalt, Pfälzer Platz 1, 39106 Magdeburg,
Tel.: 0391/567-01, Fax: 0391/567-3368, -3366

i Statistisches Landesamt Sachsen-Anhalt,
Merseburger Str. 2, 06112 Halle, Tel.: 0345/2318-0, Fax: 0345/2318913

i Tourismusverband Sachsen-Anhalt e. V.,
Große Diesdorfer Str. 12, 39108 Magdeburg, Tel.: 0391/7384300

i Umweltforschungszentrum Leipzig-Halle GmbH,
Permoserstr. 15, 04318 Leipzig, Tel.: 0341/235-0

Die Botschaften vieler Staaten stellen Mappen, Karten, Fotos und Übersichtshefte
zur Verfügung, z. B. Australien:

i Australische Botschaft,
Godesberger Allee 105–107, 53175 Bonn, Tel.: 0228/8103-0,
Fax: 0228/376268

i Australian Tourist Commission, Neue Mainzer Str. 22,
60311 Frankfurt am Main, Tel.: 069/274006-0, Fax: 069/27400619

Unterrichtsfilme

Der Unterrichtsfilm im 16-mm-Format wird im Fach Erdkunde immer seltener eingesetzt, da seine Vorführung oft als schwieriger empfunden wird als das Zeigen einer Videokassette. Hier hat sich die Situation jedoch etwas geändert, da die Bildstellen dazu übergegangen sind, auch Filme auf Videokassette anzubieten. Nachteilig ist, dass die Bildstellenfilme und -kassetten nicht in der Schule vorhanden sind, sondern erst bestellt werden und je nach den Verhältnissen am Schulort bei der Bildstelle oder einer Sammelstelle abgeholt werden müssen. Der Einsatz eines Films setzt also eine genaue und frühzeitige Planung der Unterrichtsreihe voraus.

Da diese Filme aber speziell für allgemein bildende Schulen hergestellt werden, sind sie im täglichen Schulgebrauch vielen Beiträgen aus dem Fernsehen vorzuziehen. Die Vorzüge liegen vor allem in der Länge der Filme, meist ca. 20 Minuten. Sehr viele Fernsehbeiträge laufen länger als 30 Minuten, sehr oft 45 Minuten. Für eine Unterrichtsstunde von 45 Minuten Dauer ist das zu lang.

Wird ein Film eingesetzt, so ist zu entscheiden, ob er als Einstieg, während der Erarbeitungsphase, oder als Abschluss einer Unterrichtsreihe eingesetzt werden soll. Wird er als Einstieg gewählt, ist er einem Buchtext, einem Foto, einem Diagramm oder einer Tabelle wohl in den meisten Fällen überlegen.

Das Medium Film kann viele der jüngeren Schüler auch im Fernsehzeitalter immer noch in seinen Bann ziehen. Nicht nur die Atmosphäre des abgedunkelten Raumes trägt dazu bei, die Schüler in eine aufgeschlossene Erwartungshaltung zu versetzen. Besonders wenn ganz neue, ungewohnte Bilder gezeigt werden, kann die Neugier und der Wunsch, die noch fremden Inhalte der neuen Unterrichtsreihe kennen zu lernen, geweckt werden.

Wird der Film als Einstieg genutzt, können im Kommentar des Films Begriffe und Erläuterungen genannt sein, die der Klasse zu diesem Zeitpunkt noch unbekannt bzw. unverständlich sind. Um die Klasse auf diese Schwierigkeiten aufmerksam zu machen, kann man den Schülern vor Beginn des Films bestimmte Aufträge erteilen:
− Worum geht es in dem Film?
− Notiere Begriffe, die du nicht kennst.
− Versuche den Film in Abschnitte zu gliedern. Nenne Teilüberschriften.
− Notiere die genannten topographischen Namen (Landschaft, Orte, Flüsse).
− Notiere die Namen der Pflanzen.
− Welche Tiere werden gezeigt?

Im weiteren Stundenverlauf kann mit Hilfe des Lehrbuchs, aber auch verschiedener Lexika das fehlende Wissen erarbeitet werden.

Wird der Film in der Erarbeitungsphase eingesetzt, sollte er zum entsprechenden Lehrbuchkapitel passen. Der Film und das im Buch vorhandene Material können sich dann gegenseitig ergänzen oder auch gleiche Sachverhalte besonders eindringlich nahe bringen, sodass abschließende Fragen oder die im Lehrbuch gestellten Aufgaben mit größerem Verständnis und größerer Sicherheit bearbeitet werden können.

Ähnlich wie während der Erarbeitungsphase kann der Einsatz eines Films am Ende einer Unterrichtsreihe gesehen werden. Die Wiederholung der erarbeiteten Sach-

verhalte bietet durch das bewegte Bild einen besonders eindringlichen Abschluss, der dazu beiträgt, das in dieser Unterrichtsreihe Erlernte zu sichern.
Exemplarisch wird im Folgenden am Themenfeld *Landschaftszonen* beschrieben, wie in einer Klasse 7 des Gymnasiums Filme ergänzend zum Lehrbuch eingesetzt werden können. Als Lehrbücher wurden *Terra 7* (Klett) und *Geographie 7/8* (Cornelsen) gewählt.

Tropischer Regenwald

▦ Tropischer Regenwald in Zentralafrika
FWU 323406, Laufzeit: 20 min, Adressaten: Klasse 7–10, aber auch Sekundarstufe II
In diesem Film wird der Stockwerkbau des Waldes zusammen mit den jeweils typischen Pflanzen und Tieren gezeigt. Es wird besonders viel Wert gelegt auf die Darstellung der verschiedenen pflanzlichen Anpassungsformen im Kampf um das Licht. Natürlich wird auch der Tierwelt breiter Raum gewährt, besonders beeindruckend ist die anschauliche Darstellung der Größe der Insekten.
Dieser Film kann als Einstieg gewählt werden, sinnvoller ist der Einsatz, wenn das Kapitel über den tropischen Regenwald schon durchgearbeitet wurde. In diesem Fall lassen sich die Aufgaben des Lehrbuchs häufig ergänzen und erweitern, z. B.:
– Fertige eine Zeichnung an zum Stockwerkbau des Waldes.
– Wie unterscheiden sich die Lebensbedingungen am Boden von denen im „Blätterdach" und auf den „Baumriesen"?

▦ Holzwirtschaft im tropischen Regenwald
FWU VHS 4201343, Laufzeit: 14 min, Adressaten: Sekundarstufe I
Der Inhalt ist unterteilt in Straßen- und Wegebau – Holzeinschlag – Holztransport zum Holzsammelplatz und Abtransport zum Holzlager (Fabrik) – nicht mehr benutzte Transportwege – Baumschule für Aufforstungsversuche.
Der Film ist als zusätzliche Information deshalb sinnvoll, weil in den Lehrbüchern für die 7. Klasse auf die Nutzung des Waldes nicht immer ausführlich eingegangen wird. Besonders dieser Film eignet sich dazu, Arbeitsaufgaben zu stellen bzw. Gliederung und Inhalt festzuhalten.

▦ Landwirtschaft im tropischen Regenwald
FWU 323480, Laufzeit: 17 min, Adressaten: Sekundarstufe I
Der Film stellt in zwei Abschnitten die traditionelle Wirtschaftsweise des Brandrodungsfeldbaus und die europäisch beeinflusste Wirtschaftsweise der Plantagenwirtschaft dar.
In einer abschließenden Betrachtung werden die nachteiligen Folgen der zweiten Wirtschaftsweise besprochen.
Da der Brandrodungsfeldbau zumindest für die 7. Klasse nicht leicht verständlich ist, sollte zunächst eine ausführliche Einarbeitungsphase mit dem Lehrbuch eingeplant werden. In den Lehrbüchern wird der Brandrodungsbau in unterschiedlichen Regionen erläutert. *Terra 7* stellt Lebens- und Arbeitsweise der Dayaks auf Borneo sehr anschaulich dar, *Geographie 7/8* wählt wie der Film Afrika zur Darstellung. In diesem Fall kann der Film schon während der Einarbeitungsphase die sehr ausführlichen Erläuterungen des Lehrbuchs ergänzen.

Der Assuanstaudamm – Nah- und Fernwirkungen

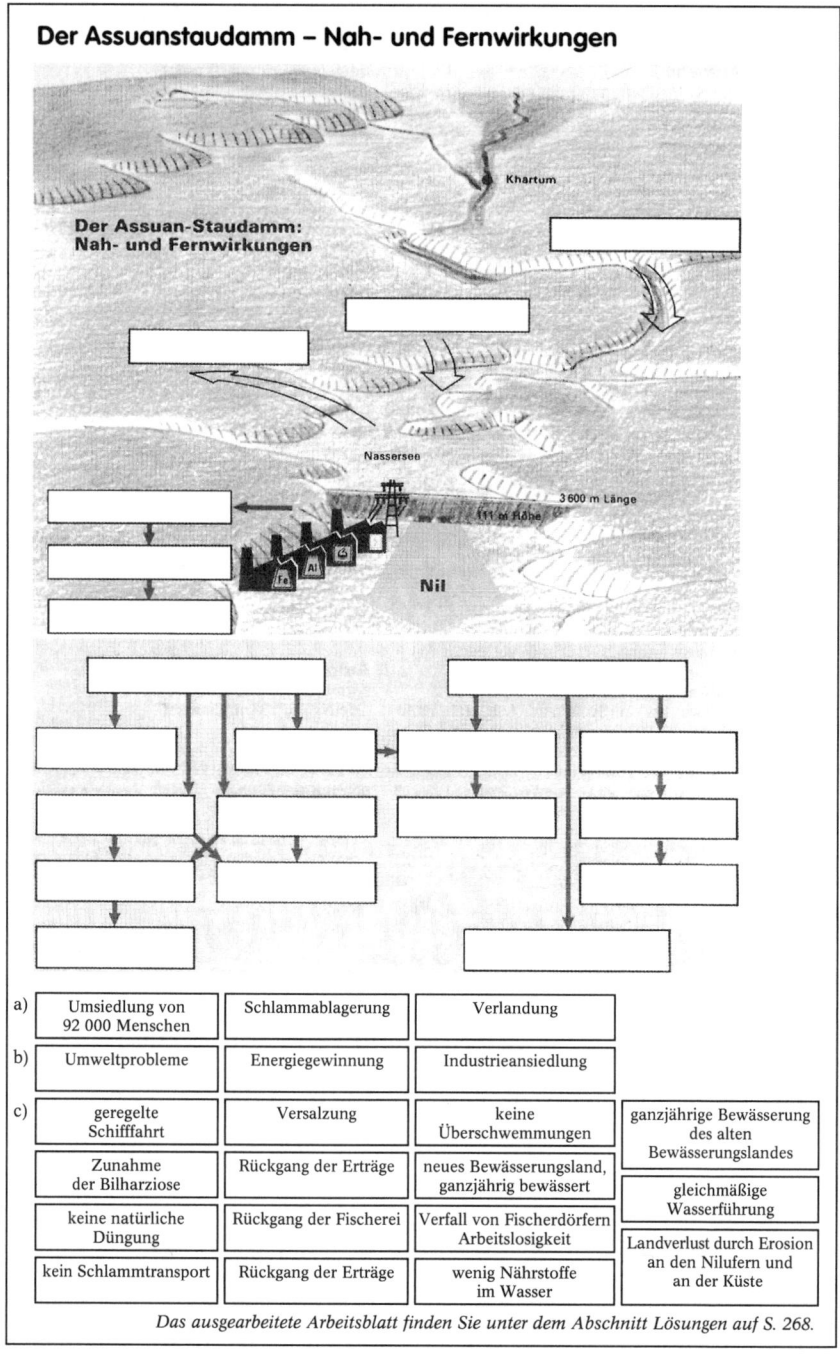

a)	Umsiedlung von 92 000 Menschen	Schlammablagerung	Verlandung	
b)	Umweltprobleme	Energiegewinnung	Industrieansiedlung	
c)	geregelte Schifffahrt	Versalzung	keine Überschwemmungen	ganzjährige Bewässerung des alten Bewässerungslandes
	Zunahme der Bilharziose	Rückgang der Erträge	neues Bewässerungsland, ganzjährig bewässert	gleichmäßige Wasserführung
	keine natürliche Düngung	Rückgang der Fischerei	Verfall von Fischerdörfern Arbeitslosigkeit	Landverlust durch Erosion an den Nilufern und an der Küste
	kein Schlammtransport	Rückgang der Erträge	wenig Nährstoffe im Wasser	

Das ausgearbeitete Arbeitsblatt finden Sie unter dem Abschnitt Lösungen auf S. 268.

Der zweite Teil des Films, der sich mit der Plantagenwirtschaft befasst, sollte erst nach Abschluss des Themas *Brandrodungsfeldbau* gezeigt werden. Er kann als Einstieg für das Thema *Plantage* dienen.

Wüste

Herausgegriffen ist der Bereich *Nomaden-Oase,* im Rahmen des Themas kann auch der *Assuandamm in Ägypten* behandelt werden.

Die Oasen Nefta und Douz in Tunesien
FWU 3203729, Laufzeit: 21 min, Adressaten: Sekundarstufe I
Der Film ist gegliedert in Einleitung und Hinführung zur Oase – alte und neue Stadtviertel – Agrarwirtschaft mit Bewässerungsformen – Die Dattelpalme – Markttag – Oase im Wandel. Zu allen Filmabschnitten findet man entsprechende Abbildungs- und Textteile ebenso wie Aufgabenstellungen in den Lehrbüchern.

Der Assuanhochdamm und seine Folgen
FWU 323483, Laufzeit: 18 min, Adressaten: Sekundarstufe I
Die Abschnitte des Films sind durch Zwischentitel deutlich gekennzeichnet in Einführung – 1. Ziel: intensivere Bodennutzung – 2. Ziel: Neulandgewinnung – 3. Ziel: Industrialisierung – Ausklang. Wird der Film in der 7. Klasse gezeigt, scheint eine ausführliche Vorbereitung anhand des Erdkundebuchs notwendig, ebenso bedarf das abschließende Gespräch der Steuerung. Bei der Nachbesprechung kann ein Diagramm des Flusses hilfreich sein, um die gesamte Problematik noch einmal aufzurollen.
Ein möglicher Stundenverlauf, nachdem der Film angesehen wurde, sei hier vorgeschlagen:
– Arbeitsblatt *Der Assuanstaudamm – Nah- und Fernwirkungen* (vgl. S. 256)
– Begriffsgruppen an die Tafel geschrieben oder zusätzlich auf dem Arbeitsblatt abgebildet: a) Begriffe passend zum Nil, b) Begriffe passend zum Staudamm, c) vorteilhafte und nachteilige Wirkungen des Staudamms
– Ordne die Begriffe den richtigen Kästchen zu.

In welchem Schulbuch finde ich noch etwas zu ...?

Bei der täglichen Unterrichtsvorbereitung weiß man zwar oft schon, was man will oder soll, aber es fehlt noch das pfiffige Material, die entscheidende Information. Hier lassen sich Anregungen in gängigen Schulbüchern holen. Drei Reihen haben wir durchforstet und thematisch neu sortiert. Wir beschränken uns zwar dabei auf die Ausgaben für Gymnasien in Nordrhein-Westfalen, die Ähnlichkeiten mit anderen Schulformen und Bundesländern sind jedoch vielfältig. Nach Räumen gegliedert finden Sie zum thematischen Schwerpunkt das Buch mit entsprechender Seitenzahl.
Terra Geographie für NRW aus dem Klett Verlag (**T**), *Diercke* Erdkunde aus dem Westermann Verlag (**D**) und *Mensch und Raum, Geographie* vom Cornelsen Verlag (**G**).

Raum: Deutschland

Gebiet	Buch	ab Seite	Themenschwerpunkt
Nord-/Ostseeküste	G9	160	Bebauung des Naturraumes
	D5	7	Tourismus/Freizeit
	T5	34	Tourismus/Freizeit
	G5	97	Erdöl/Erdgas
	G5	124	Tourismus
Norddeutschland	D5	51	Landwirtschaft
	G5	38 + 48	Landwirtschaft
	D9	16	Landwirtschaft-Probleme
	G9	14	Massentierhaltung
	G9	130	Münster/Münsterland
Ostdeutschland	D9	30	Strukturschwacher Raum
Börden	D5	69	Landwirtschaft
	T5	70	Landwirtschaft
	G5	44	Landwirtschaft
Niederrhein	D5	73	Landwirtschaft
Hamburg	D5	97	Hafen-Welthandel
Stuttgart	D9	38	Industrieraum
München	D5	105	Hightech-Standort
	T5	116	Hightech-Standort
	G5	86	Hightech-Standort
Frankfurt am Main	D5	109	Handel/Verkehr
	G5	94	Handel/Verkehr
Köln	G5	109	Stadtentwicklung
Rhein. Braunkohlegebiet	D5	113	Tagebau
Leuna/Leverkusen	D5	117	Industriestandorte
Halle/Leipzig	T5	108	Industriestandorte
Ludwigshafen	G5	84	Industriestandorte
Ruhrgebiet	D5	12	Industriegebiet im Wandel
	T5	98	Entstehung und Wandel
	G5	75	Entstehung und Wandel
	D9	52	Das „andere" Ruhrgebiet
	G9	44	Das „andere" Ruhrgebiet
	G9	182	Raumanalyse
Berlin	D5	143	Hauptstadt
	T5	112	Hauptstadt
	G5	20	Hauptstadt
	D9	46	Dienstleistungszentrum
	G9	134	Raumplanung
Mittelgebirge	D5	29,33	Tourismus/Freizeit
Oberrhein	D5	63	Sonderkulturen
Allgäu	D5	57	Landwirtschaft
	T5	74	Landwirtschaft
Alpen	D5	17	Tourismus
	T5	46	Tourismus
	G5	50 (+130)	Landwirtschaft + Tourismus

Raum: Europa

Land/Thema	Buch	ab Seite	Themenschwerpunkt
Belgien	G 9	60	Brüssel – Dienstleistungszentrum
Estland	G 9	58	Wirtschaftliche Entwicklung
Finnland	D 9	85	Gegensätze: Norden-Süden
Frankreich	D 9	71	Zentralismus-Dezentralismus
	G 9	114	Paris: Europäische Hauptstadt
Großbritannien	D 9	65	Industrieraum
	G 9	39	Ältester Industrieraum
Italien	D 9	77	Gegensätze
	G 9	64	Gegensätze
Niederlande	G 5	60	Landwirtschaft
	G 5	88	Rotterdam
	G 9	24	Treibhausprodukte
Norwegen	D 5	135	Industrie
	G 9	34	Vom Fisch zum Öl
Polen	D 9	107	Veränderungen
Portugal	G 9	50	Wirtschaft
Spanien	D 9	81	Landwirtschaft und Export
Tschechien	D 9	107	Neuentwicklung
Türkei	D 5	161	Städtevergleich: Istanbul-Yasufeli
Ungarn	G 9	31	Landwirtschaft im Umbruch
Europäische Union	D 7	140	Welthandel
	D 9	89	EU
	G 9	26	Probleme des Agrarmarktes
	G 9	88	Entwicklung und Institutionen

Raum: Afrika

Land/Thema	Buch	ab Seite	Themenschwerpunkt
Ägypten	G 7/8	128	Bevölkerung und Ernährung
Burkina Faso	D 8	137	Frauen in Burkina Faso
	T 7/8	156	Hilfe zur Selbsthilfe
Kenia	G 7/8	168	Ferntourismus
Mali	G 7/8	164	Staudamm gegen die Dürre
Südafrika	G 7/8	230	Politische Wende, Township
	T 7/8	200	Neuanfang
Tansania	G 7/8	144	Versorgungsprobleme
Wüste	D 7	19	Die Wüste
	T 7/8	26	Oase, Nomadismus
	T 7/8	92	Die Wüste wächst
	G 7/8	18	Trockenheit überwinden
Sahelzone	G 7/8	95	Gefährdung des Raumes
Savanne	D 7	25	Die Savannen Afrikas
Regenwald	D 7	33	Die Regenwälder Afrikas
	T 7/8	34	Im tropischen Regenwald
	G 7/8	30	Im tropischen Regenwald

Raum: Asien

Land/Thema	Buch	ab Seite	Themenschwerpunkt
Bangla Desch	D 8	82	Raumanalyse
	T 7/8	102	Entwicklungsland
China	D 8	19	Bevölkerungsprobleme
	T 7/8	210	Raumanalyse
	G 7/8	140	Bevölkerungsprobleme, -politik
	G 7/8	222	Tibets Eigenständigkeit
Golfstaaten	D 7	141	Veränderung durch Erdöl
	G 7/8	62	Veränderung durch Erdöl
Indien	D 8	7	Bevölkerungsexplosion
	D 8	141	Religion
	T 7/8	124	Bevölkerungsexplosion
	T 7/8	184/188	Religion/Kultur
	G 7/8	134	Bevölkerungsprobleme, Landwirtschaft
	G 7/8	202	Kastenwesen, Religion
Indonesien	D 7	89	Regenwälder
	T 7/8	38	Kleinbauern
	T 7/8	44	Reisanbau
	G 7/8	234	Bevölkerungsentwicklung, -probleme
Israel	T 7/8	194	Verschiedene Völker
	G 7/8	78	Negev wird Ackerland
Japan	D 7	107	Vulkanismus/Erdbeben
	D 7	115	Weltmacht ohne Rohstoffe
	T 7/8	80	Weltmacht ohne Rohstoffe
	G 7/8	72	Weltmacht ohne Rohstoffe
Java	G 7/8	42	Fruchtbar – aber arm
Kasachstan	G 7/8	218	Neulandgewinnung
Kasachstan und Usbekistan	D 7	71	Aralsee
	T 7/8	96	Aralsee
	G 7/8	100	Aralsee
Nepal	D 7	83	Natur in Gefahr
	G 7/8	104	Entwaldung im Himalaya
Papua-Neuguinea	G 7/8	208	Auf dem Weg in die heutige Zeit
Philippinen	D 7	95	Vulkanismus, Erdbeben
Russland und Sibirien	D 8	93	Völker, Industrie
	T 7/8	62	Rohstoffreichtum
	G 7/8	58	BAM
	G 7/8	108	Raubbau in der Taiga
Singapur	D 8	73	Wirtschaftswunder
Südkorea	T 7/8	84	Der „kleine Tiger"
Südostasien	T 7/8	78	Wachstumsregionen
Eurasische Steppe	D 7	77	Von der Natur- zur Kultursteppe
Religionen	T 7/8	178	Auf den Spuren des Islam
	G 7/8	226	Juden und Araber in Palästina

Raum: Nordamerika

Land/Thema	Buch	ab Seite	Themenschwerpunkt
Grönland	D 7	7	Leben in der Kälte
	T 7/8	18	Leben in der Kälte
	G 7/8	10	Kälte setzt Grenzen
Kanada	D 7	13	Landwirtschaft
	G 7/8	14	Landwirtschaft
USA:			
Alaska	T 7/8	20	Landwirtschaft, Erdöl
Kalifornien	D 7	146	Landwirtschaft im Längstal
	G 7/8	117	Erdbeben
Manufact. Belt	T 7/8	68	Industrie und Wandel
Mittlerer Westen	D 7	131	Agrobusiness
	G 7/8	82	Landwirtschaft
New York	T 7/8	176	Metropole
Riesenstädte	G 7/8	194	Stadtentwicklung, Probleme

Raum: Mittel- und Südamerika

Land/Thema	Buch	ab Seite	Themenschwerpunkt
Bolivien	G 7/8	244	Raumanalyse
Brasilien und Amazonien	D 8	62	Entwicklungsland, Industrialisierung
	T 7/8	150	Entwicklungsland, Industrialisierung
	G 7/8	150	Rio de Janeiro, Probleme einer Metropole
	D 8	60	Entwicklung, Rohstoff Erz
	T 7/8	104	Gefährdung von Lebensräumen
	G 7/8	110	Gefährdung der Regenwälder
Ecuador	G 7/8	244	Raumanalyse
Guatemala	D 8	58	Entwicklungsland
Kolumbien	D 8	56	Entwicklungsland
Mexiko	D 8	64	Entwicklungsland – Tourismus
	T 7/8	204	Probleme der Indios
	G 7/8	178/180	Probleme der Indios/ Schwellenland
Peru	D 8	41	Entwicklungsland

Raum: Australien – Neuseeland

Land/Thema	Buch	ab Seite	Themenschwerpunkt
Australien und Neuseeland	D 7	63	Landschaftszonen
	G 7/8	66	Australien: Vom Agrarland zur Industrienation

Lösungen

Reise durch Deutschland

1. Flensburg	8. Elbe-Havel-Kanal	15. Teutoburger Wald
2. Schleswig	9. Fiener Bruch	16. Ruhrgebiet
3. Haithabu	10. Berlin	17. Rhein
4. Nord-Ostsee-Kanal	11. Tegel	18. Düsseldorf
5. Hamburg	12. Hannover	19. Nordrhein-Westfalen
6. Elbe	13. Niedersachsen	20. Niederlande
7. Magdeburg	14. Steinhuder Meer	

Orientierungsfahrt durch Deutschland

a) Aachen – Köln – Leverkusen – Siegen – Würzburg
b) Cuxhaven – Bremen – Hannover – Braunschweig – Leipzig – Dresden
c) Kempten – Stuttgart – Heilbronn – Mannheim – Ludwigshafen – Saarbrücken

Deutschlands sprechende Namen

1. Niedersachsen	9. Baden-Württemberg	18. Baden-Württemberg
2. Niedersachsen	10. Rheinland-Pfalz	19. Baden-Württemberg
3. Nordrhein-Westfalen	11. Hessen	20. Baden-Württemberg
4. Sachsen-Anhalt	12. Bayern	21. Bayern
5. Sachsen-Anhalt	13. Hessen	22. Bayern
6. Nordrhein-Westfalen/	14. Baden-Württemberg	23. Baden-Württemberg
Niedersachsen	15. Nordrhein-Westfalen	24. Thüringen
7. Niedersachsen	16. Nordrhein-Westfalen	
8. Schleswig-Holstein	17. Niedersachsen	

Städte der Beneluxländer

Niederlande: Amsterdam, Apeldoorn, Arnheim, Breda, Tilburg, Rotterdam, Maastricht, Utrecht, Nimwegen, Haarlem, Groningen, Den Haag, Venlo, Enschede
Belgien: Antwerpen, Brügge, Brüssel, Gent, Lüttich, Namur, Ostende
Luxemburg: Luxemburg

Gemeinsamkeiten

1. europäische Hauptstädte	14. Berge über 8 000 m
2. Lage am Rhein	15. Städte in über 2 000 m Höhe
3. niederländische Nordseeinseln	16. Halbinseln
4. Ostseeanrainerstaaten	17. Länder mit einer deutschsprachigen
5. grönländische Siedlungen	Bevölkerung
6. Grenzstädte	18. Großstädte nördlich des nördlichen
7. Wüsten	Polarkreises
8. Länder am Äquator	19. Hafenstädte am Pazifik
9. Vulkane	20. brasilianische Provinzhauptstädte
10. gleiche Zeitzone, MEZ	21. deutsche Millionenstädte
11. Länder mit Anteil am borealen Nadelwald	22. die Kontinente
12. kalte Meeresströmungen	23. Städte auf der Ostseite von Kontinenten
13. Städte auf einem Isthmus	24. Flüsse mit Deltamündungen

Rallye Paris – Dakar

Route 1:   Le Havre – Le Mans – Nantes – Limoges – Lyon – Arles – Toulouse – Perpignan
(8 Punkte)
Route 2:   Katalonien – Zaragoza – Madrid – Tajo – Andalusien – Granada – Murcia – Valencia
(8 Punkte)
Route 3:   8/Ibiza – 2/Mallorca – 6/Menorca – 4/Sardinien – 5/Capri – 3/Sizilien – 7/Malta –
1/Dscherba   (8 Punkte)
Route 4:   Hassi-Messaud (auch: Hassi-Messaoud) – Tinrhert (auch: Tinghert) – Libyen –
Edeien Mursuk (auch: Edeyin Marzuq) – Kies – Tibesti – Emi Kussi
(auch: Emi Koussi)/3415 m – Bahr el-Ghasal (auch: Bahr al-Ghazal)   (8 Punkte)
Route 5:   Ndjamena/Tschad   (auch: N'Dajamena)
Marua/Kamerun   (auch: Maroua)
Kano/Nigeria
Niamey/Niger
Bobo Diulasso/Burkina Faso   (auch: Bobo Dioulasso)
Sikasso/Mali
Kankan/Guinea
Boé/Guinea-Bissau   (8 Punkte)
Gesamtsumme: 40 Punkte

Die schnellste Verbindung

a) Havel – Elbe – Elbe-Seiten-Kanal – Mittellandkanal – Dortmund-Ems-Kanal –
Rhein-Herne-Kanal – Rhein – Main – Main-Donau-Kanal – Altmühl – Donau – Isar
b) Alicante – Valencia – Tarragona – Barcelona – Grenze Spanien/Frankreich – Perpignan – Nîmes
– Lyon – Besançon – Straßburg – Grenze Frankreich/Deutschland – Karlsruhe – Frankfurt am
Main – Kassel – Hannover – Hamburg – Grenze Deutschland/Dänemark – Odense – Kopenhagen
c) Istanbul – Grenze Türkei/Bulgarien – Plovdiv – Sofia – Grenze Bulgarien/Jugoslawien –
Belgrad – Grenze Jugoslawien/Kroatien – Zagreb – Grenze Kroatien/Slowenien – Ljubljana –
Grenze Slowenien/Österreich – Innsbruck – Grenze Österreich/Schweiz – Zürich – Basel –
Grenze Schweiz/Frankreich – Besançon – Dijon – Paris (oder auf französischem Boden:
Mülhausen – Straßburg – Nancy – Paris)
d) (Es ist hier nebensächlich, ob Flugrouten wirklich diesen Verlauf nehmen; es geht nur um topo-
graphische Kenntnisse.)
Peru – Brasilien – Atlantischer Ozean – Senegal – Mali – Algerien – Libyen – Ägypten – Israel –
Jordanien – Irak – Iran – Afghanistan – Pakistan – Indien – China – Gelbes Meer – Südkorea –
Japanisches Meer – Japan
e) Atlantischer Ozean – Labradorsee – Davisstraße – Baffin Bay – Lancastersund – Barrowstraße –
Melvillesund – M'Clure-Straße – Beaufortsee – Ostsibirische See – Laptewsee – Karasee –
Barentssee – Europäisches Nordmeer (Zwischen Labradorsee und Beaufortsee gibt es einige
Möglichkeiten, die Nordwest-Territorien Kanadas zu durchfahren.)

Managua – Brisbane: Hin und zurück

A. Kokos-Inseln – Galapagos–Inseln – Oster-Inseln – Rapa-Inseln – Gesellschafts-Inseln –
Flint-Inseln – Niue – Tonga – Fidschi – Neue Hebriden – Neukaledonien
Lösungswort: Korallensee

Zwei gehören zusammen

Inseln und Mutterland

1. Dänemark	12. Frankreich	23. Japan	34. USA
2. Griechenland	13. Italien	24. Philippinen	35. Australien
3. Malta	14. Spanien	25. Indonesien	36. Indonesien
4. Großbritannien	15. Kroatien	26. Indonesien	37. Indonesien
5. Großbritannien	16. Deutschland	27. Indien	38. Spanien
6. Dänemark	17. Deutschland	28. Südjemen	39. Portugal
7. Norwegen	18. Deutschland	29. Indonesien	40. Indien
8. Großbritannien	19. Niederlande	30. Russland	41. China
9. Großbritannien	20. Großbritannien	31. Russland	
10. Großbritannien	21. Australien	32. Kanada	
11. Italien	22. USA	33. Kanada	

Flüsse

1. Schweiz, Frankreich, Deutschland, Niederlande	10. Tschechische Republik, Polen, Deutschland	20. Russland
2. Deutschland, Österreich, Ungarn, Serbien, Rumänien, Bulgarien, Moldawien, Ukraine	11. Polen	21. China
	12. Türkei, Syrien, Irak	22. China, Russland
	13. Türkei, Irak	23. China, Myanmar (Birma), Thailand, Laos, Kamputschea, Vietnam
3. Frankreich	14. Russland	
4. Frankreich, Belgien, Niederlande	15. Tansania, Ruanda, Burundi, Uganda, Äthiopien, Sudan, Ägypten	24. USA, Mexiko
5. Großbritannien		25. USA
6. Irland	16. Südafrika	26. Kanada, USA
7. Frankreich, Luxemburg, Deutschland	17. Guinea, Mali, Niger, Benin, Nigeria	27. USA, Mexiko
8. Italien	18. Zaire, Zaire, Kongo, Angola	28. USA
9. Italien	19. Australien	29. USA
		30. Peru, Brasilien
		31. Brasilien, Paraguay, Argentinien

Zusatzpunkte:

Donau	Österreich (Wien), Ungarn (Budapest), Serbien (Belgrad)
Seine	Frankreich (Paris)
Themse	Großbritannien (London)
Tiber	Italien (Rom)
Weichsel	Polen (Warschau)
Tigris	Irak (Bagdad)
Nil	Ägypten (Kairo), Sudan (Khartum)
Kongo	Zaire (Kinshasa), Brazzaville (Brazzaville)
Mekong	Laos (Vientiane), Kamputschea (Pnom Penh)

Gebirgsdaten

Deutschland
1. Feldberg (Schwarzwald)
2. Zugspitze (Wettersteingebirge, Alpen)
3. Brocken (Harz)
4. Großer Arber (Böhmerwald)
5. Wasserkuppe (Rhön)
6. Schneeberg (Fichtelgebirge)
7. Kahler Asten (Rothaargebirge)
8. Hohe Acht (Eifel)
9. Taufstein (Vogelsberg)
10. Fichtelberg (Erzgebirge)
11. Watzmann (Salzburger Alpen)

Europa
1. Mont Blanc (Walliser Alpen/Savoyer Alpen)
2. Großglockner (Hohe Tauern, Alpen)
3. Galdhöppigen (Jotunheim)
4. Gran Paradiso (Grajische Alpen, Westalpen)
5. Matterhorn (Waliser Alpen)
6. Vesuv
7. Ätna
8. Mulhacen (Sierra Nevada)
9. Pic de Areto (Pyrenäen)
10. Gran Sasso (Abruzzen)

Afrika
1. Kilimandscharo
2. Tahat (Ahaggar)
3. Mt. Kenia
4. Ras Daschan (Hochland von Äthiopien)
5. Batu (Hochland von Äthiopien)
6. Baguezane (Air)
7. Kamerunberg
8. Tahal (Ahaggar)

Asien
1. Mt. Everest (Himalaja)
2. K2 (Karakorum)
3. Ararat
4. Bjelucha
5. Elbrus (Kaukasus)
6. Nanga Parbat (Kaschmirgebirge)
7. Dhaulagiri (Himalaja)
8. Fujisan (Maebashi)
9. Kljutschew (Kamtschatkagebirge)

Amerika
1. Mt. McKinley (Alaskakette)
2. Mt. Whitney (Sierra Nevada)
3. Mt. Mitchell (Appalachen)
4. Popocatepetl (Östliche Sierra Madre)
5. Citaltepetl (Östliche Sierra Madre)
6. Pico Duarte
7. Pico Bolivar (Kordilleren von Merida)
8. Cotopaxi (Anden)
9. Chimborasso (Anden)
10. Illampu (Anden)
11. Aconcagua (Anden)

Australien
1. Ayers Rock
2. Mount Zeil (Macdonellkette)
3. Mt. Kosciusko (Australische Alpen)

Klimadiagramme

1. Eismitte, Grönland
2. Düsseldorf, Mitteleuropa
3. Buenos Aires, Südamerika

4. Rom, Südeuropa
5. Kinshasa, Zentralafrika
6. Sydney, Australien

Küstensumpf

1. Großes Barriereriff Australiens
2. Fjordküste Norwegens
3. Norddeutsche Wattenmeerküste
4. Deltamündungsküste am Mississippi
5. Chilenische Pazifikküste
6. Kanalküste Südenglands

7. Russische Nordpolarmeerküste
8. Nehrungsküste Ostpreußens
9. Ästuarküste mit Elbemündung
10. Schwedische Schärenküste vor Stockholm
11. Boddenküste Mecklenburg-Vorpommerns
12. Mangroveküste Zentralafrikas

Geokniffe

1. Durch **Greenwich**, einem Stadtteil von **London** (Meridiane sind Längenkreise, gedachte Linien auf der Erde, die sich von Pol zu Pol erstrecken und der Orientierung auf der Erde dienen).
2. **Nahe des Nord- und Südpols** wird es nie dunkel im Sommer. (Hier wäre eine Zeichnung hilfreich, die die geneigte Erdachse im Verhältnis zur Sonne zeigt.)
3. An der **Datumsgrenze**, die in etwa dem 180. Längengrad östlich und westlich von Greenwich folgt. (Ein Blick auf die Zeitzonen im Atlas führt hier rasch zur Klärung.)
4. Eine **Verwerfungslinie** im Westen der **USA**. (Hier befindet sich die Grenze zwischen der Pazifischen und Nordamerikanischen Platte. Die Pazifische Platte dreht sich allmählich im Uhrzeigersinn, die andere Platte bewegt sich in nordwestlicher Richtung. Ein rund 2 500 km langer Streifen Landes wird so jährlich um etwa 5 cm verschoben).
5. In **Asien**. Sie wird gebildet vom **Himalaja** und dem Karakorum im Norden Indiens. (Die Antwort **Anden** ist auch akzeptabel. Diese Gebirgskette ist länger, aber nicht so hoch wie der Himalaja. Ein Verweis auf die untermeerischen Gebirgsketten liegt nahe. So ist der Mittelozeanische Rücken etwa 65 000 km lang und umspannt die ganze Erde.)
6. 1922 wurden in der **libyschen Wüste (Nordafrika)** 58 °C gemessen.
7. Im Juli 1983 wurden in der **Antarktis** –89,2 °C gemessen.
8. Dies ist der **indische Ort Tscherrapundschi**, der den Rekord für die größte monatliche Niederschlagsmenge von 9 299 mm hält. Hier wurde 1860/61 auch die größte jährliche Niederschlagsmenge von 26 461 mm verzeichnet. (Feuchte Monsun-Winde vom Indischen Ozean treffen als Steigungsregen auf Teile des Himalaja.)
9. Dies ist die **nordchilenische Atacama-Wüste**. Hier regnete es 1971 nach 400 Jahren zum ersten Mal. (Wendekreiswüste mit absinkender warmer, trockener Luft, Anden versperren zusätzlich allen von Osten kommenden Winden den Weg.)
10. 87 % des die Erde ständig bedeckenden Eises liegen in der **Antarktis**. (Die Arktis weist dagegen nur 12 % auf, der Nordpol liegt im Meer.)
11. Es ist das **Große Barriereriff** vor der **Nordostküste** Australiens (Länge 2 000 km).
12. Es gibt auch in den inneren Tropen in Äquatornähe einige Berge, die in Zonen vordringen, in denen es Eis und Schnee gibt. (**Kilimandscharo** in Afrika, 5 895 m, einige Berge in den **Anden Ecuadors**, z. B. der Chimborasso 6 272 m).
13. Der **Nil** in Afrika (6 671 km, abhängig davon, welchen Fluss man als Quellfluss betrachtet).
14. Das **Kaspische Meer** ist trotz seines Namens ein abflussloser Binnensee mit einer Fläche von rund 370 000 km² und liegt zwischen **Kasachstan und dem Iran.**
15. Auf der **Südhalbkugel**. Die meisten Arten finden sich im Gebiet der Antarktis.
16. Eisbären leben in den Schnee- und Eiswüsten der **Arktis**. Im Frühjahr und Sommer kommen Eisbären bis in die Tundra.
17. In den **südamerikanischen Anden**. Sie werden dort als Haustiere gehalten. Sie sind großen Höhen und sauerstoffarmer Luft gut angepasst.
18. In den **nordamerikanischen Prärien**.
19. Dies ist die **Sahara**. Sie erstreckt sich über große Teile **Nordafrikas.**
20. Im **Amazonasbecken Südamerikas** (größtenteils Brasilien).
21. In den **Regenwäldern Sumatras und Borneos.**
22. **Jerusalem (Moslems, Juden und Christen).**
23. **Belgien, Niederlande und Luxemburg.**
24. Im Zentrum der Inneren Stadt im Norden von **Peking.**

25. Suks (Souks) ist das arabische Wort für Kaufmarkt. Diese Märkte finden sich in den **nordafrika-nischen Städten.**
26. Der **Suezkanal.** Er liegt in Ägypten und verbindet auf einer Länge von 171 km das **Rote Meer mit dem Mittelmeer.**
27. Der **Vatikan** im Nordwesten von **Rom.**
28. Es ist das alte Zentrum **Moskaus,** eine burgähnliche Anlage, deren Mauern ein Dreieck bilden, früher Residenz der russischen Zaren, heute Sitz von Ministerien.
29. Es ist der offizielle Wohnsitz des amerikanischen Präsidenten in **Washington.**
30. Dies ist der Name einer alten Festung in der **spanischen Stadt Granada.**

Um die Ecke gedacht

1. Wiesbaden	12. Passau	23. Rio de Janeiro	34. Tal des Todes
2. Siegen	13. Darwin	24. Mailand	35. Phoenix
3. Frankfurt	14. Ural	25. Kopenhagen	36. Chile; 37. Anden
4. Buenos Aires	15. Beirut	26. Montevideo	38. Feuerland
5. Marseille	16. Bagdad	27. Po	39. Island
6. Liverpool	17. Suez-Kanal	28. Jadebusen	40. Spitzbergen
7. Kaiserslautern	18. Bergen	29. Dresden	41. Königsberg
8. Hammerfest	19. Aberdeen	30. Mittelmeer	42. Kaiserstuhl
9. Hamburg	20. Madagaskar	31. Ob	43. Kahler Asten
10. Porto	21. San Francisco	32. Rotes Meer	44. Zugspitze
11. Casablanca	22. Augsburg	33. Titicacasee	45. Totes Meer

Tornadofolgen

Illinois/Chicago	Oklahoma/Tulsa
Florida/Miami	Colorado/Denver
Georgia/Atlanta	Iowa/Des Moines
Utah/Salt Lake City	Indiana/Indianapolis
Kalifornien/San Diego	Idaho/Boise
Ohio/Cleveland	Louisiana/Baton Rouge
Texas/San Antonio	Nevada/Reno
	Maine/Augusta

Die Erde im Gradnetz

6 357 – 6 378
12 730
40 009 – 40 077
110,6 – 111,7
111,3
71,7

Eine wüste Sache

```
A C B U R Z E I S I G O I P B G L A D B O C H
D E F X N I E S P E T A R I O P E Y L E L E U
D P U F T T S I O P O S I N R L O U Z E E F T
U F X X T I B T I L E T T U E Z K U K N Q Z
P H E I E N A T T I Z A E S F A Z X I A P E
P A N N Y L E R E I W A D I S R I I Z N T N L
I Z A G E T I N P N K F T O I L I F T B R S N
N I S O N U S E U N I F Z F A X P E T A I R I
I S I R O N N S I V E R W I T T E R U N G X
S C A E T P O S E N E L V U R S U K T E I K T
T O R L T I N M L A U F N I T I A E C R E A E
E L F N Z E T E A U T U A T P R F Z Z T H R
P V X I P W Y E D E R C A U E F F I O N T
O X E Z O O U L O G E S H W N E G T C B L P C
P V C R T U V E C T X A P L T N N Y K I C A
A T U R W L L V S N O N P U I L B P L T F T R
X C Z R V N O I T E E V I Z N C E T S R T O
Z L U L U O T T O K E R D A T T E L P A L M E
I C E R B I T R L U L I T Z T E C S N Z E C
X O X A R I O E R M A T E P U N S T D R U F
F E E N W E R N E R M I T R O S E C T W A F T
T U E L T E N O F T N P R C C K S V E U P K R
B E W A E S S E R U N G F I Z K T I C E T A A
U N T I F O A M U T T I R M I L K A T S V T F
P E T A R Z F U Z Z I M R N I T E N S T I U T
E L F E N M E E R B U L L I B A H N C E T L B
R I Z Z I T E L F R O S T S P R E N G U N G O
```

Verwendete Begriffe:
Arid, Bewässerung, Dattel-palme, Düne, Frostspren-gung, Karawane,
Nomaden, Oase, Salzwüste, Sandwüste, Tuareg, Verwit-tern, Verwitterung, Wadi

Rätsel aus Schülerhand

MAINZ

BRANDENBURG

RUHRGEBIET

WIESBADEN

SPREE

EIFEL

SYLT

ERZGEBIRGE

MOSEL

Auswertungskriterien – Arbeitstabelle ①　　　②

Flächennutzung in Deutschland 1993

	Flächengröße (in Mio. ha)	Anteil an der Gesamtfläche (in Prozent)
Wasserfläche	0,79	2,2
Siedlungs- und Verkehrsfläche	4,03	11,3
Waldfläche	10,42	29,2
Landwirtschaftsfläche	19,53	54,7
Sonstige Fläche	0,83	2,6
Gesamtfläche	35,7	100 ⑥

(aus: Der Fischer Weltalmanach 1997, Spalte 1158, Fischer Taschenbuch Verlag, Frankfurt/Main 1996)
③　　　　　　　④　　　　　⑤　　　⑦

2. ① Tabellenüberschrift
   ② Kopfleiste
   ③ 1. Spalte: Art der Nutzung
   ④ 2. Spalte: Flächengröße mit gerundeten absoluten Zahlen
   ⑤ 3. Spalte: relative Zahlen
   ⑥ Summenzeile
   ⑦ Quellenangabe
3. Flächennutzung in Deutschland
4. Wasser, Siedlung und Verkehr, Wald, Landwirtschaft jeweils 1993
5. Die jeweilige Flächengröße wird in Millionen Hektar angegeben.
6. „Der Fischer Weltalmanach 1997", Spalte 1158, Fischer Taschenbuch Verlag, Frankfurt/Main 1996
7. Buchtitel oder Name der Zeitschrift, Seitenangabe, Verlag, Erscheinungsjahr
8. Die absoluten Flächengrößen der 1. Spalte werden in der 2. Spalte als Anteil an der Gesamtfläche von 35,7 Mio ha in Prozent ausgedrückt.
9. Kreisdiagramm (rechts); Balkendiagramm (unten)

Wald 29,2%
Siedlung und Verkehr 11,3%
Wasser 2,2%
Sonstiges 2,6%
Landwirtschaft 54,7%

Anteil an der Gesamtfläche
%
60
50
40
30
20
10

Wasser — Siedlung und Verkehr — Wald — Landwirtschaft — Sonstiges

Der Assuan-Staudamm: Nah- und Fernwirkungen

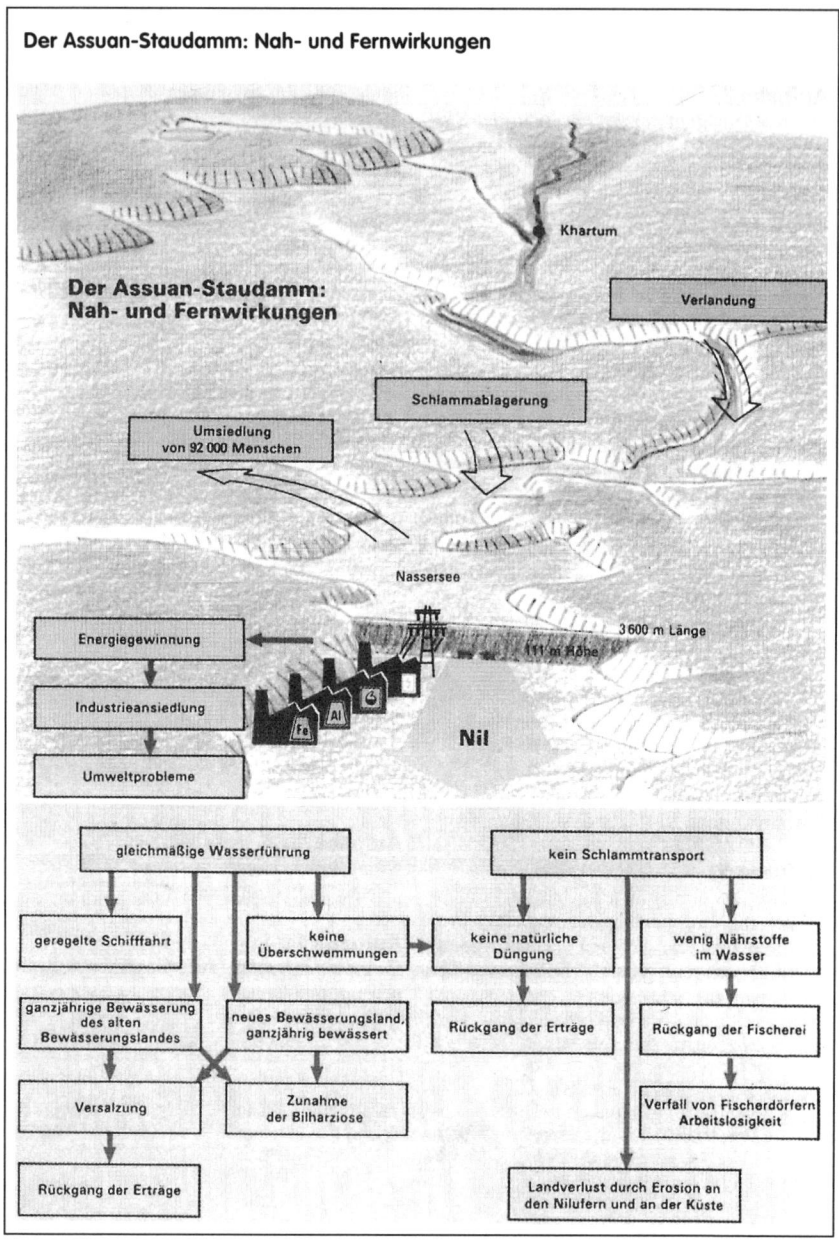

Der Assuan-Staudamm:
Nah- und Fernwirkungen

Register

Karten